「オーボンヴュータン」河田勝彦の
フランス郷土菓子
河田勝彦　構成・編集　瀬戸理恵子

LA BELLE HISTOIRE DE GÂTEAUX PROVENÇAUX

KATSUHIKO KAWATA

私がフランスで修業したのは、1967年から1975年のことだ。渡仏してしばらくは本場の菓子に感動の連続で、念願のパティスリーでの職も得て、意気揚々と日々を送っていた。が、当時はいわば、現代フランス菓子の夜明け前。一年もたたないうちに、旧態依然として甘くて重く、どこの店に行っても代わり映えがしない菓子の状況に、閉塞感を感じ、仕事への情熱を失いかけていた。

　そんな時、パリを飛び出して出会ったのが、フランス各地の郷土菓子だ。パリでは見たことも聞いたこともない伝統の菓子と、その土地の風土や歴史の中で育まれた滋味深い味わいが、かえって新鮮に感じられ、私は夢中になった。パリに戻り、働いてお金を貯めては古い書物を買い集め、そこから得た情報をもとに各地へ足を運び、郷土菓子を訪ね歩いた。特に1975年、フランス修業の総仕上げと称して友人と2人、車でくまなくフランス全土を周った旅は、忘れ難い。日本に帰国した後も、幾度となくフランス各地を訪れてきた。そうして出会えた郷土菓子もあれば、すでに作られなくなっていた郷土菓子も数知れずあり、喜びとともに口惜しい思いを何度も味わった。それらすべての経験がパティシエとしての私の血となり、肉となっている。

　この本はその集大成として、私自身がフランス各地で出会い、または文献で知った、私の記憶に残る郷土菓子138品を紹介する。なかには、カヌレ(p.220)やクイニー＝アマン(p.268)のように、今や日本でもおなじみの品もあれば、もはやフランスでもなかなかお目にかかれない、幻の菓子もある。その一つ一つが素朴ながら魅力的で、郷土の風や大地の香りに溢れている。

　各章は、私が修業の締めくくりにフランス全土を車で回ったのと同様に、各地を時計回りに巡る形で10の地域に区分した。その中でさらに地方を細分化し、それぞれの菓子を紹介している。フランス菓子の流れを汲み、美食を追求するうえで私がふさわしいと考える区分ゆえ、現在の地方区分や歴史上の国の名前に完全に合致するものではない。その点は、どうかご了承いただきたい。各章の冒頭ではそれぞれの地方の解説をしており、巻末には地図も挟み込んでいる。それらを見ながら、かの地に思いを馳せ、私と一緒に旅するつもりで読み進めていただければ、うれしく思う。

　それでは、フランスの美味なる郷土菓子の旅へ、Bon Voyage！

オーボンヴュータン　　河田勝彦

目次

シャンパーニュ、ロレーヌ、アルザス
Champagne, Lorraine et Alsace……11

- ビスキュイ・ド・シャンパーニュ　Biscuit de Champagne……14
- タルト・オー・ミラベル・ド・ロレーヌ　Tarte aux Mirabelles de Lorraine……16
- マドレーヌ・ド・コメルシー　Madeleine de Commercy……18
- コンフィチュール・ド・グロゼイユ・ド・バール＝ル＝デュック　Confiture de Groseilles de Bar-le-Duc……20
- ヴィジタンディーヌ　Visitandine……21
- ガトー・オー・ショコラ・ド・ナンシー　Gâteau au Chocolat de Nancy……22
- マカロン・ド・ナンシー　Macaron de Nancy……24
- ベルガモット・ド・ナンシー　Bergamotes de Nancy……26
- ババ・オー・ロム　Baba au Rhum……30
- タルト・アルザシエンヌ　Tarte Alsacienne……32
- クグロフ　Kouglof……34
- ベニエ・アルザシアン　Beignet Alsacien……36
- パン・デピス・ダルザス　Pain d'Épices d'Alsace……38
- ベラベッカ　Berawecka……40
- パン・ダニス・ド・サント＝マリー＝オー＝ミーヌ　Pain d'Anis de Sainte-Marie-aux-Mines……42

フランシュ＝コンテ、ブルゴーニュ、ニヴェルネ
Franche-Comté, Bourgogne et Nivernais……45

- ペ＝ド＝ノンヌ　Pets-de-Nonne……48
- パン・デピス・ド・ディジョン　Pain d'Épices de Dijon……50
- フラミュス・オー・ポム　Flamusse aux Pommes……52
- タルトゥーラ　Tartouillas……56
- シャリトワ　Charitois……58
- ヌガティーヌ・ド・ヌヴェール　Nougatine de Nevers……60
- ル・ネギュス　Le Négus……62

リヨネー、サヴォワ、ドフィネ
Lyonnais, Savoie et Dauphiné……65

- ガレット・ペルージェンヌ　Galette Pérougienne……68
- タルト・ド・リヨン　Tarte de Lyon……70
- ウーブリ　Oublie……72
- クサン・ド・リヨン　Coussin de Lyon……74
- コンヴェルサシオン　Conversation……76
- プラリーヌ・ローズ　Pralines Roses……78
- ビューニュ・リヨネーズ　Bugne Lyonnaise……80
- ビスキュイ・ド・サヴォワ　Biscuit de Savoie……84
- ブリオッシュ・ド・サン＝ジュニ　Brioche de Saint-Genix……86
- ガレット・ドフィノワーズ　Galette Dauphinoise……88
- ガトー・グルノーブロワ　Gâteau Grenoblois……90
- リュイファール・デュ・ヴァルボネ　Ruifard du Valbonnais……92
- ベティーズ・ド・ヴィエンヌ　Bêtises de Vienne……94
- スイス　Suisse……96

プロヴァンス、コルス
Provence et Corse ··· 99

- ヌガー・ド・モンテリマール　Nougat de Montélimar ········ *102*
- ベルランゴ・ド・カルパントラ　Berlingot de Carpentras ········ *104*
- フリュイ・コンフィ・ダプト　Fruits Confis d'Apt ········ *106*
- カリソン・デクス　Calissons d'Aix ········ *108*
- ポンプ・ア・ルイユ　Pompe à l'Huile ········ *110*
- ヌガー・ノワール　Nougat Noir ········ *112*
- ナヴェット　Navette ········ *114*
- コロンビエ　Colombier ········ *116*
- タルト・オー・ピニョン　Tarte aux Pignons ········ *118*
- トレーズ・デセール　Treize Desserts ········ *119*
- タルト・オー・シトロン　Tarte au Citron ········ *120*
- タルト・トロペジェンヌ　Tarte Tropézienne ········ *122*
- フィアドーヌ　Fiadone ········ *124*
- フラン・ア・ラ・ファリーヌ・ド・シャテーニュ　Flan à la Farine de Châtaigne ········ *126*
- ファルクレール　Farcoullèle ········ *128*

ヴィヴァレ（アルデッシュ）、オーヴェルニュ、ブルボネ、リムーザン
Vivarais(Ardèche), Auvergne, Bourbonnais et Limousin ·· 131

- マロン・グラッセ・ド・プリヴァ　Marron Glacé de Privas ········ *134*
- フロニャルド・オー・ポム　Flognarde aux Pommes ········ *136*
- タルト・ア・ラ・クレーム　Tarte à la Crème ········ *138*
- コルネ・ド・ミュラ　Cornet de Murat ········ *140*
- ミーア・ブルボネ　Mias Bourbonnais ········ *142*
- ピカンシャーニュ　Piquenchâgne ········ *144*
- ポワラ　Poirat ········ *146*
- クラフティ・リムーザン　Clafoutis Limousin ········ *150*
- クルゾワ　Creusois ········ *152*

トゥールーザン、ラングドック、ルーション
Toulousain, Languedoc et Roussillon ·· 155

- ジャンブレット・ダルビ　Gimblette d'Albi ········ *158*
- ガトー・トゥールーザン　Gâteau Toulousain ········ *160*
- アレルイア・ド・カステルノダリー　Alléluias de Castelnaudary ········ *162*
- オレイエット　Oreillette ········ *164*
- ガトー・デ・ロワ・ド・リムー　Gâteau des Rois de Limoux ········ *166*
- ブラ・ド・ヴェニュス　Bras de Vénus ········ *168*
- アヴリーヌ・デュ・ミディ　Aveline du Midi ········ *170*
- クロッカン　Croquant ········ *171*
- トゥロン・カタラン　Touron Catalan ········ *172*
- ロスキーユ　Rosquille ········ *174*

バスク、ガスコーニュ、ギュイエンヌ
Basque, Gascogne et Guyenne 179

- ガトー・バスク　Gâteau Basque 182
- トゥロン・ド・バスク　Touron de Basque 184
- ミヤソン　Millasson 186
- ブロワ・デュ・ベアルン　Broye du Béarn 187
- ガレット・ベアルネーズ　Galette Béarnaise 188
- パスティス・ガスコン　Pastis Gascon 190
- ガトー・ピレネー　Gâteau Pyrénées 192
- トゥルト・デ・ピレネー　Tourte des Pyrénées 194
- パスティス・ブーリ　Pastis Bourrit 196
- クルスタッド・オー・プリュノー　Croustade aux Pruneaux 200
- ショーソン・オー・プリュノー　Chausson aux Pruneaux 202
- リソル・オー・プリュノー　Rissole aux Pruneaux 204
- フロニャルド・オー・プリュノー　Flaugnarde aux Pruneaux 206
- カジャス・ド・サルラ　Cajasse de Sarlat 208
- ミヤスー　Millassou 210
- ミヤスー・オー・ポティロン　Millassou au Potiron 212

ボルドレ、ポワトゥー=シャラント、ベリー、オルレアネ、トゥーレーヌ、アンジュー
Bordelais, Poitou-Charente, Berry, Orléanais, Touraine et Anjou 215

- マカロン・ド・サン=テミリオン　Macaron de Saint-Emillion 218
- カヌレ・ド・ボルドー　Cannelé de Bordeaux 220
- クレーム・オー・コニャック　Crème au Cognac 222
- タルトレット・オー・ザマンド・エ・オー・ショコラ　Tartelette aux Amandes et au Chocolat 224
- フラン・ド・ポワール・シャランテ　Flan de Poire Charentais 226
- トゥルトー・フロマージェ　Tourteau Fromager (Fromagé) 228
- ブロワイエ・デュ・ポワトゥー　Broyé du Poitou 230
- マカロン・ド・モンモリヨン　Macaron de Montmollion 231
- マスパン・ディシュダン　Massepains d'Issoudun 232
- タルト・タタン　Tarte Tatins 234
- プラリーヌ・ド・モンタルジー　Pralines de Montargie 236
- ピティヴィエ　Pithiviers 238
- プリュノー・ファルシ　Pruneaux Farcis 240
- ドゥシェス・プラリネ　Duchesse Praliné 242
- クレメ・ダンジュー　Crémet d'Anjou 244

ブルターニュ、ノルマンディ
Bretagne et Normandie 249

- サブレ・ナンテ　Sablé Nantais 252
- パン・コンプレ　Pain Complet 254
- ガレット・ブルトンヌ　Galette Bretonne 256
- ガトー・ブルトン　Gâteau Breton 258
- ファー・ブルトン　Far Breton 260
- クレープ　Crêpe 262
- キャラメル・オー・ブール・サレ　Caramel au Beurre Salé 264

クレープ・ダンテル・ド・カンペール　Crêpe Dentelle de Quimper ……… 266
クイニー＝アマン　Kouign-Amann ……… 268
ガトー・ブレストワ　Gâteau Brestois ……… 270
クラックラン・ド・サン＝マロ　Craquelin de Saint-Malo ……… 272
パータ・タルティネ・オー・キャラメル・サレ　Pâte à Tartiner au Caramel Salé ……… 274
サブレ・ノルマン　Sablé Normand ……… 275
ブールドロ　Bourdelot ……… 276
ガトー・デュ・ヴェルジェ・ノルマン　Gâteau du Verger Normand ……… 278
ポム・オー・フール　Pomme au Four ……… 279
サブレ・ド・カーン　Sablé de Caen ……… 280
フラン・ド・ルーアン　Flan de Rouen ……… 282
ミルリトン・ド・ルーアン　Mirliton de Rouen ……… 284
テリネ　Terrinée ……… 286

ピカルディ、アルトワ、フランドル、イル＝ド＝フランス
Picardie, Artois, Flandre et Île-de-France ……… 289

マカロン・ダミアン　Macaron d'Amiens ……… 292
ミルリトン・ダミアン　Mirliton d'Amiens ……… 294
ダルトワ　Dartois ……… 296
タルト・オー・シュークル　Tarte au Sucre ……… 298
クラミック　Cramique ……… 300
フラミッシュ　Flamiche ……… 302
ゴーフル　Gaufre ……… 306
ベティーズ・ド・カンブレー　Bêtises de Cambrai ……… 308
ニフレット　Niflette ……… 310
タルムーズ・ド・サン＝ドニ　Talmouse de Saint-Denis ……… 312
タルト・オー・ポム・タイユヴァン　Tarte aux Pommes Taillevent ……… 314
フラン・パリジャン・ア・ラ・クレーム　Flan Parisien à la Crème ……… 316
ピュイ・ダムール　Puits d'Amour ……… 318
マカロン・パリジャン　Macaron Parisien ……… 320
パリ＝ブレスト　Paris-Brest ……… 322
ポン＝ヌフ　Pont-Neuf ……… 324
サン＝トノーレ　Saint-Honoré ……… 326

お菓子を作る前に ……… 8

シベリア鉄道で、パリへ ……… 28／消えかけた菓子への情熱 ……… 54
自転車で、マルセイユへ ……… 82／カヌレとの出会い ……… 148
書物でフランス菓子の真髄を知る ……… 176／パリでの日々 ……… 198
フランス一周旅行へ ……… 246
フランスの郷土が教えてくれたこと―伝統から創造する ……… 304

基本パーツ ……… 340／索引（五十音）……… 344／索引（ABC）……… 346
参考文献 ……… 348／あとがき ……… 350／河田勝彦 年表 ……… 351／
奥付 ……… 352／付録MAP

お菓子を作る前に……

● バターは、特に記載のない限り、無塩バターを使用する。

● バターをポマード状にする際には、バターをボウルに入れ、
底を直火に軽く当てて温めた後、ホイッパーで混ぜてクリーム状にやわらかくする。

● 澄ましバターは、バターを溶かしてしばらく室温で置き、上澄みを取る。
冷めると固まるので、温めて溶かしてから使用する。

● 焦がしバターは、バターを鍋に入れてホイッパーで混ぜながら加熱し、茶色く色づいてローストした
ヘーゼルナッツのような香りが漂ってきたら火を止める。ホイッパーで混ぜながら余熱で火を入れ、
鍋底を水につけてから漉し網で漉す。なるべく使う直前に作る。

● 卵は、約55gのMサイズを使用。殻を除くと50g(卵黄20g、卵白30g)が目安。

● 小麦粉や粉糖、アーモンドパウダー、タンプルタンなどの粉類は、ふるってから使用する。

● ナッツ類をローストする際は、180℃のオーブンで10～15分、芯が色づくまで行う。

● タンプルタンは、アーモンド(皮なし)1kg、グラニュー糖1kgを混ぜ合わせ、ローラーに約3回かける。
これに、一度使用してから洗って乾燥させたバニラスティック5～6本を粉砕して混ぜ合わせ、使用。

● ヘーゼルナッツのタンプルタンは、ローストしたアーモンド(皮つき)1kg、
ローストして皮を剥いたヘーゼルナッツ1kg、グラニュー糖2kgを混ぜ合わせ、
ローラーに約3回かけて使用。

● ローマジパンは、アーモンド(皮なし)1kg、粉糖1kgをフードプロセッサーで
粗めに粉砕し、卵白120gを加えて手で混ぜる。これをローラーに約2回かけ、
パート状にして使用する。

● 当て氷の氷、茹でる際の水、湯煎の水、包丁や手に塗るサラダオイル、打ち粉などは、
材料表に記載していない。

● バニラシュガーは、種を使用済みのバニラスティックを乾燥させ、
同量の粉糖と一緒にフードプロセッサーで粉砕してからローラーで挽いたものを使用。

● アラビアゴム(パウダー)は、※印の記載がある場合、記載量の水を加え、
蓋をして3時間湯煎にかけて溶かしておく。50～60℃に保温して使用する。

● 色素は、飴用色素を9倍量の水、もしくはウォッカで溶きのばしたものを使用。

● タルト類の生地の敷き込みは基本的に、
①薄くのばした生地を麺棒に巻きつけてから、麺棒を浮かせた状態で、型にゆったりかぶせる、
②型を両手で回しながら親指で生地を底まで送り込み、側面は少したるませて
　ゆとりをもたせながら密着させる、
③型の上に麺棒を転がしてはみ出た生地を切り落とす、
④型を両手で回しながら側面を指で挟んで生地を型の側面にしっかり貼りつけながら、
　底の角まで生地の厚さを変えずにきちんと敷き込む。
⑤はみ出た生地をパレットナイフ、もしくはペティナイフで切り落とす、の手順で行う。

● 生地類をのばす際は、打ち粉(強力粉)を適宜ふり、麺棒を使って台の上でのばす。
生地の分割、成形も打ち粉を適宜ふり、台の上で行う。

● ドライイーストは、フランス・ルサッフル社の「サフ インスタントドライイースト 赤」を使用。
予備発酵に要するぬるま湯の量は、使用するドライイーストによって異なるので、
その製品に応じて調整する。

● 生地の発酵は、特に記載がない限り、オーブンの近くなど暖かい所で行う。
記載している発酵時間の目安は、気温30℃で行った場合の時間。

● 焼成の際、オーブンは必ず予熱しておく。

● 発酵や焼成の時間はあくまでも目安。焼き色や状態を見て判断する。

伝統的な細長い貝殻の形が並んだ、マドレーヌ型。

Champagne
Lorraine
Alsace

シャンパーニュ、ロレーヌ、アルザス

Champagne
シャンパーニュ

シャンパーニュ地方は、言わずと知れたシャンパンの名産地。考案したのは17世紀の修道士、ドン・ピエール・ペリニョン（*Dom Pierre Pérignon*）だ。名物の菓子や料理もシャンパンにまつわるものが多い。イタリアとフランドル、ドイツとスペインを結ぶ要所として中世に栄え、12～13世紀には、シャンパーニュ伯の支配下でシャンパーニュの大市が発達。毛織物や皮革、ワインなど東西南北の商品が取引きされていた。また、かつてはパン・デピスの生産も盛んで、13世紀にフランス王領へ編入された後も、大革命までフランス一の生産を誇っていたが、現在はその座をブルゴーニュ地方のディジョンに譲っている。広大な台地には、小麦や甜菜の畑がどこまでも続く。

▶主要都市：トロワ（*Troyes*、パリから141km）、ランス（*Reims*、パリから130km）　▶気候：大陸性気候に海洋性気候の影響が混じり合う。北からの風の影響も受けるため、概して気温が低いが夏と冬の寒暖の差は大きい。　▶果物：イチゴ　▶酒：シャンパン、シードル・デュ・ペイ・ドス（*Pay d'Othe*）、マール・ド・シャンパーニュ（*Marc de Champagne*、ワインを造る際に出るブドウの搾りかすで造る蒸留酒）　▶チーズ：シャウルス（*Chaource*）、ラングル（*Langres*）、ブリヤ＝サヴァラン（*Brillat-Savarin*）　▶料理：ポテ・シャンプノワーズ（*Potée Champenoise*、塩漬け豚、ソーセージ、白インゲン豆、香味野菜のシャンパン風味の煮込み）、平ガキのシャンパン風味（*Huîtres plates au Champagne*）、アンドウイエットのグリエ（*Andouillette Grillée*）、サント・ムヌー風豚足のグリエ（*Pieds de Porc à la Sainte-Menehould*）

Lorraine
ロレーヌ

ヴォージュ山脈を挟んでアルザス地方と面するロレーヌ地方は、バラエティに富んだ地形を有する地域。大部分を占める台地には、豊富な地下資源を利用した重工業が発達するとともに、広々とした小麦畑や果樹園が広がり、タルトやコンフィチュールも多く作られる。かつて、西ヨーロッパに855～869年に存在した国、ロタリンギア（*Lotharingia*）に属したことにその名を由来し、10世紀にロレーヌ高地とロレーヌ低地に分割され、後者はブラバント公（*Duc de Brabant*）領となった。前者はロレーヌ公爵領として治められ、18世紀にスタニスラス・レクチンスキー公（*Stanislas Leszczynski*）に割譲された。この元ポーランド王は食通として知られ、彼の宮廷で生まれた数々の銘菓はルイ15世（*Louis XV*）の王妃である娘マリー（*Marie*）へ送られ、広く知られることとなった。彼の死後、いったんはフランス王領に統合されたが、普仏戦争でドイツに割譲。1919年に再びフランスへ返還された。菓子では、ヴェルダン（*Verdun*）のドラジェ（*Dragée*）も特産として名高い。

▶主要都市：メッス（*Metz*、パリから281km）、ナンシー（*Nancy*、パリから282km）　▶気候：大陸性気候に海洋性気候の影響が混じり合い、四季の変化が見られる。寒暖の差は大きい。　▶果物：ミラベル、グロゼイユ、ナンシー（*Nancy*）のアプリコット、プラム、レーヌ・クロード、マルメロ、イチゴ　▶酒：ビエール・ブロン・ド・ロレーヌ（ロレーヌの淡色ビール）、ミラベルやクエッチ、フランボワーズ、サクランボのオー・ド・ヴィ　▶チーズ：カレ・ド・レスト（*Carré de l'Est*）　▶料理：キッシュ・ロレーヌ（*Quiche Lorraine*、ベーコン入りキッシュ）、ポテ・ロレーヌ（*Potée Lorraine*、豚の肩肉やその加工品、香味野菜、キャベツ、ジャガイモなどの煮込み）、ブーダン・ド・ナンシー（*Boudin de Nancy*、豚の血と脂がベースの腸詰め）　▶その他：ヴォージュ（*Vosges*）のモミのハチミツ

Alsace
アルザス

ライン川とヴォージュ山脈に挟まれ、ドイツと国境を接するアルザス地方。かつてアルサティア(Alsatia)と呼ばれたことにその名を由来する。豊富な地下資源をめぐってドイツとの間で争いが繰り返され、5世紀末にはフランク王国が統治。9世紀からは神聖ローマ帝国(ドイツ帝国)の支配下となり、17世紀にほぼ全域がフランスに帰属した。その後、ドイツ領とフランス領の間を行き来し、第2次世界大戦後にフランス領となって今に至る。その数奇な歴史を反映して、両国の要素を織り交ぜた独特の文化が花開き、料理や菓子もドイツの香りを感じさせる素朴でダイナミックなものが多い。クリスマスの市(Marché de Noël)やクリスマスの伝統菓子が多くあることでも知られる。パック(Pâques、復活祭)のアニョー・パスカル(Agneau Pascale、羊の形のビスキュイ)も印象的だ。土地が肥沃でさまざまな果物が豊富に収穫され、タルトやコンフィチュールのほか、オー・ド・ヴィも作られる。

▶主要都市:ストラスブール(Strasbourg、パリから397km) ▶気候:大陸性気候で乾燥しており、夏は暑く、冬は寒さが厳しい。 ▶果物:クエッチ、プラム、サクランボ、リンゴ、イチゴ、ミラベル、マルメロ、レーヌ・クロード、クルミ、ヘーゼルナッツ ▶酒:ワイン、キルシュ、クエッチやフランボワーズ、洋ナシなどのオー・ド・ヴィ ▶チーズ:マンステール(Manster) ▶料理:シュークルート(Choucroute、発酵させた塩漬けキャベツに肉やベーコン、ソーセージ、ジャガイモを添える)、ベッコフ(Baekenofe、肉、香味野菜、ジャガイモの煮込み)、フォワグラ(Fois Gras)、フラムンキューヒ(Flammenküche、タマネギ、ベーコン、クリームのアルザス風ピザ)

Biscuit de Champagne
ビスキュイ・ド・シャンパーニュ

フランスでの修業の締めくくりとして、フランス周遊旅行のスタート地点に私が選んだのは、シャンパーニュ地方の中心都市、ランス(Reims)だった。シャンパン醸造の一大中心地であり、町の中心に建つノートルダム大聖堂は、フランス歴代の王の戴冠式が行われたゴシック建築の傑作として、世界的に知られている。

シャンパンと並ぶこの町の名産品と言えば、ビスキュイ・ド・シャンパーニュだ。ビスキュイ・ド・ランス(Biscuit de Reims)とも呼ばれ、そのまま食べると淡泊だが、シャンパンに浸すとしっとりした質感になり、華やかかつふくよかな風味が広がる。かつてシャンパンは非常に甘いものであり、試飲する際にこのビスキュイは欠かせない存在だった。起源は明らかではないが、パンを焼いた後の残り火の使い道に頭を悩ませたパン職人によって生み出されたものと言われ、17世紀末には存在していたという。このビスキュイはもともと残り火で焼くため白く、のちにビスキュイ職人がカルミン(赤色染料)で色づけ、バニラの香りをつけることを思いついたそうだ。が、当時のランス人はピンク色のビスキュイをよしとせず、自然な味わいのままの白いビスキュイを好んだ、との記述も見られる。

ポイントは、生地が乾燥しないよう、型に澄ましバターを塗って焼くこと。それによって生まれるむっちり、ふんわりした食感をぜひ、シャンパーニュとともに楽しんでいただきたい。

8.5×4cmのフィナンシェ型
(フレキシパン)・約45個分

卵黄：110g
jaunes d'œufs

グラニュー糖：312.5g
sucre semoule

卵白：165g
blancs d'œufs

赤の色素：適量 Q.S.
colorant rouge
※水でのばす

薄力粉：250g
farine ordinaire

澄ましバター：適量 Q.S.
beurre clarifié

粉糖：適量 Q.S.
sucre glace

コーンスターチ：適量 Q.S.
fécule de maïs

下準備
＊型に澄ましバターを刷毛で塗っておく。
＊粉糖とコーンスターチは、1:1で混ぜ合わせておく(A)。

1. 卵黄とグラニュー糖を中速のミキサー(ホイッパー)で約10分攪拌する。少しねっとりして、すくい上げるとリボン状に生地が流れ落ちる状態になる。
2. 卵白を5回に分けて加え、その都度、リボン状に生地が流れ落ちる状態になるまでよく泡立てる。
3. 赤の色素を1滴ずつ、色合いを調整しながら加え混ぜる。
4. ミキサーから下し、薄力粉を加える。へらで底からすくい上げるようにして、生地に艶が出るまで混ぜる。
5. 口径9mmの丸口金をつけた絞り袋に入れ、型に絞り入れる。
6. Aをたっぷりふり、そのまま10〜15分置いて水分を吸わせる。
7. Aを、もう一度たっぷりふる。
8. 180℃のオーブンで約20分焼く。
9. 型からはずし、網にのせて冷ます。

Tarte aux Mirabelles de Lorraine
タルト・オー・ミラベル・ド・ロレーヌ

ロレーヌ地方では、特産のプラムやブルーベリー、ブドウなど、果物をふんだんに使ったタルトがよく作られる。特に、甘くて香り高く、実が固い小粒の黄色いプラム、ミラベルは質の高さで評判。そのまま食べるのはもちろん、タルトやコンポート、ジャム、オー・ド・ヴィなどにも加工される。

現地ではフレッシュなミラベルをそのままタルトに入れるが、日本では手に入らないので、ここでは缶詰めのコンポートを使用した。特徴は、生クリームを加えることで生まれる、アパレイユのふわっとやわらかい口当たり。しっかりしたコクも感じられ、生クリームの代わりにフロマージュ・ブランを加える人もいる。同じく特産のプラムの一種、クエッチで作るのもよいだろう。

直径18×高さ2cmの
タルトリング型・2台分

パート・シュクレ・オー・ザマンド：250g
pâte sucrée aux amandes
(▶▶「基本」参照)

アパレイユ appareil
　クレーム・パティシエール：378g
　crème pâtissière
　(▶▶「基本」参照)
　全卵 œufs：46g
　生クリーム(乳脂肪分48%)：19g
　crème fraîche 48% MG
　ミラベルのオー・ド・ヴィ：8g
　eau-de-vie de mirabelle

ガルニチュール garniture
　ミラベルのコンポート(缶詰)：360g
　compote de mirabelles

パート・シュクレ・オー・ザマンドを準備する
1. パート・シュクレ・オー・ザマンドを厚さ3mmにのばす。
2. 型よりひとまわり大きい円形に切り、型に敷き込む。
3. 天板にのせ、はみ出た生地を切り落とす。

アパレイユを作る
4. ボウルにクレーム・パティシエールを入れ、へらでなめらかにほぐす。
5. 溶きほぐした全卵、生クリーム、ミラベルのオー・ド・ヴィを順に加え混ぜる。すくった生地がリボン状に流れ落ちるなめらかな状態になる。

ガルニチュールを準備する
6. ミラベルのコンポートの汁気を切り、縦半分に切る。

組み立て、焼成
7. 3に6を敷き詰める。
8. 5のアパレイユを1台につき225gずつ流し入れる。
9. 180℃のオーブンで約45分焼く。
10. 型からはずし、網にのせて冷ます。

Madeleine de Commercy
マドレーヌ・ド・コメルシー

マルセル・プルースト(Marcel Proust)の小説、『失われた時を求めて(À la Recherche du Temps Perdu)』(1913~27)にも登場するマドレーヌは、貝殻形の愛らしい焼き菓子。レモンかオレンジの花の水で香りづけされ、ぷっくりふくらんだへそが特徴的だ。誕生には諸説あるが、最も知られているのは、ロレーヌ公のスタニスラス・レクチンスキー(Stanislas Leszczynski)がコメルシー(Commercy)で開いた宴会のエピソードだろう。厨房で喧嘩が起こり、怒って出て行ったパティシエの代わりに急遽、女中(農家の娘とも)がお菓子を焼いたというものだ。公は大層気に入り、女中の名を取ってマドレーヌと命名したのだとか。ルイ15世(Louis XV)に嫁いだ娘、マリー(Marie)にも送ったところ、ヴェルサイユ宮殿で評判となり、パリに広まったとも言われている。

他には、政治家タレーラン(Talleyrand)の料理人、ジャン・アヴィス(Jean Avice)がアスピック型で焼いて名づけたとする説や、聖ヤコブを象徴する帆立貝の殻で焼いた菓子をサンチアゴ・デ・コンポステーラ(Santiago de Compostela)への巡礼者に配ったという説も。アレクサンドル・デュマ(Alexandre Dumas)は『大料理事典(Le Grand Dictionnaire de Cuisine)』(1873)で、コメルシーのペロタン・ド・バルモン夫人(Madame Perrotin de Barmond)の女料理人、マドレーヌ・ポミエ(Madeleine Paumier)によるというレシピを紹介している。

その後、マドレーヌの製法はコメルシーだけの秘伝として、製造業者によって守られてきた。私が訪れた時には、教会が建つ広場の角にある「クローシュ・ドール」(Cloche d'Or)という店で、親父さんが一人で運行窯に向かいながら、ひたすらマドレーヌを焼いていた。焼き上がったマドレーヌは、いかにも素朴な味わい。最も古いマドレーヌの店と言われる「メゾン・コロンベ」(Maison Colombé)の系統の店だったそうだが、今はなくなってしまった。

マドレーヌといってもう一つ思い出す出来事がある。それは、リムーザン地方のサン=ティリュー=ラ=ペルシュ(Saint-Yrieix-la-Perche)を訪ねた時のこと。やはりマドレーヌが名物とされており、菓子屋を訪ねてみると、店先に美食家ブリヤ・サヴァラン(Brillat-Savarin)が食べて名声が広まった旨が掲示されていた。由来はやはり、ひとりの職人がコメルシーで習って帰り、マドレーヌ専門店を開いたのが始まりとのこと。しかし、本来のマドレーヌの姿を留めているとは言い難く、憤慨して店主と口論になってしまった。私もまだ血気盛んな頃で、少々言い過ぎたと後で反省したが、今となってはよい思い出だ。

約7.5×5cmのマドレーヌ型・30個分

全卵 œufs:150g
グラニュー糖 sucre semoule:130g
ハチミツ miel:20g
塩 sel:1g
すりおろしたレモンの皮:½個分
zestes de citrons râpés
薄力粉 farine ordinaire:150g
ベーキングパウダー:5g
levure chimique
溶かしバター:125g
beurre fondu

澄ましバター:適量 Q.S.
beurre clarifié

下準備
＊型に澄ましバターを刷毛で塗っておく。

1. 全卵、グラニュー糖、ハチミツ、塩、すりおろしたレモンの皮を中速のミキサー(ホイッパー)で約15分泡立てる。
2. 薄力粉とベーキングパウダーを加え、ゴムべらで粉が見えなくなるまで混ぜる。
3. 溶かしバター(室温)を加え、ゴムべらで混ぜてなじませる。
4. ボウルに移し入れてラップフィルムをかけ、冷蔵庫で一日休ませる。
5. 口径10mmの丸口金をつけた絞り袋に入れ、型いっぱいに絞り入れる。
6. 220℃のオーブンで約10分焼く。
7. 型からはずし、網にのせて冷ます。

Lorraine ｜ ロレーヌ

Confiture de Groseilles de Bar-le-Duc
コンフィチュール・ド・グロゼイユ・ド・バール゠ル゠デュック

約270g

グロゼイユ（生）groseilles：125g
グロゼイユのピュレ：250g
purée de groseilles
グラニュー糖：192g
sucre semoule

　バール゠ル゠デュック（Bar-le-Duc）は、バール伯爵領の首都として中世に栄えた小さな町。この町の名を広く知らしめているのが、「バールのキャビア（caviar de Bar）」の異名を持つ、コンフィチュール・ド・グロゼイユ・ド・バール゠ル゠デュックだ。最大の特徴は、先を尖らせた鵞鳥（がちょう）の羽を差し入れ、手作業で種を取り除いたグロゼイユの実を使うこと。小さな実を潰さないように指でそっと持ち、一粒一粒種を取り除く気の遠くなるような作業を思えば、キャビアと呼ばれるのも、高価なのも頷ける。

　このコンフィチュールについての最古の記述は14世紀半ばに遡り、当時、裁判に勝訴した側が裁判官に対し、感謝の印として贈る習わしだったことが書かれている。その後も贅沢品として王族や貴族から珍重され、海外にまで知られていったという。

　古くからカットグラスの瓶に入れて販売されており、赤いグロゼイユで作られたものと白いグロゼイユで作られたものがある。フランスで育った悲劇のスコットランド女王、メアリー・スチュアート（Mary Stuart）は、「小瓶に入った太陽の光明（un rayon de soleil en pot）」と賞したとか。光にかざすと宝石のようにきらめき、丸い実が透けて美しい。

　私はグロゼイユの実にさらに果汁を足して汁気を補い、透明感のあるコンフィチュールに仕上げた。種のえぐみから解放された、クリアで力強いグロゼイユの甘酸っぱさに、華やかな気品が感じられる。

---

1. シノワにサラシ布を敷いてグロゼイユのピュレを入れ、下にボウルを当てて一晩置き、したたり落ちてきた汁を取る（約137g取れる）。
2. グロゼイユは一粒ずつ針で種を取り除き、ボウルに入れる。
3. 銅製の片手鍋に*1*と*2*を入れ、グラニュー糖を加えて強火にかける。
4. へらで混ぜながら加熱し、沸騰したら数回アクを取る。
5. 糖度67％brixになるまで煮詰めたら瓶に移し入れ、ふたをして冷ます。

Visitandine
ヴィジタンディーヌ

　ヴィジタンディーヌとは、17世紀にナンシー(Nancy)で創設された、聖母訪問会(Ordre de la Visitation)の修道女のこと。この小菓子は、彼女らが考案したと言われている。円形か丸みのある舟形に焼かれることが多く、円い花のような独特の形をした専用のヴィジタンディーヌ型も存在する。焼成後にアンズのコンフィチュールを薄く塗り、キルシュ風味のフォンダンをかけることもある。

　フィナンシエと配合は似ているが、卵白の扱いが異なり、その8割を半ば泡立ててからタンプルタンや小麦粉と混ぜ合わせ、生地を潰すようにへらでよく混ぜてから焼く。口に入れた時、粗めに挽いたアーモンドパウダーの食感がきちんと感じられるのが好ましい。

———

7×5cm(底は6×3.5cm)のオヴァール型・約60個分

タンプルタン T.P.T. : 500g
薄力粉 farine ordinaire : 75g
卵白 blancs d'œufs : 260g
ハチミツ miel : 150g
焦がしバター : 375g
beurre noisette

澄ましバター : 適量 Q.S.
beurre clarifié

下準備
＊型に澄ましバターを刷毛で塗っておく。

1. タンプルタンと薄力粉をボウルに入れ、混ぜ合わせる。
2. 卵白の4/5量を加えて、へらでなめらかなペースト状になるまで練り混ぜる。
3. 残りの卵白を別のボウルに入れ、ホイッパーで2分立てにする。
4. 3を2に加え、へらでよく混ぜる。さらにハチミツを加え混ぜる。
5. 焦がしバターを熱いうちに加え、へらで切るようにして混ぜる。
6. 口径12mmの丸口金をつけた絞り袋に入れ、型いっぱいに絞り込む。
7. 190℃のオーブンで約20分焼く。
8. 型からはずし、網にのせて冷ます。

Gâteau au Chocolat de Nancy
ガトー・オー・ショコラ・ド・ナンシー

　ロレーヌでは、お菓子にチョコレートがよく使われる。その代表格が、ロレーヌの2大都市の名を冠するガトー・オー・ショコラ・ド・ナンシーとガトー・オー・ショコラ・ド・メッス (*Gâteau au Chocolat de Metz*) だ。同じものと言われることも多いが、前者はアーモンドパウダー入りのカトル・カールのような生地に溶かしたチョコレートを加え、後者はジェノワーズに似た生地に削ったチョコレートを混ぜるという違いがあるらしい。

　私は、古い文献で見つけたガトー・オー・ショコラ・ド・ナンシーのルセットに改良を加え、焼いたムース・オー・ショコラ的なおいしさがより味わえるよう作っている。チョコレートだけでなくナッツも多く加えるため、ねちっと重たい食感になりがちだが、それを避けるには卵白を銅ボウルでじっくり泡立て、きめ細やかで丈夫なメレンゲを作ることが大切。この泡をへらでやや潰すようにして混ぜて焼くと、生地が浮き上がりすぎず、しっとり口溶けよく焼き上がる。

直径15×高さ5cmの
ジェノワーズ型(底つき)・5台分

ブラックチョコレート(カカオ分53%):300g
couverture noir 53% de cacao

バター beurre:300g

ヘーゼルナッツの
タンプルタン:300g
T.P.T. noisettes

卵白 blancs d'œufs:150g

グラニュー糖 sucre semoule:24g

全卵 œufs:75g

卵黄 jaunes d'œufs:140g

薄力粉 farine ordinaire:80g

バター beurre:適量 Q.S.

下準備
＊型にポマード状のバターを刷毛で薄く塗っておく。

1. 刻んだブラックチョコレートを湯煎で溶かして35℃に調整する。
2. バターをボウルに入れ、ホイッパーで混ぜてポマード状にする。
3. 2に1を加え混ぜる。さらにヘーゼルナッツのタンプルタンを加え混ぜる。
4. 銅ボウルに卵白を入れ、グラニュー糖を少しずつ加えながら角が立つまで泡立てる(6の混ぜ終わりにタイミングを合わせる)。
5. 合わせて溶きほぐした全卵と卵黄を3回に分けて3に加え、手早くすり混ぜる。
6. 薄力粉を5に加え、へらでざっと混ぜる。
7. 6に4を3回に分けて加え、その都度へらで混ぜる。ボウルを回しながらへらの面で泡を潰すようにしてよく混ぜ、なめらかな状態にする。
8. 天板に型を並べ、絞り袋(口金はつけない)に7を入れて7分目まで絞り入れる。
9. オーブンペーパーをかぶせ、150℃のオーブンで約50分焼く。
10. 網にのせて冷ます。
11. 型の上に浮き上がっていた生地が沈んだら、型からはずし、網にのせて冷ます。

Macaron de Nancy
マカロン・ド・ナンシー

ナンシー(Nancy)の菓子と言ってまず頭に浮かぶのは、マカロンだ。スペイン・アヴィラの聖女テレサ(Sainte Thérèse)の「アーモンドは肉食をしない修道女にとって申し分ない食べ物である」という教えに沿い、カルメル会修道女ら(les Carmélites)によって女子修道院で作られた。17世紀から評判が高かったが、18世紀のフランス革命で修道院は閉鎖され、彼女たちは迫害を受けることになった。その際、2人の修道女が土地の有力者によってナンシーのアッシュ通りにかくまわれ、感謝をこめて彼女たちはマカロンを焼いたという。これが次第に広まり、食通の作家シャルル・モンスレ(Charles Monselet)によれば、「人々はこの修道女たちに同情し、その献身に感動すると同時に作られたマカロンの素晴らしさにも感動し、いつのまにか『修道女たちのマカロン(Les Sœurs Macarons)』とこの菓子を呼ぶようになった」そうだ。

そのマカロンを受け継ぐ店があると聞き、私は心躍らせながらナンシーを訪れた。ロレーヌ公国の首都として栄え、フランス菓子通なら必ず知っているスタニスラス・レクチンスキー(Stanislas Leszczynski)公が18世紀に都市開発を行なった美しい町だ。19世紀にはアールヌーヴォーが花開き、町の各所にその面影が残っている。それらを眺めながら、優美なロココ様式のスタニスラス広場に着くと、アッシュ通りの角に「Les Sœurs Macarons」との看板を見つけた。店に入ると、骨董品のようなレリーフがついた大きな木のテーブルがひとつ置かれ、マカロン・ド・ナンシーが紙についたまま並べられていた。あるのはただ、それだけ。伝統を守る頑固な姿勢と潔さに打たれ、店番をしていた老婆のいかめしい顔つきとともに、強烈な記憶として刻まれている。今ではその店もなくなってしまい、本当に残念でならない。

菓子としてのマカロン・ド・ナンシーの面白さは、なんと言っても食感だ。数あるマカロンの中でも表面のカリッとした歯触りが最も楽しめ、中心はネチッとしている。ひび割れた表情も素朴で趣深く、噛み締めるごとにアーモンドの風味が豊かに広がる。

直径5〜6cm・約90枚分

ローマジパン：600g
pâte d'amandes crue

粉糖：187g
sucre glace

卵白 blancs d'œufs：90g

薄力粉 farine ordinaire：30g

グラニュー糖：187g
sucre semoule

水 eau：62g

---

1. ボウルにローマジパン、粉糖、卵白を入れ、手でつかむように混ぜてやわらかくする。
2. 薄力粉を加え、よく混ぜ合わせる。
3. 鍋にグラニュー糖と水を入れ、強火で108℃まで熱する。
4. 2に3を加え、ゴムべらで混ぜてなめらかにする。
5. ラップフィルムをかけて、2時間以上休ませる。
6. 口径12mmの丸口金をつけた絞り袋に入れ、ロール紙(グラシン紙)を敷いた天板に直径約3cmの円形に絞る。
7. 2時間以上休ませる。
8. ふきんを濡らして軽く絞り、縦長に畳んで両端を持つ。7の生地の表面を軽く叩いて濡らす。
9. 180℃のオーブンで約25分焼く。
10. 紙ごと網にのせて冷ます。

Bergamotes de Nancy

ベルガモット・ド・ナンシー

　ベルガモットはイタリアやフランスのコルシカ島、中国を主産地とするミカン科の柑橘のひとつ。果皮から採られる精油は、香水などに用いられる。ロレーヌへは、15世紀、ロレーヌ公であると同時にナポリやシチリアの王でもあった、ルネ2世(René II)によってもたらされたという。

　このベルガモットで香りをつけたハチミツ色の四角い大麦糖の飴、ベルガモット・ド・ナンシーは、マカロン・ド・ナンシー(p.24)と並ぶナンシーの銘菓だ。糖菓職人のジャン＝フレデリック・ゴドフロイ・リリーチ(Jean Frédéric Godefroy Lillich)が調香師の助言を受け、19世紀半ばに誕生させたと言われる。

　飴には再結晶化を防ぐため、通常、酒石酸やクエン酸などを加える。が、このベルガモット・ド・ナンシーは赤ワインヴィネガーを加えることで透明ではなく、全体がほんのりとした琥珀色に仕上がるらしい。その色合いが光に透けて美しく、心魅かれずにいられない。

2.5×2.5cm・49個分

グラニュー糖：250g
sucre semoule

水飴 glucose：20g

水 eau：80g

ベルガモット・エッセンス：2g
essence de bergamote

赤ワインヴィネガー：3滴
vinaigre de vin rouge

1. グラニュー糖、水飴、水を銅鍋に入れ、強火で165℃まで熱する。
2. 大理石の台の上にシルパットを敷き、1を流す。
3. 約100℃に冷めたら、ベルガモット・エッセンスと赤ワインヴィネガーを加える。耐熱性のゴム手袋をはめ、端から中央へ手早く折り畳むようにして練り込む。
4. 3が60〜70℃に冷めたら厚さ3mmのバールを両脇に置き、その上に麺棒を転がして厚さ3mmにのばす。
5. 指で押すと少し跡が残る固さになったらバールをはずし、ナイフで2.5×2.5cmに切り込みを入れる。
6. そのまま冷まして固まらせる。
7. 大理石の台の上にそっと落とし、切り込みに沿って割る。

Column | シベリア鉄道で、パリへ

　1967年、私は横浜から船でソビエト連邦(現ロシア)のナホトカへ渡り
った体を洗い流し、2日後、飛行機に乗り換えてようやくパリのオル
ことだった。

　到着後は、まさにトラブル続きだった。朝にならなければバスもな
来てもらう羽目になった。事情を話して知り合いの画家さんに迎
の宿代を前払いで請求され、所持金がほとんど底をついた。当
100円、1ドル=360円の時代。考えが甘いと言われればそれまで
然、すぐに見つかるわけはない。2週間後、どうにもならなくなって
れと言われた。が、そう言われたところで帰るお金もない。粘りに粘
ンス生活が動き出した。

　あまりに散々なスタートで、聞いた人は呆れることだろう。それで
街の匂い、地下鉄の匂い、すれ違う人の匂い！ 東京オリンピックを
た。そして何より、おいしそうな食べ物の匂いといったら！アレジアの
張れば、バターの得も言われぬ芳醇な香りが押し寄せ、向かい
とかけてくれる。生まれて初めて味わうアーモンドにも、目を丸くした
ランも、すべてが甘くておいしくて、夢中になって食べまくった。

　振り返ると、今日までずっとパティシエとして自分を奮い立たせて
理不尽な仕事に耐え切れず、せっかく救ってもらったのに辞めて
させてもらったものの、恩人を裏切ってしまったという心の痛みは
た。「生涯一職人として手を緩めず、奢らず、体中の感覚を使
は、あの時すでに決まっていたのかもしれない。

ベリア鉄道でモスクワに向かった。そこで汽車のすすで真っ黒にな
空港に着いたのは、日本を発ってから13日後。6月6日の真夜中の
で、空港のベンチで寝たら通報され、いきなり日本大使館の人に
来てもらい、14区のアレジア教会裏のホテルに着いたら、1カ月分
8万円もあれば日本で2カ月は楽に暮らせたが、当時は1フラン＝
、私にとっては大誤算だった。心細さと焦りで仕事を探すも、当
る思いで大使館へ相談に行ったら、さんざん怒られて日本へ帰
なんとか和食屋の仕事を紹介してもらい、やっとのことで私のフラ

のパリ生活は日々、感激に満たされていた。あの空の青さと空気、
やっと明るさが出たばかりの日本とはすべてが違い、輝いてい
シェから漂ってくる香りには、毎朝引き寄せられた。クロワッサンを頬
子屋でサバランを注文すれば、香り高いお酒をフラスコでドバーッ
タークリームも、ジェノワーズも、ミルフィーユも、クロワッサンも、シューも、フ

のは、あの時の感激なのだと思う。そしてもうひとつは、人間関係や
った和食店の店主への申し訳なさ。冷たい雨の日に謝って辞め
ず、「人を裏切ることは、もう2度とするまい」と、固く誓って生きてき
、本当に旨いと思うものを真摯に作り続ける」という、私の生き方

パリにて。渡仏した当初は
何もかもが目新しく、楽しかった。

Baba au Rhum
ババ・オー・ロム

ババ・オー・ロムは、レーズン入りの発酵生地を焼き、ラム酒風味のシロップをしみこませた菓子。その誕生は、ロレーヌ公スタニスラス・レクチンスキー(Stanislas Leszczynski)のアイデアによると言われる。ある日公は、クグロフ(p.34)がパサついていたので、ラム酒(マラガ酒とも)をしみこませてみたところ、いたって美味な結果が得られた。そこで、愛読書の『千夜一夜物語』の主人公にちなみ、アリ・ババ(Ali Baba)と名づけたというのだ。もしくは公の祖国、ポーランドで作られる円柱形の発酵菓子、バブカ(Babka、"おばさん"、または"おばあちゃん"の意)がベースになったとする説もある。いずれにしろ、これがナンシーの宮廷で好評を博し、宮廷に出入りしていた菓子職人ストレール(Stohrer)が改良。パリのモントルグイユ通りに開いた自身の菓子店で、ババ(Baba)として売り出し、広く知られるようになった。

ポイントは生地をじっくり捏ね、小麦粉のグルテンによる網目状の組織をきめ細かく、しっかり作ること。それを乾燥するまで焼き、時間をかけてひと肌程度の温度のシロップをしみこませることで、生地感が感じられつつジュワッとシロップが溢れ出す、ババならではの旨さが生まれる。

ちなみにサヴァラン(Savarin)は、ババから想を得て、19世紀中頃に活躍した菓子職人ジュリアン兄弟(Les Juliens)が生み出し、美食家として名高いブリヤ=サヴァラン(Brillat-Savarin)の名がつけられけた菓子。レーズンの入らないパータ・ババを中央が窪んだ型で焼き、ラム酒シロップに浸してクリームや果物を詰める。また、南イタリア・ナポリの名物として知られるババは、ナポリの菓子職人がパリから製法を持ち帰り、広めたものと聞く。

直径5×高さ4.5cmのダリオール型・30個分

パータ・ババ pâte à baba
- ドライイースト:8g levure sèche de boulanger
- グラニュー糖 sucre semoule:1g
- ぬるま湯 eau tiède:40g
- 強力粉 farine de gruau:300g
- 全卵 œufs:200g
- 牛乳 lait:120g
- バター beurre:90g
- グラニュー糖 sucre semoule:8g
- 塩 sel:8g
- サルタナレーズン:150g raisins secs de Sultana

シロ・ア・ババ sirop à baba
- 水 eau:1kg
- グラニュー糖:500g sucre semoule
- すりおろしたオレンジの皮:1個分 zestes d'oranges râpées
- シナモンスティック:2本 bâtons de cannelles
- スターアニス anis étoilés:3個
- ラム酒 rhum:300g

パータ・ババを作る
1. 「基本」の「パータ・ブリオッシュ」の「手で捏ねる方法」1〜5の要領で作る。ただし、小麦粉は強力粉のみを使用し、3でグラニュー糖8g、塩は加えず、水の代わりに少しずつ牛乳を加えながら捏ねる。
2. 手で薄くのばしながら広げると薄い膜状に広がるようになったら、ボウルに移して表面に打ち粉をし、カードで生地の端を下に押し込むようにして表面を張らせてまとめる。
3. ラップフィルムをかけて約2倍に膨らむまで約2時間、1次発酵させる。
4. バターをボウルに入れ、グラニュー糖8gと塩を加えて均一な状態になるまで手で揉みこみ、やわらかくする。
5. 生地をパンチしてガスを抜き、台に出す。4を加え、手で折り混ぜた後、台に叩きつけながら折り畳むようにして捏ねる。
6. バターがしっかり混ざり、生地が台につかなくなって、手で薄くのばしながら広げると薄い膜状に広がるようになったら、サルタナレーズンを加え、手の平で折り込むように捏ねて混ぜる。
7. シルパットを敷いた天板の上に直径5cm、高さ4.5cmのダリオール型を並べる。口径12mmの丸口金をつけた絞り袋に6を入れ、型の1/3の高さまで絞り入れる。
8. 全体にラップフィルムをかけ、約2倍に膨らむまで約1時間半、2次発酵させる。
9. 190℃のオーブンで約40分焼く。
10. 型をはずし、空気弁を開けた190℃のオーブンでさらに約20分、しっかり乾燥するまで焼く。型からはずし、網にのせて冷ます。

シロ・ア・ババを作る
11. ラム酒以外のすべての材料を鍋に入れ、強火にかけて沸騰させる。
12. そのまま冷まし、35℃になったらラム酒を加える。

仕上げる
13. 12を30〜35℃に調整し、10を浸す。ときどきひっくり返して全体にシロップをしみ込ませ、生地が十分に膨らんだら、網にのせて余分なシロップを切る。

Tarte Alsacienne
タルト・アルザシエンヌ

アルザスは、フランスの中でも1、2を争う豊富な果物の産地。クエッチをはじめとするプラムやリンゴ、サクランボなど、多種多彩で味のよい果物が収穫される。これらを使った家庭的な雰囲気のタルトの種類も数知れず、総称してタルト・アルザシエンヌと呼ばれている。私がアルザスで真っ先に食べたいと思ったのも、このタルトだった。

多く見られるのは、型にパータ・フォンセやパート・サブレを敷いて果物を並べ、卵や牛乳を使った液状のアパレイユを流して焼くタイプ。アパレイユに粉類が入らないので、プディングに似たやさしい口当たりに焼き上がる。

ここでは少し変わったスタイルとして、ブリオッシュ生地を使った素朴なタルトを紹介することにしよう。生地にリンゴを置き、砂糖や溶かしバター、アーモンドを混ぜ合わせたアパレイユをふりかけて焼く。すると、両者が互いに混じり合いすぎず、それぞれの香りが非常にバランスよく、いい状態で引き出される。アパレイユのカリカリした食感も魅力的だ。

直径18×高さ2cmの
タルトリング型・2台分

パータ・ブリオッシュ：240g
pâte à brioche
(▶▶「基本」参照)

ガルニチュール garnitures
　リンゴ pommes：5個

アパレイユ appareil
　グラニュー糖：50g
　sucre semoule
　シナモン(パウダー)：2g
　cannelle en poudre
　刻んだアーモンド：50g
　amandes hachées
　溶かしバター：50g
　beurre fondu

パータ・ブリオッシュを準備する
1. パータ・ブリオッシュをパンチしてガスを抜き、120gずつに分割する。
2. 軽く丸めた手の平で包むようにして台の上で転がし、表面をつるんとした状態に丸める。
3. 型の大きさに合わせて円形にのばす。天板に型を置き、その底に生地を敷き込む。
4. ラップフィルムをかけて約2倍に膨らむまで約1時間、2次発酵させる。

ガルニチュールを準備する
5. リンゴの皮と芯を取り除き、縦8等分のくし形に切る。

アパレイユを作る
6. すべての材料をボウルに入れ、へらで混ぜ合わせる。

組み立て・焼成
7. 5のリンゴを4の上に放射状に並べる。
8. 6のアパレイユを全体にまんべんなくふりかける。
9. 180℃のオーブンで約45分焼く。
10. 型からはずし、網にのせて冷ます。

Kouglof
クグロフ

アルザス菓子を語るうえで忘れてはならないのが、クグロフだ。アルザス中、どこの菓子店にも必ず、斜めにうねのある特有な形をしたこの菓子があり、訪れる人々の心に強い印象を残す。Kugelhopfとも綴られ、ドイツ語で"球"を意味するクーゲル(Kugel)と、"ホップ"や"ビール酵母"を意味するホプフ(Hopf)を語源とする説が有力だ。これはかつて、他の中央ヨーロッパの国々と同様、アルザスでもクグロフのような発酵生地を作る際、ビール酵母が使われていたことから来ている。

誕生の経緯については諸説あり、18世紀にオーストリアから伝えられ、ルイ16世(Louis XVI)の王妃マリー・アントワネット(Marie Antoinette)がフランスで広めたとも、天才料理人アントナン・カレーム(Marie-Antoine Carême)が友人のオーストリア大使館員から伝授されたとも言われる。また、それ以前にアルザス地方で作られていたとする説もある。異彩を放っているのは、リボーヴィレ(Ribeauvillé)という小さな町に残る伝説だ。この町に住んでいたクーゲル(Kugel)という名の陶工が、ある夜訪れた3人の旅人に宿を貸し、もてなした。実は彼らは、キリスト誕生のお祝いに向かう東方の三博士で、宿のお礼にとクーゲルが作った型でお菓子を焼いたというのだ。それがクグロフの始まり。真偽はさておき、アルザスでは今もクグロフの焼成には、陶製の型が好んで使われる。

リッチな味わいで朝食にもぴったりだが、一番旨いのは、アルザスの白ワインとともに味わうことだと思う。

直径13×高さ9cmの
クグロフ型(陶製)・5台分

薄力粉 farine ordinaire : 250g
強力粉 farine de gruau : 250g
ドライイースト : 15g
levure sèche de boulanger
グラニュー糖 sucre semoule : 2g
ぬるま湯 eau tiède : 75g
グラニュー糖 sucre semoule : 98g
塩 sel : 12g
全卵 œufs : 200g
牛乳 lait : 100g
バター beurre : 300g
サルタナレーズン : 250g
raisins secs de Sultana

澄ましバター : 適量 Q.S.
beurre clarifié

アーモンド(皮なし) : 適量 Q.S.
amandes émondées

下準備
＊型に澄ましバターを刷毛で塗り、底にアーモンドを貼りつけて冷凍庫で冷やし固めておく。

1. 薄力粉と強力粉をボウルに入れ、混ぜ合わせる。
2. ドライイースト、1のうち50g、グラニュー糖2g、ぬるま湯をボウルに入れてへらで混ぜる。ふつふつと泡立ってくるまで20～30分、予備発酵させる。
3. 残りの1、グラニュー糖98g、塩、全卵、牛乳(室温)、2を、低速のミキサー(フック)でざっと混ぜてから中速に切り替えてしっかり捏ねる。
4. ミキサーボウルに生地がつかなくなり、手でのばすと薄い膜状に広がるようになったら、バター(室温)をちぎり入れて混ぜる。
5. バターがしっかり混ざって艶が出たら、サルタナレーズンを加えて低速で混ぜる。
6. ボウルに移して表面に打ち粉をし、カードで生地の端を下に押し込むようにして表面を張らせてまとめる。
7. ラップフィルムをかけ、約2倍に膨らむまで約2時間、1次発酵させる。
8. パンチしてガスを抜き、300gずつに分割する。
9. 軽く丸めた手の平で包むようにして台の上で転がし、表面をつるんとさせて丸める。
10. 真ん中に手で穴をあけ、型に入れる。上から手で軽く型に押しつける。
11. 約2倍に膨らむまで約2時間、2次発酵させる。
12. 天板にのせ、200℃のオーブンで40～45分焼く。
13. 1～2分冷まして型からはずし、網にのせてさらに冷ます。

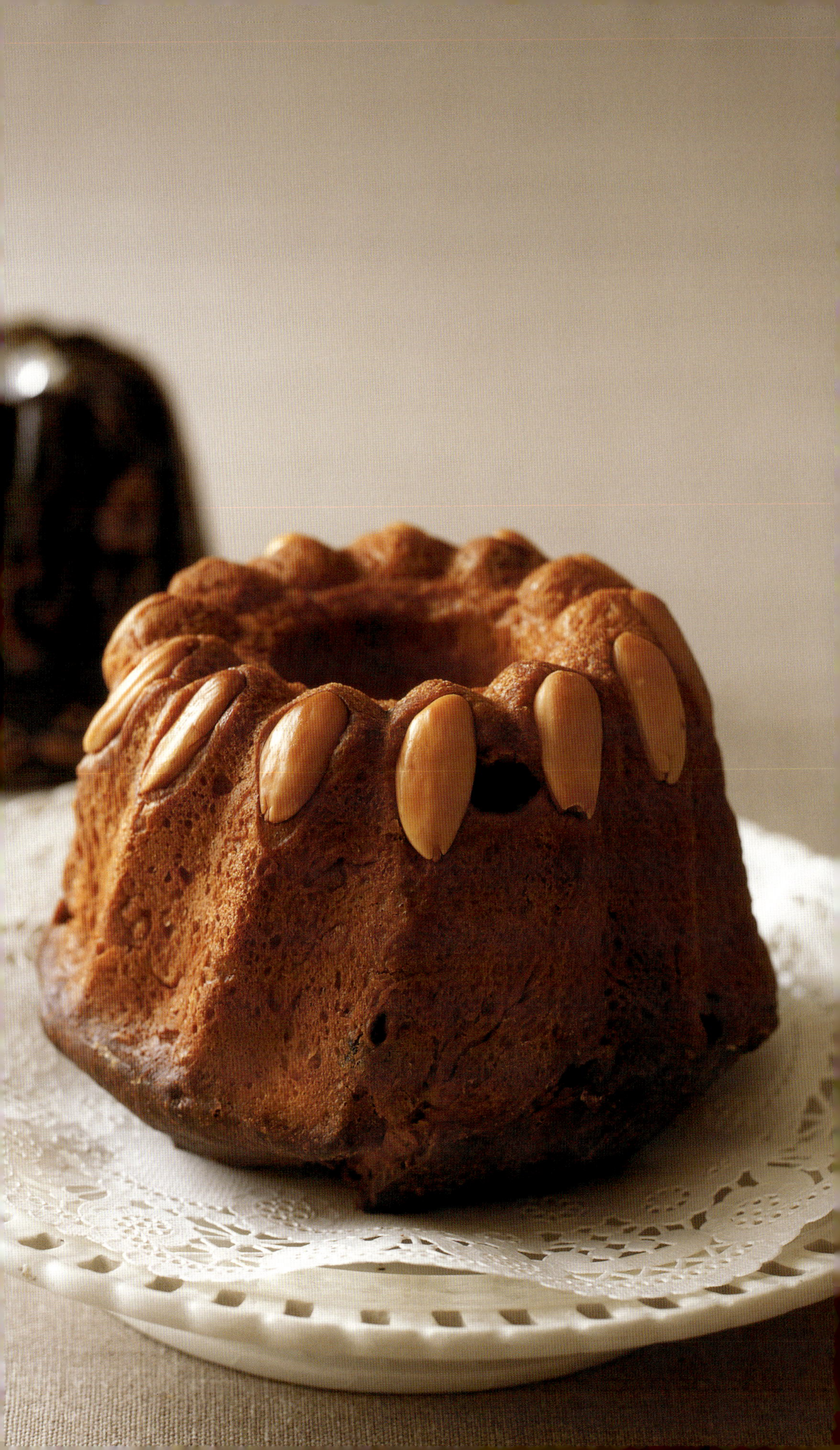

Beignet Alsacien
ベニエ・アルザシアン

フランス各地では、カルナヴァル(carnaval、謝肉祭)やキリスト教の祝祭、その土地の伝統行事などと結びつき、さまざまなベニエ(揚げ菓子)が作られている。ベニエ・アルザシアンもそのひとつだ。アルザスと隣接するドイツやオーストリアで作られるクラプフェン(Krapfen)やベルリーナー(Berliner)と同じ類で、パンのような発酵生地を油で揚げ、中にジャムを入れる。

私がアルザスを訪れた時、屋台の大きな鍋でこのベニエを揚げており、絞り袋でちょこっとジャムを絞り入れて売っていた。中に入れるのは、フランボワーズのジャムでもアンズのジャムでも、何でもよい。私は生地に牛乳をたっぷり加え、パン・オ・レのようにやわらかく、ふっくらした食感に仕上げている。

直径約5cm・14個分

パート・ルヴェ pâte levée
ドライイースト:10g
levure sèche de boulanger
グラニュー糖 sucre semoule:1g
ぬるま湯 eau tiède:50g
薄力粉 farine ordinaire:300g
グラニュー糖:19g
sucre semoule
塩 sel:6g
全卵 œufs:100g
牛乳 lait:200g
バター beurre:30g

ガルニチュール garniture
フランボワーズ(種入り)のジャム:225〜300g
confiture de framboises pépins
(▶▶「基本」参照)

ピーナッツオイル:適量 Q.S.
huile d'arachide
シナモンシュガー:適量 Q.S.
sucre cannelle
粉糖 sucre glace:適量 Q.S.

パート・ルヴェを作る
1. ドライイーストとグラニュー糖1gをボウルに入れ、ぬるま湯を注ぐ。ふつふつと泡立ってくるまで20〜30分、予備発酵させる。
2. 薄力粉、グラニュー糖19g、塩、全卵、牛乳(室温)、1を、低速のミキサー(フック)でざっと混ぜてから高速に切り替えてしっかり捏ねる。
3. ミキサーボウルに生地がくっつかなくなったら、バター(室温)をちぎり入れて中速で混ぜる。
4. バターがしっかり混ざって艶が出たら、ボウルに移して表面に打ち粉をし、カードで生地の端を下に押し込むようにして表面を張らせてまとめる。
5. ラップフィルムをかけ、約2倍に膨らむまで約1時間、1次発酵させる。
6. 生地をパンチしてガスを抜き、棒状に丸めた後、20gずつに分割する。
7. 軽く丸めた手の平で包むようにして台の上で転がし、表面をつるんとさせて丸める。
8. 天板にのせて霧吹きで水を吹きつけ、約2倍に膨らむまで約1時間、2次発酵させる。

揚げる・仕上げ
9. 160〜170℃に熱したピーナッツオイルで、8をときどきひっくり返しながら、全体がこんがり色づくまで揚げる。
10. 網に上げて油を切り、熱いうちにシナモンシュガーをまぶす。そのまま冷ます。
11. 粗熱が取れたら、脇にハサミで深めに穴を開ける。口径8mmの丸口金をつけた絞り袋にフランボワーズ(種入り)のジャムを入れ、その穴から適量を絞り入れる。
12. 網にのせ、粉糖を軽くふる。

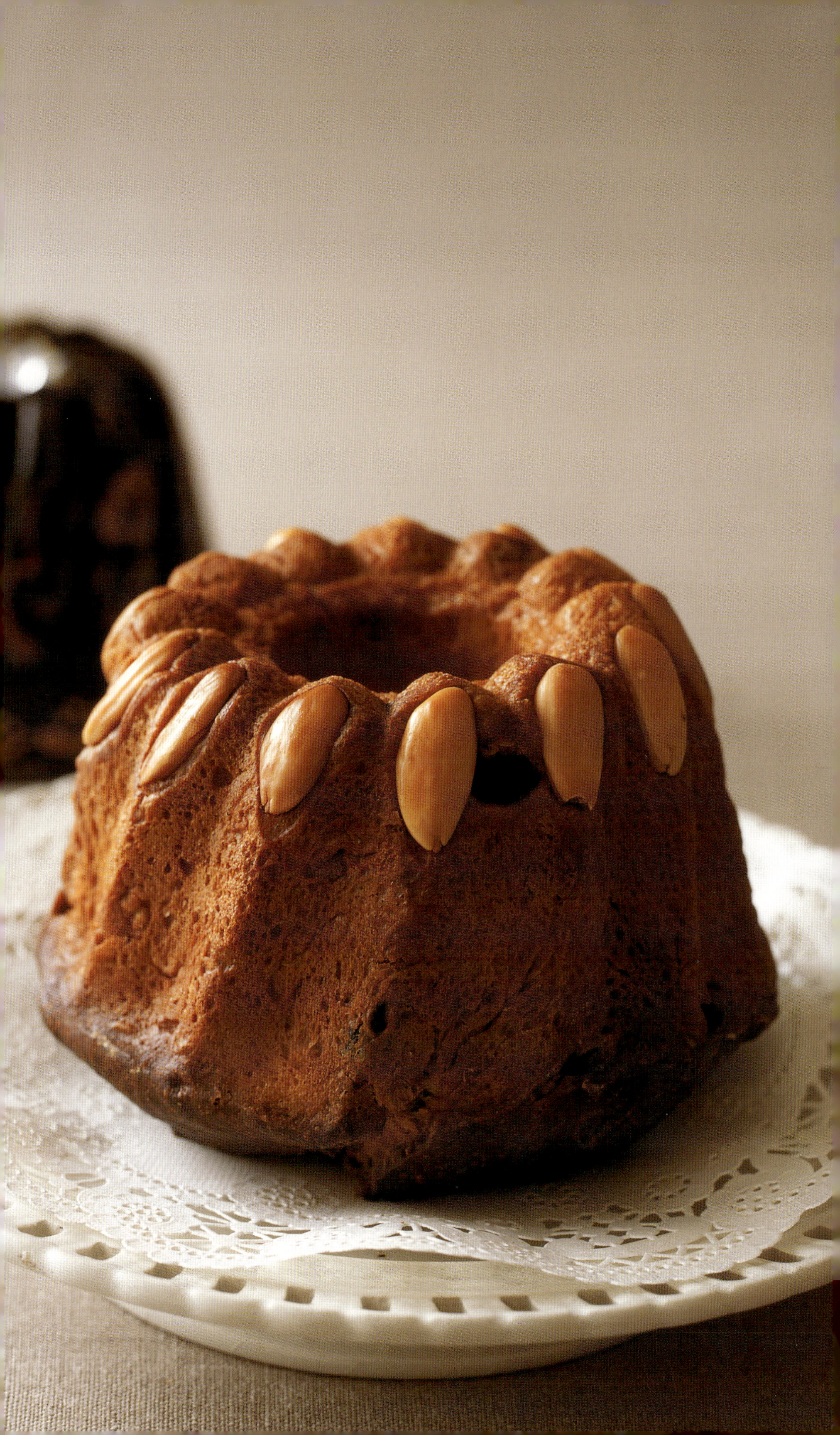

Beignet Alsacien
ベニエ・アルザシアン

フランス各地では、カルナヴァル(carnaval、謝肉祭)やキリスト教の祝祭、その土地の伝統行事などと結びつき、さまざまなベニエ(揚げ菓子)が作られている。ベニエ・アルザシアンもそのひとつだ。アルザスと隣接するドイツやオーストリアで作られるクラプフェン(Krapfen)やベルリーナー(Berliner)と同じ類で、パンのような発酵生地を油で揚げ、中にジャムを入れる。

私がアルザスを訪れた時、屋台の大きな鍋でこのベニエを揚げており、絞り袋でちょこっとジャムを絞り入れて売っていた。中に入れるのは、フランボワーズのジャムでもアンズのジャムでも、何でもよい。私は生地に牛乳をたっぷり加え、パン・オ・レのようにやわらかく、ふっくらした食感に仕上げている。

直径約5cm・14個分

パート・ルヴェ pâte levée
- ドライイースト：10g levure sèche de boulanger
- グラニュー糖 sucre semoule：1g
- ぬるま湯 eau tiède：50g
- 薄力粉 farine ordinaire：300g
- グラニュー糖：19g sucre semoule
- 塩 sel：6g
- 全卵 œufs：100g
- 牛乳 lait：200g
- バター beurre：30g

ガルニチュール garniture
- フランボワーズ(種入り)のジャム：225〜300g confiture de framboises pépins (▶▶「基本」参照)

- ピーナッツオイル：適量 Q.S. huile d'arachide
- シナモンシュガー：適量 Q.S. sucre cannelle
- 粉糖 sucre glace：適量 Q.S.

パート・ルヴェを作る

1. ドライイーストとグラニュー糖1gをボウルに入れ、ぬるま湯を注ぐ。ふつふつと泡立ってくるまで20〜30分、予備発酵させる。
2. 薄力粉、グラニュー糖19g、塩、全卵、牛乳(室温)、1を、低速のミキサー(フック)でざっと混ぜてから高速に切り替えてしっかり捏ねる。
3. ミキサーボウルに生地がくっつかなくなったら、バター(室温)をちぎり入れて中速で混ぜる。
4. バターがしっかり混ざって艶が出たら、ボウルに移して表面に打ち粉をし、カードで生地の端を下に押し込むようにして表面を張らせてまとめる。
5. ラップフィルムをかけ、約2倍に膨らむまで約1時間、1次発酵させる。
6. 生地をパンチしてガスを抜き、棒状に丸めた後、20gずつに分割する。
7. 軽く丸めた手の平で包むようにして台の上で転がし、表面をつるんとさせて丸める。
8. 天板にのせて霧吹きで水を吹きつけ、約2倍に膨らむまで約1時間、2次発酵させる。

揚げる・仕上げ

9. 160〜170℃に熱したピーナッツオイルで、8をときどきひっくり返しながら、全体がこんがり色づくまで揚げる。
10. 網に上げて油を切り、熱いうちにシナモンシュガーをまぶす。そのまま冷ます。
11. 粗熱が取れたら、脇にハサミで深めに穴を開ける。口径8mmの丸口金をつけた絞り袋にフランボワーズ(種入り)のジャムを入れ、その穴から適量を絞り入れる。
12. 網にのせ、粉糖を軽くふる。

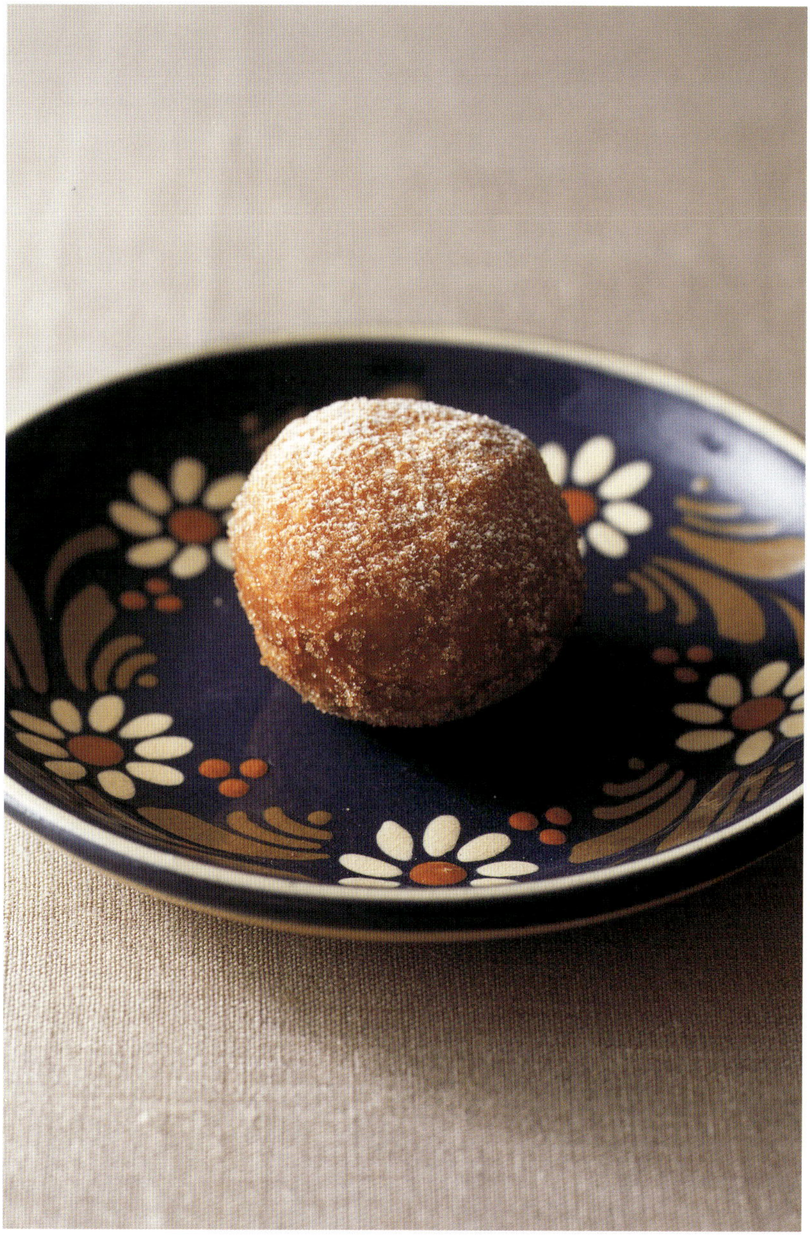

Pain d'Épices d'Alsace
パン・デピス・ダルザス

パン・デピスと聞いて、ブルゴーニュ地方ディジョン(Dijon)の香辛料が効いたケーキを思い浮かべる人が多いだろう。が、アルザスにはこれとは別に、ドイツのレープクーヘン(Lebkuchen)またはプフェッファークーヘン(Pfefferkuchen)や、ベルギーのスペキュロス(spéculoos)にも似た、クッキーのようなパン・デピスがある。現地では12月6日のサン＝ニコラの日に欠かせないお菓子で、そのまま食べられたり、子供たちに配られたり、さまざまな形に作って飾られたりする。グラス・ロワイヤルで色とりどりのデコレーションが施されることもしばしばだ。

固さの中にややねっちりした食感が感じられ、噛むたびに溢れるスパイシーな香りが、いかにもアルザスらしさを感じさせる。決め手は、たっぷり使われるハチミツと香辛料だ。ハチミツは古代ギリシャ、ローマでは神々への供物にされてきた貴重な甘味料。古くからパンや菓子にも用いられてきた。香辛料も長い間、貴重で高価な品とされ、ビザンチン帝国からその使用がヨーロッパに伝えられた。十字軍の遠征によって新たな供給が生まれ、大航海時代を経て広く一般に広まり、今に至る。

パン・デピスそのものは東方から11世紀にヨーロッパに伝わったとされ、起源は、10世紀に中国で小麦粉とハチミツを捏ねて作られていたパン、ミ・コンとか。モンゴルのチンギス・ハン(Gengis Khan)はこれを兵糧としたとも言われ、十字軍によってヨーロッパ各地へ伝わる過程でスパイスが加わり、パン・デピス(スパイスのパン)になったらしい。オルレアネ地方ピティヴィエ(Pithiviers)には、11世紀に亡命してきたアルメニアの司教、聖グレゴリウス(Saint Grégoire)がこの菓子をもたらしたとする説が残っている。

アルザス地方ゲルトヴィラー(Gertwiller)にあるパン・デピス博物館によれば、ドイツでプフェッファークーヘン（レープクーヘン）の記述が見られるのは、1296年。アルザスでは1453年の資料に、マリーエンタール（Marienthal）のシトー派修道会の修道士たちのクリスマスの食卓で、パン・デピスが供されていたことが書かれているという。ルネッサンス期には、レープクーヒャー(Lebküchier、パン・デピス職人)の組合もアルザスに誕生し、ブレッツェルを口にくわえた熊を標章にしていたそうだ。

直径約4〜5cm目安の
好みの抜き型・120個分

生地 pâte
ハチミツ miel：500g
グラニュー糖：500g
sucre semoule
A. アーモンドスライス：250g
amandes effilées
ビターアーモンド・エッセンス
essence d'amandes amère：50g
シナモン(パウダー)：4g
cannelle en poudre
スターアニス(パウダー)：1.2g
anis étoilé en poudre
クローブ(パウダー)：1.2g
girofle en poudre
ナツメグ(パウダー)：1.2g
muscade en poudre
すりおろしたレモンの皮
：1個分
zestes de citrons râpés
重曹：4g
bicarbonate de soude
キルシュ kirsch：90g
薄力粉 farine ordinaire：1kg

グラス・ロワイヤル glace royale
粉糖 sucre glace：50g
卵白 blancs d'œufs：30g
レモン果汁：2〜3滴
jus de citron

塗り卵(全卵)：適量
dorure (œufs entiers) Q.S.

生地を作る
1. ハチミツとグラニュー糖を合わせて沸騰させ、そのまま冷ます。
2. ボウルにAと1を入れ、まとまるまで手で練り混ぜる。
3. ビニール袋に入れて平らにし、冷蔵庫で12時間休ませる。
4. 厚さ5mmにのばし、好みの抜き型で抜く(ナイフで適当な形に切ってもよい)。
5. シルパットを敷いた天板に並べ、刷毛で塗り卵を薄く塗る。
6. 180℃のオーブンで約30分焼く。

グラス・ロワイヤルを作る
7. 粉糖と卵白をボウルに入れ、へらですり混ぜる。
8. 全体が均一に混ざったら、レモン果汁を加え混ぜる。

仕上げる
9. 6が熱いうちにグラス・ロワイヤルを刷毛で塗り、網にのせて乾かす。

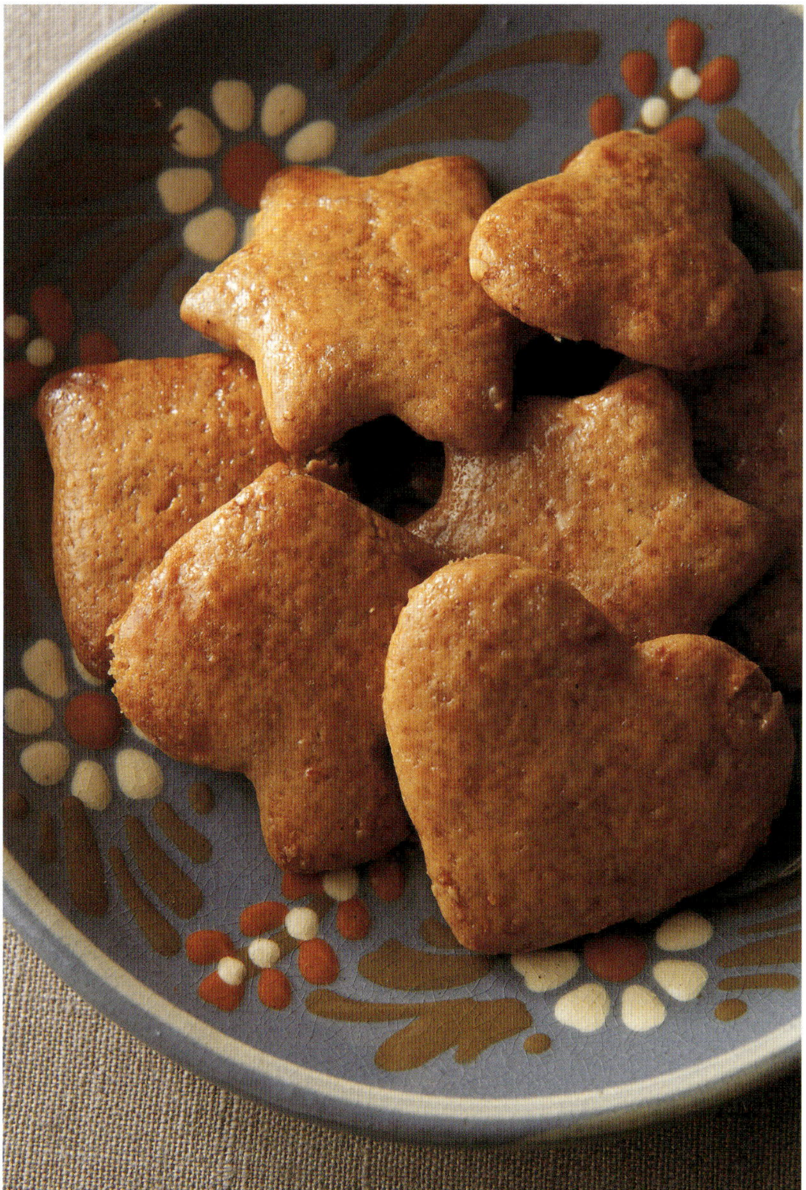

Alsace ｜ アルザス

Berawecka
ベラベッカ

ベラベッカはパン・ド・フリュイ(*Pain de Fruits*)とも呼ばれる、アルザスのクリスマスに欠かせない菓子だ。発酵生地にキルシュで漬け込んだ洋ナシやイチジク、プルーン、レーズン、ナッツ類などをスパイスとともにたっぷり混ぜ込み、焼き上げる。Bireweck、Berawekra、Bierewecke など、さまざまな綴りが見られるが、現在のアルザス語で言えばbeeraは"洋ナシ"、wäcklaは"小さなパン"のこと。クリスマスの真夜中に行われるミサの前に食べる習慣もあるそうだ。

これだけの量のドライフルーツを少量の発酵生地でつないで作る菓子は、他になかなか見当たるものではなく、興味をそそられる。フルーツやスパイスの種類やバランスを変えると、また違った味わいが楽しめ、薄く切ってワインに合わせてもよい。

20×6cm・8本分

A. 洋ナシ(乾燥):250g
 poires séches
 イチジク(乾燥):250g
 figues séches
 ドライプルーン(種なし):250g
 pruneaux
 アンズ(乾燥):250g
 abricots secs
 オレンジの皮のコンフィ:100g
 écorces d'oranges confites

B. ドレンチェリー:50g
 bigarreaux confits
 サルタナレーズン:250g
 raisins secs de Sultana
 スターアニス(パウダー):10g
 anis étoilé en poudre
 シナモン(パウダー):10g
 cannelle en poudre
 クローブ(パウダー):3g
 girofle en poudre
 黒コショウ(パウダー):2g
 poivre noir en poudre
 グラニュー糖:100g
 sucre semoule
 キルシュ kirsch:100g

強力粉 farine de gruau:100g
ドライイースト:8.6g
levure sèche de boulanger
ぬるま湯 eau tiède:120g
塩 sel:1g
クルミ(ロースト) noix grillées:100g
アーモンド(皮なし、ロースト):100g
amandes émondées grillées

ドレンチェリー:24粒
bigarreaux confits
アーモンド(皮なし):24粒
amandes émondées
アラビアゴム(パウダー):適量 Q.S.
gomme arabique en poudre
※同量の水で溶く

1. Aの材料すべてを約1cm幅の棒状に切り、ボウルに入れる。
2. BをIに加えて手で混ぜ、約12時間漬け込む。
3. 強力粉、ドライイースト、ぬるま湯、塩をボウルに入れてへらで混ぜる。ふつふつと泡立ってくるまで約2時間、1次発酵させる。
4. クルミ、アーモンド、2を3に加え、手で均等に混ぜる。
5. 250gずつに分割し、手で丸めて、なまこ形に成形する。
6. シルパットを敷いた天板に並べてラップフィルムをかけ、若干膨らむまで1時間〜1時間半、2次発酵させる。
7. 上面にドレンチェリーとアーモンドを一列にのせる。
8. 170℃のオーブンで約40分焼く。
9. 温かいうちに、50〜60℃に保温したアラビアゴムを刷毛で塗る。
10. 網にのせて冷ます。

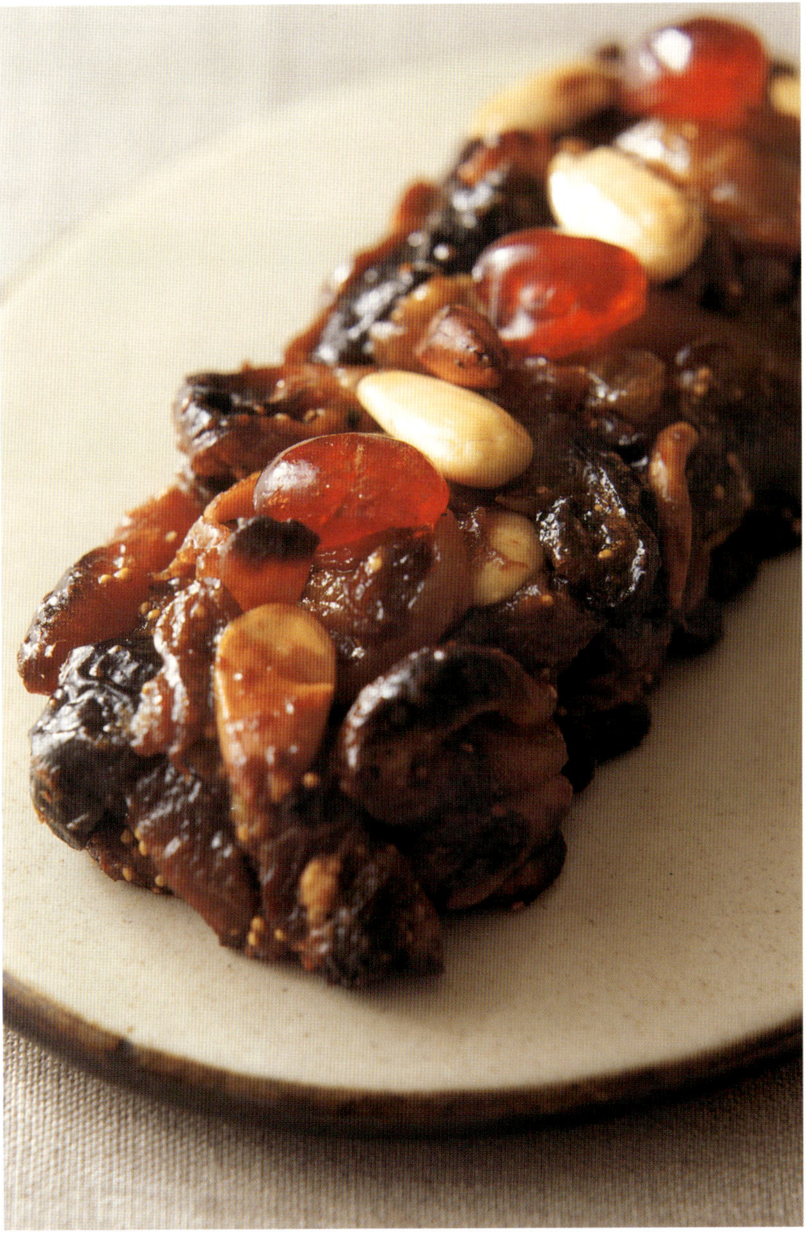

Alsace | アルザス

Pain d'Anis de Sainte-Marie-aux-Mines
パン・ダニス・ド・サント＝マリー＝オー＝ミーヌ

パン・ダニスもまた、アルザスらしさを感じさせる菓子だ。クリスマスの時期には、模様が彫られた型に押し当てて焼くスプリンジェール(Springerle)として、またブレデル(Bredele)と呼ばれるさまざまなクッキーのひとつとして、欠かせない存在となる。クリスマス以外の時期にも作られており、マカロンのような丸い形のものを多く見かけたが、ナヴェット(小舟)形に焼いて1本単位で売っていることもあり、何度か食べた。

この菓子で知られているのが、ストラスブール(Strasbourg)から約56kmほど南西に進んだところにある、ヴォージュ山間の小さな町、サント＝マリー＝オー＝ミーヌ(Sainte-Marie-aux-Mines)だ。かつて銀の採掘が盛んに行なわれ、鉱山の町として栄えていた。特徴は、焼く前に12～24時間乾燥させること。油脂はほとんど入らず、非常に固くて歯ごたえがあり、噛むごとにアニスの香りが豊かに広がる。南西部のクロッカン(p.171)のザクザクした固さとはまた異なり、目が詰まって全体的に固いが、噛むうちにもろく崩れていく感触がある。それが素朴で面白い。

12×3cm・24個分

薄力粉 farine ordinaire : 250g
強力粉 farine de gruau : 250g
グラニュー糖 sucre semoule : 500g
アニスシード grains d'anis : 60g
卵白 blancs d'œufs : 120g
卵黄 jaunes d'œufs : 40g
サラダオイル huile végétale : 4g

塗り卵(全卵) : 適量 Q.S.
dorure (œufs entiers)

---

1. 薄力粉と強力粉をボウルに入れて混ぜ合わせ、残りの材料をすべて加える。
2. 艶が出るまでしっかり手で練り混ぜる。
3. 50gずつに分割する。
4. 手で棒状にのばしてから両端をさらに転がして細くし、長さ12cm、幅3cm程度のナヴェット(小舟)形に成形する。
5. 天板に並べ、ラップフィルムをかけて冷蔵庫で12時間休ませる。
6. 塗り卵を刷毛で薄く塗り、真ん中にナイフで切り込みを入れる。
7. 180℃のオーブンで40～45分焼く。
8. 網にのせて冷ます。

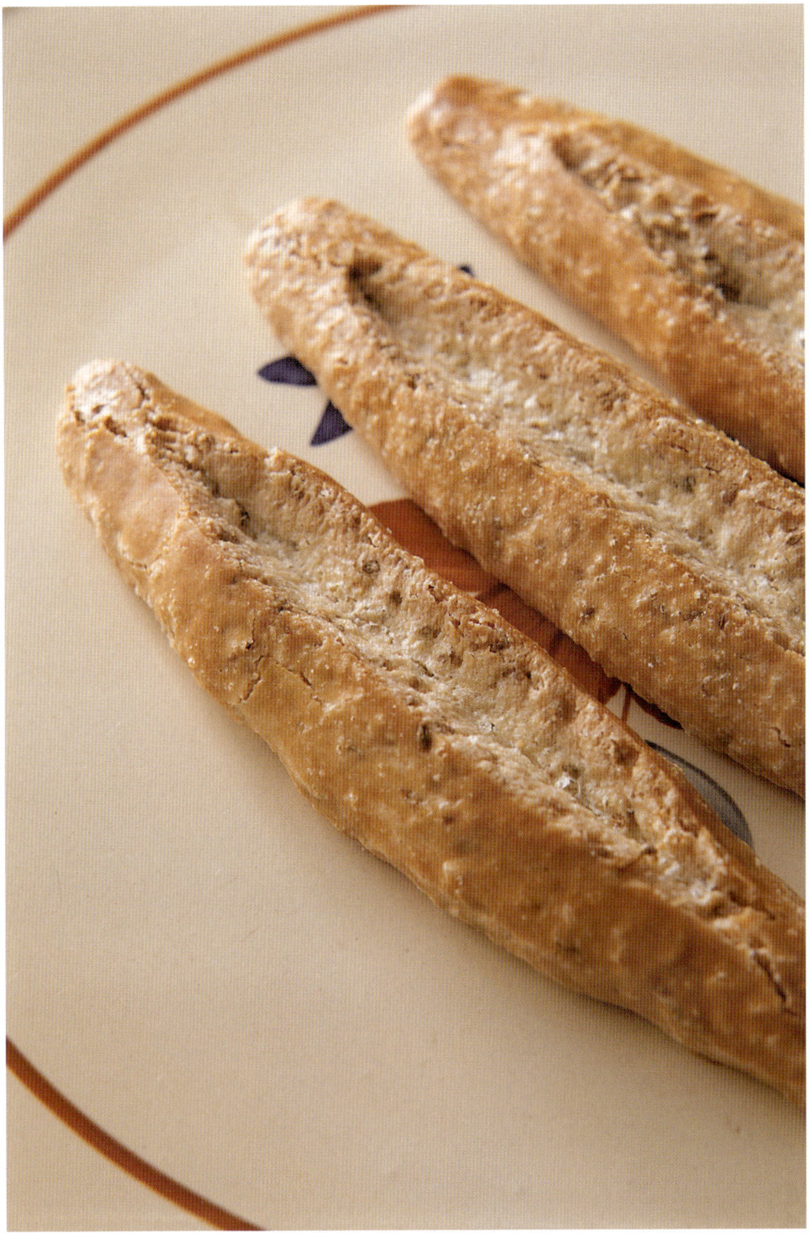

Planche 2.

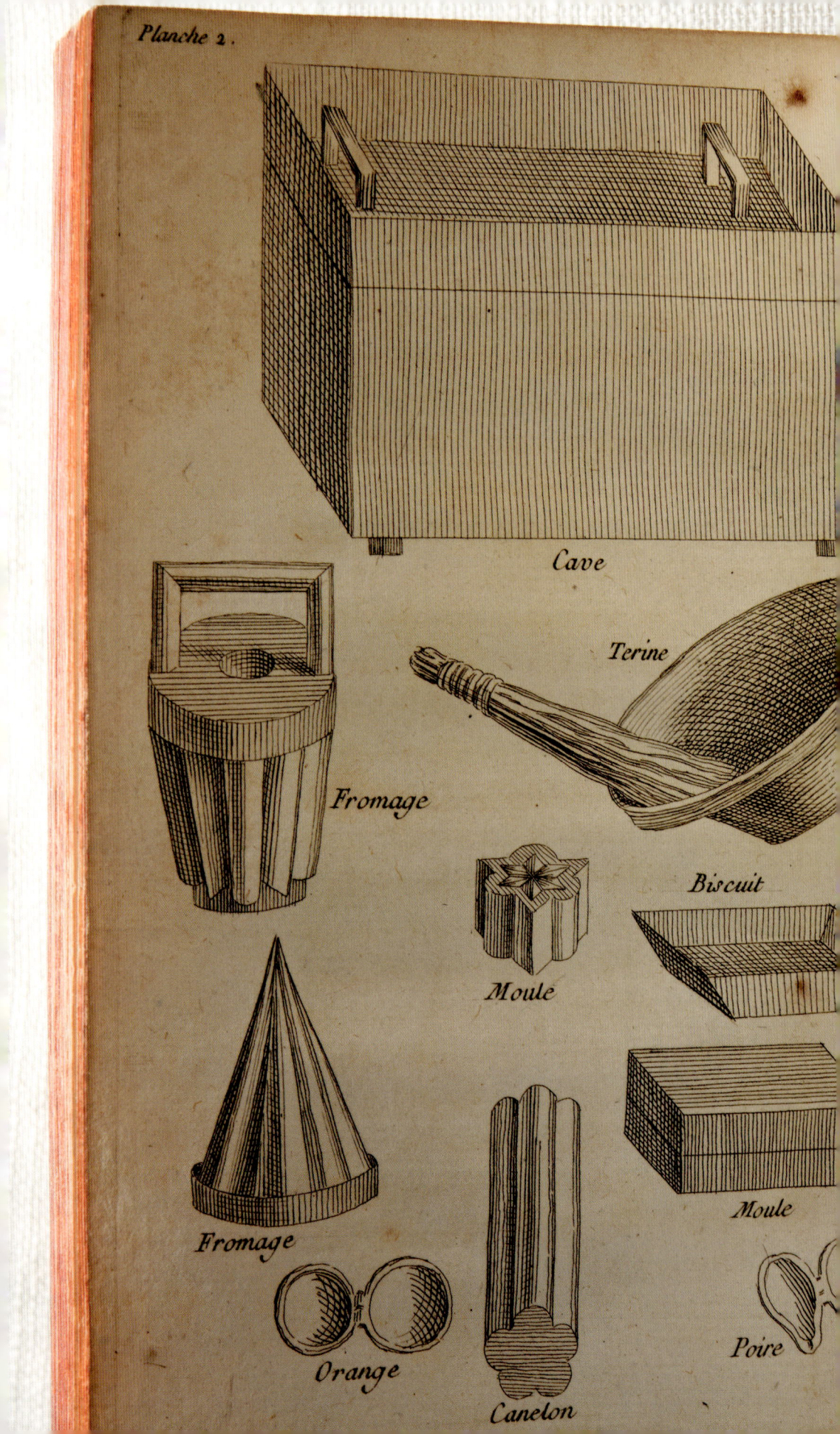

Cave

Fromage

Terine

Biscuit

Moule

Fromage

Moule

Orange

Canelon

Poire

ディドロ(Denis Diderot)、
ダランベール(Jean Le Rond d'Alembert)編
『百科全書(L'Encyclopédie,
ou Dictionnaire raisonné des sciences,
des arts et des métiers)』(1751-72)の図版。

Franche-Comté
Bourgogne
Nivernais

フランシュ=コンテ、ブルゴーニュ、
ニヴェルネ

Franche-Comté
フランシュ＝コンテ

フランシュ＝コンテ地方は、ジュラ山脈の麓一帯に広がるスイスとの国境地帯。森や渓谷、湖といった豊かな自然に恵まれている。紀元前にケルト系部族が住んでいたが、ローマに占領され、ブルグント王国やフランク王国の支配を経て、10世紀にはブルゴーニュ伯領となった。15世紀にはハプスブルグ家の領地となってスペインの支配下に置かれ、フランス王国に統一されたのは17世紀のことだ。食の面では、個性的なワインや良質の牛乳で作られる数々のチーズで知られ、セーシュ(Sèche、ガレットの一種)やベニエなど、素朴な菓子が見られる。ジャムもコケモモやセイヨウメギ(épine-vinette)など独特なものが多い。

▶主要都市：ブザンソン(Besançon、パリから327km) ▶気候：夏は涼しく、冬の寒さが厳しい山岳気候。 ▶果物：グリオットチェリー、クルミ ▶酒：ヴァン・ジョーヌ(Vin Jaunes、樽熟成の長い黄ワイン)、ヴァン・ド・パイユ(Vin de Paille、藁のワイン)、アニス・ド・ポンタルリエ(Anis de Pontarlier、ポンタルリエのアニス酒)、ゲンチアン(Gentiane、リンドウの一種の根)のオー・ド・ヴィ、フジュロル(Fougerolles)のキルシュ、マルソット(Marsotte)のキルシュ、ヴォージュ(Vosges)のモミのリキュール、マクヴァン・デュ・ジュラ(Macvin de Jura、ジュラの甘口の酒精強化ワイン)、マール ▶チーズ：コンテ(Conté)、ブルー・ド・ジェクス(Bleu de Gex)、カンコワイヨット(Cancoillote)、エメンタル・グラン・クリュ(Emmental Grand Cru)、モルビエ(Morbier)、モン・ドール(Mont d'Or) ▶料理：ジェジュ・ド・モルトーのヴィニュロンヌ風(Jésus de Morteau à la Vignerome、燻製ソーセージをワインや香味野菜、塩漬け豚、ジャガイモなどとともに茹でた料理)、フォンデュ・コントワーズ(Fondue Comtoise、コンテチーズとジュラ産ワイン、キルシュを使ったフォンデュ) ▶その他：ハチミツ(アカシア、ティユール、モミ)、ローストした菜種オイル(Huile de Colza Grillé)

Bourgogne
ブルゴーニュ

ブルゴーニュ地方の名産品といえば、なんといってもワイン。コート・ドール(Côte d'Or)を中心とした丘陵の斜面にブドウ畑がどこまでも続く。美食の地としても名高く、エスカルゴやシャロレ牛、ディジョン・マスタード、さまざまな郷土料理が食道楽の羨望の的となっている。ブルゴーニュの名前は、5世紀にこの地に築かれた王国、ブルグンディア(Burgundia)に由来。6世紀にはブルゴーニュ公国が誕生し、いったんはフランク王国に統一されたものの9世紀に復活。14世紀にはフランドル伯領を受け継いで北海沿岸まで勢力を拡大するに至り、栄華を極めた。フランス王国に統一されたのは15世紀のことだ。名物には糖菓が多く、アニス・ド・フラヴィニー(Anis de Flavigny)や、カシシーヌ・ド・ディジョン(Cassisine de Dijon)も知られる。

▶主要都市：ディジョン(Dijon、パリから263km) ▶気候：寒暖の差の激しい準大陸性気候に、年間を通じて降水のある海洋性気候の要素が混じり合う。場所によっても変化が見られる。 ▶果物：カシス、マルモットチェリー(Cerise Marmotte)、プラム、フランボワーズ、グロゼイユ、クルミ ▶酒：ワイン、クレーム・ド・カシス(Crème de Cassis、カシス・リキュール)、マール・ド・ブルゴーニュ(Marc de Bourgogne、ワインを造る際に出るブドウの搾りかすで造る蒸留酒)、フィーヌ・ド・ブルゴーニュ(Fine de Bourgogne、ワインを造る際に出る澱で造る蒸留酒)、ラタフィア(Ratafia、甘口の酒精強化ワイン) ▶チーズ：エポワス・ド・ブルゴーニュ(Epoisses de Bourgogne)、スーマントラン(Soumaintrain)、エジー・サンドレ(Aisy Cendré)、シャロレ(Charolais) ▶料理：コック・オ・ヴァン(Coq au Vin、雄鶏の赤ワイン煮込み)、グジェール(Gougères、チーズを加えたシュー)、ブフ・ブルギニョン(Bœuf Bourguignon、牛肉の赤ワイン煮込み)、エスカルゴ・ア・ラ・ブルギニョン(Escargots à la Bourguignon、エスカルゴバターを詰めたエスカルゴのオーブン焼き)、ジャンボン・ペルシエ(Jambon Persillé、パセリ入りの豚肉のハム)、ポシューズ(Pochouse、淡水魚の白ワイン蒸し煮)

Nivernais
ニヴェルネ

ニヴェルネ地方は、現在のニエーヴル(Nièvre)県の一部を成す地域。丘陵に森林や牧草地が広がる。食についてはブルゴーニュ地方に含めて語られることが多いが、ベリー地方やオルレアネ地方、ブルボネ地方などの影響も見られる。ブルゴーニュ公国の支配下から6世紀にヌヴェール司教区に加わり、9世紀末には伯爵領となった。12世紀にクルトネーのピエール2世(Pierre II)の統治下に置かれ、たびたび領主が変わった末、公の称号は18世紀に消滅した。糖菓のほか、昔ながらの素朴なデザートが作られる。

▶主要都市：ヌヴェール(Nevers、パリから216km) ▶気候：内陸性気候ながら海洋性気候に準ずる。夏と冬の寒暖の差が比較的少なく、起伏のある地形や西や南西からの風による影響によって変化が見られる。
▶果物：イチゴ、サクランボ ▶料理：ニヴェルネ風ポテ(Potée Nivernaise、肉と野菜の煮込み)、クラムシーのアンドゥイエット(Andouillette de Clamecy)

Pets-de-Nonne
ペ゠ド゠ノンヌ

ペ゠ド゠ノンヌとは、フランス語で"尼さんのおなら"の意味。シュー生地を油で揚げて、ぷくっと膨らませるのが、変てこな名前の所以だ。真面目な名前で呼ぶならばベーニュ・ヴァントゥ(Begnets Venteux、ガスが溜まった揚げ菓子)になる。また、おならではあまりに品が悪いと、"尼さんのため息"を意味するスピール・ド・ノンヌ(Soupir de Nonne)と呼ばれることもあるというが、ペ゠ド゠ノンヌの方が断然、一般的だ。レストランのデザートでもこの名前で供されるのだから、眉をひそめられようと仕方ない。

発祥については諸説あり、フランシュ゠コンテではボーム゠レ゠ダーム(Baume-les-Dames)にある修道院で、修道女が熱した油にシュー生地を誤って落としてしまったのが始まりと伝えられている。その他、トゥーレーヌ地方にあるマルムティエ大修道院のアニエス(Agnès)修道女が偶然生み出したとも、サヴォワ地方シャモニー(Chamonix)で誕生したとも言われ、実際のところは定かでない。

フランス修業時代に私が勤めていたパリのレストランでも、フルーツのソースなどを添えてペ゠ド゠ノンヌをデザートとして供していた。まさか郷土菓子とは思わず、後に本で知って驚いたのを覚えている。このルセットはバターが少なめなので生地のつながりが弱く、揚げると外はカリッ、中はとろっとした食感のコントラストが生まれるのが魅力的。香りづけはラム酒の場合もあるが、オレンジの花の水の方が品がよいと思う。

直径約4cm・40個分

牛乳 lait : 250g
塩 sel : 5g
グラニュー糖 : 15g
sucre semoule
バター beurre : 60g
薄力粉 farine ordinaire : 150g
全卵 œufs : 150〜200g
オレンジの花の水 : 5〜6滴
eau de fleur d'oranger
すりおろしたオレンジの皮 : 1/10個分
zestes d'oranges râpées

ピーナッツオイル : 適量 Q.S.
huile d'arachide
粉糖 sucre glace : 適量 Q.S.

---

1. 「基本」の「パータ・シュー」の要領で生地を作る。ただし、水は入らない。仕上がりは、基本のパータ・シューよりやや固めになる(全卵の量で固さを調整)。
2. 1が温かいうちにオレンジの花の水とオレンジの皮を加え、へらで混ぜる。
3. 170〜180℃に熱したピーナッツオイルに、2をスープスプーンですくって落とし入れる。ときどきひっくり返し、5〜6倍に膨らんで表面がこんがり色づくまで揚げる。
4. 紙を敷いた網に上げ、油を切る。
5. 冷めたら粉糖をふる。

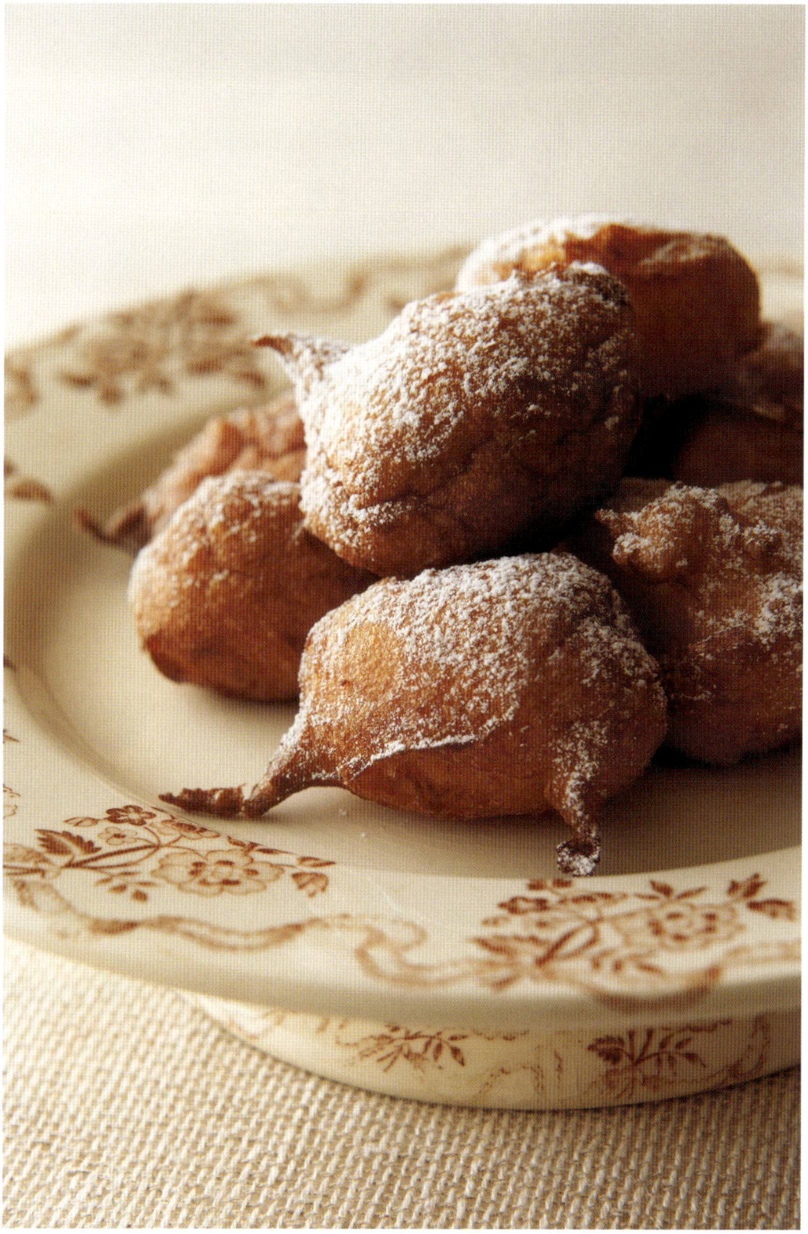

Pain d'Épices de Dijon
パン・デピス・ド・ディジョン

古くからブルゴーニュ地方の中心都市として栄え、美食の都として知られるディジョン(Dijon)。この町を一度訪れたら誰でも忘れられなくなるのが、伝統の製法で作られるディジョン・マスタードとパン・デピスだろう。

パン・デピスがヨーロッパへ伝えられた経緯は、アルザスのパン・デピス(p.38)で触れたとおりだ。オランダやドイツ、ベルギーなどでも作られていた。フランスで最初にパン・デピス作りが盛んだったシャンパーニュ地方のランス(Reims)では、1596年、アンリ4世(Henri IV)公認のパン・デピス製造者の同業組合を設立。革命前まではフランス随一の生産を誇ったが、その後はディジョンに優位を奪われ、今に至る。ディジョンへパン・デピスが伝わったのは、14世紀にフランドル伯の長女、マルグリット3世(Marguerite de Dampierre)がブルゴーニュ伯に嫁いだことによるらしい。

現地では大きな四角に焼いて、お客の目の前で好みの大きさに切り分け、目方を計って売っていた。特に印象的だったのが、「ミシュラン(Michelin)」という菓子屋。大きなパン・デピスがどんと置いてあり、さまざまなジャムを詰めたり、グラス・ア・ローをかけたりした小さなものもたくさん並んでいて、すばらしい雰囲気だった。「パン・デピスっておいしい!」と初めて思わせてくれた店だったのだが、今はなくなってしまい、思い出の中でしかあの味に出会えないのが、残念でならない。

口に入れると、飲み物がないと辛いような乾いた食感が、なんとも言えず懐かしい。焼いてから一晩休ませるほうが、生地が落ち着いておいしく食べられる。牛乳に浸しながら食べると、一層おいしい。

24×26×高さ5cmの
角型(底つき)・1台分

薄力粉 farine ordinaire : 500g
ライ麦粉 farine de seigle : 500g
ハチミツ miel : 1kg
重曹 bicarbonate de soude : 20g
A. シナモン(パウダー) : 12g
　　cannelle en poudre
　スターアニス(パウダー) : 12g
　　anis étoilé en poudre
　コリアンダー(パウダー) : 12g
　　coriandre en poudre
　クローブ(パウダー) : 12g
　　girofle en poudre

澄ましバター : 適量
beurre clarifié Q.S.
牛乳 lait : 100g
グラニュー糖 : 100g
sucre semoule

下準備
＊型に澄ましバターを刷毛で塗っておく。

1. 薄力粉とライ麦粉をボウルに入れて混ぜ、沸騰させたハチミツを注いでへらで混ぜる。
2. 室温で冷めるまで待つ。
3. ハチミツが粉に染み込んでもっちりした状態になったら、台に取り出して重曹を加え、手で揉み込む。べたつきは残るがひとまとまりになり、台からも手からも離れるようになればOK。
4. Aを加えて手で混ぜる。
5. 9等分し、それぞれ、軽く丸めた手の平で包むようにして台の上で転がし、丸める。
6. 型に、3×3列に並べる。
7. 170℃のオーブンで約45分焼く。
8. ボウルに牛乳とグラニュー糖を入れて混ぜる。7が焼き上がったらすぐに刷毛で上面に塗る。
9. 型からはずし、網にのせて冷ます。

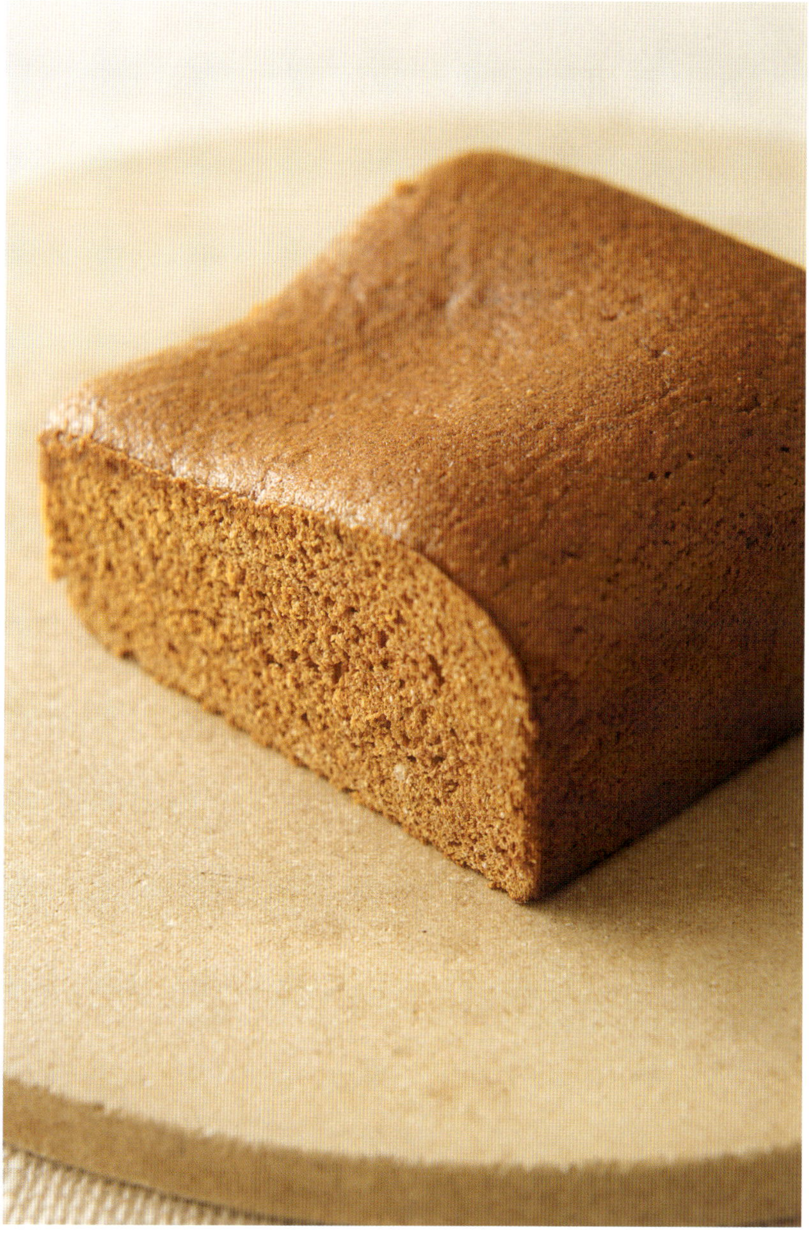

Flamusse aux Pommes
フラミュス・オー・ポム

　ミヤスー(p.210)やクラフティ(p.150)など、粉や牛乳、砂糖、卵を使った粥状の菓子は、フランス全土に存在する。その地域特産の果物を加えて焼かれたり、お祭りに合わせて焼かれたりしてそれぞれに名前が異なり、郷土色が感じられるのが楽しい。フラミュス・オー・ポムも、そういった粥状の菓子のひとつだ。ブルゴーニュ地方やニヴェルネ地方で作られ、クラフティやフランとほぼ同じような生地にリンゴを入れて焼き上げる。家庭的でおだやかな味わいに心が和む。

直径16.5×高さ1.5cmの
パイ皿・8台分

ガルニチュール garniture
　リンゴ pommes：4個
　バター beurre：40g

アパレイユ appareil
　全卵 œufs：200g
　グラニュー糖：50g
　　sucre semoule
　薄力粉 farine ordinaire：5g
　牛乳 lait：500g

バター beurre：適量 Q.S.
グラニュー糖 sucre semoule：50g

下準備
＊パイ皿にバターを手で薄く塗っておく。

ガルニチュールを作る
1. リンゴは皮を剥いて芯をくり抜き、厚さ1cmの輪切りにする。
2. フライパンにバターを熱し、*1*のリンゴをソテーする。
3. リンゴに透明感が出てきたら、バットに移して冷ましておく。

アパレイユを作る
4. ボウルに全卵を入れて溶きほぐし、グラニュー糖、薄力粉、牛乳(室温)を順に加えて、その都度ホイッパーでよく混ぜる。

組み立て・焼成
5. *3*をパイ皿に並べる(少し重なるところもある)。
6. *4*を型いっぱいに流し入れる。
7. 180℃のオーブンで約30分焼く。
8. 熱いうちにグラニュー糖をふりかける。
9. 網にのせて冷まし、パイ皿からはずす。

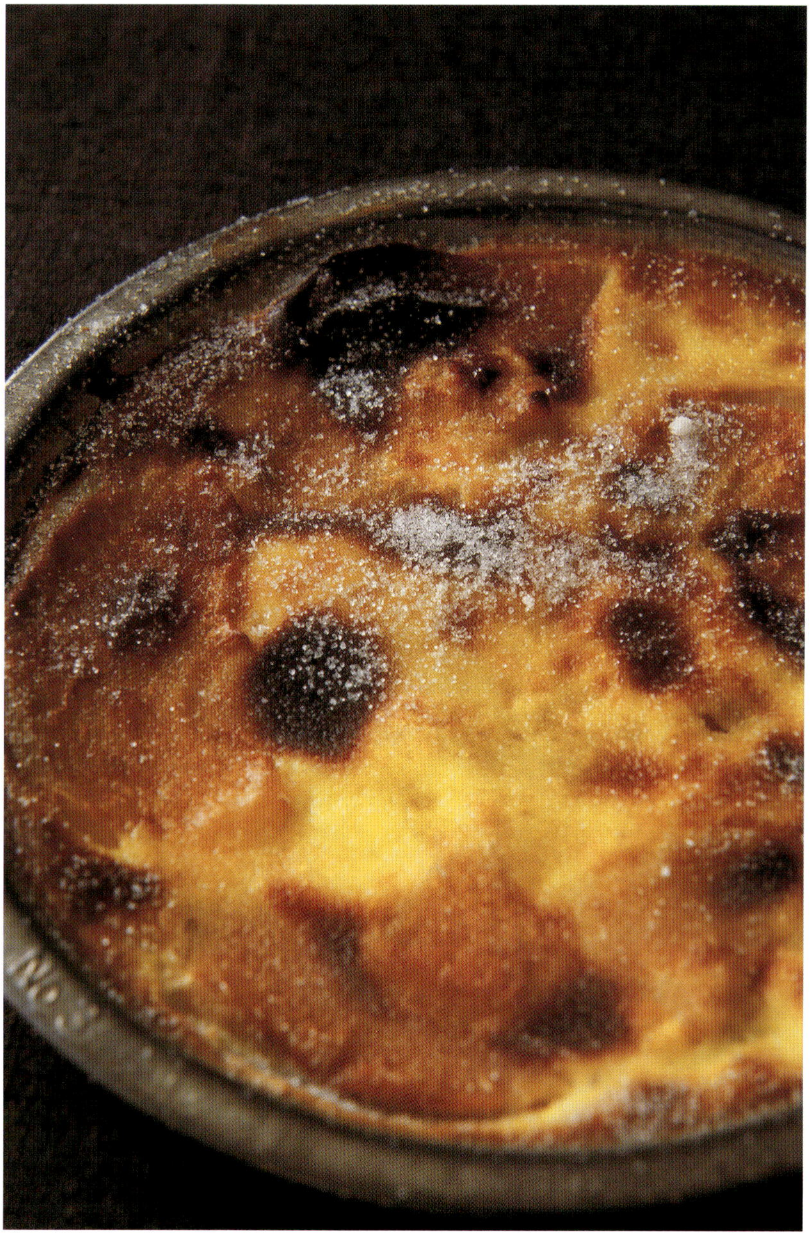

Column ｜ 消えかけた菓子への情熱

　パリのロータリークラブの好意で会合に出席させてもらい、パティス
パリでは、「カド（Cadot）」と並ぶ大きなパティスリー・ブーランジュリーで、
ぐに申請してくれ、その後の私のフランス生活において心強い助
まいと必死に昔気質の職人たちに食らいつき、仕事に打ち込ん

　私が「シダ」で働き始めた1967年はまだ、パティスリーにしっかり
く、ゼラチンを使う菓子は週末のサン＝トノーレくらい。気休め程度に
ールをはじめとするシュー菓子以外は、ほとんどがジェノワーズとクレ
子、サブレなどのフール・セックが並べられているのが通例。「いっ
ばかりが、どこの菓子屋に行っても同じように並んでいた。それで
に感じられたのだが、数カ月もすると全く代わり映えしない菓子
厨房も刺激的かといえばそうとも言えず、パティシエたちが昼間か
子の開発などほど遠く、話題はテレビやバカンス、政治、彼女のこと
の疲れと飽きが来る。何かを改革しなくては」。かといって異邦人
抱きながら、じりじりした日々を送ることとなった。

　そんな時に勃発したのが、1968年5月の五月革命（Mai 68）だ。
したのだ。窓が叩き割られるなど多くの建物が破壊され、デモや
すぐにもパリから離れたい思いに駆られて自転車を購入し、ペダ
地は、地中海に面した港町マルセイユ。ポケットの中にあるのは、な

「シダ(Syda)」に入れたのは、私にとって大きな幸運だった。当時の
のムッシュ・シダは私を温かく迎え入れてくれた。労働許可証もす
なったのは言うまでもない。私も意欲を燃やし、言葉の壁に負け

冷蔵設備が整えられていない時代だった。ムースなどもちろんな
た店頭の冷蔵ケースに並んでいるお菓子は、ミルフィーユやエクレ
オー・ブールの組み合わせだった。その上段には、タルトや半生菓
、いつから作り続けているのだろう」と思うような、甘くて重い菓子
仏した当初は、私からすれば信じられないほどおいしく、魅力的
っかり飽きてしまっていた。

ンやビールを飲み、午後には漫然と仕事をしていた。新たな菓
り。「この菓子屋の状況が崩れなければいつか必ず、人々に胃
僧が何かを動かせるわけもなく、私はひとり、抵抗感と焦燥感を

と労働者がド・ゴール政権への不満を爆発させ、暴動を引き起こ
キでパリは完全な混乱状態に陥り、私も職を失った。心は荒み、
曹ぎ出したのは、南へ向かう国道7号線(Route Nationale 7)だ。目的
の120フランだけだった。

シダ」の初日。昼時に厨房を訪れると、
作業台にワインが。

Tartouillas
タルトゥーラ

数ある郷土菓子の中でも、際立って興味深いやり方をする菓子だ。キャベツの葉を器として、中にクラフティのような粥状のアパレイユを流し、リンゴを入れて焼く。季節によって、ガルニチュールを洋ナシやサクランボに代えてもよい。かつては、パンを焼いた窯の残り火を利用して作られていたらしい。

それまでにもイチジクやブドウの葉を使った菓子は見たことがあったが、まさかキャベツの葉を使うとは、最初に目にした時は驚いた。できるだけフランスのキャベツに近い、丸みを帯びて葉に細かくしわが寄ったちりめんキャベツを使うと、焼成の際に破れにくい。キャベツ臭さは残るものの、食べてみると意外においしく、縁が丸く縮こまって焼き上がる姿も魅力的だ。

直径10cm・10個分

土台 fond
ちりめんキャベツの葉 (直径約20cmが目安):10枚
feuilles de chou frisé

溶かしバター:100g
beurre fondu

グラニュー糖 sucre semoule:50g

ガルニチュール garniture
リンゴ pommes:2個

グラニュー糖 sucre semoule:20g

アパレイユ appareil
牛乳 lait:250g

生クリーム(乳脂肪分48%):98g
crème fraîche 48% MG

全卵 œufs:200g

グラニュー糖 sucre semoule:80g

塩 sel:1g

カルヴァドス calvados:48g

焼き面を取り除いた
ブリオッシュ・ムースリーヌ:100g
brioche mousseline

*ブリオッシュ・ムースリーヌは、「基本」の「パータ・ブリオッシュ」250gを口径12cmの円筒形の型で焼成したものを使用。

土台を準備する
1. ちりめんキャベツの葉は一枚ずつはがして洗い、水気をよくふき取る。
2. 葉の内側にはしっかり、外側には軽く溶かしバターを刷毛で塗る。
3. 葉の内側にグラニュー糖をふり、ひとまわり大きい半球型またはボウルに1枚ずつ入れて天板に並べる。

ガルニチュールを準備する
4. リンゴの皮と芯を取り除く。縦8等分に切った後、厚さ2mmのいちょう切りにする。
5. グラニュー糖をまぶしておく。

アパレイユを作る
6. 牛乳を沸騰させ、生クリームを混ぜて冷ます。
7. 全卵をボウルに入れて溶きほぐし、グラニュー糖、塩を加えてホイッパーで混ぜる。
8. 6を7に注ぎ混ぜ、カルヴァドスを加え混ぜる。

組み立て・焼成
9. 3の内側に5を入れる。
10. 8を7分目まで流す。
11. 2.5×2.5cmの角切りにしたブリオッシュ・ムースリーヌをのせる。
12. 250℃のオーブンで約20分、キャベツの葉の裏側が少し色づくまで焼く。
13. そのまま冷まし、粗熱が取れたら型からはずす。網にのせて冷ます。

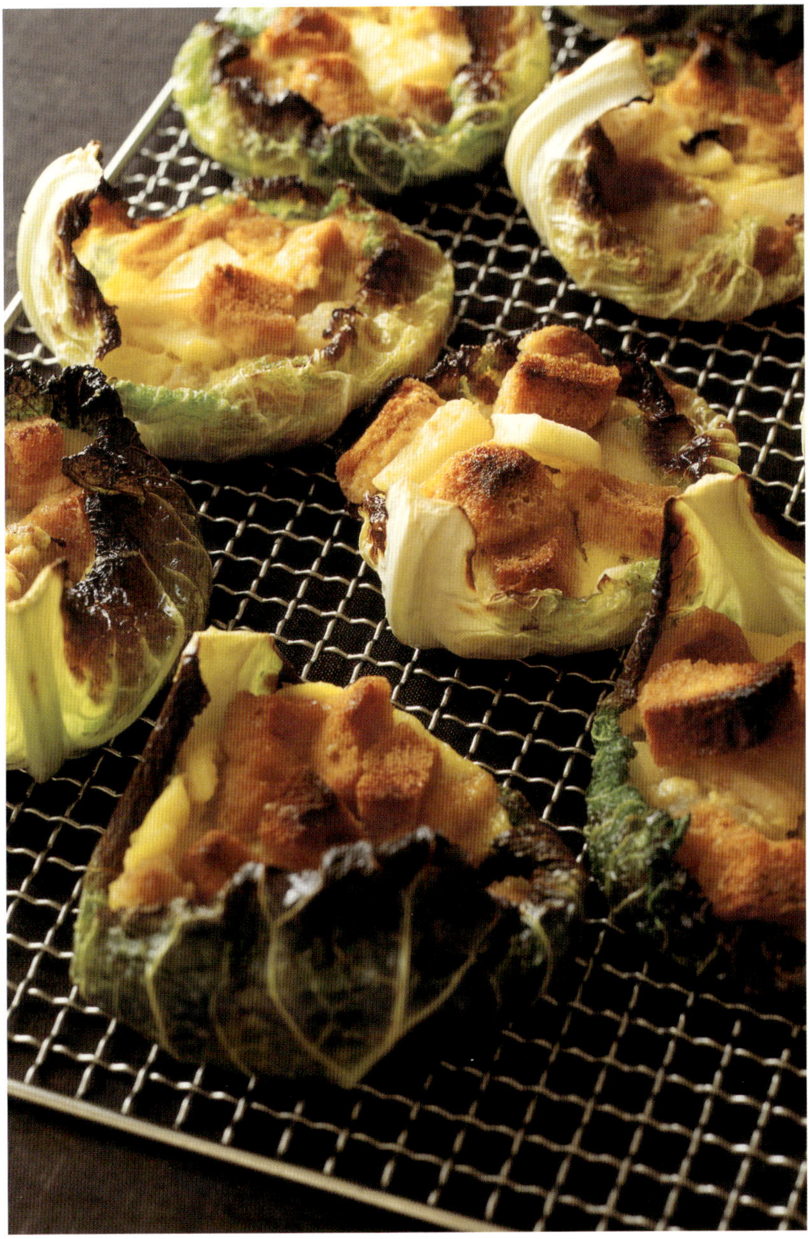

Charitois
シャリトワ

　ラ・シャリテ＝シュル＝ロワール（La Charité-sur-Loire）は、サンティアゴ・デ・コンポステーラ（Santiago de Compostela）の巡礼路のひとつとして世界遺産にも登録されている、ロワール川の河岸の歴史ある町だ。1559年の大火や宗教戦争で荒廃したものの、ノートルダム教会を中心として中世に栄えた町の面影をとどめている。

　この町のスペシャリテが、コーヒー味かチョコレート味のやわらかいキャラメルを飴がけしたコンフィズリー、シャリトワだ。1921年、「コンフィズリー・デュ・プリウーレ（Confiserie du Prieuré）」という店で生み出された。カリッとした飴と舌の上でとろけるキャラメルのコントラストが楽しい。

　ここではオレンジ風味のキャラメルにショウガの香りを加え、独自の味わいにアレンジした。飴がけ用シロップの作り方は記載されたものが見つからなかったので、パリの「ポテル・エ・シャボー」で飴細工用に作り置いていたシロップを参考にしている。時間を置いても飴の艶と食感が保たれるよう、作ったシロップを一晩休ませ、水と糖をしっかりなじませておくのがポイントだ。

約3.5×3.5cm・200個分

キャラメル・ムー・オランジュ
caramel mou orange

グラニュー糖：750g
sucre semoule

水飴 glucose：100g

脱脂粉乳：10g
lait écrémé en poudre

オレンジ果汁：450g
jus d'orange

生クリーム（乳脂肪分48%）：400g
crème fraîche 48% MG

レモン果汁 jus de citron：50g

みじん切りにしたショウガ：20g
gingembre haché

バター beurre：100g

フルール・ド・セル：10g
fleur de sel

飴がけ用シロップ
sirop pour enrober

グラニュー糖 sucre semoule：1kg

水飴 glucose：1.5kg

水 eau：400g

下準備
＊シルパットの上に4本のバールで36×22cmの長方形の枠を作っておく。

キャラメル・ムー・オランジュを作る
1. グラニュー糖、水飴、脱脂粉乳、オレンジ果汁、生クリームを銅鍋に入れ、ホイッパーで混ぜる。強めの中火にかけ、混ぜながら加熱する。
2. 125℃になったら火を止め、レモン果汁とみじん切りにしたショウガ、角切りにしたバターを加えて混ぜる。
3. フルール・ド・セルを加えてざっと混ぜ、バールの中に流し入れる。
4. そのまま一晩置き、固まらせる。
5. バールをはずし、薄くサラダオイル（分量外）を塗った大理石の台にのせる。包丁にも薄くサラダオイル（分量外）を塗り、2×2cmに切り分ける。
6. 冷蔵庫でしっかり冷やす。

飴がけ用シロップを作る
7. 銅鍋にグラニュー糖、水飴、水を入れて火にかける。
8. 沸騰したらボウルに移し入れ、一晩休ませる。

仕上げる
9. 8を銅鍋に入れ、強めの中火で熱する。
10. 170℃になったら、鍋底を水につけて色づきを止める。
11. 10を電磁調理器で流動性が保たれるよう保温しながら、6をチョコレートフォークにのせて浸し、飴がけする。余分な飴を切ってシルパットの上にのせ、そのまま固まらせる。

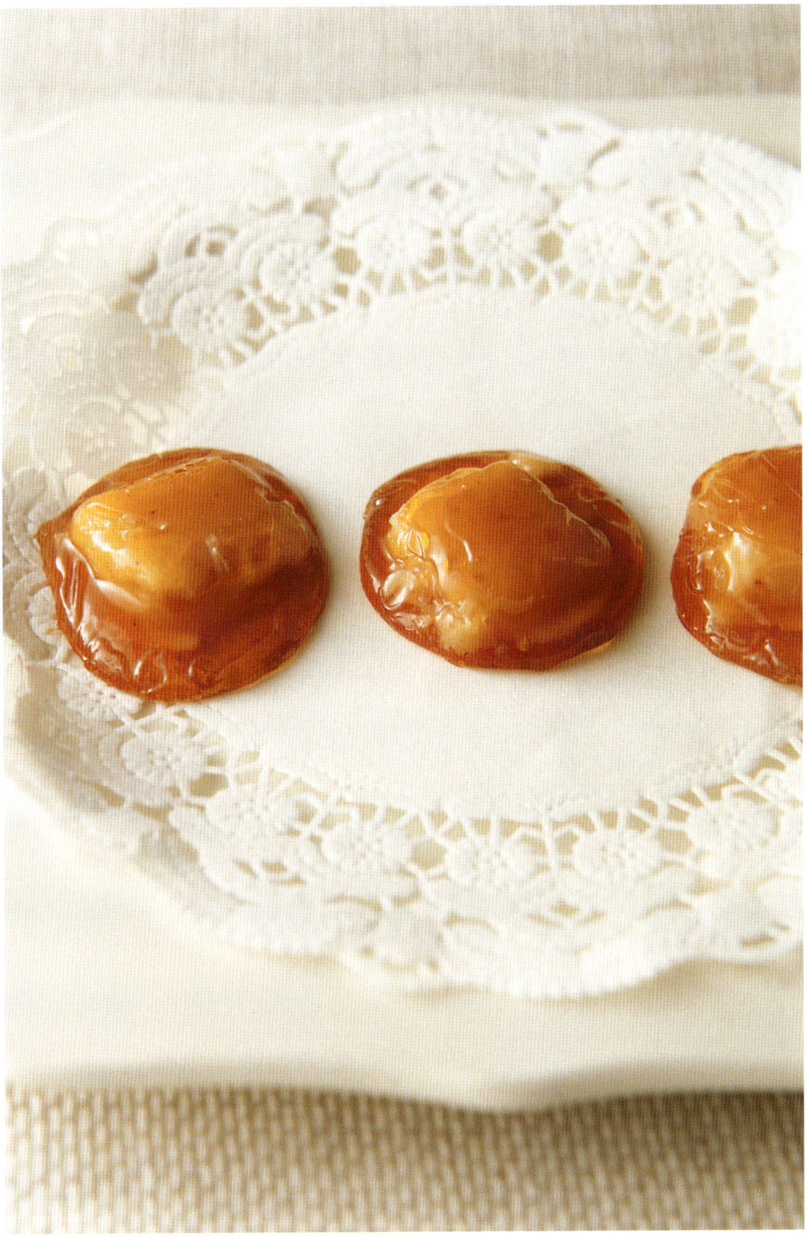

Nougatine de Nevers
ヌガティーヌ・ド・ヌヴェール

ヌヴェール(Nevers)は、ロワール川とニエーヴル川の合流点近くに位置する、古くから栄えた都市だ。歴史ある街並みが残り、16世紀以来の伝統をもつファイアンス陶器でも知られている。また、ルルド(Lourdes)で聖母マリアの出現に出会った聖ベルナデット(Sainte Bernadette)が、1879年に息を引き取って以来、変わらぬ姿で眠る町としてご存じの方もいるかもしれない。彼女の美しい遺体は今も、サン=ジルタール修道院に安置されている。

この町で、ル・ネギュス(p.62)とともにスペシャリテとされるのが、1850年にルイ=ジュール・ブーリュモー(Louis-Jules Bourumeau)が創製したヌガティーヌ・ド・ヌヴェールだ。アーモンド入りのヌガティンにグラス・ロワイヤルをかける。夫であるナポレオン3世(Napoléon III, 1808~1873)とともにヌヴェールを訪れたウージェニー皇妃(l'Impératrice Eugénie, 1826~1920)は、この菓子を大層気に入り、パリに持ち帰って広く知らしめたとか。淡いオレンジ色の糖衣に包まれたヌガティーヌが歯の間で砕け、香ばしいアーモンドの香りと甘みが口いっぱいに広がる。

直径2.5cm・約280個分

ヌガティーヌ nougatine
 刻んだアーモンド:315g
 amandes hachées
 グラニュー糖:500g
 sucre semoule
 水飴 glucose:50g

グラス・ロワイヤル glace royal
 卵白:100g
 blancs d'œufs
 粉糖 sucre glace:530g
 赤の色素:適量
 colorant rouge Q.S.
 ※水でのばす
 黄の色素:適量
 colorant jaune Q.S.
 ※水でのばす

ヌガティーヌを作る
1. 刻んだアーモンドをオーブンで50℃くらいに温めておく。
2. 銅鍋にグラニュー糖と水飴を入れ、木べらで混ぜながらカラメル色に色づくまで強火で熱する。
3. 1のアーモンドを2に加え混ぜる。
4. 軽く沸騰したらシルパットの上にあけ、上にもう1枚シルパットをかぶせる。麺棒を上から転がして、厚さ2mmにのばす。
5. 熱いうちに直径2.5cmの円形に抜き、半球形のボンボン・ショコラ型に入れて軽く押し付ける。
6. 冷まして型からはずす。

グラス・ロワイヤルを作る
7. ボウルに卵白と粉糖を入れ、へらですり混ぜる。
8. 赤と黄の色素を少量加え、薄いオレンジ色に色づける。

仕上げる
9. 6のヌガティーヌの縁に8をつけ、ハマグリの殻のように2枚ずつ貼り合わせる。
10. 網にのせて乾かす。
11. 10をチョコレート・フォークにのせて8に浸す。余分なグラス・ロワイヤルを切ってシルパットにのせ、乾かす。
12. 11をひっくり返し、上面に8をパレットナイフで薄く塗る。

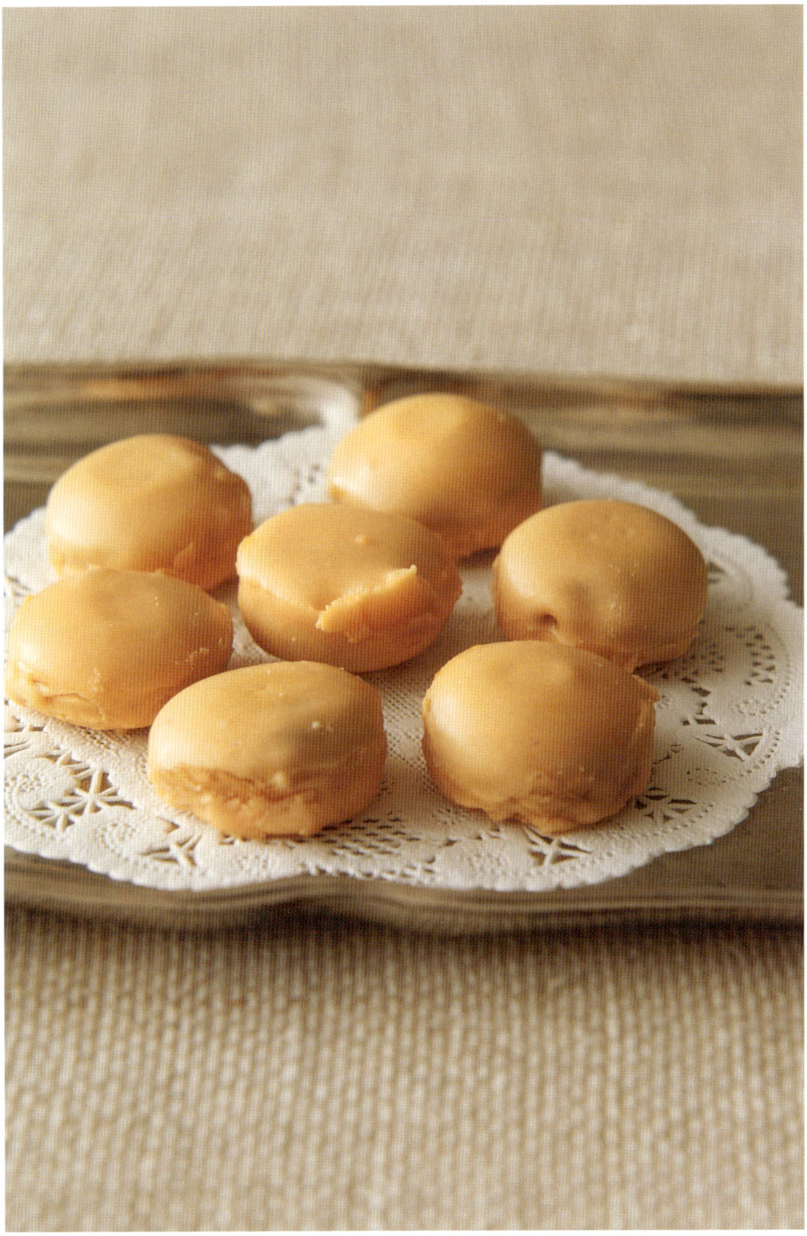

Le Négus
ル・ネギュス

ル・ネギュスは、ヌヴェール(Nevers)のもうひとつのスペシャリテだ。ル・ネギュスとは、アビシニア(Abyssinie、エチオピアの旧名)の皇帝を差す尊称。1900年(1901年とも)、アビシニア皇帝メネリック(Ménélik)がフランスを公式訪問したのを記念して、ヌヴェールの糖菓職人グルリエ(Grelier)が新作のコンフィズリーにその名をつけた。チョコレート風味のキャラメルを飴で覆った色合いが、アフリカからやってきた高名な皇帝の顔の色を思わせる、ということだったらしい。ラ・シャリテ＝シュル＝ロワール(La Charité-sur-Loire)のシャリトワ(p.58)と同じ構成だが、こちらはキャラメルを細長く切る。

しばらく舐めてから噛み割ると、カリッとした飴の中からキャラメルが溶け出し、ほろ苦いカカオの風味がふくよかに広がる。

約4.5×2.5cm・約80個分

キャラメル・デュー・ショコラ
caramel dur chocolat

グラニュー糖 sucre semoule:500g
水飴 glucose:100g
水 eau:150g
カカオマス pâte de cacao:50g

飴がけ用シロップ
sirop pour enrober

グラニュー糖 sucre semoule:1kg
水飴 glucose:1.5kg
水 eau:400g

キャラメル・デュー・ショコラを作る
1. グラニュー糖、水飴、水を、注ぎ口つきの銅鍋に入れて強めの中火にかける。
2. 150〜155℃になったら火から下ろす。
3. 80℃に冷めたら細かく刻んだカカオマスを加え、木べらで混ぜる。
4. すぐに長径3×短径1cmの楕円のボンボン・ショコラ型に7分目まで流し入れ、固まらせる。

飴がけ用シロップを作る
5. 銅鍋にグラニュー糖、水飴、水を入れて火にかける。
6. 沸騰したらボウルに移し入れ、一晩休ませる。

仕上げる
7. 6を銅鍋に入れ、強めの中火で熱する。
8. 170℃になったら、鍋底を水につけて色づきを止める。
9. 8を電磁調理器で流動性が保たれるよう保温しながら、4をチョコレートフォークにのせて浸し、飴がけする。余分な飴を切ってシルパットにのせ、固まらせる。

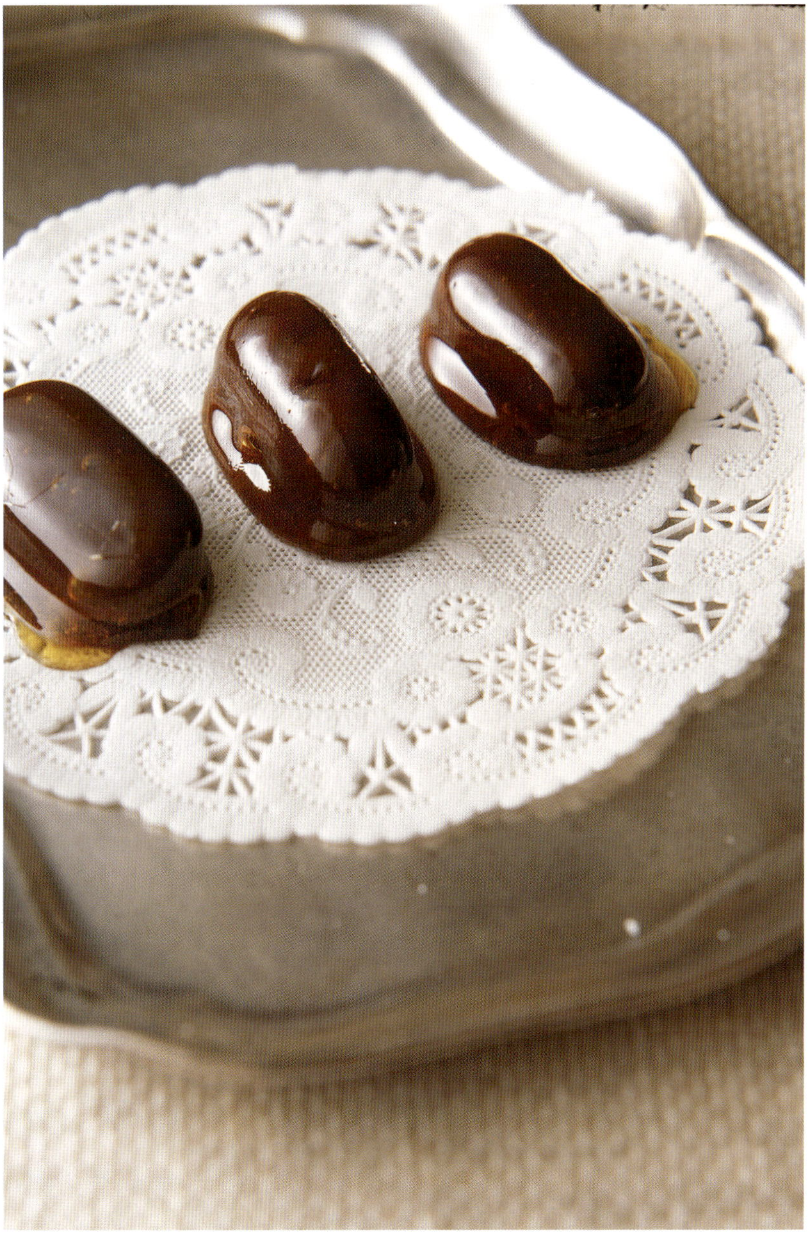

手打ちで作られた、
銅製のビスキュイ・ド・サヴォワ型。
フランスの骨董屋で購入。

Lyonnais
Savoie
Dauphiné

リヨネー、サヴォワ、ドフィネ

Lyonnais
リヨネー

ローマの植民都市、ルグドゥノム(Lugdunum)を起源とし、15世紀以降、商業や絹織物業を中心に栄えたリヨン。この町を中心に広がるのが、アルプス山脈と中央高地に挟まれたリヨネー地方だ。10世紀から伯爵が治め、14世紀にフランス王領に統合。フランス・ルネサンス文化の一大中心地となった。交通の要所として、周辺地域の豊かな食材や遠方からの美味が交易で集結。多くの有名料理人が腕を振るう、美食都市誕生の要因となった。キュルノンスキー(Curnonsky)が称した「ガストロノミーの主都(capitale mondiale de la gastronomie)」の名の通り、洗練された料理とともに飾り気のない郷土料理も充実。大きくて厚いクレープのマトファン(Matefaim)は、ビューニュ・リヨネーズと並び、縁日の典型的な菓子だ。メレンゲと生クリームを使ったデザート、ヴァシュラン(Vacherin)など、洗練された品もある。パティスリーの名店も多数。

▶主要都市：リヨン(Lyon、パリから392km)　▶気候：準大陸性気候で比較的温暖だが、地中海性気候やアルプスからの風の影響も受ける。　▶果物：ビガローチェリー(Bigarreaux)、イチゴ、トゥーラン(Thurins)のフランボワーズ、ペッシュ・ド・ヴィーニュ(Pêche de Vigne)、洋ナシ、リンゴ、アプリコット、カシス、グロゼイユ、プラム　▶酒：ワイン　▶チーズ：セルヴェル・ド・カニュ(Cervelle de Canut)、モン・ドール・デュ・リヨネ(Mont d'Or du Lyonnais)、リゴット・ド・コンドリュ(Rigotte de Condrieu)　▶料理：グラティネ・リヨネーズ(Gratinée Lyonnaise、チーズを使ったオニオングラタンスープ)、サラディエ・リヨネ(Saladier Lyonnais、羊の脚肉とニシンのオイル漬けのサラダ)、リヨン風ソーセージのブリオッシュ包み(Saucisson en Brioche à la Lyonnaise)、リヨン風川カマスのクネル(Quenelles de Brochet à la Lyonnaise、川カマスのすり身を茹でてソースを添える)、シャルキュトリー各種(Charcuterie)

Savoie
サヴォワ

スイスと国境を接するサヴォワ地方は、アルプスを擁する山岳地帯。11世紀に神聖ローマ帝国の領土となり、11世紀半ば頃から、後にイタリア王家となるサヴォワ家の支配下に置かれた。フランス革命後、ナポレオン(Napoléon Bonaparte)によって併合されたが抵抗が続き、正式にフランス領となったのは1860年のことだ。こうした歴史が郷土菓子にも影響を与えているのは間違いない。牧畜が盛んで乳製品が多く作られ、果物やハチミツも採れる。菓子には、これらの産物を使ったさまざまなものがそろう。

▶主要都市：シャンベリー(Chambéry、パリから455km)、アヌシー(Annecy、パリから435km)　▶気候：山岳気候で夏は涼しく、冬の寒さは厳しくて積雪が多い。　▶果物：リンゴ、洋ナシ、カシス、フランボワーズ、イチゴ、クルミ　▶酒：オー・ド・ヴィ・ド・マール・ド・サヴォワ、ニガヨモギ(génépi、ジェネピ)のリキュール、ヴェルモット・ド・シャンベリー(Chambéry)　▶チーズ：トム・ド・サヴォワ(Tomme de Savoie)、ルブロション(Reblochon)、アボンダンス(Abondance)、ボーフォール(Beaufort)、ブルー・ド・テルミニョン(Bleu de Termignon)、シュヴロタン・デザラヴィ(Chevrotins des Aravis)、シュヴレット・デ・ボージュ(Chevrette des Bauges)、ペルシエ・ド・タランテーズ(Persillé de Tarentaise)、セラック(Sérac)、タミエ(Tamié)　▶料理：サヴォワ風フォンデュ(Fondue Savoyarde、エメンタールやボーフォールチーズにワインとキルシュを加えたフォンデュ)、ファルソン(Farçon、ジャガイモのピュレを使ったグラタン)、マスのオ・ブルー(Truites au Bleu、酢入りのクール・ブイヨンでマスを茹でて、バターソースを添える)、オンブル・ド・シュバリエのムニエル(Omble de Chevalier Meunière、幻魚ともいわれる高級なアルプイワナのムニエル)　▶その他：エヴィアン(Evian)周辺のミネラルウォーター

Dauphiné
ドフィネ

ドフィネ地方は、アルプス山脈とローヌ渓谷の間に広がる地域。地形も気候も非常に変化に富み、さまざまな産物が採れ、果物や乳製品も豊富にそろう。11世紀にヴィエンヌ伯の領地となり、紋章がイルカ(*dauphin*)だったことから、伯爵はル・ドファン(*Le Dauphin*)と呼ばれた。ドフィネの名はこれに因んで13世紀に名付けられたものだ。14世紀にフィリップ6世(*Philippe VI*)に譲渡された後は、フランス王太子(*Dauphin de France*)領として受け継がれた。菓子では、ポーニュ(*Pogne*、王冠形のブリオッシュ)も知られている。

▶主要都市：グルノーブル(*Grenoble*、パリから482km)、ヴィエンヌ(*Vienne*、パリから417km) ▶気候：変化に富み、北部は山岳気候の影響を受けて湿潤、南部は地中海式気候の影響を受けて乾燥した気候。 ▶果物：クルミ、アプリコット(ポロ種)、カシス、サクランボ、マルメロ、グロゼイユ、モモ、洋ナシ、リンゴ、アーモンド、レーヌ・クロード ▶酒：ワイン、シャルトリューズ(*Chartreuse*、薬草系リキュール)、アルクビューズ・ド・レルミタージュ(*Arquebuse de l'Hermitage*、薬草酒)、シェリー・ロシェ(*Cherry Rocher*、カシス・リキュール) ▶チーズ：サン・マルスラン(*Saint Marcellin*)、ピコドン・ド・ラ・ドローム(*Picodon de la Drôme*)、 ▶料理：グラタン・ドフィノワ(*Gratin Dauphinois*、ジャガイモのグラタン)、デファルド(*Defarde*、仔羊の脚肉や内臓を白ワイン、トマト、香味野菜と煮る)、エクルヴィスのグラタン(*Gratin de Queues d'Écrevisses*、ザリガニのグラタン)

Lyonnais｜リヨネー

Galette Pérougienne
ガレット・ペルージェンヌ

ペルージュ(Pérouge)は小高い丘の上にある小さな村だ。ローマ帝国の植民地として、イタリアのペルージャ(Perugia)の人々が移り住んだことから、その名がつけられた。14〜15世紀には織物業で栄えたが、19世紀に鉄道が整備されると村人たちは丘の麓の町に住むようになり、人口は激減。その後の保護活動により、村をぐるりと囲む城塞や石造りの家、石畳の路地などが修復・保護され、中世の面影を宿す美しい村として息を吹き返している。

この村で名物とされているのが、ガレット・ペルージェンヌだ。ピッツァのように薄くのばした発酵生地に砂糖をたっぷりふり、ところどころバターの塊を散らしてレモンを香らせ、焼き上げる。香ばしく焼けた生地とシャリリと歯にあたる砂糖の甘み、バターの風味が織り成す味わいは、なんとも素朴で後を引く。20世紀の初め、「オステルリー・デュ・ヴュー・ペルージュ(Ostellerie du Vieux Pérouges)」のマダム・チボー(Madame Thibaut)が、ガレット・ブレッサンヌ(Galette Bressanne、ブリオッシュ生地に生クリームと砂糖をのせて焼く、リヨン周辺地域で見られる菓子)をアレンジし、薄く、大きくのばして焼いたのが始まりだそうだ。

一方、駅に向かって丘を下ったところにある町、メクシミュー(Meximieux)でも同じく、ガレット・ペルージェンヌを売っており、こちらはブリオッシュ生地に砂糖とプラリーヌ・ローズ(p.78)を散らして焼いていた。ブリオッシュ・ド・サン=ジュニ(p.86)に似て、味わいはもちろん、食感もいい。

どちらのおいしさも捨てがたく、私が作ったのは、両者のいいところを合体させたガレット・ペルージェンヌだ。ポイントは、砂糖やプラリネの甘みを引き締める、薄い生地のほどよい塩気。サクッ、シャリッ、カリッとさまざまな食感が楽しめる。

直径22cm・3台分

パータ・ピッツァ pâte à pizza
ドライイースト：6g
levure sèche de boulanger
グラニュー糖：1g
sucre semoule
ぬるま湯 eau tiède：30g
薄力粉 farine ordinaire：120g
強力粉 farine de gruau：80g
全卵 œufs：20g
塩 sel：2g
牛乳 lait：100g
溶かしバター：40g
beurre fondu

プラリーヌ・ローズ：75g
pralines roses
(▶▶P78「プラリーヌ・ローズ」参照)
グラニュー糖：90g
sucre semoule
バター beurre：45g

塗り卵(全卵)：適量
dorure (œufs entiers) Q.S.

パータ・ピッツァを作る
1. ドライイーストとグラニュー糖をボウルに入れ、ぬるま湯を注ぐ。ふつふつと泡立ってくるまで20〜30分、予備発酵させる。
2. 薄力粉、強力粉、溶きほぐした全卵の半量、塩を、低速のミキサー(フック)でざっと混ぜる。
3. 2の残りの全卵と牛乳を少しずつ加えながらゆっくり捏ねる。
4. 生地がまとまったら、溶かしバター(室温)を加えて中速で混ぜる。
5. バターがしっかり混ざって艶が出たら、ボウルに移して表面に打ち粉をし、カードで生地の端を下に押し込むようにして表面を張らせてまとめる。
6. ラップフィルムをかけ、約2倍に膨らむまで約1時間、1次発酵させる。

組み立て・焼成
7. 6をパンチしてガスを抜き、3等分する。
8. 軽く丸めた手の平で包むようにして台の上で転がし、表面をつるんとさせて丸める。
9. 麺棒でざっとのばす。
10. 天板に直径22cmのセルクル型を置き、9を入れる。手の平で叩いて平らにし、型の底いっぱいに広げる。
11. ラップフィルムをかけ、約2倍に膨らむまで約1時間、2次発酵させる。
12. 上面に塗り卵を刷毛で塗り、粗く砕いたプラリーヌ・ローズ、グラニュー糖、ちぎったバターを順に散らす。
13. 240〜250℃のオーブンで約20分焼く。
14. 型からはずし、網にのせて冷ます。

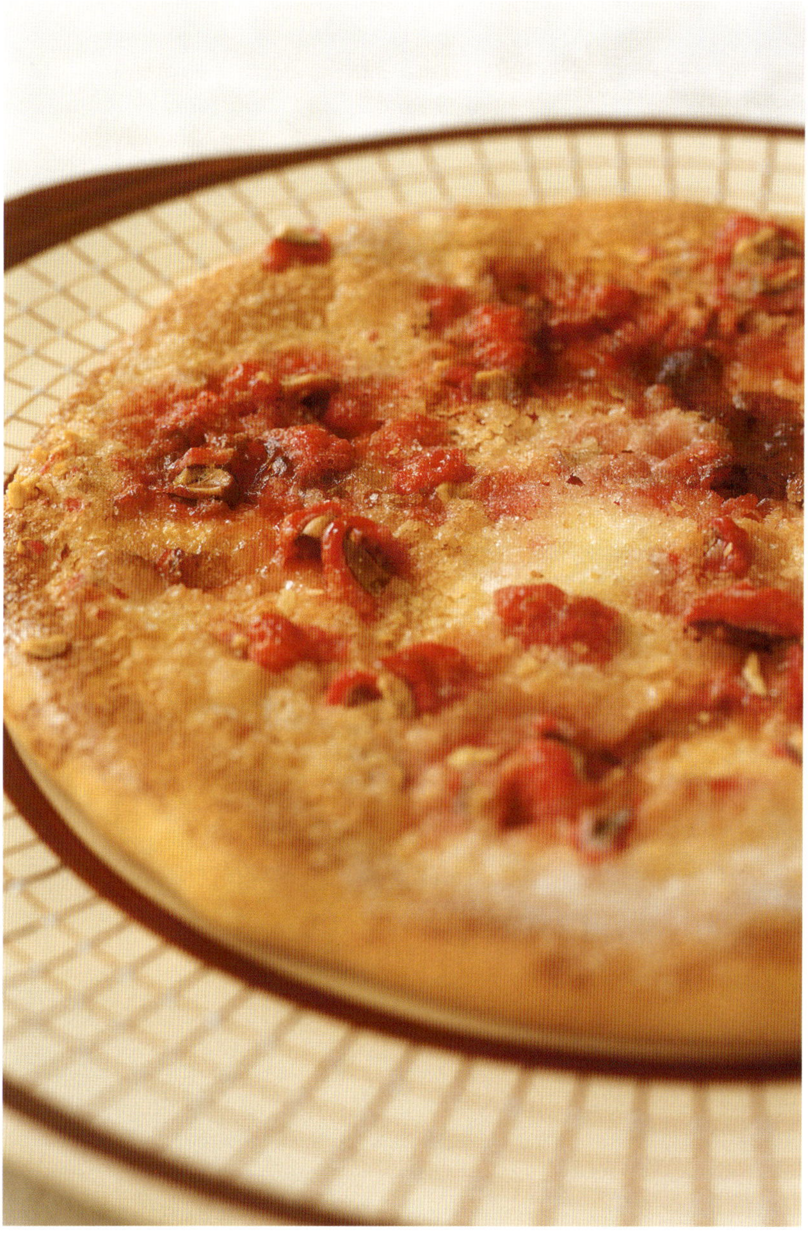

Tarte de Lyon
タルト・ド・リヨン

ローヌ川とソーヌ川の合流点に位置するフランス第2の都市、リヨン(Lyon)。紀元前43年にローマの植民市、ルグドゥノム(Lugdunum)が建設されたことを起源とし、ローマ帝国初代皇帝アウグストゥス(Augustus)の時代には、ガリア地方の中心都市として急速に成長した。以後、商業都市として発展し、優れたキュイジニエやパティシエ、ブーランジェを輩出するフランス一の美食の町としても知られる。

タルト・ド・リヨンは、この町に伝わる滋味深い焼き菓子だ。パン屑を寄せ集め、アーモンドや牛乳、卵を加えて焼くという、いわゆるリサイクル菓子にあたる。リヨンを訪れた時、街角のごく庶民的な菓子屋で食べたのをおぼろげながら覚えている。口に入れるとむっちり、ホクッとした独特の食感が印象的で、アーモンドの香りがキルシュと混じり合ってやわらかく広がる。

直径18×高さ4cmの
セルクル型(底つき)・3台分

パータ・フォンセ pâte à foncer
- 卵黄 jaunes d'œufs：20g
- 全卵 œufs：50g
- 水 eau：80g
- 塩 sel：10g
- グラニュー糖：20g sucre semoule
- 薄力粉 farine ordinaire：500g
- バター beurre：300g

アパレイユ appareil
- 固くなったパン(バゲットなど)：250g pain rassis
- 牛乳 lait：500g
- グラニュー糖：200g sucre semoule
- 卵黄 jaunes d'œufs：160g
- アーモンドパウダー：400g amande en poudre
- キルシュ kirsch：95g
- 卵白 blancs d'œufs：240g

バター beurre：適量 Q.S.

下準備
＊型にバターを手で薄く塗っておく。

パータ・フォンセを作る
1. 「基本」の「パータ・フォンセ」と同じ要領で作る。ただし、全卵は卵黄と一緒に入れる。
2. 厚さ2mmにのばす。
3. 型よりふたまわり大きい円形に切り、型に敷き込む。
4. 冷蔵庫で1時間休ませる。

アパレイユを作る
5. 固くなったパンを約1×1cmに切り、ボウルに入れる。
6. 沸騰させた牛乳を5に注ぎ入れ、へらで練り混ぜる。
7. グラニュー糖、卵黄、アーモンドパウダー、キルシュを順に加えて混ぜる。
8. 中速のミキサー(ホイッパー)で、卵白を角が立つまで泡立てる。
9. 7に8を数回に分けて加え、卵白が見えなくなるまでへらでよく混ぜる。

組み立て・焼成
10. 4を取り出し、生地の側面を指で型に密着させる。はみ出した生地を切り落とす。
11. 天板にのせ、9を型いっぱいに流し入れる。
12. 180℃のオーブンで40〜45分焼く。
13. 型からはずし、網にのせて冷ます。

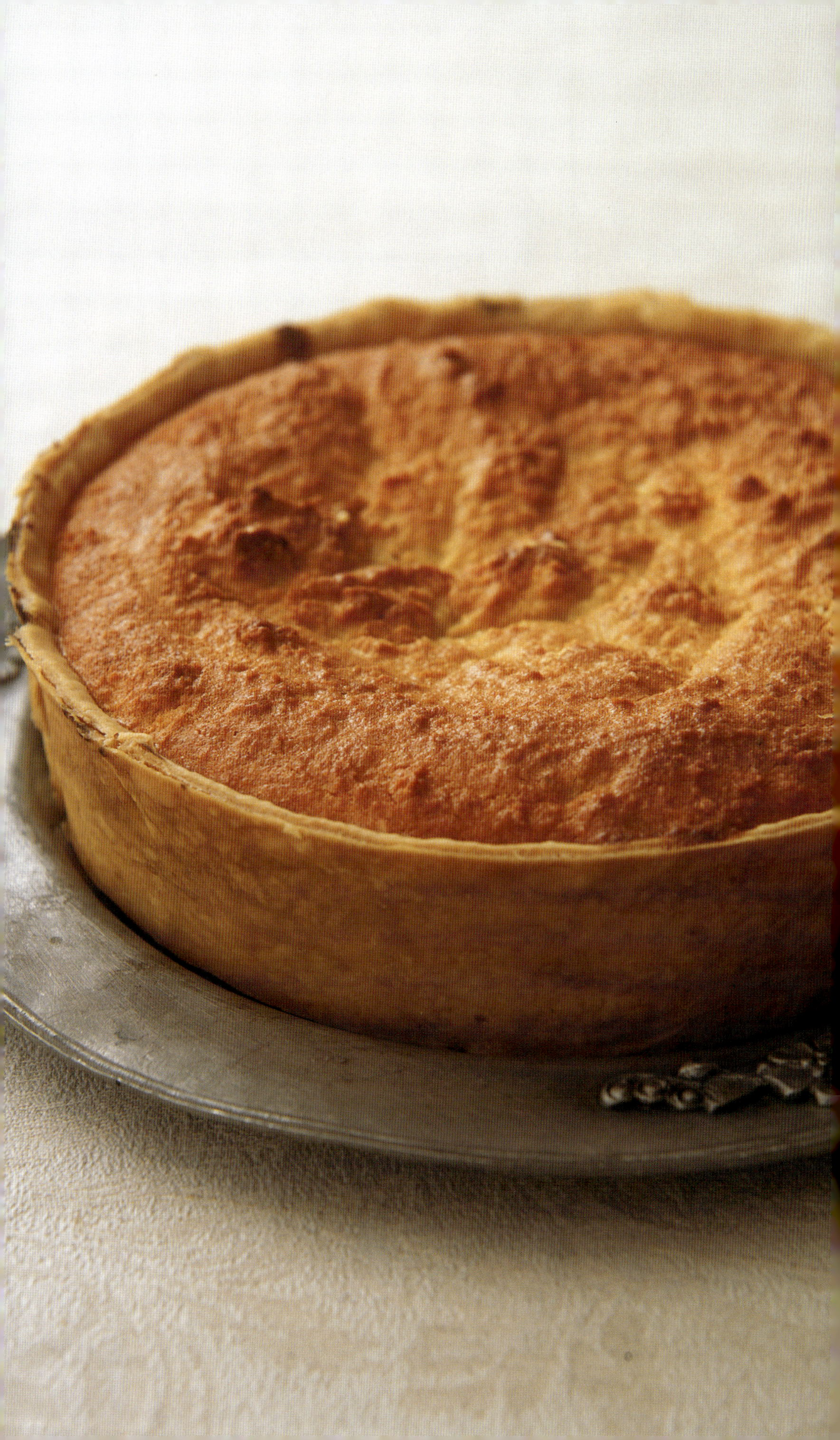

Oublie
ウーブリ

ウーブリは遥か昔から存在し、中世に好んで食べられていた菓子だ。ゴーフル(p.306)の原形にあたる最初のフランス菓子とされ、1270年には、ウーブリ職人＝ウーブロワイエ(oubloyer)、もしくはウーブリユー(oublieu)が同業組合を設立している。ウーブロワイエと認められるには、5年間の修業と10ルーブルの免許料、1日に1000枚焼く能力が必要だった。当時はウーブロワイエがウーブリと軽い菓子を作り、パティシエは肉やチーズ、魚のパテを担当していたそうだ。これを考えると、私たち菓子職人の原点は、どちらかと言うとウーブロワイエなのだろうと思う。よってウーブリは、私にとって特別な思い入れを抱かずにはいられない菓子である。

中世には、ウーブリはパリ(Paris)やその他の町でも作られていたが、特にリヨン(Lyon)のものの評判がよかったそうだ。当初は菓子屋の小僧たちがその日の使い残りの生地を集めて作り、売っていたが、次第に拡大。ウーブロワイエたちは、鉄板に挟んで焼いた薄い生地を円筒形か円錐形に丸めて小さな籠に入れ、「さあ奥さんがた、プレジール(plaisir、お楽しみ)だよ」と呼びかけながら街で売り歩くようになった。プレジールとも呼ばれるのは、そのためである。さらには即興の歌を歌いながら売り歩き、人々はスーペ(souper、軽い夜食)の後の楽しみとして家の中にまで招き入れ、菓子と歌を楽しんだという。

ところが、流行が広がるにつれて彼らは朝まで町を徘徊するようになり、風紀を乱したとして警察に取り締まられることになる。菓子職人の原点としては、まったく不名誉なことだ。それでも彼らは人々から愛され、喜ばれる商人だったので、やがてその地位を持ち直し、ウーブリは聖パン、聖体パンとして宗教上の尊い営みにも使われていった。

そんな彼らに思いを馳せながら、ここでは17世紀のルセットを参考に、円筒形のウーブリを作ってみた。単純な配合ながら焼き上げるとパリパリ香ばしく、結構旨い。卵せんべいのような、素朴でやさしい味わいも感じられる。

8.5×14cm(巻いたものは口径4×高さ8.5cm)・12枚分

グラニュー糖：250g
sucre semoule

水 eau：100g

バター beurre：15g

薄力粉 farine ordinaire：250g

全卵 œufs：100g

澄ましバター：適量
beurre clarifié Q.S.

---

1. グラニュー糖と水を鍋に入れ、沸騰させる。
2. 人肌程度の温度に冷まし、バターを加え混ぜる。
3. 薄力粉をボウルに入れ、全卵を加えてホイッパーで混ぜる。
4. 3に2を少しずつ加えながら混ぜ合わせる。
5. ラップフィルムをかけ、2時間休ませる。
6. ゴーフルベーカーに澄ましバターを刷毛で塗り、直火でよく焼き込む。
7. 5をレードルですくい、6の全面に流す。すぐに蓋をして上から押し、強火で焼く。
8. 下面が色よく焼けたら、ゴーフルベーカーを裏返す。先ほどよりはやや軽めに焼く。
9. パレットナイフで生地を取り上げ、台にのせる。すぐに太さ約3cmの木製の棒に巻きつける。
10. 冷めたら棒をはずす。

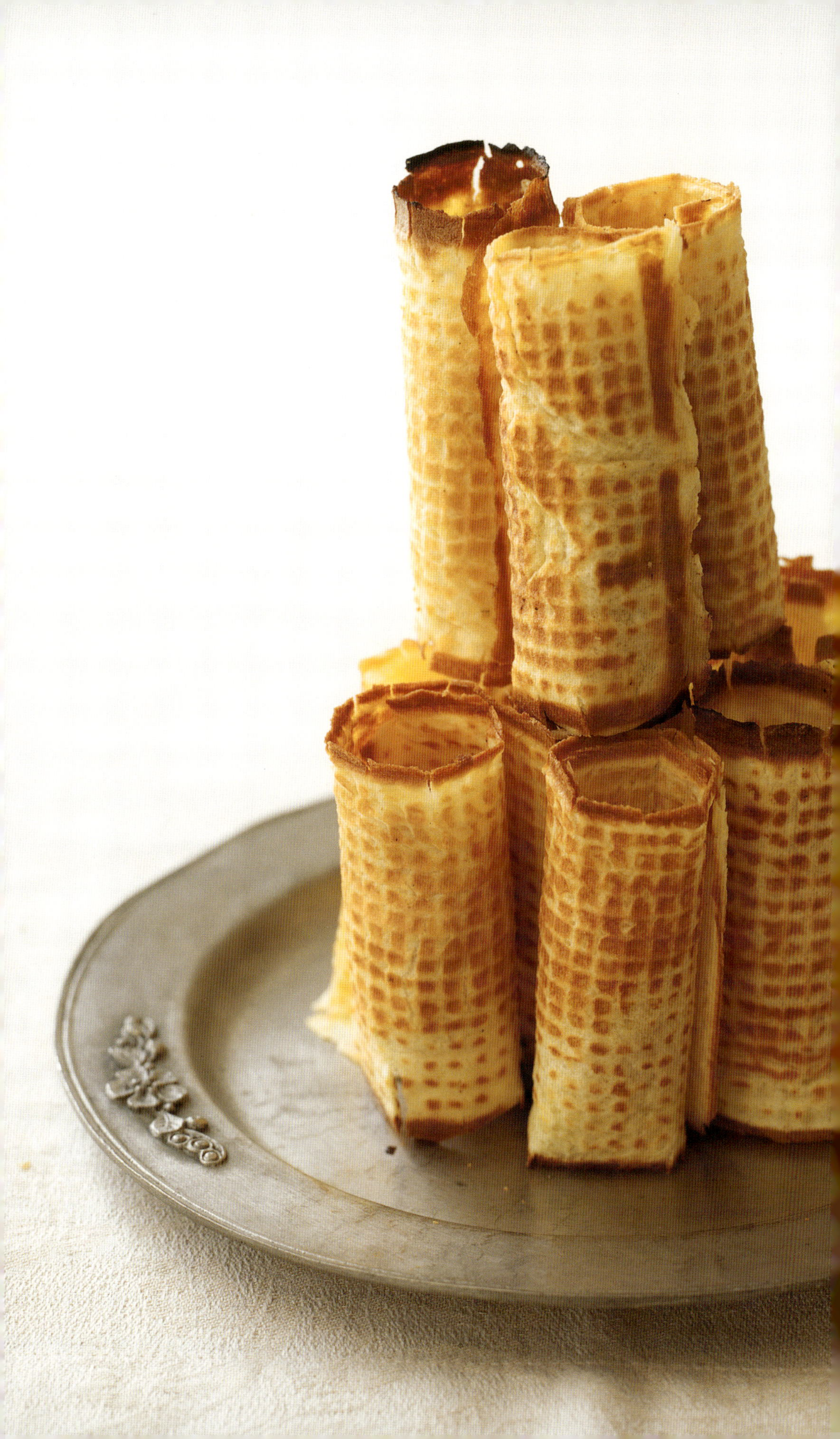

Coussin de Lyon
クサン・ド・リヨン

リヨン(Lyon)の旧市街を歩いていると、建物1階を通り抜けて路地と路地を行き来できるように作られた、トラブール(traboule)と呼ばれる抜け道に出会う。これは絹織物業が盛んだった時代、商品を雨で濡らすことなく運ぶために利用された、リヨン独特のアイデアだ。

クサン・ド・リヨンは、いかにも絹織物業で栄えたこの町らしいスペシャリテだ。クサン(coussin)とは、フランス語でクッションのこと。1643年リヨンで疫病が流行した際、町の助役たちがフルヴィエールの丘に登り、マリア像に祈りを捧げたそうだ。そして、疫病から救ってくれたらろうそくと金貨を乗せた絹のクッションを持ち、礼拝行列を送ると約束した。結果、願いは叶えられ、礼拝行列は今もリヨン市長によって毎年必ず送られているという。これに想を得て1960年、ショコラトリー「ヴォワザン(Voisin)」が創製したのが、クサン・ド・リヨンだ。緑のマジパンで覆われたガナッシュは絹のクッションをかたどり、同じく緑のクッション形の箱に並べて入れられている。

マジパンの表面をシロップに浸して糖化させているので、数年は保存できる。中にはキュラソーを効かせたガナッシュが包まれ、ふわりと広がる洋酒の香りが華やかさを感じさせる。

約3×2.5cm・26個分

ガナッシュ・パルフュメ・オー・キュラソー
ganache parfumé au curaçao

　ブラックチョコレート (カカオ分55%) : 200g
　couverture noir 55% de cacao

　生クリーム (乳脂肪分48%) : 100g
　crème fraîche 48% MG

　オレンジキュラソー : 48g
　orange curaçao

マジパン pâte d'amandes

　コンフィズリー用
　マジパン : 280g
　pâte d'amandes fondante

　緑の色素 : 適量
　colorant vert Q.S.
　※水でのばす

＊コンフィズリー用マジパンは、アーモンドとグラニュー糖の割合が1:2のマジパンを指す。

コンフィ用シロップ
sirop pour confire

　水 eau : 1kg
　グラニュー糖 sucre semoule : 2kg
　水飴 glucose : 120g

ガナッシュ・パルフュメ・オー・キュラソーを作る
1. ブラックチョコレートを刻んでボウルに入れる。
2. 沸騰させた生クリームを注ぎ入れ、ホイッパーでざっと混ぜて2〜3分置く。
3. 中央から丁寧に混ぜ、なめらかに乳化させる。そのまま冷ます。
4. オレンジキュラソーを加え、へらで練り混ぜる。
5. 口径13mmの丸口金をつけた絞り袋に入れる。シルパットを敷いた天板の上に、30cm程度の棒状に数本絞る。
6. 冷蔵庫で冷やし固める。

マジパンを巻く
7. 粉糖(分量外)をふった台にコンフィズリー用マジパンを出し、手で揉んでやわらかくする。緑の色素を加え混ぜる。
8. 幅30cm、厚さ4mmの帯状にのばす。
9. 手前の30cmの辺に6を1本のせ、1周巻きつける。継ぎ目に沿ってナイフで切る。
10. 9を繰り返し、すべてのガナッシュにパート・ダマンドを巻きつける。
11. 10で残ったマジパンにさらに緑の色素を加え混ぜ、深緑色にする。これを細い棒状に手でのばし、10の継ぎ目を隠すように貼りつける。
12. 木型(和菓子の練り切り用の木型を使用。両端が裁ち落されるのではなく、潰して切れるので、中身がしっかり封じられる)で長さ3cmに切り分ける。約2日、乾燥させる。

コンフィ用シロップに浸ける
13. 鍋に水、グラニュー糖、水飴を入れて加熱する。
14. 106℃になったら火から下ろし、22〜23℃まで冷ます。
15. 12を浸し、室温(22℃〜28℃)で約12時間浸けておく。
16. 網に上げて乾かし、シロップを糖化させる。

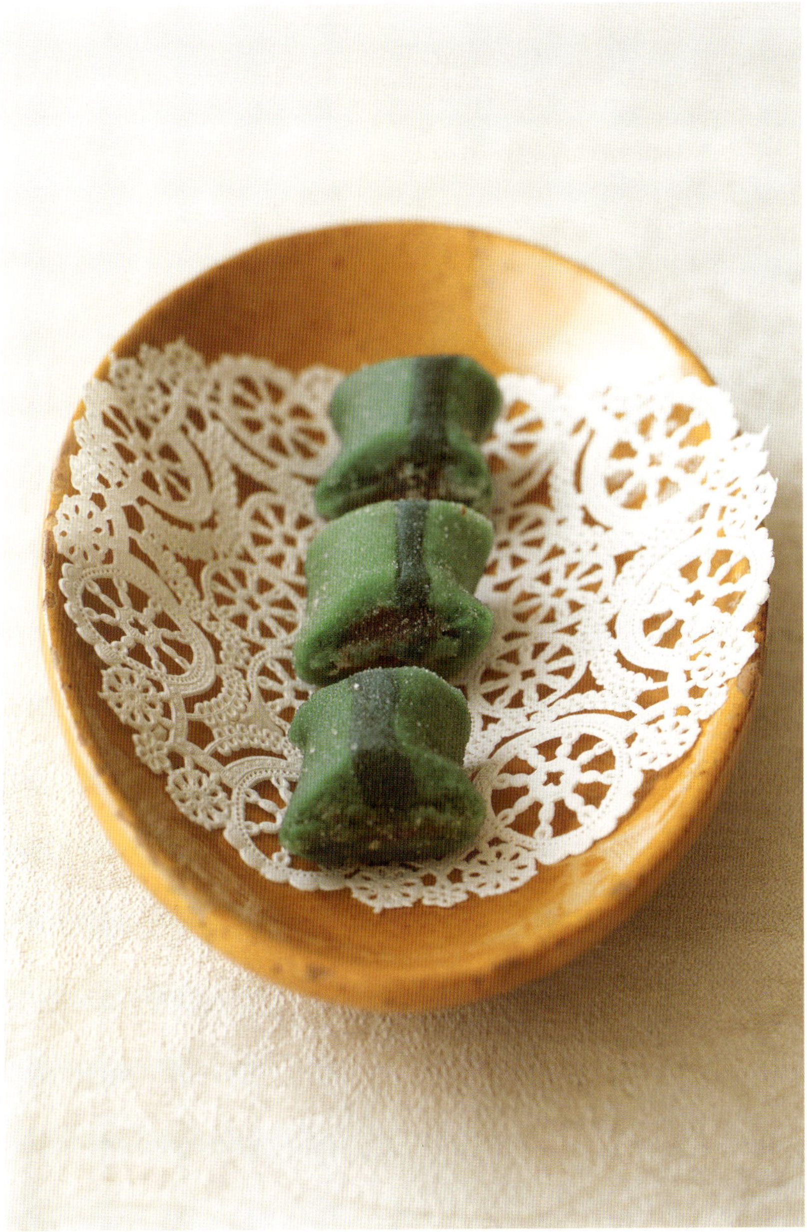

Conversation
コンヴェルサシオン

コンヴェルサシオンとは、フランス語で"会話"のこと。フィユタージュにクレーム・ダマンドかフランジパーヌを詰め、グラス・ロワイヤルを塗った上に細いフィユタージュを交差させて焼く。18世紀末に創製され、名前の由来については、当時流行していたデピネ夫人(*Madame d'Epinay*)の著作、『エミリーの会話(*Les Conversation d'Emilie*)』(1774)からつけられたとする説が有力だ。パリでも作られていたが、ピエール・ラカン(*Pierre Lacam*)によれば発祥はリヨン(*Lyon*)というので、ここではそれに従うことにする。表面のパリッ、ザクッとした食感が小気味よく、ふっくらしたクレーム・ダマンド、香ばしいフィユタージュとよくマッチする。

口径6×高さ2.2cmの
ポンポネット型・10個分

パート・フイユテ：約200g
pâte feuilletée
(3つ折り・8回、▶▶「基本」参照)

クレーム・ダマンド：220g
crème d'amandes
(▶▶「基本」参照)

グラス・ロワイヤル：適量
glace royale Q.S.
(▶▶「基本」参照)

パート・フイユテを準備する
1. パート・フイユテを厚さ2mmにのばす。
2. 型を生地の長さの半分と幅に合わせて隙間なく台の上に並べ、麺棒に巻き取ったパート・フイユテを型の上にゆったりかぶせる。残り半分の生地は切らずにそのまま麺棒に巻きつけておく。
3. パート・フイユテの2番生地(分量外)などを型よりやや小さいサイズに丸め、打ち粉をつけて型の内側に押しつけ、生地を型に密着させて敷き込む。

組み立て・焼成
4. 口径12mmの丸口金をつけた絞り袋にクレーム・ダマンドを入れ、3に22gずつ絞り込む。
5. 2で麺棒に巻きつけておいた生地の残りを折り返すようにして広げながら、4の上にぴったりかぶせる。麺棒2本を上に転がして余分な生地を切り落とす。
6. 冷蔵庫で1時間休ませ、さらに冷凍庫に入れて軽く締める。
7. グラス・ロワイヤルを上面にパレットナイフで1〜2mmの厚さに塗る。
8. 5で切り落としたパート・フイユテを重ねるようにまとめて厚さ0.5mmにのばし、幅5mmの紐状に切る。
9. 7の上に格子状に貼りつけ、はみ出た生地を切り落とす。
10. 天板に並べ、160℃のオーブンで約45分焼く。
11. 型からはずし、網にのせて冷ます。

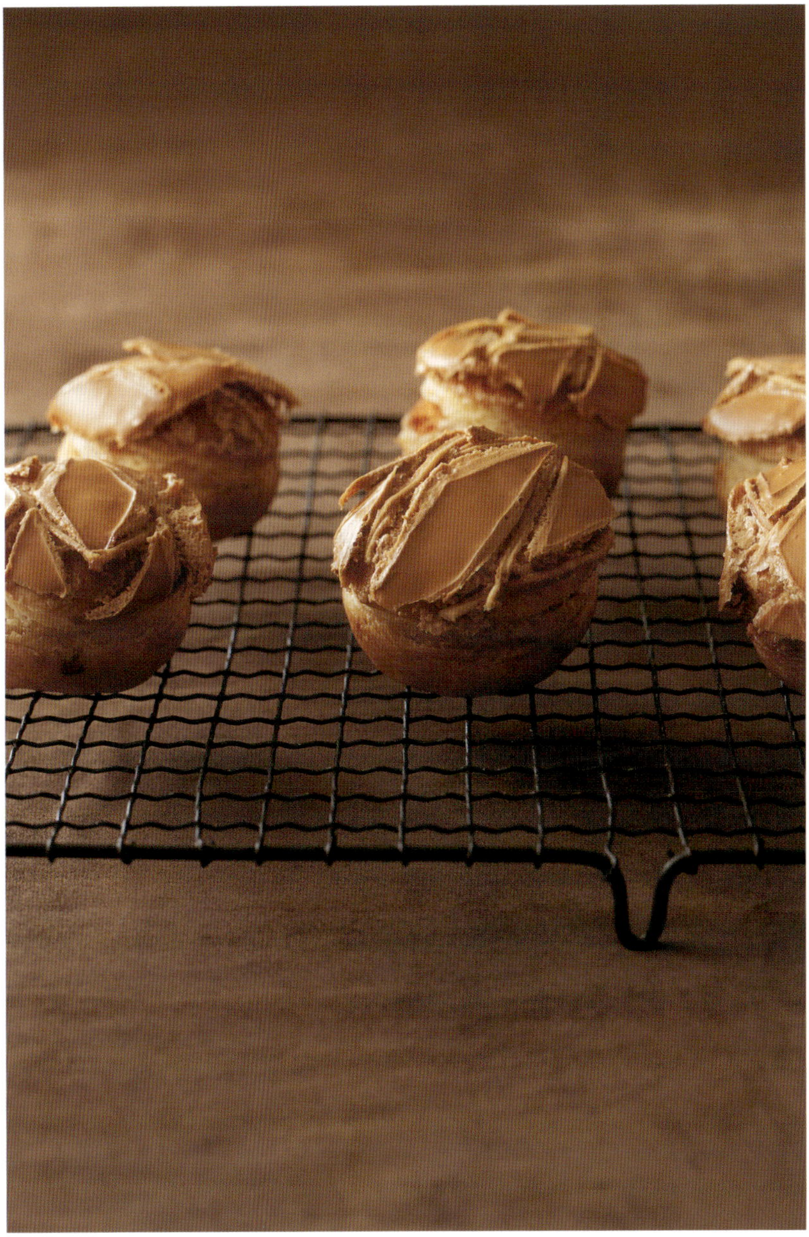

Pralines Roses
プラリーヌ・ローズ

プラリーヌは、アーモンド一粒一粒に糖衣をかけたボンボンのこと。糖液を何度も絡め、かき混ぜながら結晶化させるというサブラージュの工程を行なうことで、表面の独特の凹凸が生まれ、カリッと仕上がる。

プラリーヌと言えばまず、この菓子の発祥地とされるオルレアネ地方モンタルジー(*Montargis*)のそれ(p.236)が有名だ。他にも、オーヴェルニュ地方エグペルス(*Aigueperse*)で作られるやわらかい糖衣のものや、ラングドック地方ヴァブル=ラベイ(*Vabres-l'Abbaye*)の白いプラリーヌがある。そして、赤い色でひときわ目を引くのがリヨン(*Lyon*)のプラリーヌ・ローズだ。

現地ではそのまま袋に詰めて売るのはもちろん、タルトやブリオッシュ、デザート、アイスクリームなど、さまざまな菓子にこのプラリーヌ・ローズを砕き入れて使用する。そのまま食べると固いので、くれぐれも歯にご注意を。

約4220g

シロップⒶ sirop Ⓐ
　水 eau：33g
　水飴 glucose：120g
　アラビアゴム(パウダー)：66g
　gomme arabique en poudre
　ボーメ30°のシロップ：80g
　sirop à 30°Baumé

シロップⒷ sirop Ⓑ
　グラニュー糖：1.8kg
　sucre semoule
　水 eau：900g
　水飴 glucose：400g

アーモンド(皮つき、ロースト)：933g
amandes brutes grillées

赤の色素：適量
colorant rouge Q.S.
※ウォッカでのばす

シロップⒶを作る
1. 水と水飴をボウルに入れ、底を直火に当てて少し温める。
2. 水飴が溶けたらアラビアゴムを加え混ぜる。
3. ボーメ30°のシロップ(量は季節によって多少調節)を加え混ぜ、湯煎にかけて完全に溶かしておく。

シロップⒷを作る
4. グラニュー糖、水、水飴を鍋に入れて火にかける。
5. 沸騰してグラニュー糖と水飴が完全に溶けたら、8つの鍋に分ける。

仕上げる
6. ローストしたアーモンドを熱いうちに、熱しておいた銅ボウルに入れる。
7. 5のシロップⒷの1つめの鍋を火にかけ、120℃になるまで熱してアーモンドの上に注ぐ。
8. 木べらで底からしっかり混ぜてシロップを絡める。シロップが白く糖化して絡まり、パラパラになったらOK。目の粗いふるいに軽くかけ、下に落ちた糖衣は別のボウルに取っておく(1回目)。アーモンドを銅ボウルに戻す。
9. 7〜8を4回繰り返す(2〜5回目)。3回目以降はシロップを熱した後に赤の色素を加え混ぜる。5回目くらいからは銅ボウルの内側に糖衣がつくようになるので、カードでこそぎ落とし、別のボウルに取っておく。
10. 7〜8をもう1回繰り返す(6回目)。6回目は、8〜9で取っておいた糖衣をシロップに加えて一緒に煮溶かす。
11. 7〜8をあと2回繰り返す(7〜8回目)。7〜8回目は、こそぎ落とした糖衣を銅ボウルのアーモンドに戻し、同様にシロップを絡める。8回目は、まだ糖化しきらないところで混ぜるのを止める。
12. 3のシロップⒶを加え、木べらで底からしっかり混ぜてシロップを絡める。
13. 天板6枚に分け入れ、手にサラダオイル(分量外)をつけて一粒ずつ離す。
14. 40℃のエチューブ(保温・乾燥庫)に入れ、一晩乾かす。

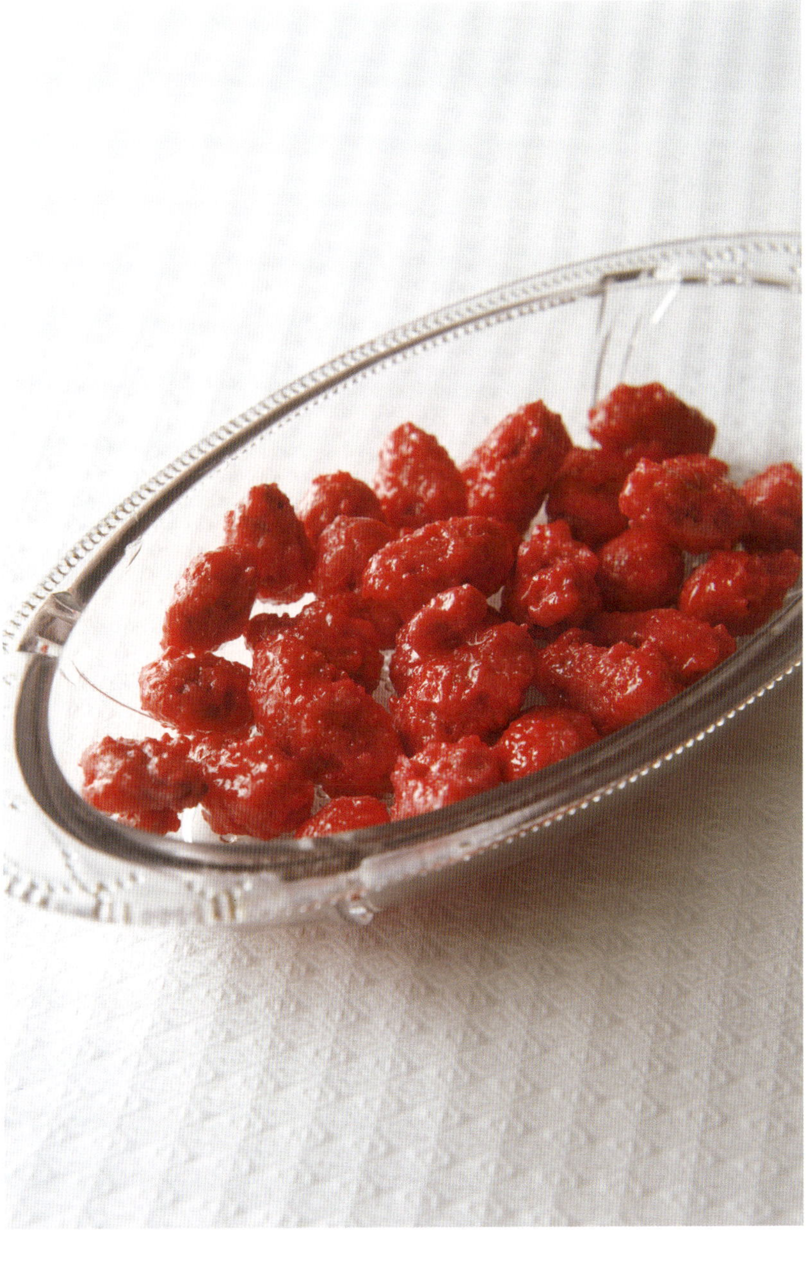

Bugne Lyonnaise
ビューニュ・リヨネーズ

カトリックで、2月中旬から約1週間に渡って行われるカルナヴァル(carnaval、謝肉祭)に欠かせないのが、揚げ菓子だ。四旬節(carême、荒野でのキリストの40日間の断食と苦難を記念する、キリスト教の斎戒期間)で肉食を断つ前に、思い切り食べて楽しく騒ごうというのが始まりらしい。揚げ菓子は総称してベニエ(Beignet)と呼ばれ、メルヴェイユ(Merveille)、オレイエット(p.164)などフランス各地でさまざまなタイプのものが作られる。

なかでもよく知られているのが、リヨン(Lyon)近辺で作られるビューニュだ。16世紀以前にすでに誕生しており、初めは小麦粉、水、酵母にオレンジの花の水(もしくはバラの水)を加えた生地を揚げていたが、後に卵やバターを加えるようになったという。リボン状に切って中央に切り込みを入れた形が愛らしい。

私がリヨンを訪れた際には、屋台の大鍋でこのビューニュを揚げ、新聞紙で包んだり、紙袋に入れたりして気軽な売り方をしていた。お世辞にもいい油で揚げているとは言えなかったが、それでも若い時には「おいしい!」と食べられるものだ。さっくりした食感とくせのない味に包み紙の匂いも合わさって、思い出すたび無性に懐かしくなる。

約2×8cm・約24個分

薄力粉 farine ordinaire : 125g
ベーキングパウダー : 2g
levure chimique
すりおろしたレモンの皮 : 1/3個分
zestes de citrons râpés
バター beurre : 25g
グラニュー糖 : 2.5g
sucre semoule
塩 sel : 1g
全卵 œufs : 35g
ラム酒 rhum : 12g

ピーナッツオイル : 適量
huile d'arachide Q.S.
粉糖 sucre glace : 適量 Q.S.

---

1. ボウルにすべての材料を入れ、手でつかむようにして混ぜる。
2. 全体がなじんだら、台に取り出して、ボール状にまとめる。
3. ビニール袋に入れ、15〜20分休ませる。
4. 厚さ2mmにのばす。
5. パイカッターで2×8cm程度の長方形など好みの形に切り、中央に切り込みを入れる。
6. 生地の一方の端を切り込みに通し、手綱コンニャクの要領でねじる。
7. 180℃に熱したピーナッツオイルで、ときどきひっくり返しながら、両面がしっかり色づくまで揚げる。
8. 網に上げて油を切り、熱いうちに粉糖をふる。

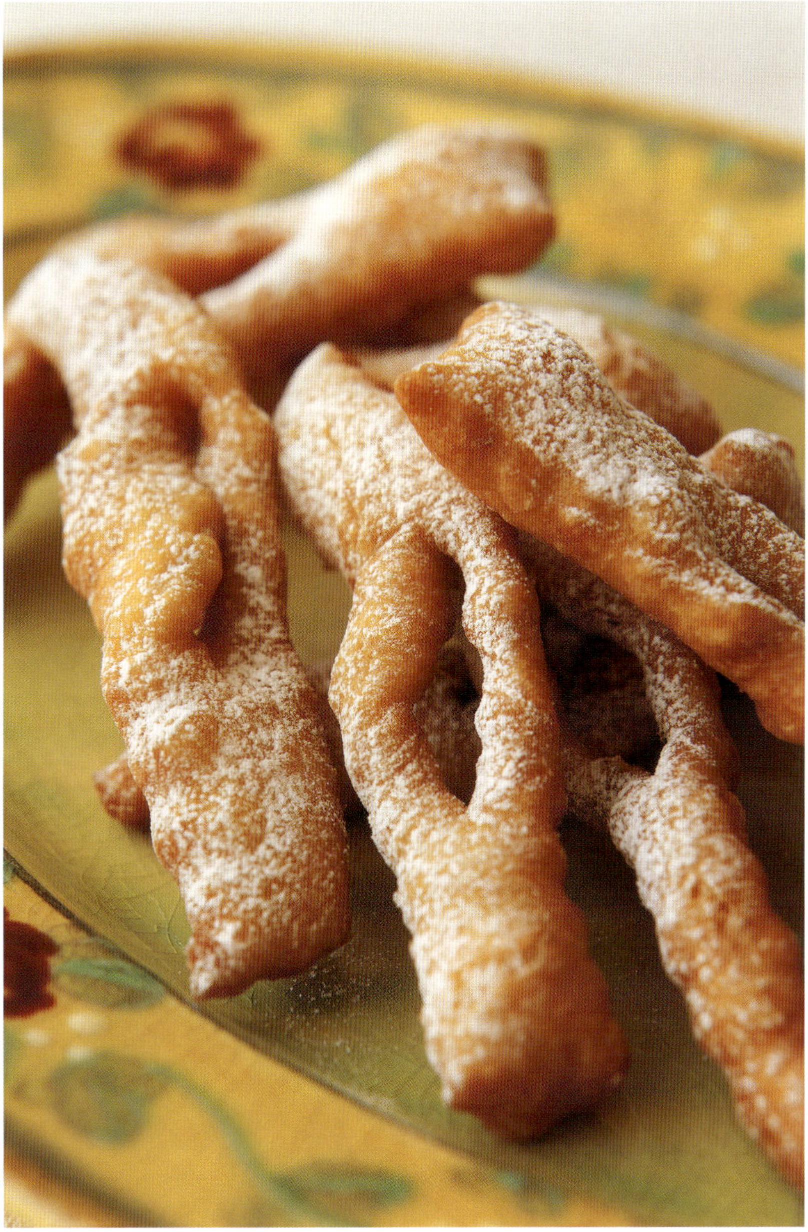

Column｜自転車で、マルセイユへ

　五月革命で混乱するパリを自転車で抜け出し、国道7号線を〔...〕沃な畑と田園風景、のんびり草を食む牛たち。豊かな森と、遠く〔...〕みを受け、人々の日々の営みがたくましく、淡々と進められていた〔...〕少しずつ癒されていくのを感じた。

　とはいえ、思いつきの無謀な旅は困難を極めた。熱射病や〔...〕100km以上走らせたため、自転車はすぐに故障。補修しながら〔...〕った。が、さすが自転車大国、なんとか修理してもらい、格安の〔...〕1200kmの道をひた走った。マルセイユに到着したのは、パリを出〔...〕

　着いてみると何もすることもなく、かといって、新しい目的地を設〔...〕安の悪さに少々恐怖心を抱いてそのまま退散。ハンドルを北に〔...〕ところが、ドフィネ地方ヴィエンヌにたどり着いたところで、持参した〔...〕いで食べたり、教会で施しをもらったり、野宿しながら飢えを凌〔...〕ランヴェール＝ダルボン（Saint-Rambert-d'Albon）の農家で住み込みの仕〔...〕

　そこでの生活は、フランスの農家の生活そのもの。離れで寝泊〔...〕ニュを自分のナイフで削り切り、豆の煮込みなど素朴な家庭料理〔...〕ーブルを家族で案内してくれた。おかげで私は、その後の自分の〔...〕切ることができた。

　そして約2カ月後、私は再び自転車にまたがり、パリへ戻った。〔...〕あちらこちらで進められていた。

走れば別世界が広がっていた。道の両側にどこまでも広がる肥
ずる鳥の声……。そこにはデモもストライキもなく、太陽と大地の恵
これが、フランスという大国の底力だ」。私は、自分の荒んだ心が

日焼けで草むらに倒れ込むこともあった。また、デコボコ道を1日に
続けたが、リヨンの石畳でついに車輪のフロントフォークが折れ、参
ホステルに泊まって自炊しながら、菓子屋には一切目もくれず、
てから10日後のことだ。

る気にもならなかった。とりあえず港まで行って地中海を眺め、治
、荷物を残したままのパリに向かって、私は再び走り出した。

が底を尽いた。仕方なくローヌ川の水を飲んだり、道端の桃をも
たが、そう長く続けられるものではない。どうにもならず、近くのサン＝
見つけ、桃の収穫を手伝って旅の資金を貯めることにした。
食事は母屋に行って家族とともにとった。大きなパン・ド・カンパー
べたのが懐かしい。休日にはモンテリマールやアヴィニョン、グルノ
考えるのも忘れて桃狩りに没頭し、穏やかな田舎の生活に浸り

に五月革命の混乱は治まり、壊された建物の修復作業が町の

パリへ戻った後、礼を伝えるために再び、桃農家の一家の元へ。

Biscuit de Savoie
ビスキュイ・ド・サヴォワ

　ビスキュイ・ド・サヴォワは、ガトー・ド・サヴォワ(*Gâteau de Savoie*)とも呼ばれる、サヴォワ地方の歴史ある銘菓だ。軽やかな質感とやさしい卵の風味がこの上ない。発祥地にはシャンベリー(*Chambéry*)も名乗りを挙げているが、『新ラルース料理大辞典(*Larousse Gastronomique*)』(1996)にも記載され、町の名物として広く知られているのはイエンヌ(*Yenne*)だ。イエンヌはサヴォワ地方の西の入口にあたるローヌ川左岸、モン・デュ・シャ(*Mont du Chat*)の山麓に位置する小さな町。この町の説では1348年頃、サヴォワ伯爵アメデ6世(*Amédée VI*)の料理長だった、ピエール・ディエンヌ(*Pierre de Yenne*)なる人物が考案者だという。そのルセットが、1782年にパティスリー「オー・ヴェリターブル・ガトー・ド・サヴォワ(*Au Veritable Gâteau de Savoie*)」を創業したドボージュ(*Debauge*)によって引き継がれ、薪火の窯で焼く伝統的な製法が同店によって今も伝えられているそうだ。

　誕生のきっかけは、アメデ6世が神聖ローマ皇帝カール4世(*Karl IV*)を招いた宴会だとか。サヴォワの領地を箱庭にして飾り、巨大なビスキュイ・ド・サヴォワに王冠をのせた演出が、多いに喜ばれたそうだ。一方、シャンベリーの説では1416年、サヴォワ伯爵アメデ8世(*Amédée VIII*)が、高貴な身分であると認められることを願い、ドイツ皇帝をはじめ多数の客を招いて宴会を催した。そのなかで巨大なビスキュイ・ド・サヴォワが供されたのだが、どうしても一切れ足りず、アメデ8世は自分の一切れを他の会食者に譲ってしまった。それゆえ、彼は味の説明ができず、伯爵の身分を退く羽目になってしまったが、ドイツ皇帝は代わりに公爵の地位を彼に授けたというのだ。ちなみにこの時ビスキュイ・ド・サヴォワを作ったのは、ジャン・ド・ベルヴィル(*Jean de Belleville*)という名の人物だったらしい。

　私の心に今も残っているのは、イエンヌの町でショーケースに飾られていた、1mはあろうかという巨大なビスキュイ・ド・サヴォワだ。色も形も素晴らしい出来栄えで、食べてみたいと思うのだが、足を運ぶたびに店は休み。3度目に町を訪れてみると、店自体がなくなっていた。思いは叶わないまま、きっと素晴らしかったであろう味は、幻となって時の彼方に消えてしまった。

直径17×高さ18cmの
サヴォワ型・2台分

卵黄:160g
jaunes d'œufs

グラニュー糖:300g
sucre semoule

卵白:240g
blancs d'œufs

薄力粉 farine ordinaire:108g

コーンスターチ:108g
fécule de maïs

澄ましバター:適量
beurre clarifié Q.S.

強力粉 farine de gruau:適量 Q.S.

粉糖 sucre glace:適量 Q.S.

下準備
＊型に澄ましバターを刷毛で塗り、強力粉をまぶしておく。

1. ボウルに卵黄とグラニュー糖を入れ、白っぽくふんわりするまでホイッパーで泡立てる。
2. 1と並行して銅ボウルに卵白を入れ、角が立つまでしっかりホイッパーで泡立てる。
3. 薄力粉とコーンスターチを混ぜ合わせて1に加え、へらでさっくり混ぜる。
4. まだ粉が少し見えているところで2を3〜4回に分けて加え混ぜる。はじめはしっかり混ぜ、後はふんわりやさしく混ぜる。
5. 艶よく混ざったら、型に流し入れる。
6. 160℃のオーブンで約1時間半焼く。
7. すぐに型からはずし、網にのせて冷ます。
8. 粗熱が取れたら、粉糖をふる。

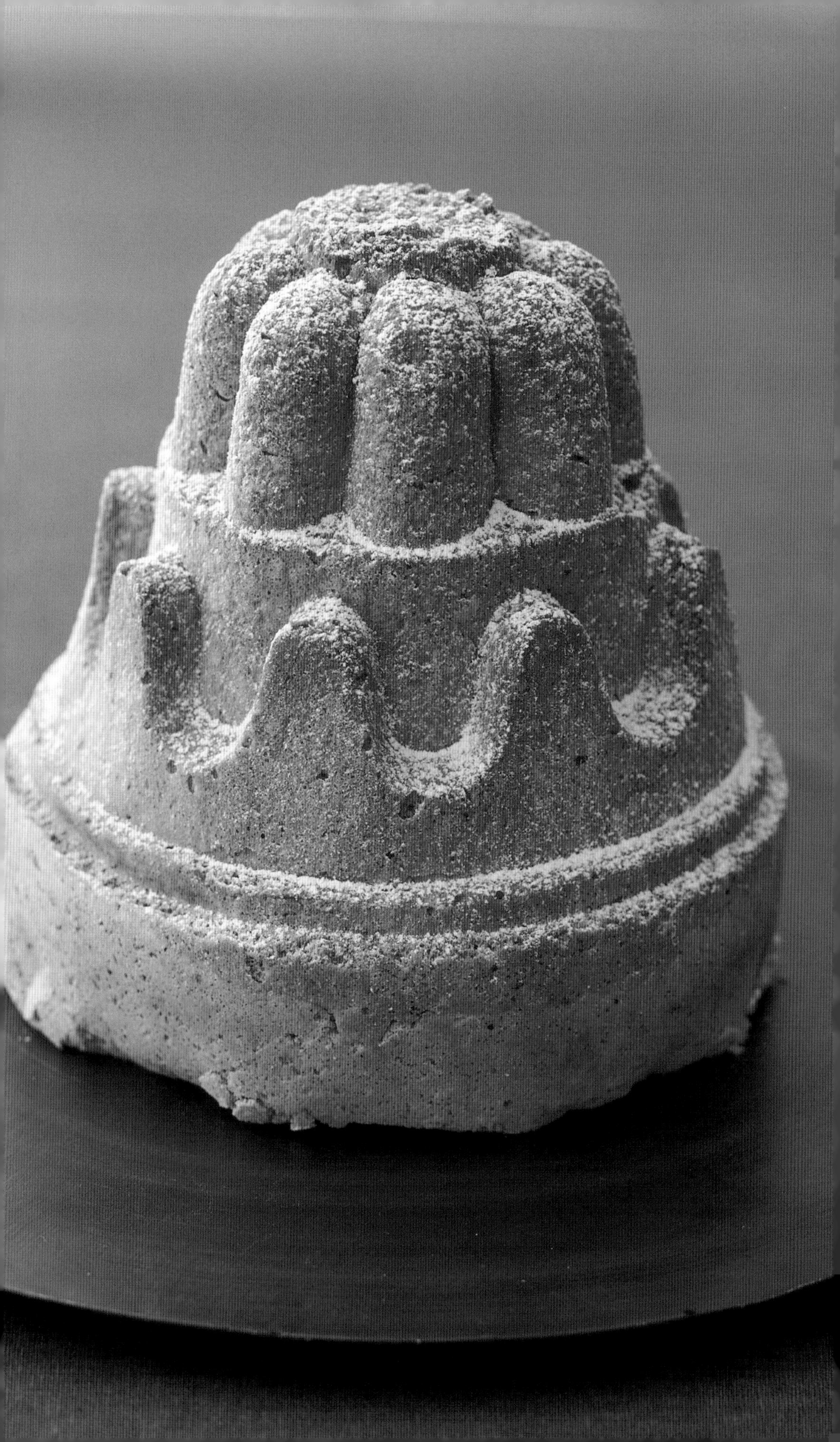

Brioche de Saint-Genix
ブリオッシュ・ド・サン=ジュニ

ブリオッシュにプラリーヌ・ローズ(p.78)を加えて焼いたブリオッシュ・ド・サン=ジュニは、シャンベリー(Chambéry)近くの小さな田舎町、サン=ジュニ=シュル=ギエール(Saint-Genix-sur-Guiers)の名物菓子。見た目の赤さにびっくりするが、食べるとおいしく、食感のコントラストもいい。

この菓子の源を遡ると、シチリア島の聖女アガタ(Sainte Agathe)の伝説に行きつく。非常に美しい女性だったアガタは、島のローマ総督に求婚されたが、キリスト教への敬虔な信仰心からそれに応じず、乳房を切り取られてしまった。すると、彼女の祈りを聞いて聖ペトロが現れ、彼女の乳房を再生。その後、彼女を処刑しようとすると大地震が起こって一命を取り留めるも、焼けただれた石炭の上を裸で転がされて殉教したと伝えられている。そして1713年、サヴォワ公がシチリアも治めることになったのをきっかけに、2月5日の聖アガタの祝祭日に、サヴォワの女性達が胸をかたどった菓子を作るようになったのだという。

サン=ジュニ=シュル=ギエールには、レ・ザブレ(Les Abret)出身のフランソワーズ・ギロー(Françoise Guillaud)が、「ラビュリー(Labully)」のピエール・ラビュリー(Pierre Labully)に嫁いだことで伝わったとか。ブリオッシュ生地の中にも砕いたプラリネを入れるという、ピエールの息子のアイデアが加えられ、1880年にガトー・ド・ラビュリー(Gâteau de Labully)として売り出された。これがかなりの人気を博し、他店と差別化するために、「ガトー・ド・ラビュリー」は商標登録もされている。そして、店は今も町の中心にある教会の広場に建ち、赤と白のサヴォワカラーの包み紙が人々の目を楽しませている。

直径18×高さ2cmの
タルトリング型・1台分

パータ・ブリオッシュ:300g
pâte à brioche
(▶▶「基本」参照)

プラリーヌ・ローズ:100g
pralines roses
(▶▶p.78「プラリーヌ・ローズ」参照)

塗り卵(全卵):適量
dorure (œufs entiers) Q.S.

パールシュガー:20g
sucre en grains

---

1. パータ・ブリオッシュを150gずつに分割する。
2. 一方を長さ約50cmの帯状にのばす。
3. プラリーヌ・ローズのうち40gを粗く砕き、2にまんべんなくのせて縦長に巻き込み、棒状に整える。
4. 1のもう一方を長さ50cmの棒状にのばす。
5. 天板に型をのせ、3と4を互いにねじり巻き、外から内へとぐろを巻くように入れる。
6. ラップフィルムをかけて約2倍に膨らむまで約1時間、2次発酵させる。
7. 上面に塗り卵を刷毛で塗る。
8. 3の残りのプラリーヌ・ローズ60gをホールのまま上面に散らし、軽く押しつける。
9. パールシュガーを散らす。
10. 180℃のオーブンで約40分焼く。
11. 型からはずし、網にのせて冷ます。

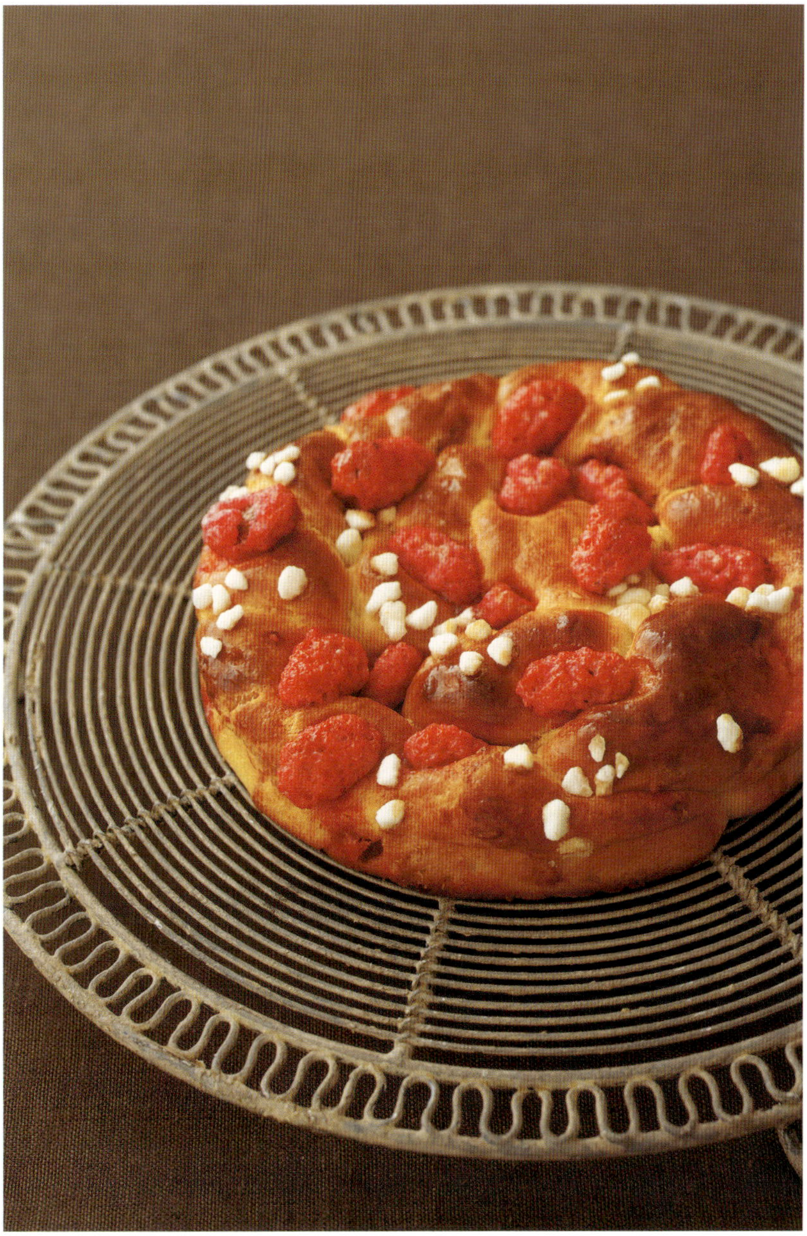

Galette Dauphinoise
ガレット・ドフィノワーズ

　ドフィネ地方は、良質なクルミの産地として知られる地域。4世紀にグルノーブル(Grenoble)近くのヴィネ(Vinay)の城主が栽培したのが始まりという。薄皮の渋みやえぐみが少なくて、香ばしさと甘みが際立ち、A.O.C.(原産地呼称統制)にも認定されている。

　ガレット・ドフィノワーズは、その自慢のクルミをふんだんに使ったコク深い焼き菓子だ。ローストしたクルミをキャラメルと合わせ、タルト生地で包むように挟んで焼き上げる。いわゆる、スイスのエンガディーン地方発祥のエンガーディナー・ヌッストルテ(Engadiner Nusstorte)と同じ類にあたる。スイス国境にも近いことから、こうした菓子が伝わり、作られているのだろう。アパレイユが力強い味わいなので、パート・シュクレ・オー・ザマンドを厚めにしてバランスよく仕上げるのがポイントだ。

直径18×高さ2cmの
タルトリング型・2台分

パート・シュクレ・オー・ザマンド
:960g
pâte sucrée aux amandes
(→「基本」参照)

ガルニチュール garniture
　クルミ(ロースト)noix grillées:217g

アパレイユ appareil
　グラニュー糖:155g
　sucre semoule
　水飴 glucose:45g
　牛乳 lait:37g
　生クリーム(乳脂肪分48%):55g
　crème fraîche 48% MG
　ハチミツ miel:33g
　バター beurre:60g

塗り卵:適量
(卵黄+コーヒーエッセンス"トラブリ")
dorure (jaunes d'œufs +
extrait de café «Trablit») Q.S.

パート・シュクレ・オー・ザマンドを準備する
1. パート・シュクレ・オー・ザマンドを厚さ4.5mmにのばす。
2. 型よりひとまわり大きい円形に1台につき2枚ずつ切る。
3. シルパットを敷いた天板に型をのせ、生地を1枚ずつ敷き込む。
4. はみ出た生地は切り落とさず、冷蔵庫で1時間休ませる。残りの生地もビニール袋に入れ、冷蔵庫で休ませておく。

ガルニチュールを準備する
5. ローストしたクルミは熱いうちにふるいで渋皮を軽く取り除き、粗く刻んで冷ます。

アパレイユを作る
6. 銅鍋にグラニュー糖と水飴を入れ、ホイッパーで混ぜながら強火で熱する。
7. 牛乳と生クリームを別の鍋に入れ、火にかける。6の仕上がりと同時に沸騰するよう、タイミングを合わせる。
8. 6がこげ茶色に色づいたら火を止め、ホイッパーで混ぜ続けて余熱でさらに深く色づかせる。
9. 7を8に注ぎ入れながらホイッパーでよく混ぜる。
10. ハチミツを加えて余熱で混ぜ溶かす。
11. ちぎったバターを加え、混ぜ溶かす。

組み立て・焼成
12. 11が熱いうちに5を加え、へらで絡め混ぜる。
13. 天板にあけて冷ます。
14. 4に13を詰め、指でならす。
15. 生地の縁に塗り卵を刷毛で塗る。
16. 4の残りの生地をかぶせる。上面に麺棒を転がし、端を接着させて余分な生地を切り落とす。
17. 上面に塗り卵を刷毛で塗り、少し乾かしてからもう一度塗る。
18. 上面にフォークで格子模様を描く。
19. ナイフでところどころ刺して空気穴をあけ、縁についた塗り卵を指でぬぐう。
20. 180℃のオーブンで約50分焼く。
21. 網にのせて半日ほど冷まし、アパレイユを固まらせて型からはずす。

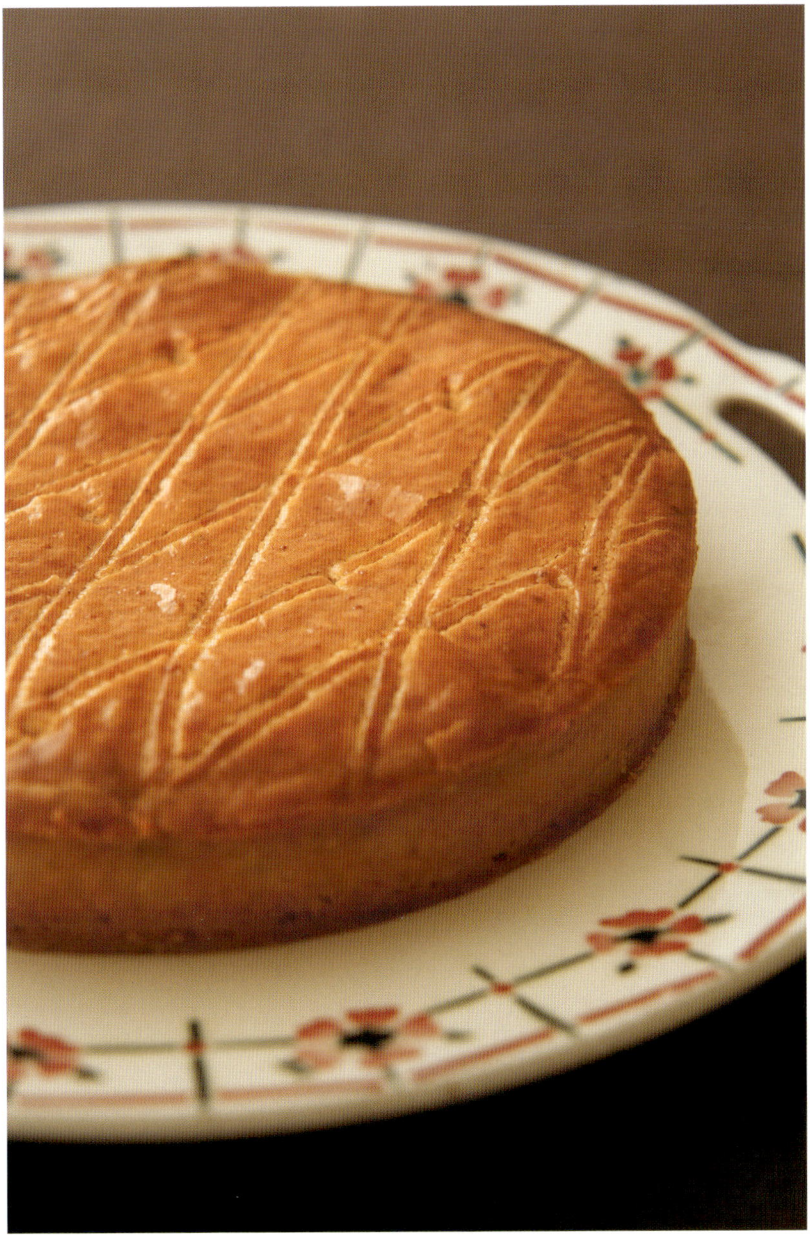

Dauphiné | ドフィネ

Gâteau Grenoblois
ガトー・グルノーブロワ

グルノーブル(Grenoble)は、蛇行するイゼール川の弧の外側に広がる、山に囲まれた風光明媚な都市。スイス、フランス、イタリアを結ぶ交通の要衝であり、フランスを代表する学術都市でもある。1968年に冬季オリンピックが開催され、それを記録した映画『白い恋人たち(13 Jours en France)』(1968)でご存知の方も多いだろう。

この町では特産のクルミを使った菓子が数多く作られており、ガトー・グルノーブロワもそのうちのひとつだ。クルミの油脂とバターの混じり合う感じが独特で、パン粉を使うことによるむっちりした食感もいい。高温で焼くと中まで火が通らず、脂が浮き出してしまうので、低温でじっくり焼くのがポイントだ。

直径16×高さ5cmのマルグリット型・3台分

生地 pâte
- クルミ noix : 250g
- グラニュー糖 sucre semoule : 150g
- 卵黄 jaunes d'œufs : 120g
- 溶かしバター beurre fondu : 300g
- ラム酒 rhum : 24g
- コーヒーエッセンス extrait de café «Trablit» : 3g
- パン粉 chapelure : 100g
- 卵白 blancs d'œufs : 180g
- グラニュー糖 sucre semoule : 50g

＊パン粉は、固くなった食パンを目の粗い網で漉し、ホイロで乾かしたものを使用。

ソース・キャラメル sauce caramel
- グラニュー糖 sucre semoule : 100g
- レモン果汁 jus de citron : 2.5g
- 水 eau : 40g

澄ましバター beurre clarifié : 適量 Q.S.

クルミ(ロースト) noix grillées : 30個

下準備
＊型に澄ましバターを刷毛で塗っておく。

生地を作る
1. クルミをフードプロセッサーにかけ、みじん切りくらいの大きさに粉砕する。
2. グラニュー糖150gと卵黄をボウルに入れ、白くもったりした状態になるまでホイッパーでよくすり混ぜる。
3. 溶かしバター(室温)を加え混ぜてしっかり乳化させる。
4. ラム酒とコーヒーエッセンスを加え混ぜる。
5. パン粉と1のクルミを加え、ゴムべらで混ぜる。
6. 高速のミキサー(ホイッパー)で卵白を泡立てる。グラニュー糖50gを少量ずつ加えながら、角がしっかり立つまで泡立てる。
7. 5に6を数回に分けて加え、艶が出るまでよく混ぜ合わせる。
8. 型に流し入れ、160℃のオーブンで約1時間焼く。
9. 型からはずし、網にのせて冷ます。

ソース・キャラメルを作る。
10. 銅鍋にグラニュー糖を入れ、ホイッパーで混ぜながら強火で熱する。
11. こげ茶色に色づいたら火を止め、レモン果汁と水を一気に加える。

仕上げる
12. 11をスプーンで9にかけ、ローストしたクルミを飾る。
13. クルミの上からさらに、11をかける。

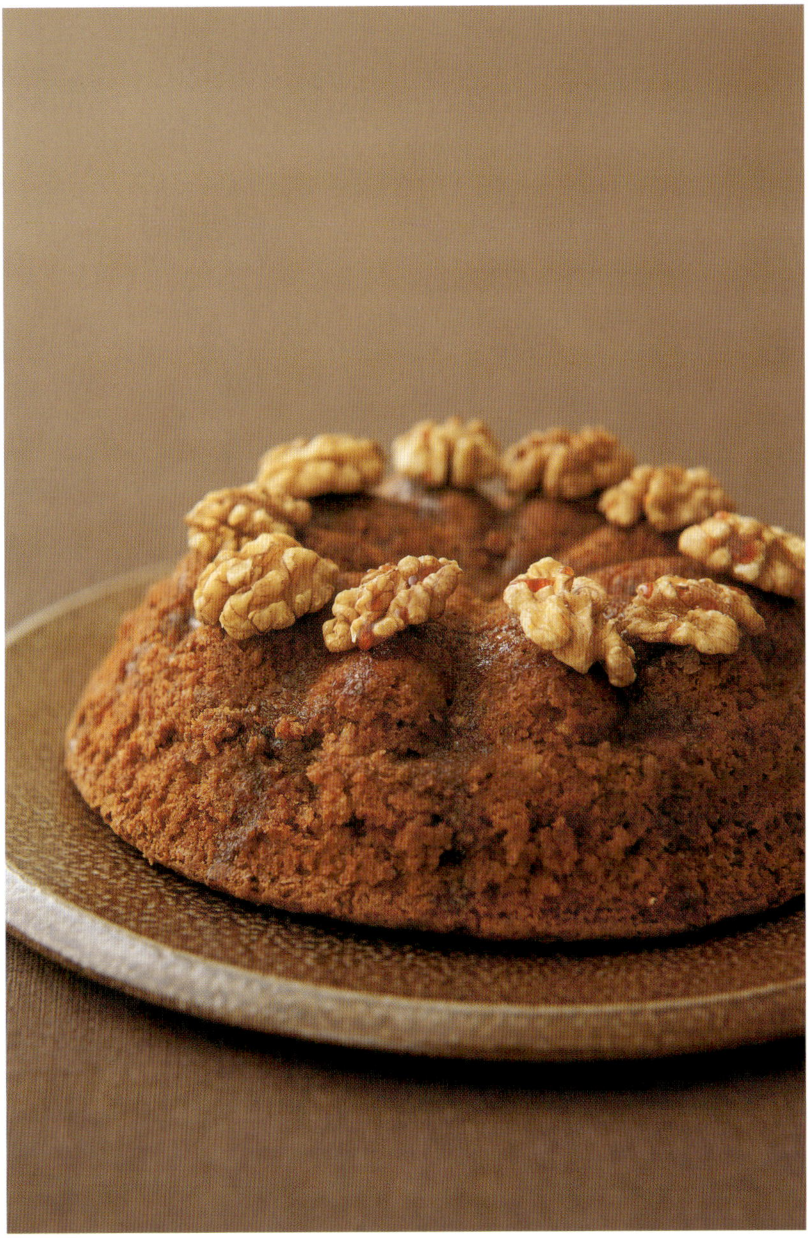

Ruifard du Valbonnais
リュイファール・デュ・ヴァルボネ

ヴァルボネ(*Valbonnais*)は、グルノーブル(*Grenoble*)から35kmほど離れたところにある小さな村だ。周囲を高い山々に囲まれた小盆地に、集落が位置している。この村のスペシャリテとされるのが、トゥルトの一種、リュイファール・デュ・ヴァルボネだ。発酵生地を型に敷いて、バターでソテーしたリンゴや洋ナシに砂糖とシャルトリューズを加えて詰め、同じ生地でふたをして焼く。リュイファールとは、"赤い菓子"の意味だそうだ。

なにより特徴的なのは、口に入れた途端広がるシャルトリューズの香りだろう。この薬草のリキュールもドフィネ地方の特産品で、グルノーブル近くのアルプス山中にあるシャルトリューズ大修道院で造られる。原料や製法は秘伝だが、レモンバームやヒソップ、シナモン、アンゼリカ、サフラン、メースなど約130種ものハーブが使われるらしい。甘酸っぱいリンゴにシャルトリューズがしっかりしみ込んで、薬草ならではの独特な香りとすっきりした後口が心地よく感じられる。

直径18×高さ6cmの
ジェノワーズ(底つき)型・2台分

生地 pâte
ドライイースト：15g
levure sèche de boulanger
グラニュー糖 sucre semoule：2g
ぬるま湯 eau tiède：75g
A. 薄力粉 farine ordinaire：250g
　グラニュー糖：13g
　sucre semoule
　全卵 œufs：50g
　バター beurre：20g
　サラダオイル：9g
　huile végétale
　生クリーム(乳脂肪分48%)
　：100g
　crème fraîche 48% MG
　塩 sel：1.5g

ガルニチュール garniture
リンゴ pommes：10個
グラニュー糖：150g
sucre semoule
バター beurre：60g
シャルトリューズ：190g
Chartreuse

塗り卵(卵黄)：適量
dorure (jaunes d'œufs) Q.S.

生地を作る
1. 「基本」の「パータ・ブリオッシュ」の「ミキサーを使用する方法」*1*〜*5*の要領で作る。ただし、予備発酵後に加える材料はAとし、ミキサーは低速から高速に変える。
2. 生地をパンチしてガスを抜き、2等分する。
3. 厚さ5mmにのばし、型に敷き込む。はみ出た生地は切り落とし、まとめてビニール袋に入れ、冷蔵庫に入れておく。

ガルニチュールを作る
4. リンゴは皮と芯を取り除き、縦半分に切ってから厚さ7〜8mmにスライスする。
5. フライパンにバターを熱し、*4*を軽くソテーする。
6. グラニュー糖を加え、木べらで混ぜ絡ませる。
7. シャルトリューズを加え、混ぜながら軽く火を入れる。
8. バットにあけて冷ます。
9. 粗熱が取れたら、ザルにあけて汁気を切る。

組み立て・焼成
10. *3*に*9*を入れて軽くならす。
11. *3*の切り落とした生地を厚さ5mmの円形にのばし、*10*にかぶせる。
12. 上面に麺棒を転がし、余分な生地を切り落とす。
13. ラップフィルムをかけ、約1時間、少し膨らむまで2次発酵させる。
14. 上面に塗り卵を刷毛で塗る。
15. 180℃のオーブンで約1時間焼く。
16. 網にのせて冷まし、型からはずす。

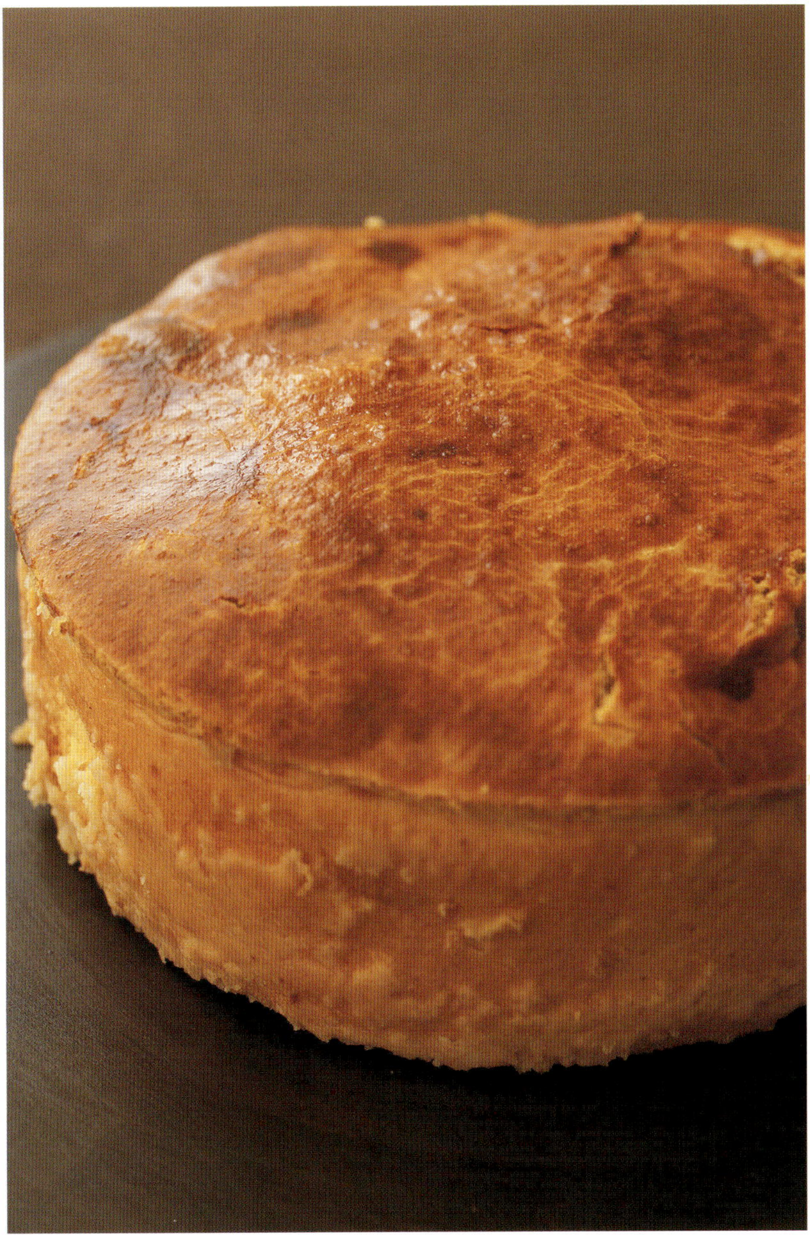

Bêtises de Vienne
ベティーズ・ド・ヴィエンヌ

ローヌ川のほとりにあるヴィエンヌ(Vienne)は、古代ローマ時代から交通の要衝として栄えた古い町だ。紀元前4世紀にはガリア人が町を作り、紀元前50年にローマ帝国の植民地になった。町には神殿や劇場、門などの遺跡が残り、当時の栄華を忍ばせる。

この町の名物として挙げられるのが、ベティーズ・ド・ヴィエンヌだ。ベティーズ(bêtise)とはフランス語で"馬鹿なこと"や"へま"を指す。フランドル地方カンブレー(Cambrai)の同名の飴(p.308)が有名だが、それとは異なり、こちらはいわゆるパスティーユ(pastille、丸くて平たい飴)の一種。砂糖と水を煮溶かして香料を加え、小さな円盤に型取りする。淡い色合いが美しく、歯の間でほろっと崩れたかと思うと、さーっと溶けて消えていく。その儚さが、魅力的で忘れがたい。

直径2.5cm・約300個分

グラニュー糖 sucre semoule : 450g
水 eau : 150g
緑の色素 : 適量 Q.S.
colorant vert
※ウォッカでのばす
ペパーミント・エッセンス : 5g
essence de menthe

粉糖 sucre glace : 適量 Q.S.

下準備
*少し深さのある天板に粉糖を平らに敷き詰める。直径2.5cmのボトルのキャップなどを軽く押し当て、円形の窪みを並べてつける。

1. 銅鍋にグラニュー糖と水を入れ、火にかける。
2. 沸騰したら緑の色素を加え、118℃になるまで熱する。
3. 火を止めてペパーミント・エッセンスを加える。
4. 鍋底から湧き上がる泡が治まったらホイッパーで軽く撹拌し、白濁してきたところで手を止める。
5. デポジッターに入れ、粉糖の窪みに落とし入れる。
6. 10分ほど置き、固まらせる。
7. ざるに取り出して余分な粉糖を刷毛で払い落とす。

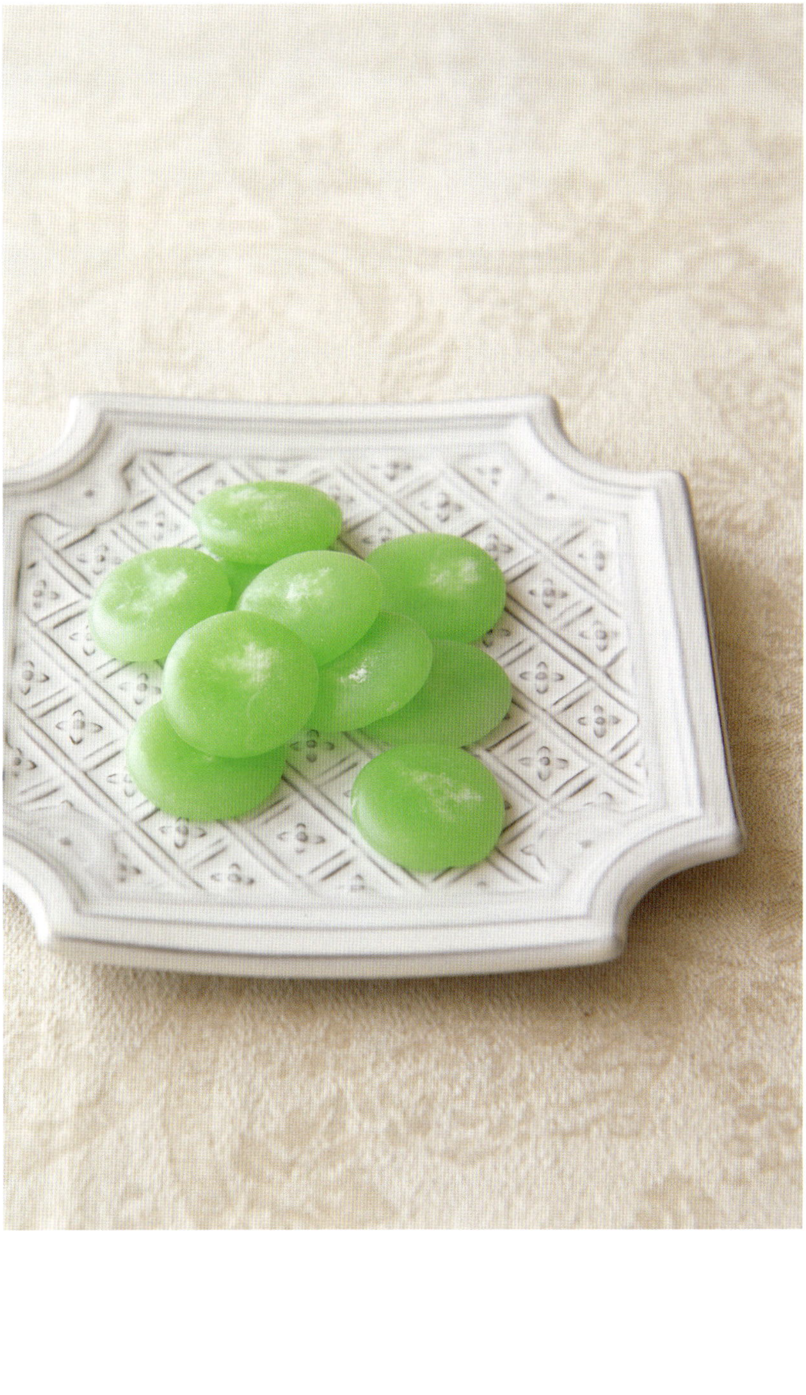

Suisse
スイス

まるで仮想の国の住人のようなファンタスティックな衣装を着け、いかにも大食漢という顔つきが微笑ましいスイス。ヴァランス(Valence)の町中のショーケースをにぎわすこの菓子は、ボン・ノム(Bon Homme、好人物)の名で呼ばれることもある。フランスの菓子なのになぜスイスかと言えば、この人形がスイスの衛兵をモチーフにしたものだから。ローマ教皇ピオ6世(Pie VI)が、ナポレオン1世(Napoléon Bonaparte)による教皇領占領によって事実上囚われの身となり、1799年に逝去するまでヴァランスで失意の日々を送った。その教皇に敬意を表し、彼に仕えていたスイスの衛兵を象って、この町の菓子屋が生み出したのがスイスというわけだ。ちなみに衛兵の服装は、ミケランジェロ(Michelangelo)がデザインしたとの説もあるが、真偽はいかがだろうか。

厚みのあるサブレを頬張ると、オレンジの皮のコンフィがさわやかに香る。その香りに導かれるようにして、店によって異なるデザインや表情を眺めながら歩いたのが、昨日のことのように楽しく思い出される。

約25×13cmの人形・4個分

薄力粉 farine ordinaire : 500g
粉糖 sucre glace : 250g
バター beurre : 300g
塩 sel : 2.5g
オレンジの皮のコンフィ : 100g
écorces d'oranges confites
全卵 œufs : 150g

塗り卵(全卵) : 適量
dorure (œufs entiers) Q.S.
サルタナレーズン : 適量
raisins secs de Sultana Q.S.
オレンジの皮のコンフィ : 適量
écorces d'oranges confites Q.S.
ドレンチェリー : 適量
bigarreaux confits Q.S.

下準備
*p.98を参照し、型紙を作っておく。

1. 薄力粉と粉糖を合わせて台の上に山状にふるい出し、中央に窪みを作る。
2. 1の窪みにバター(室温)を細かくちぎり入れ、塩、みじん切りにしたオレンジの皮のコンフィを入れる。
3. 指でバターを潰しながら粉をまぶし、全体を混ぜ合わせる。
4. さらさらの砂のような状態になったら、再び山状にして中央に窪みを作る。
5. 4の窪みに溶きほぐした全卵を入れ、周りの粉を手で少しずつ崩しながら全体を混ぜ、手の平で捏ねる。
6. 生地が軽くまとまったら、手の平で生地を台にこすりつけながら手前から奥へ押し出すようにして潰し混ぜ、全体を均一な状態にする。
7. ひとまとめにしてビニール袋に入れて平らにし、冷蔵庫で1時間以上休ませる。
8. 厚さ5mmにのばす。
9. 人形の台紙を当ててナイフで切り抜き、天板にのせる。
10. 9の残りの生地をまとめ、厚さ5mmにのばす。パイカッターやナイフ、丸口金を使って顔や服のパーツを切り出す。
11. 9の上面に塗り卵を刷毛で塗り、それを接着剤として10を飾る。
12. 目にはサルタナレーズン、服の飾りにはオレンジの皮のコンフィやドレンチェリーを適当な大きさに切ってのせ、指で軽く押しつける。
13. 再度、上面に塗り卵を刷毛で塗る。少し乾かしてからもう一度塗る。
14. 180℃のオーブンで約30分焼く。
15. 網にのせて冷ます。

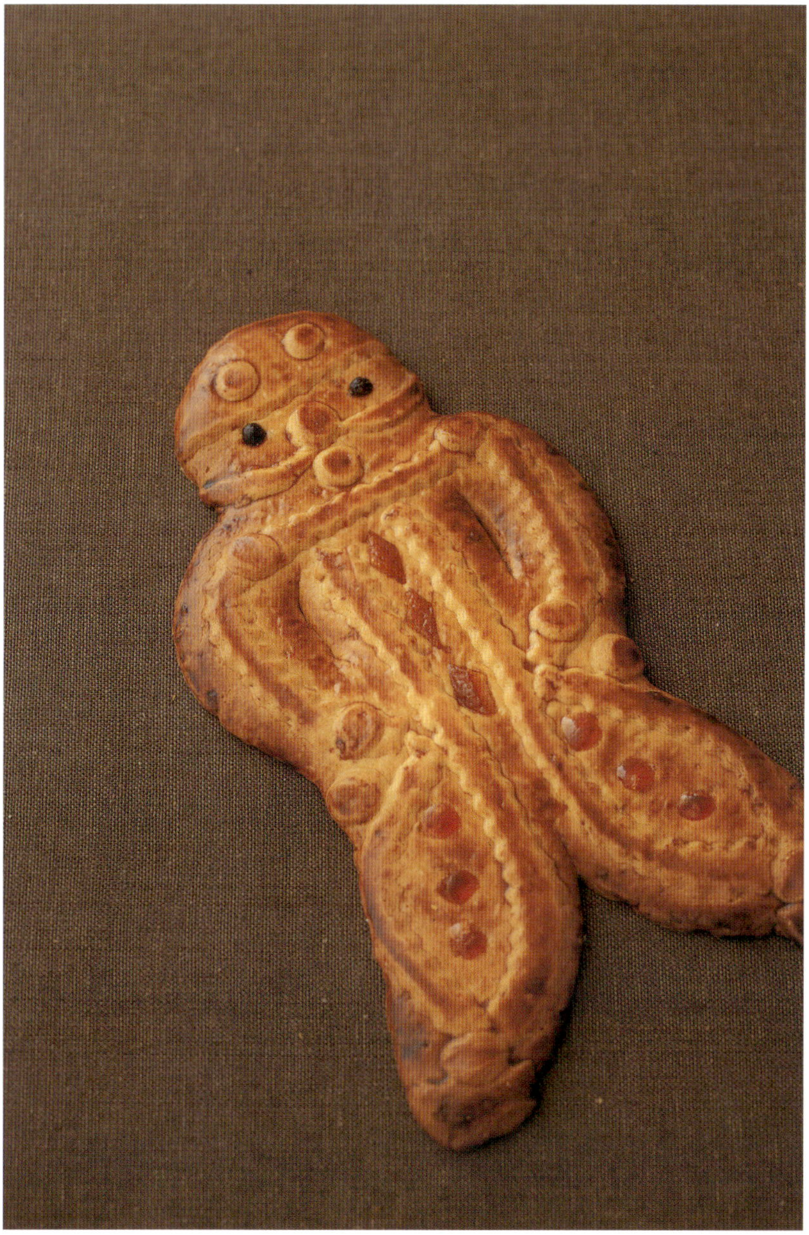

実際に使用した、
手製のスイス(p.96)の型紙。実寸。

Pain
Sans Farine

Provence
Corse

プロヴァンス、コルス

Provence
プロヴァンス

太陽の光が燦々と降り注ぐプロヴァンスは、誰もが憧れ、美しさに酔いしれてしまう町を数多く抱える、自然の恵み豊かな地だ。地中海に面するリゾート地としても人気が高く、山が海岸部にまで迫る。ラベンダー畑、オリーブの木、松などはこの地ならではの風景の象徴と言っていいだろう。紀元前118年ローマの属州となり、プロヴァンスの名は、ラテン語で属州を指すプロヴィンキア (provincia) が語源。ローマ文化が豊かに花開き、多くの建造物が残されている。その後、フランク王国やブルゴーニュ王国への統合、イスラム勢力の進出などを経て、10世紀にプロヴァンス伯領となった。が、その後も神聖ローマ帝国への帰属や、バルセロナ伯の支配、アンジュー伯領への併合、アヴィニョン (Avignon) のローマ教皇への売却など、紆余曲折の歴史をたどる。そして15世紀、ルイ11世 (Louis XI) に遺贈され、形式上フランス王国に併合された。完全な統合は18世紀のことだ。こうした歴史から外来の文化や物資が多くもたらされ、菓子の種類も豊富。エクサン＝プロヴァンス (Aix-en-Provence) のビスコタン (Biscotin、小さなサブレ) や、ピニュラ (Pignoulat、松の実入りクッキー) などもある。なお、16世紀にニース伯領が築かれたニース (Nice) 周辺は、ニース地方 (Pays Niçois) とも区分される。

▶主要都市：マルセイユ (Marseille、パリから661km)、ニース (Nice、パリから687km) ▶気候：地中海性気候によって夏は暑く、冬は暖かい。冬季には、ミストラルと呼ばれる北西の烈風も吹く。内陸のローヌ川岸は寒暖の差が大きくなる。▶果物：アーモンド、タラスコン (Tarascon) のイチジク、カルパントラ (Carpentras) とカロ (Carros) のイチゴ、マントン (Menton) のレモン、オレンジ、ビターオレンジ (Bigarade Amère、ビガラッド・アメール)、ナツメの実、カヴァイヨン (Cavaillon) のメロン、ヴァントゥ (Ventoux) のマスカット、シトル (Citre、コンフィ用スイカ)、ブドウ、フランボワーズ、アーモンド、リンゴ、洋ナシ、モモ、ビガローチェリー (Bigarreaux)、アプリコット、プラム、マルメロ ▶酒：ワイン、パスティス (Pastis、スターアニスや甘草、フェンネルなどで香りづけしたリキュール)、ニガヨモギ (génépi、ジェネピ) のリキュール、アニゼット (Anisette、アニスやその他のスパイスを使ったリキュール)、クリスマスのヴァン・キュイ (Vin Cuit、煮詰めた甘口ワイン) ▶チーズ：バノン・ア・ラ・フイユ (Banon à la Feuille)、ブルース・デュ・ローヴ (Brousse du Rove)、トム・ダルル (Tomme d'Arles) ▶料理：ブイヤベース (Bouillabaisse、マルセイユの魚介類のスープ料理)、ニース風サラダ (Salade Niçoise、ジャガイモ、トマト、オリーブ、インゲンマメ、アンチョビー、オイル漬けのツナなどを使ったサラダ)、タプナード (Tapenade、黒オリーブやアンチョビー、ケイパーなどを混ぜたペースト)、ラタトゥイユ (Ratatouille、野菜の煮込み)、ピサラディエール (Pissaladière、アンチョビー、タマネギ、ニンニク、タイムをのせたニース風ピザ)、ドーブ・ダヴィニョン (Daube d'Avignon、仔羊モモ肉にオレンジの皮と赤ワインを加えた煮込み)、ソッカ (Socca、ニース地方で作られるヒヨコ豆の粉のガレット) その他：オレンジの花の水、オリーブオイル、ラベンダーなどのハチミツ、ハーブ類、スペルト小麦、ジェニパーベリー (Génièvre、ネズの実)

Corse
コルス

ナポレオン（Napoléon Bonaparte）の故郷として知られるコルス（コルシカ島）は、シチリア、サルデーニャ、キプロスに続く地中海で4番目に大きい島。作家のギ・ド・モーパッサン（Henri René Albert Guy de Maupassant）が「海からそびえる山（montagne dans la mer）」と称したように、山がちの地形で、標高500mまではマキ（Maquis）と呼ばれる低木の潅木地帯が広がり、最高峰のチント（Cinto）山は2700mを超える。海から山まで食材にも恵まれており、石灰質の土壌で多種の柑橘や木の実が収穫され、牧畜は羊と山羊が中心。イタリアの影響を受けた料理や菓子など、本土とは異なる独特の食文化が見られる。ハチミツや松の実、アーモンドを使った多様な菓子（マカロン、クロッカン、ガレットなど）や、栗粉のクレープもこの島の名物だ。歴史を振り返れば、ローマの支配の後、さまざまな民族やイスラム教徒から襲撃を受け、11世紀にはピサが支配。13世紀にはジェノバに支配されるが、島民の反乱とフランスの介入によって18世紀にフランスの領土となった。

▶主要都市：アジャクシオ(Ajaccio、パリから919km) ▶気候：海岸部は温暖な地中海性気候だが、高度が上がるにつれて山岳気候となり、山頂は一年の大半、雪に覆われている。 ▶果物：柑橘類（オレンジ、マンダリンオレンジ、レモン、セドラ(Cédrat、仏手柑。レモンに似た柑橘)、クレマンティーヌなど）、アーモンド、マルメロ、イチジク、アルブーズ(Arbouse、西洋ヤマモモ) ▶酒：アクアヴィータ(Acquavita、ブドウの搾りかすで造るオー・ド・ヴィ)、ボナパルティーヌ(Bonapartine、オレンジとマンダリンオレンジがベースのリキュール)、セドラティーヌ(Cédratine、セドラのリキュール)、ミルテ(Myrte、銀梅花のリキュール)、ミュスカ・デュ・カップ・コルス(Musucat du Cap Corse) ▶チーズ：ブロッチュ(Brocciu)、フルール・デュ・マキ(Fleur du Maquis)、ニオロ(Niolo)、ヴェナコ(Venaco) ▶料理：カブリ・アン・ラグー(Cabri en ragoût、仔山羊の煮込み)、ズッキーニのファルシ(Courgettes Farcies、ズッキーニの羊肉詰め) ▶その他：栗粉(farine de châtaigne、ファリーヌ・ド・シャテーニュ)、栗のハチミツ、マキのハチミツ、オリーブオイル、ミルテ(銀梅花)、マキのタイムとローズマリー

Nougat de Montélimar
ヌガー・ド・モンテリマール

国道7号線と言えば、五月革命が勃発して菓子屋での仕事を失い、追求するべきものも分からなくなって、パリ(Paris)からマルセイユ(Marseille)まで自転車でひたすら南下した、私にとって思い出深い道だ。この道を通ると必ず目につくのが、「No.7 Montélimar Nougat」と書かれたヌガーのパッケージ形の看板。砂糖や水飴、ハチミツの生地に卵白を加えて撹拌し、ナッツを加えた白色のヌガーは、フランスでヌガー・ブラン(nougat blanc)と呼ばれる。それをスペシャリテにしているのが、モンテリマール(Montélimar)なのだ。プロヴァンス地方の北の入り口に位置する町を訪れると、いたるところでこのヌガーが売られている。

ヌガー(nougat)の語源がラテン語のnux(クルミ)やプロヴァンス語のnogat(クルミの菓子)とされるように、当初はクルミが使われたらしい。が、1600年頃、オリヴィエ・ド・セール(Olivier de Serres)という農学者がアーモンドの栽培を推奨。1650年頃からヴィヴァレ地方(ローヌ川をはさんでモンテリマールの対岸)で栽培が始まったのを機に、クルミがアーモンドに置き換えられ、モンテリマールがヌガー製造の中心地になったという。

現在は細かい規定があり、ナッツが30%以上(アーモンドのみ30%、もしくはアーモンド28%とピスタチオ2%)、ハチミツが25%以上使われなければ本物のヌガー・ド・モンテリマールと呼ばれない。もっちりした弾力のあるヌガーと、カリカリと香ばしいナッツの食感が心地よく、やわらかな甘みが広がる。

8×3.2×厚さ1.5cm・48個分

ヌガーnougat
- ハチミツ miel：300g
- グラニュー糖：600g sucre semoule
- 水飴 glucose：100g
- 卵白 blancs d'œufs：100g
- アーモンド(皮つき、ロースト)：300g amandes brutes grillées
- ヘーゼルナッツ(ロースト)：300g noisettes grillées
- ピスタチオ pistaches：150g
- ドレンチェリー：175g bigarreaux confits

ウエハース(27×27cm)：2枚
gaufrette

コーンスターチ：適量
fécule de maïs Q.S.

下準備
*ウエハースの上にバールを置き、25×25cm、高さ2.8cmの四角い枠を作っておく。
*アーモンドとヘーゼルナッツのローストは、作り方7の仕上がりに合わせて行う。
*ヘーゼルナッツは粗めの網でふるい、皮を取り除いておく。

1. ハチミツを鍋に入れ、強火にかける。
2. 別の鍋にグラニュー糖と水飴を入れ、中火にかける。
3. 1が沸騰してきたら、高速のミキサー(ホイッパー)で卵白を泡立て始める。
4. 1が124℃になったら、ミキサーを低速に落として3に加え、再び高速に戻す。
5. 全体が混ざって十分に泡立ったら、ミキサーのホイッパーをビーターに替える。
6. 2が148℃になったら、ミキサーを低速にして5に加え、すぐに中高速にする。
7. 6の粗熱が取れたら、ミキサーを止める。手にコーンスターチをつけて触れ、くっつかなければOK。
8. アーモンド、ヘーゼルナッツ、ピスタチオを加え、極力壊れないよう、ミキサーをときどき止めながら低速で混ぜる。
9. 台の上にコーンスターチをふってドレンチェリーを散らし、その上に8をあける。コーンスターチをつけた手で捏ね混ぜ、四角く整える。
10. バールの中に入れ、手の平で押さえて平らに形を整える。
11. バールをはずし、もう1枚のウエハースをのせて上下をひっくり返す。
12. バールを置き直して押さえ、一日休ませる。
13. バールをはずし、波刃包丁で端を切り落とす。8×3.2×厚さ1.5cmに切り分ける。

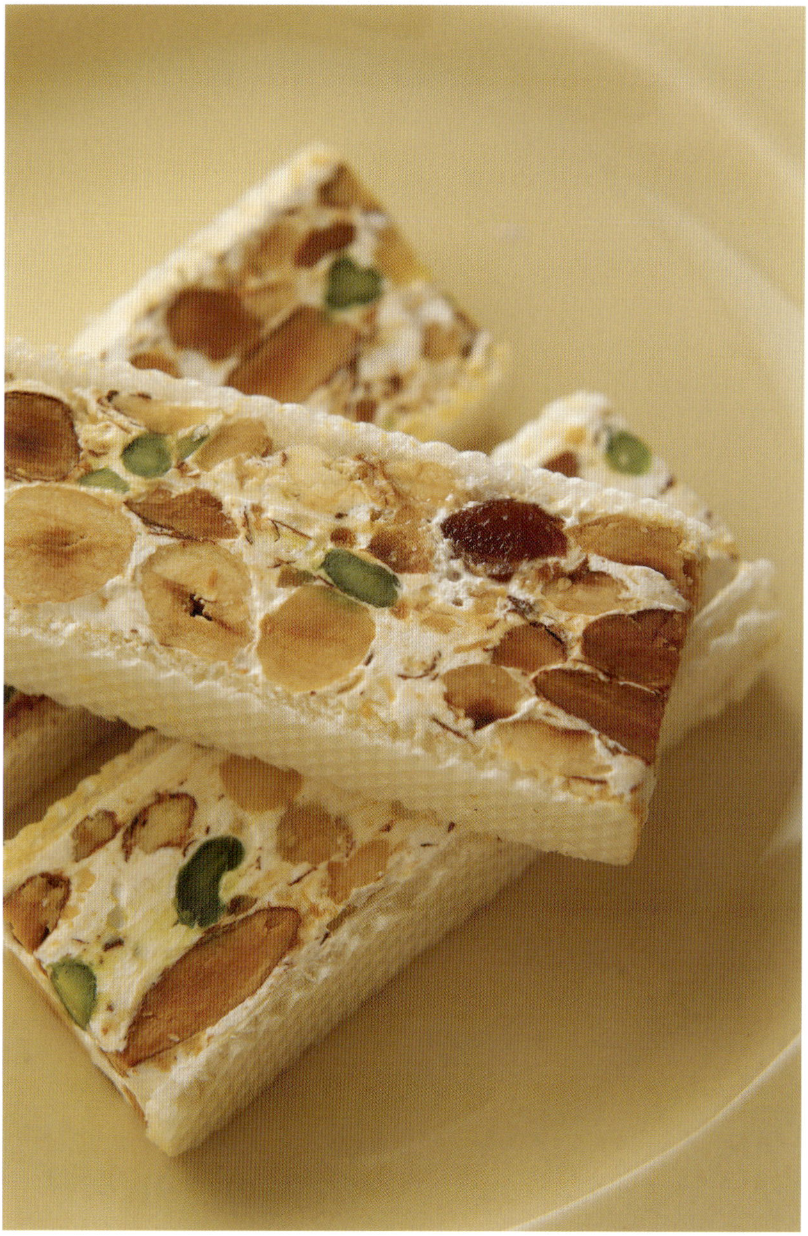

Berlingot de Carpentras

ベルランゴ・ド・カルパントラ

透明な飴と白い飴のストライプが美しい四面体のボンボン、ベルランゴは、アヴィニョン(Avignon)近くのガリア時代からある古い町、カルパントラ(Carpentras)に伝わるスペシャリテだ。アヴィニョンの初代ローマ教皇、クレメンス5世(Clément V)に仕える職人によって生み出され、法王の実の名であるベルトラン・ド・ゴ(Bertrand de Gouth)から名づけられたとも、イタリア語でリボン状のクッキーを指すベルチンゴッツ(Berlingozzo)から名づけられたとも言われる。また、プロヴァンス語で"小骨"を意味するBerlingauに由来するという説もある。

現在の製法は、ルイ16世(Louis XVI)の時代にクエ夫人(Madame Couet)なる人物が完成したものだそうだ。1844年にフランソワ・パスカル・ロン(François Pascal Long)がフリュイ・コンフィの余ったシロップを使ってベルランゴを作り始め、1851年にギュスターブ・エセリック(Gustave Eysséric)がミントの香りをつけてクエ夫人の製法を再現し、町の特産品になったという。

現地のベルランゴは中に何も入れないのだが、食感の面白さを考え、コンフィチュールとハチミツを入れて自分なりのアレンジを加えた。舐めてしばらくすると中身がとろりと溢れ出し、豊かな風味が広がる。

約1.5×1.5cm・約400個分(1色分)

グラニュー糖 sucre semoule : 1kg
水飴 glucose : 200g
水 eau : 400g
クエン酸 acide citrique : 8g
色素 colorant : 適量 Q.S.
※ウォッカでのばす
ジャム(またはハチミツ) : 100g
confiture (ou miel)

色素とジャム(またはハチミツ)は、それぞれ以下を使用

赤:「フランボワーズ」
　赤の色素 colorant rouge
　フランボワーズ(種入り)のジャム
　confiture de framboises pépins

黄:「アブリコ」
　赤の色素 colorant rouge
　黄の色素 colorant jaune
　アンズジャム confiture d'abricots

緑:「キウイ」
　緑の色素 colorant vert
　キウイのジャム confiture de kiwis

紫:「フィグ」
　赤の色素 colorant rouge
　青の色素 colorant blue
　イチジクのジャム confiture de figues

茶:「ミエル」
　黒の色素 colorant noir
　黄の色素 colorant jaune
　赤の色素 colorant rouge
　ハチミツ miel

---

1. グラニュー糖、水飴、水を銅鍋に入れ、強火で163℃になるまで熱する。
2. 大理石の台にシルパットを敷き、¾量(A)を流す。
3. 2の残り(B)は、大理石の台に敷いた別のシルパットの上に流す。
4. AとBが約100°になるまで冷めたら、Aにクエン酸4g、Bに色素とクエン酸4gをそれぞれ加える。
5. 耐熱性の手袋をはめ、A、Bの飴生地の端がめくり上げられるようになったら、中心に向かって折り畳むように1つにまとめ、それぞれ棒状にまとめる。飴用ランプの下で保温しながら、それぞれ何度か引いては折り、艶が出るまで空気を含ませる。
6. Aを¾量(A-a)と¼量(A-b)にハサミで切り分ける。
7. 飴用ランプの下で保温しながら、A-bとBを同じ長さの細い棒状にのばし、並べて接着する。両端を軽く引っ張ってのばし、指で押さえて平らにする。
8. 7を半分に切り、2本を平行に並べて接着して形を整える。さらにこれを半分に切り、2本を平行に並べて接着して形を整える。飴用ランプの下で保温しておく。
9. A-aを7と同じくらいのサイズの長方形に手でのばす。人肌程度に温めたジャム(またはハチミツ)を中央に横一直線にのせ、それを芯に2つ折りにし、しっかり接着する。両端もしっかり接着して閉じる。
10. 9を約3倍の長さに引いては3つ折りにする。これを計2回繰り返す。
11. 8に10をのせ、下に敷いたシルパットをすのこのように使って持ち上げ、海苔巻きの要領で巻く。
12. 飴用ランプで温めながら、シルパットの上で転がして直径約1.5cmの棒状にする。マシーン・ド・ベルランゴ(ベルランゴをカットするための専用の機械)で、幅約1.5cmの正四面体に切る(なければ、ハサミで切る)。
13. 互いがくっつかないよう、シルパットを敷いた冷却盤の上に散らし、冷ます。

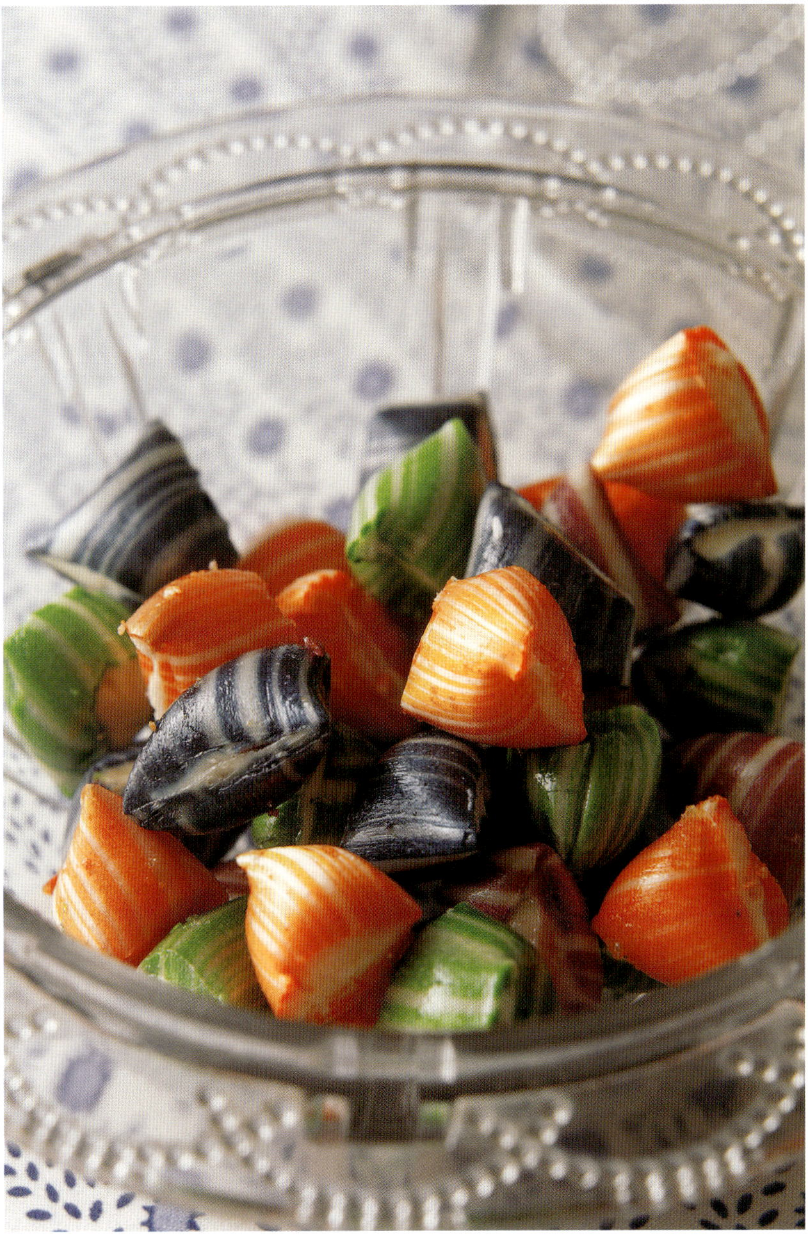

Fruits Confis d'Apt
フリュイ・コンフィ・ダプト

プロヴァンス地方の町を歩くと、色とりどりのフリュイ・コンフィ（果物の砂糖漬け）が籠にこんもり盛られた、菓子屋のショーケースをあちらこちらで目にする。柑橘類やプラム、洋ナシ、サクランボ、イチジク、アンズ、メロン、パイナップルなど、果物の宝石のような艶と透明感、鮮やかな色はこの上なく、足を止めて見入らずにいられない輝きを放っている。

特に名高いのは、のどかな景色がひろがるリュベロン(Luberon)地方自然公園内に位置する町、アプト(Apt)のフリュイ・コンフィだ。14世紀初めから作り始められ、アヴィニョン(Avignon)に住むローマ教皇に献上されるなどし、同世紀末には広く知られるようになっていた。古くからローマでは果物をハチミツに漬け、保存して食べられており、これがフリュイ・コンフィの起源になったようだ。中世には「寝室の香辛料(épices de chambre)」と呼ばれ、食後の菓子として富裕層の人気を集めていたという。

作る上でのポイントは、果物を漬けるシロップの糖度を2週間ほどかけて、とにかくゆっくり、しっかり上げていくこと。昔ながらのいかにも手のかかる方法だが、そうしないと果物の芯まで糖が浸透していかない。しかも、毎日糖度を上げるとは限らず、しみ込み具合が遅ければ2日ほど同じシロップに漬けて、糖が浸透するのをじっと待つこともある。丁寧に作られたフリュイ・コンフィは、甘さだけが際立つことなく果物の風味が豊かに広がり、そのまま食べるもよし、菓子に使うもよし。刻み入れてケーキやブリオッシュを焼けば、味わいも格別だ。

つくりやすい分量

果物 fruits
- パイナップル ananas：適量 Q.S.
- ショウガ：適量
  gingembres frais Q.S.
- レーヌ・クロード：適量
  reines-claudes Q.S.
- キンカン kumquats：適量 Q.S.
- 輪切りにしたオレンジ（冷凍）：適量
  rondelles d'oranges congelées Q.S.
- 輪切りにしたパイナップルのコンポート：適量
  compote de rondelles d'ananas Q.S.
- プチ・ポワールのコンポート：適量
  compote de petites poires Q.S.
- ドライプルーン：適量
  pruneaux Q.S.

＊パイナップルのコンポートと、プチ・ポワールのコンポートは、シロップ煮の缶詰を使用。

- ボーメ20°のシロップ：適量
  sirop à 20°Baumé Q.S.
  （▶「基本」参照）

- ボーメ36°のシロップ：適量
  sirop à 36°Baumé Q.S.
  （▶「基本」参照）

- 水飴 glucose：適量 Q.S.

＊果物は、それぞれ個別に調理する。（写真のビガロー種サクランボのコンフィは、市販品）

準備・下茹で
1. パイナップルは、ペティナイフの先で全体をまんべんなく刺しておく。ショウガ、レーヌ・クロード、キンカンは針で同様に刺しておく。鍋に入れて、ひたひたの水を加えて火にかけゆがく。竹串がすっと通るくらいに柔らかくなったら水気を切る。
2. オレンジは、冷凍のまま鍋に入れる。ひたひたの水を加えて火にかけゆがく。竹串がすっと通るくらいに皮が柔らかくなったら水気を切る。
3. パイナップルとプチ・ポワールのコンポートは、缶詰のシロップを切ってそれぞれ鍋に入れる。ひたひたの水を加えて火にかけゆがく。沸騰して数分煮立たせたら水気を切る。
4. ドライプルーンは水に約3時間漬けて戻す。

コンフィにする
5. ボーメ20°のシロップを鍋に入れ、強火にかける。沸騰したら果物を入れ、火を止める。
6. ところどころ切り込みを入れたオーブンペーパーをかぶせ、一晩漬ける。
7. 果物をいったん取り出し、汁気を切る。残ったシロップを火にかけ、沸騰させる。
8. 果物を戻し入れ、再びオーブンペーパーをかぶせて一晩漬ける。
9. 7～8を、1～2日に1回繰り返す。次第に果物に糖が浸透し、艶と透明感が増していく。
10. 2週間ほど作業を続け、シロップが糖度67～70%brixになったらOK。
11. 10のシロップだけを鍋に入れ、2割量の水飴を加えて沸騰させる。
12. 11に果物を戻し入れ、一晩以上漬ける。

仕上げる
13. 12の果物を網に上げ、シロップをしっかり切る。
14. 新たにボーメ20°のシロップを鍋に入れ、火にかけて沸騰させる。果物をさっとくぐらせて表面についた濃度の高い糖液を落とし、網に上げてシロップをしっかり切る。
15. ボーメ36°のシロップを鍋で作る。少し冷ましてからホイッパーでそっと混ぜると、糖化して白濁する。
16. 14の果物をフォークなどで支えながら15にくぐらせ、天板にのせる。
17. 180℃のオーブンに約30秒入れ、表面のシロップを乾かす。

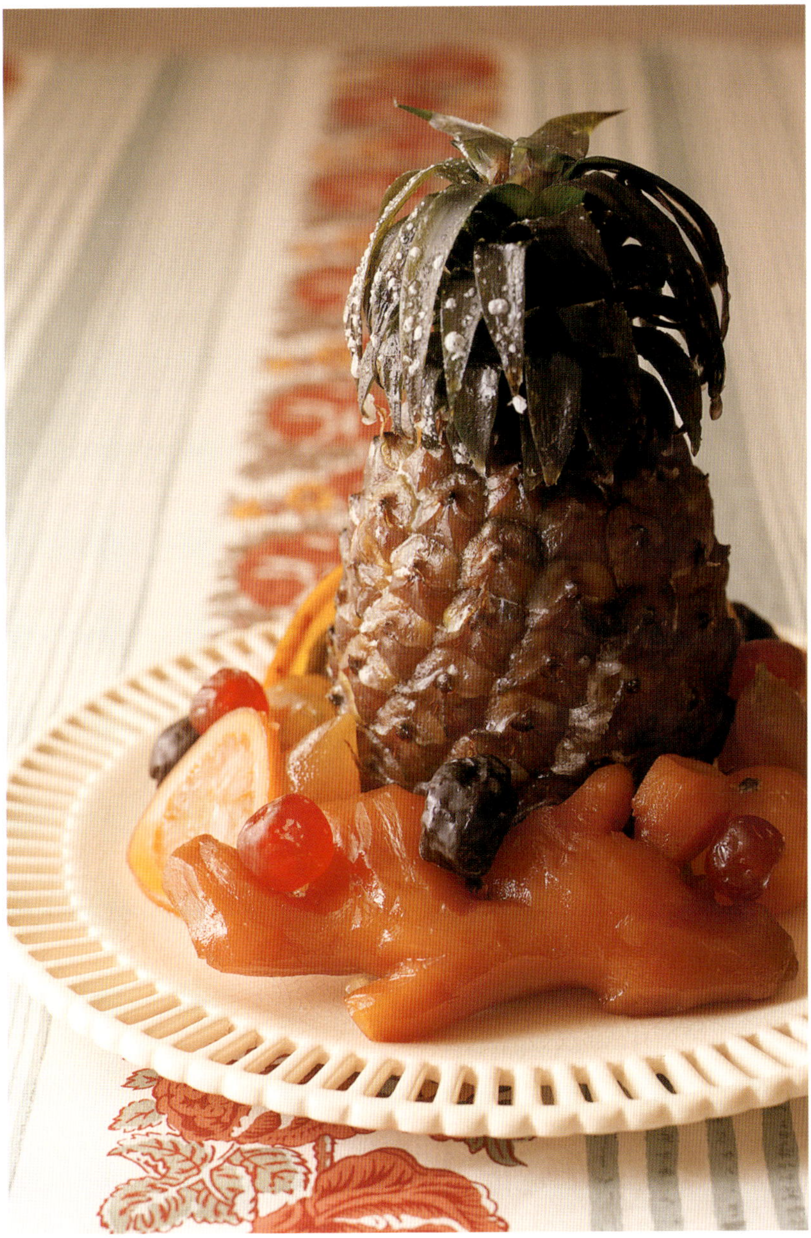

Calissons d'Aix
カリソン・デクス

エク゠サン゠プロヴァンス（*Aix-en-Provence*）は、プロヴァンス伯領の首都として栄えた町。15世紀初めには大学が創設され、学術的にも文化的にもプロヴァンス地方の中心的存在となっている。光溢れる初夏に訪れて散歩していると、多くの人でにぎわうミラボー通りのプラタナスの並木道は美しく、町のあちらこちらにラベンダーが咲いていて、本当に気持ちがいい。泉や噴水も数多く、パティスリーのショーウィンドーを見てもクラシカルなスタイルを留めていて趣があり、フランスのなかでも大好きな町のひとつだ。

この町の名物としては、カリソン・デクスを挙げないわけにはいかない。アーモンドと砂糖漬けの果物によるマジパンのようなねっとりした質感で、グラス・ロワイヤルで覆われた白い小舟形が愛らしい。由来には諸説あるがかなり古いものらしく、昔はすのこにのせて乾燥させたので、ラテン語のcanna（葦）からプロヴァンス語のcalissounやcanissoun（すのこ）が生まれ、語源になったとも言われる。13世紀には文書にこの菓子に関する記述も見られ、祭事に利用されていたことがうかがえる。1629年にペストが流行した後は、エクスの守護聖人に捧げるミサで毎年、大司教によって祝福されたカリソンが参列者に配られ、それはフランス革命まで続いたという。

ロマンティックな言い伝えを挙げるなら、1454年、プロヴァンスを治めていたルネ王（*René*）の2度目の結婚で開かれた宴のエピソードだろう。この時に創製されたカリソンをジャンヌ王妃（*Jeanne*）がひと口食べると、愛想が悪いと評判だった王妃の顔に笑みがこぼれたのだとか。王は「Di Calin soun（その菓子は抱擁だ＝その菓子を抱擁と呼ぼう）」と言い、それが転じてカリソンになったとも言われている。

由来はいずれにしろ、17世紀にアーモンドの栽培がプロヴァンスで拡大し、アーモンド貿易とともにカリソンが受け継がれて広まっていったことは間違いない。もとはメロンのコンフィを使うのが主流だが、今ではさまざまな味わい、色のものが作られ、目と舌を楽しませてくれる。

5×2.5cmのカリソン型・45～50個分

生地 pâte
- オレンジの皮のコンフィ：250g
  écorces d'oranges confites
- アーモンド（皮なし）：250g
  amandes émondées
- グラニュー糖：250g
  sucre semoule
- オレンジの皮のコンフィのシロップ（ボーメ36°）：適量（約150～160g）
  sirop (à 36°Baumé) d'orange confite Q.S.
- ウエハース（25×25cm）：1枚
  gaufrettes
- グラス・ロワイヤル：適量
  glace royale Q.S.
  （▶「基本」参照）

下準備
＊ウエハースの上にバールを置き、25×15cm、高さ1.2cmの四角い枠を作っておく。

1. オレンジの皮のコンフィは、汁気を切ってざく切りにする。
2. アーモンドとグラニュー糖を混ぜてフードプロセッサーにかけ、粗く砕く。
3. 2をローラーに2～3回かけてペースト状にする（固いマジパンのような状態になる）。重量を計り、鍋に入れる。
4. 3の重量の1/5～1/4（約150～160g）のオレンジの皮のコンフィのシロップを鍋に加え、火にかける。
5. 焦げないように木べらで混ぜながら中火にかける。大きな泡が上がり、少し取って台に置くと形が保たれる固さになればOK。固すぎるようならば、シロップを足して煮る。
6. バールの中に流し入れ、上に麺棒を転がして厚さ1.2cmにのばす。そのまま冷ます。
7. カリソン型で抜き、網にのせて一晩乾かす。
8. グラス・ロワイヤルをパレットナイフで上面に薄く塗り、天板に並べる。
9. 180℃のオーブンに約30秒入れ、艶を出す。
10. 表面が乾いて固まるまでそのまま冷ます。

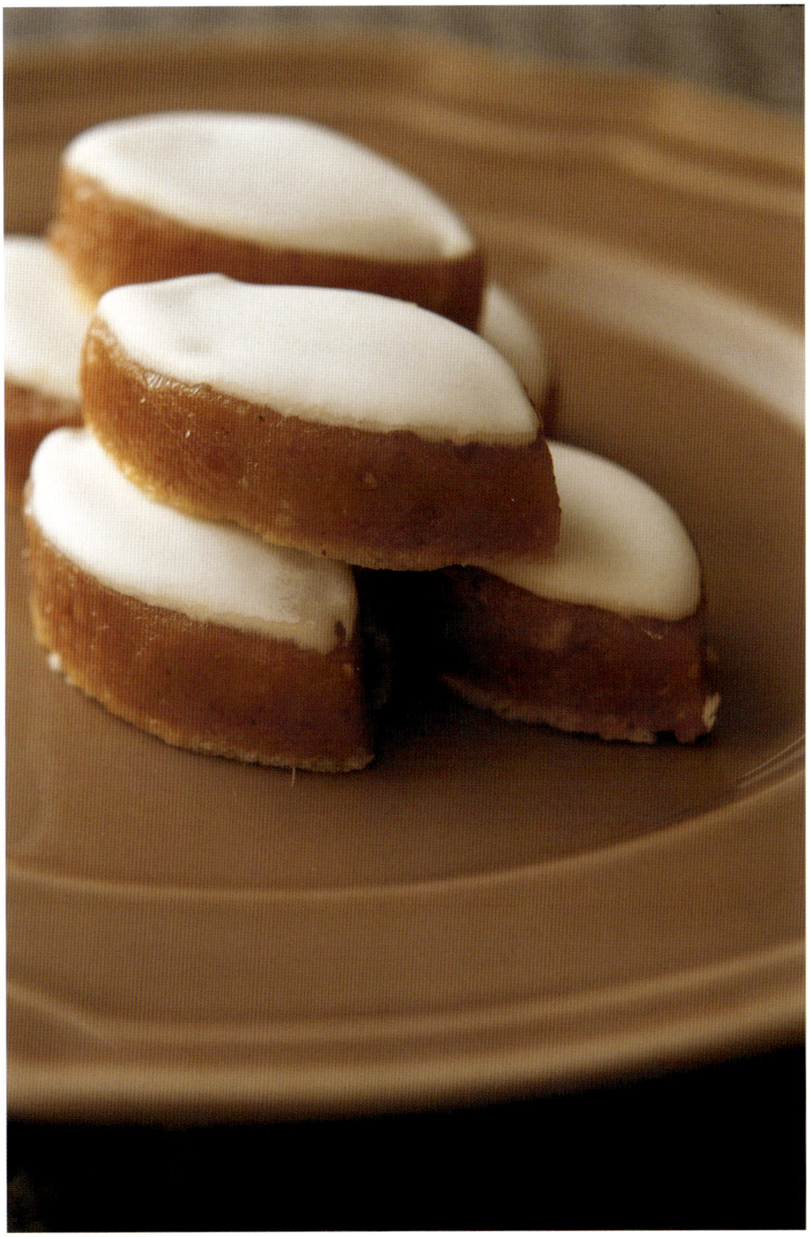

Pompe à l'Huile
ポンプ・ア・ルイユ

ポンプ・ア・ルイユは、プロヴァンス地方で作られる大型のガレット。オリーブオイルを加えた発酵生地に、オレンジの花の水かレモンの皮で香りをつけて焼く。クリスマスに食べられるトレーズ・デセール(p.119)のひとつだ。オリーブオイルを使った独特の食感と香りが、いかにも南仏らしい。

伝統では、キリストがパンをちぎったように、ナイフを使わず、手でちぎって食べなくてはならないとか。万が一ナイフで切ってしまうと、次の年に破滅する恐れありという言い伝えも聞かれるので、用心深いかたは食べる際にお間違いのないように。

約30×20cm・4台分

ドライイースト：25g
levure sèche de boulanger

グラニュー糖 sucre semoule：20g

ぬるま湯 eau tiède：80g

薄力粉 farine ordinaire：300g

強力粉 farine de gruau：300g

グラニュー糖 sucre semoule：55g

塩 sel：10g

オリーブオイル huile d'olives：100g

オレンジの花の水：9g
eau de fleur d'oranger

すりおろしたレモンの皮
：½個分
zestes de citrons râpés

水 eau：140g

全卵 œufs：50g

塗り卵（全卵）：適量
dorure (œufs entiers) Q.S.

---

1. ドライイースト、グラニュー糖20gをボウルに入れ、ぬるま湯を注ぐ。ふつふつと泡立ってくるまで20〜30分、予備発酵させる。
2. 薄力粉と強力粉を合わせて山状にふるい出し、中央に窪みを作る。
3. 2の窪みに1、グラニュー糖55g、塩、オリーブオイル、オレンジの花の水、すりおろしたレモンの皮、水を入れる。
4. 周りの粉を手で少しずつ崩しながら全体を混ぜ、手の平で捏ねる。中央に窪みを作る。
5. 空気を入れるように軽く泡立てた全卵を4の窪みに入れ、手で折り込むようによく捏ねる。
6. 生地が台につかなくなったら、ボウルに移して表面に打ち粉をし、カードで生地の端を下に押し込むようにして表面を張らせてまとめる。
7. ラップフィルムをかけ、約2倍に膨らむまで約2時間、1次発酵させる。
8. 生地をパンチしてガスを抜き、4等分して厚さ2mmの適当な形にのばす。
9. 天板にのせて塗り卵を刷毛で塗る。
10. 約2倍に膨らむまで約2時間、2次発酵させる。
11. 再び塗り卵を刷毛で塗り、葉脈のように切り込みを入れる。
12. 180℃のオーブンで約20分焼く。
13. 網にのせて冷ます。

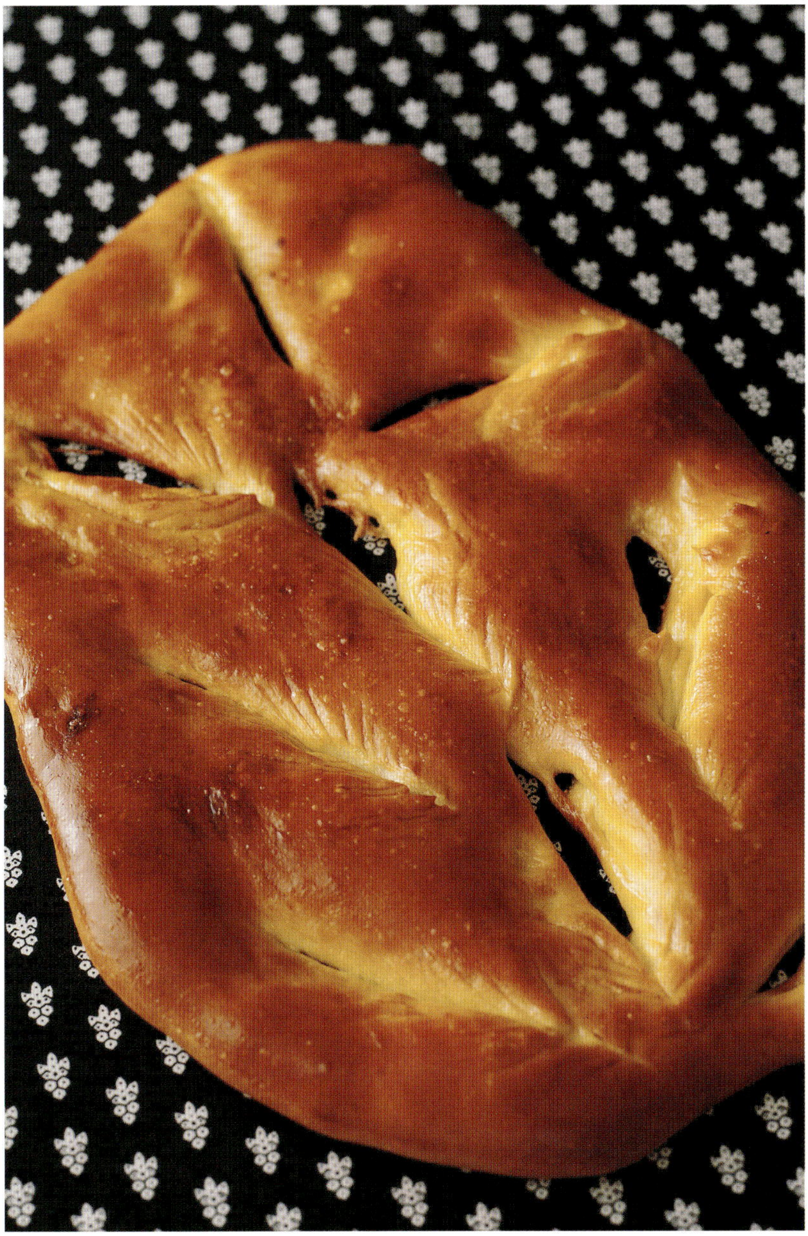

Nougat Noir
ヌガー・ノワール

ヌガー・ブラン(ヌガー・ド・モンテリマール、p.102)と並び、クリスマスのトレーズ・デセール(p.119)に欠かせないのが、ヌガー・ノワールだ。ハチミツにアーモンドを加えて濃い茶色になるまで煮詰める。プロヴァンス地方だけでなく、ルーション地方などスペインに近い土地でも見られ、食感はさまざま。屋台やコンフィズリー専門店で大きなヌガーを金づちで割り、岩のようなブロックにして量り売りしているのもよく見かけた。

このルセットは、砂糖を加えずにハチミツだけを煮詰めるので歯にくっつかず、かつ口当たりはとろりと仕上がるのが気に入っている。コリアンダーを加えたのは、私のアレンジ。噛んでいるとふわっと香りが漂い、アーモンドの香ばしさと混じり合ってさわやかさを感じさせる。

7×3.2cm、厚さ1.5cm・22個分

ヌガー nougat
- ハチミツ miel:350g
- アーモンド(皮つき、ロースト):350g
  amandes brutes grilllées
- コリアンダー:10g
  coriandre en grains

ウエハース(20×20cm):2枚
gaufrette

下準備
* ウエハースの上にバールを置き、15×18cm、高さ2.8cmの四角い枠を作っておく。
* 2の仕上がりに合わせて、アーモンドをローストする。

1. ハチミツを鍋に入れて強火にかけ、沸騰させる。
2. アーモンド(ローストして、まだ温かいもの)とコリアンダーを加え、絡め混ぜる。
3. そのまま熱し、130℃になるまで煮詰める。
4. 火から下ろし、室温で少し冷まして粗熱を取る。
5. すぐにバールの中に流し、もう1枚のウエハースをのせてシルパットをかぶせ、手の平で押して平らにする。
6. 約5時間、包丁で切れる固さになるまで冷ます(冷えすぎると切れなくなるので注意)。
7. バールをはずし、波刃包丁で端を切り落とす。7×3.2cm、厚さ1.5cmに切り分ける。

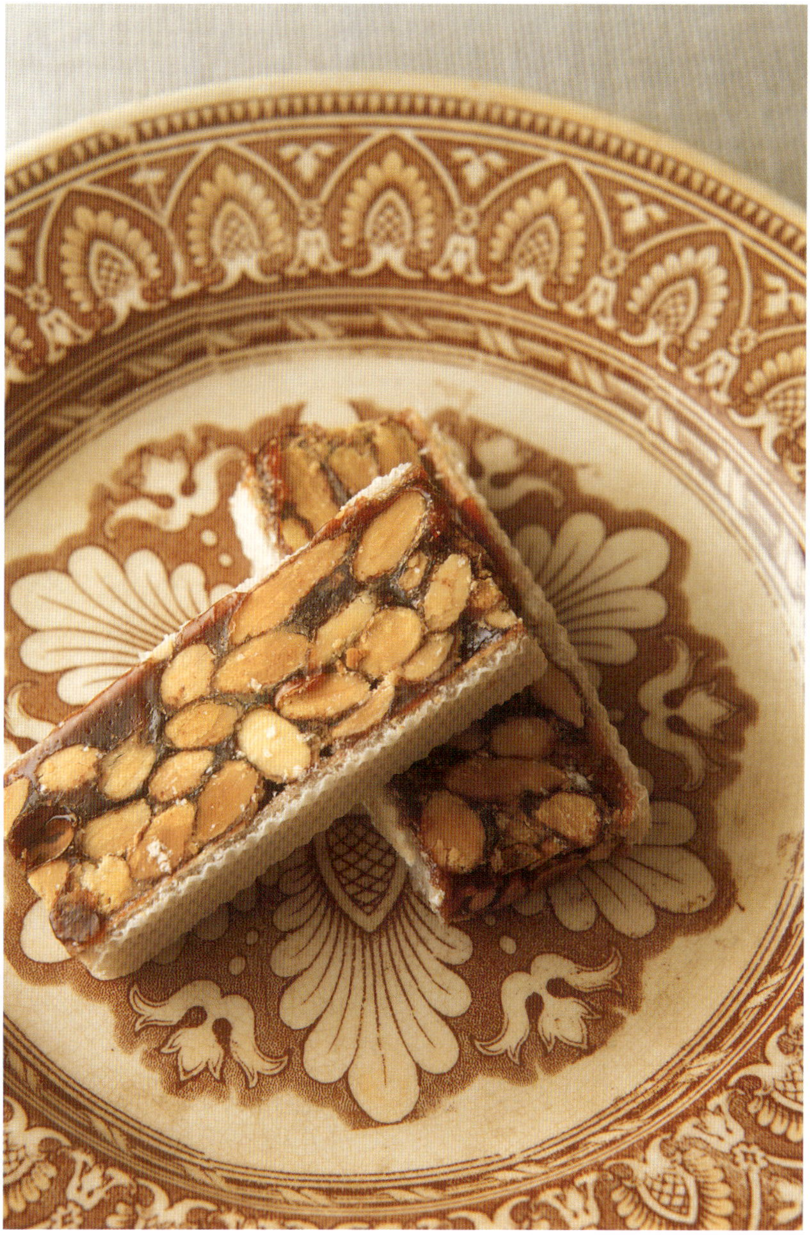

Navette
ナヴェット

紀元前6世紀にギリシャの植民地として港が開かれ、マッサリア(*Massalía*)と呼ばれたフランス最古の港町、マルセイユ(*Marseille*)。ローマの支配を経て10世紀にプロヴァンス伯の領地となり、東方・アフリカ交易の要衝として栄えた。現在ではフランス第2の商業都市、最大の貿易港となっている。高台に建つノートル=ダム・ド・ラ・ガルド寺院に登り、そのテラスから望む旧港、町並み、島々の浮かぶ地中海の眺めは、まったくもって素晴らしいと言うほかない。

数々の郷土菓子が作られるマルセイユで、2月2日の聖燭祭(*calendrier*、聖母お潔めの日とも)で食べられるのが、小舟形の焼き菓子ナヴェットだ。小麦粉やバターにオレンジの花の水で香りをつけて形を整え、カリッと堅い食感に焼き上げる。私が訪れた時には、町のそこかしこで、ナヴェットが山積みされて売られているのを目にした。

この菓子はまた、歴史あるサン=ヴィクトール大修道院の名を取り、ナヴェット・ド・サン=ヴィクトール(*Navette de Saint-Victor*)と呼ばれることもある。かつてはこの修道院の前でミサの後、信者に売られていたそうだ。その形は、ベタニアのマリア(*Marie de Béthanie*)、マルタ(*Marthe*)姉妹とともにマルセイユ近くの寒村に漂着し、マルセイユで殉教したと伝えられる聖ラザール(*Saint Lazare*、聖ラザロとも)の小舟をも思わせる。

長さ12×幅4cmのナヴェット形・14個分

薄力粉 farine ordinaire:300g
ベーキングパウダー:2g
levure chimique
バター beurre:100g
全卵 œufs:50g
グラニュー糖:120g
sucre semoule
すりおろしたレモンの皮:1個分
zestes de citrons râpés
オレンジの花の水:3滴
eau de fleur d'oranger

塗り卵(卵黄):適量
dorure (jaunes d'œufs) Q.S.

---

1. 薄力粉とベーキングパウダーを合わせて台の上に山状にふるい出し、中央に窪みを作る。
2. 1の窪みに、手で揉んでやわらかくしたバター、全卵、グラニュー糖、すりおろしたレモンの皮、オレンジの花の水を入れ、周りの粉を少しずつ手で崩しながら全体を練り混ぜる。
3. 生地がまとまって、台につかなくなったら、ひとまとめにする。
4. ビニール袋に入れて平らにし、冷蔵庫で2時間休ませる。
5. 40gずつに分割する。
6. 手で棒状にのばし、さらに両端だけを細くして、長さ12cm、幅4cmのナヴェット(小舟)形にする。
7. 天板に並べ、ラップフィルムをかけて冷蔵庫で1時間休ませる。
8. 上面に塗り卵を刷毛で薄く塗り、真ん中に切り込みを入れる。
9. 190℃のオーブンで約30分焼く。
10. 網にのせて冷ます。

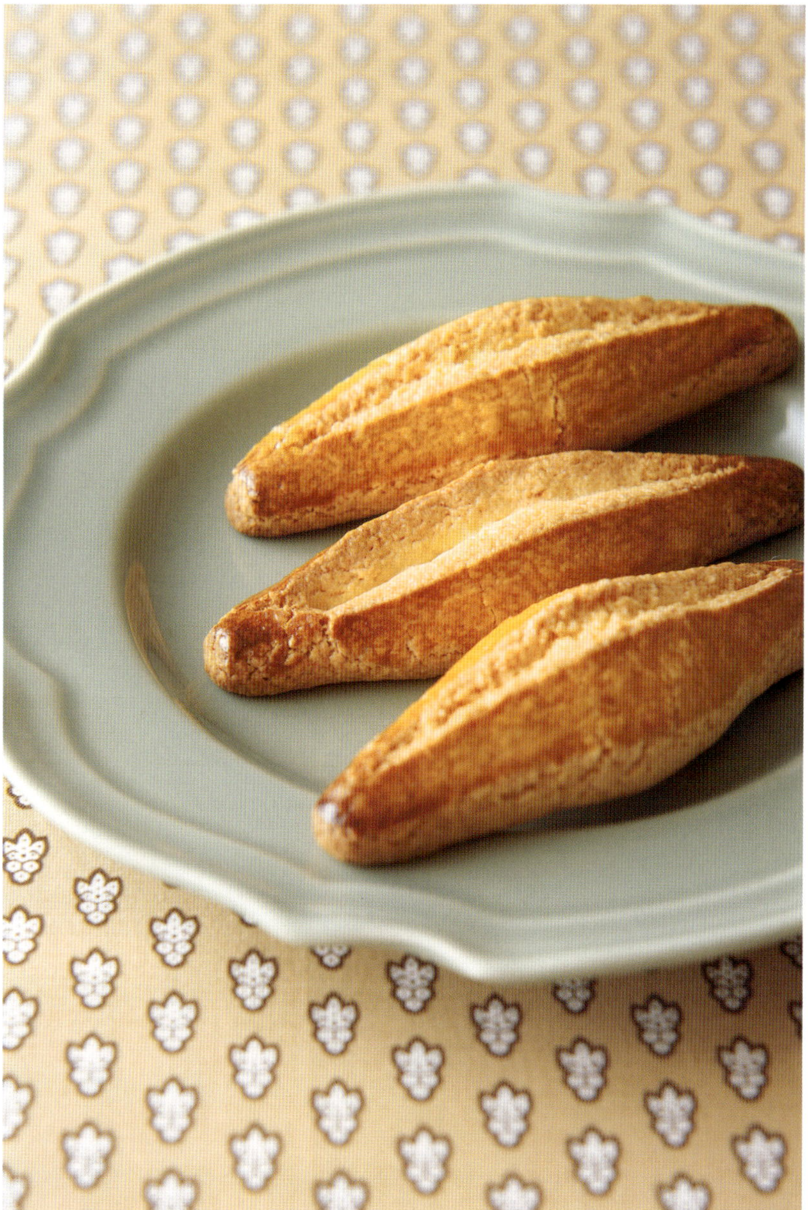

Colombier
コロンビエ

　コロンビエは、パート・ダマンド入りの生地にフリュイ・コンフィを混ぜ込んだ、プロヴァンス発祥の菓子。もとはメロンのコンフィを混ぜていたようだが、今では他のフルーツも使われている。パン・ド・ジェーヌのようなしっとりした食感と、やさしいアーモンドの風味が格別だ。

　そもそもコロンビエとは、フランス語で"鳩小屋"の意味。白い鳩(*colombe*)は、聖霊や平和を象徴する存在とされている。マルセイユ(*Marseille*)ではキリストの復活から50日目に、天から信徒たちに聖霊が降りてきたことを祝う、聖霊降臨祭(*Pentecôte*、ペンテコステ)に食べる習慣があるという。上に砂糖飾りとして鳩をのせているものも多く見たが、本来は焼く前に小さな陶製の鳩を一羽、生地の中に忍ばせるようだ。切り分けて食べた時にこの鳩が当たった人は、1年以内に結婚すると言われている。

14×9.5cm、高さ4cmの
オヴァール型・3台分

ローマジパン：450g
pâte d'amandes crue

全卵 œufs：225g

卵黄 jaunes d'œufs：60g

コーンスターチ：75g
fécule de maïs

ラム酒に漬けた
ミックス・フルーツ(レーズン、オレンジ、レモン、パイナップル、チェリー)のコンフィ：180g
fruits confits au rhum

溶かしバター beurre fondu：67g

澄ましバター：適量
beurre clarifié Q.S.

アーモンドダイス：適量
amandes hachées Q.S.

アンズジャム：適量
confiture d'abricots Q.S.
(▶▶「基本」参照)

グラス・ア・ロー：適量
glace à l'eau Q.S.
(▶▶「基本」参照)

ピンクに着色した
アーモンドダイス：適量
amandes hachées roses Q.S.

グラス・ロワイヤルの鳩：1個
colombe en glace royale

＊ピンクに着色したアーモンドダイスは、バットにアーモンドダイスを入れて軽く水をふり、少々の水で溶かした赤の色粉を絡める。その後、50℃のエチューブ(乾燥・保存庫)で乾燥させて、そのまま一晩休ませる。

下準備
＊シルパットを敷いた天板に型を置き、澄ましバターを刷毛で塗ってアーモンドダイスを全面に散りばめ、貼りつけておく。

生地を作る
1. ミキサーボウルにローマジパンを入れ、低速のミキサー(ビーター)にかける。
2. 合わせて溶きほぐした全卵と卵黄を3回に分けて加え、ダマが残らないように混ぜる。
3. 白っぽくなり、すくった生地がリボン状に流れ落ちる状態になったらミキサーから下ろす。コーンスターチを加え、手で底からすくい混ぜる。
4. ミックス・フルーツのコンフィを加えてざっと混ぜ、さらに溶かしバターを加えて艶が出るまで混ぜる。
5. 型に8〜9分目まで流し入れ、160℃のオーブンで約1時間焼く。
6. ひっくり返して型からはずし、網にのせて冷ます。

仕上げる
7. 6が冷めたら、端の出っ張りを切り落として形を整える。
8. 沸騰させたアンズジャムを、刷毛で表面に薄く塗る。
9. 人肌に温めたグラス・ア・ローを、刷毛で表面に薄く塗る。
10. ピンクに着色したアーモンドダイスを一文字にのせ、中央にメレンゲの鳩を飾り、乾かす。

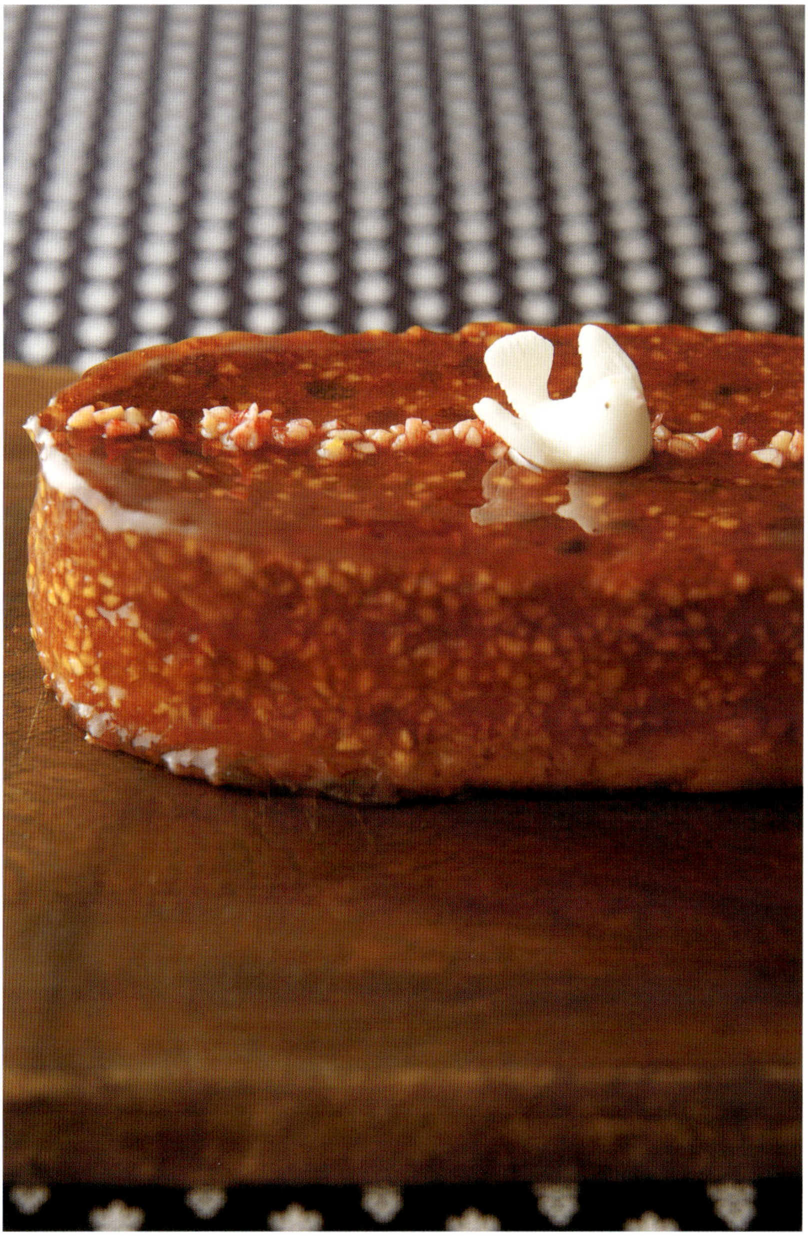

Tarte aux Pignons
タルト・オー・ピニョン

　温暖な地中海沿岸に生育するのが、松かさのなかに細長い小さな実をつけるカサマツだ。古代ローマの美食家、アピシウス(*Apicius*)による記述も見られるように、ヨーロッパでは古くから食用として親しまれてきた。南仏でも料理のみならず、さまざまなパティスリーやコンフィズリーが作られる。表面を松の実でびっしり覆ったタルト・オー・ピニョンは、その代表格というべき存在だ。

　香ばしい香りを立てるタルトを口に運ぶと、独特の軽やかさを持つ松の実が歯の間で弾け、噛むごとに脂質に富んだリッチな味わいが広がる。中には何も入れないのが一般的だが、私は現地で見たものを参考に、フランボワーズのジャムを底に薄く塗った。フランボワーズの酸味が松の実のコク深さを和らげ、よりおいしく食べられると思う。

直径18×高さ2cmの
タルトリング型・1台分

パート・シュクレ・オー・ザマンド
：220g
pâte sucrée aux amandes
(▶▶「基本」参照)

フランボワーズ(種入り)のジャム
：100g
confiture de framboises pépins
(▶▶「基本」参照)

クレーム・ダマンド：200g
crème d'amandes
(▶▶「基本」参照)

ガルニチュール garniture
　松の実(ロースト)：50g
　pignons de pin grillés

---

1. パート・シュクレ・オー・ザマンドを厚さ2.5mmの円形にのばす。
2. 型よりひとまわり大きい円形に切って、型に敷き込み、はみ出た生地を切り落とす。
3. フランボワーズのジャムを2の底に薄くのばす。
4. 口径12mmの丸口金をつけた絞り袋にクレーム・ダマンドを入れ、3の上に内から外へ渦巻状に絞る。
5. パレットナイフで平らにならし、松の実をまんべんなく散らす。
6. 180℃のオーブンで40〜45分焼く。
7. 型からはずし、網にのせて冷ます。

Treize Desserts
トレーズ・デセール

　プロヴァンス地方(ラングドック地方で見られることもある)ではクリスマス前夜、グロ・スーペ(*gros souper*)と呼ばれる、質素だがたっぷりボリュームのある食事を家族そろって食べる。それを締めくくるのが、フランス語で"13種類のデザート"を意味する、トレーズ・デセールだ。その数は、イエス・キリストの最後の晩餐でテーブルを囲んだ会食者の数を示している。

　内容は地域や家庭によって異なるが、まず欠かせないのは、キャトル・マンディアン(*Quatre Mendiants*)と呼ばれる、4つのカトリック修道会のシンボルとなるドライフルーツやナッツ。レーズンはドミニコ会、イチジクはフランシスコ会、ヘーゼルナッツはアウグスティノ会、アーモンドはカルメル会を示している。それから、キリストを表すポンプ・ア・ルイユ(p.110)またはフガス、善と悪の象徴となるヌガー・ブラン(ヌガー・ド・モンテリマール、p.102)とヌガー・ノワール(p.112)だ。その他、デーツやカリソン(p.108)、マルメロのジャムやパート・ド・フリュイ、さまざまなフリュイ・コンフィ(p.106)、メルヴェイユやオレイエット(p.164)といった揚げ菓子、フレッシュフルーツなどがテーブルいっぱいに並べられる。

　トレーズ・デセールに初めて出会ったのは、フランス修業時代に読んだ何かの本だったと思う。家庭的で感謝にあふれ、南仏ならではの土地の食べ物を集めたクリスマスの習慣に、強く魅かれた。最近は13種すべてそろえる家庭は少なくなり、伝統が希薄になりつつあると聞いて残念でならない。心温まる良き伝統が絶えることなく、いつまでも受け継がれていくことを願ってやまない。

右上から時計回りに、ポンプ・ア・ルイユ、プルーン、デーツ、ヌガー、ナヴェット、マルメロのジャム、ハチミツ、ヌガー・ノワール、ヌガー・ブラン、ショコラ、ショウガのコンフィ、オレンジのコンフィ、オレイエット、クロッカン、カリソン・デクス

Tarte au Citron
タルト・オー・シトロン

　温暖な気候の地中海沿岸では、レモンをはじめ柑橘類がよく育つ。そもそもレモンの原産地はインドかマレー半島で、古代ギリシャ・ローマでは「メディアの木の実」と呼ばれて薬や香りづけに使われていたそうだ。その他のヨーロッパの地域には、十字軍の遠征によってパレスチナから持ち込まれた。フランスでは、イタリアと国境を接する町、マントン(*Menton*)産のものが特に名高い。実が大きく皮が肉厚で、酸味が少ないのが好ましく、フランスのレモンの約7割がこの町で生産されるという。毎年2月にはレモン祭りが盛大に開かれ、レモンやオレンジで飾られた華やかな山車が町を練り歩き、世界中から集まった多くの観光客を熱狂させる。

　このタルト・オー・シトロンは、湯煎にかけたレモンのクリームに、メレンゲをたくさん入れるのが特徴的。ふわっとやさしい口当たりで、レモンのキュンとした酸味とさわやかな香りが口いっぱいに広がる。

直径18×高さ2cmの
タルトリング型・3台分

パート・シュクレ・オー・ザマンド
:375g
pâte sucrée aux amandes
(→「基本」参照)

アパレイユ appareil
　A. **グラニュー糖**:75g
　　　sucre semoule
　　卵黄:80g
　　　jaunes d'œufs
　　薄力粉 farine ordinaire:2g
　　すりおろした
　　レモンの皮:2個分
　　　zestes de citrons râpés
　　レモン果汁:2個分
　　　jus de citron
　卵白 blancs d'œufs:120g
　グラニュー糖 sucre semoule:75g

塗り卵(全卵):適量
dorure (œufs entiers) Q.S.

生地の敷き込み・空焼き
1. パート・シュクレ・オー・ザマンドを厚さ2.5mmにのばす。
2. 型よりひとまわり大きい円形に1台につき1枚切り、型に敷き込む。
3. はみ出た生地を切り落とす。
4. 天板にのせ、内側にオーブンペーパーを敷いて重石を詰め、180℃で約20分空焼きする。
5. オーブンペーパーごと重石をはずし、生地の内側に塗り卵を刷毛で塗る。
6. 180℃のオーブンに約3分入れて乾かし、網にのせて冷ます。

アパレイユを作る
7. Aをボウルに入れ、ホイッパーで混ぜ合わせる。
8. 湯煎にかけ、ときどき混ぜながら12〜15分加熱する。全体がクリーム状につながる。
9. 8の仕上がりとタイミングを合わせて、卵白を高速のミキサー(ホイッパー)で泡立てる。グラニュー糖75gを少量ずつ加えながら、角がしっかり立つまで泡立てる。
10. 8が温かいうちに9を数回に分けて加え、へらでさっくり混ぜ合わせる。

組み立て・焼成
11. 6に10を型いっぱいに流し入れる。
12. 200℃のオーブンで10〜15分焼く。
13. 型からはずし、網にのせて冷ます。

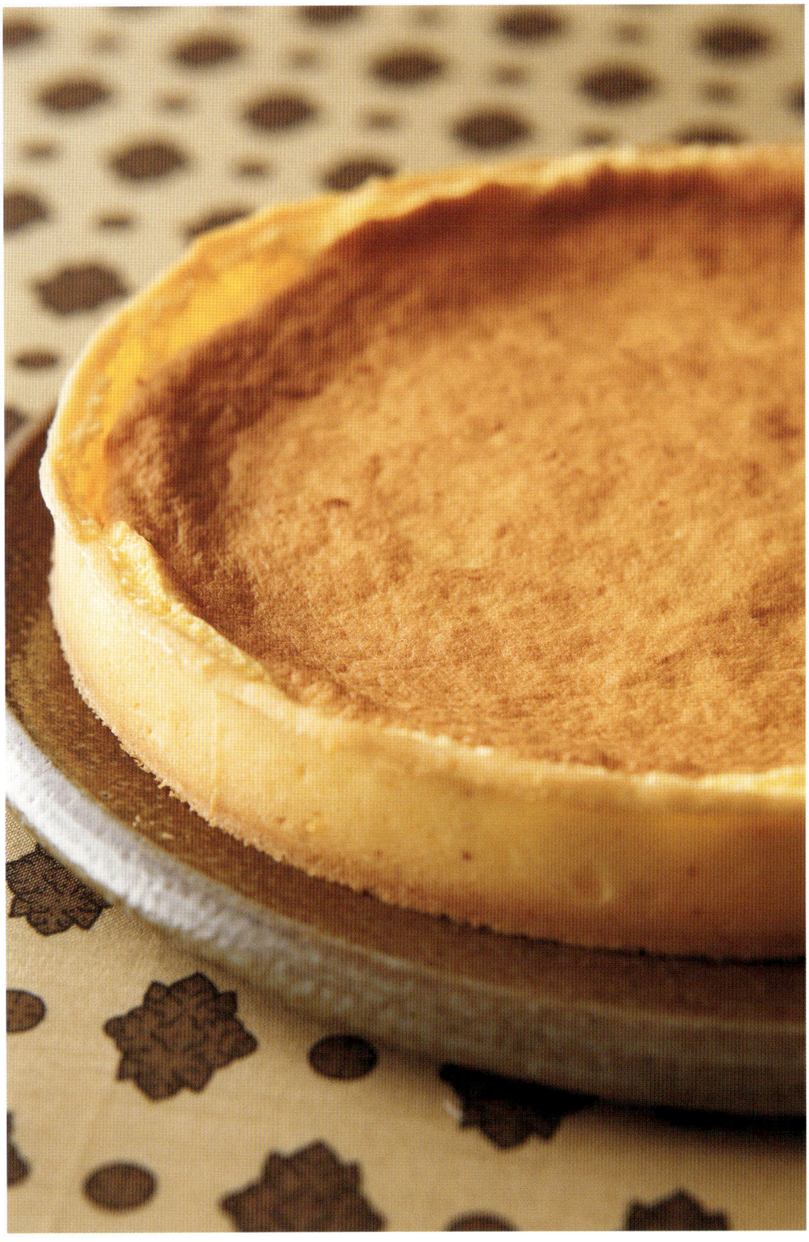

Provence | プロヴァンス　　　　　Tarte Tropézienne

Tarte Tropézienne
タルト・トロペジェンヌ

サン=トロペ(Saint-Tropez)は、サン=トロペ湾に臨む海水浴場が人気の港町。19世紀末から保養地として発展し、多くの芸術家や作家が訪れた地としても知られる。

タルト・トロペジェンヌが誕生したのは、1955年のこと。映画『素直な悪女(*Et Dieu... Créa la Femme*)』の撮影がサン=トロペで行われ、俳優やスタッフに軽食を供していたのが、この町でブーランジュリーを開いていたポーランド出身のアレクサンドル・ミカ(*Alexandre Micka*)だった。ある日、母国ポーランドのレシピで作ったクリームを挟んだ菓子を供したところ、主演女優だったブリジット・バルドー(*Brigitte Bardot*)が気に入り、名前をつけることを提案された。「サン=トロペのタルトなんてどうかしら？」。これが、タルト・トロペジェンヌの名前の由来という。

ふっくらしたブリオッシュにたっぷり挟まれた甘さ控えめのクレーム・ムースリーヌが、やさしい風味を放つ。

直径18×高さ2cmの
タルトリング型・3台分

パータ・ブリオッシュ pâte à brioche
　ドライイースト：20g
　　levure sèche de boulanger
　グラニュー糖 sucre semoule：2g
　ぬるま湯 eau tiède：100g
　薄力粉 farine ordinaire：175g
　強力粉 farine de gruau：175g
　グラニュー糖 sucre semoule：48g
　塩 sel：3g
　全卵 œufs：200g
　レモン果汁：1個分
　　jus de citron
　バター beurre：170g

クランブル crumble
　グラニュー糖 sucre semoule：40g
　薄力粉 farine faible：60g
　溶かしバター：25g
　　beurre fondu

クレーム・ムースリーヌ
crème mousseline
　バター beurre：225g
　パータ・ボンブ pâte à bombe：75g
　　(▶「基本」参照)
　ムラング・イタリエンヌ：75g
　　meringue italienne
　　(▶「基本」参照)
　クレーム・パティシエール：375g
　　crème pâtissière
　　(▶「基本」参照)

塗り卵(全卵)：適量
dorure (œufs entiers) Q.S.
パールシュガー：適量
sucre en grains Q.S.

パータ・ブリオッシュを作る
1. 「基本」の「パータ・ブリオッシュ」と同じ要領で作る。ただし、レモン果汁を水の代わりに入れ、1次発酵は約2倍に膨らむまで約1時間行なう。
2. 3等分し、それぞれ型の大きさに合わせて円形にのばす。
3. 天板にのせた型に入れ、手の平で平らにする。
4. ラップフィルムをかけて、約2倍に膨らむまで約1時間半、2次発酵させる。

クランブルを作る
5. グラニュー糖と薄力粉をボウルに入れ、へらで混ぜる。
6. 溶かしバター(室温)を加え、へらで混ぜる。
7. 混ざったら、ひとまとまりにしてビニール袋に入れ、平らにして冷蔵庫で約1時間休ませる。

焼成
8. 4の上面に塗り卵を刷毛で塗る。
9. 7を適当な大きさにちぎってのせ、パールシュガーをふる。
10. 200℃のオーブンで約20〜25分焼く。
11. 網にのせて冷まし、横半分にスライスする。

クレーム・ムースリーヌを作る
12. ボウルにバターを入れ、ポマード状になるまでホイッパーですり混ぜる。
13. パータ・ボンブを加え混ぜ、さらにムラング・イタリエンヌを加えてさっくり混ぜる。
14. へらでなめらかにほぐしたクレーム・パティシエールを13に加え、へらで均一になるまで混ぜる。

組み立てる
15. 口径12mmの丸口金をつけた絞り袋に14を入れ、11の下の生地に1台につき235gずつ絞る。
16. 11の上の生地を重ね、挟む。

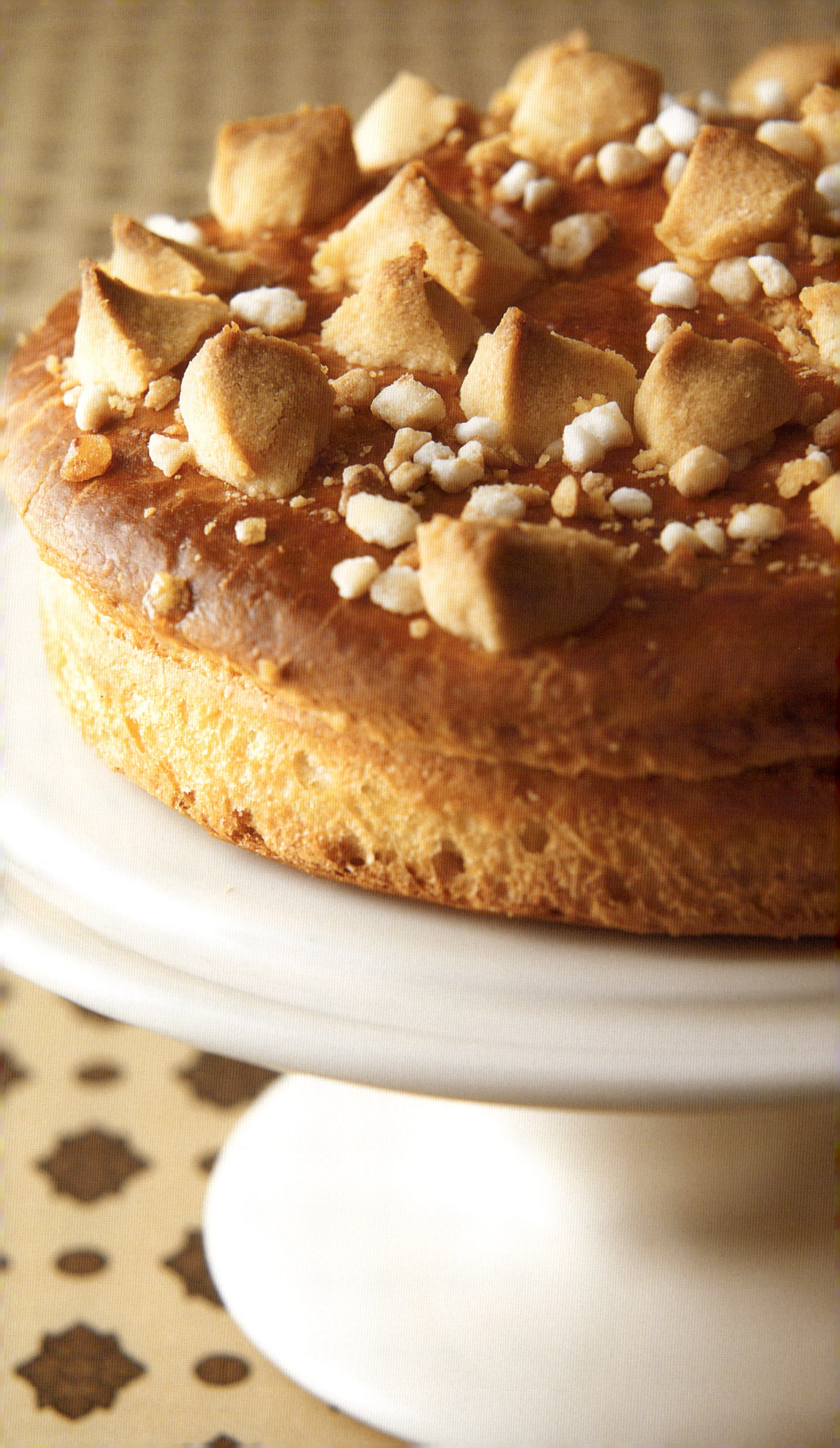

Fiadone

フィアドーヌ

コルシカ島にワインやオリーブ、羊、チーズ作りが伝わったのは紀元前6世紀。ギリシャ人によるものだった。そして、紀元前3世紀以前から山羊の牧畜が行われていたとされ、チーズにはほとんど、山羊乳か羊乳が使われる。

名産のチーズケーキ、フィアドーヌに使われるのも、やはり山羊乳か羊乳、もしくは両方を混ぜ合わせて作られたチーズ。A.O.C.にも認定されている真っ白なフレッシュチーズ、ブロッチョオ (Broccio) だ。この島出身の皇帝ナポレオン (Napoléon Bonaparte) の母が、こよなく愛したチーズとしても知られている。

さまざまな作り方があり、卵黄や砂糖、レモンの皮をブロッチョオに加え、泡立てた卵白を混ぜて焼くものもあれば、卵白を加えないものもある。また、それをアパレイユとして生地に流し、タルトレットにするものも。ここでは最初に挙げた方法で作った。卵焼きにも似たやわらかな質感で、山羊乳および羊乳独特のチーズの風味とレモンが混じり合い、さわやかに香る。

直径18cmのパイ皿・2台分

チーズ(ブロッチョオ)：500g
fromage (Broccio)

卵黄 jaunes d'œufs：80g

グラニュー糖：125g
sucre semoule

すりおろした
レモンの皮：½個分
zestes de citrons râpés

洋ナシのオー・ド・ヴィ：14g
eau de vie de poire

塩 sel：1g

卵白 blancs d'œufs：120g

下準備
＊パイ皿にアルミホイルを敷いておく。

1. チーズを布で包んで汁気を取り、ボウルに入れる。
2. 卵黄を加え、ホイッパーでよく混ぜる。
3. グラニュー糖、すりおろしたレモンの皮、洋ナシのオー・ド・ヴィ、塩を加え、ホイッパーでよく混ぜる。
4. 卵白を高速のミキサー(ホイッパー)でしっかり角が立つまで泡立てる。
5. 4を3に数回に分けて加え、へらでよく混ぜる。
6. パイ皿に流し入れ、200℃のオーブンで約30分焼く。
7. パイ皿からはずし、網にのせて冷ます。冷めたらアルミホイルをはがす。

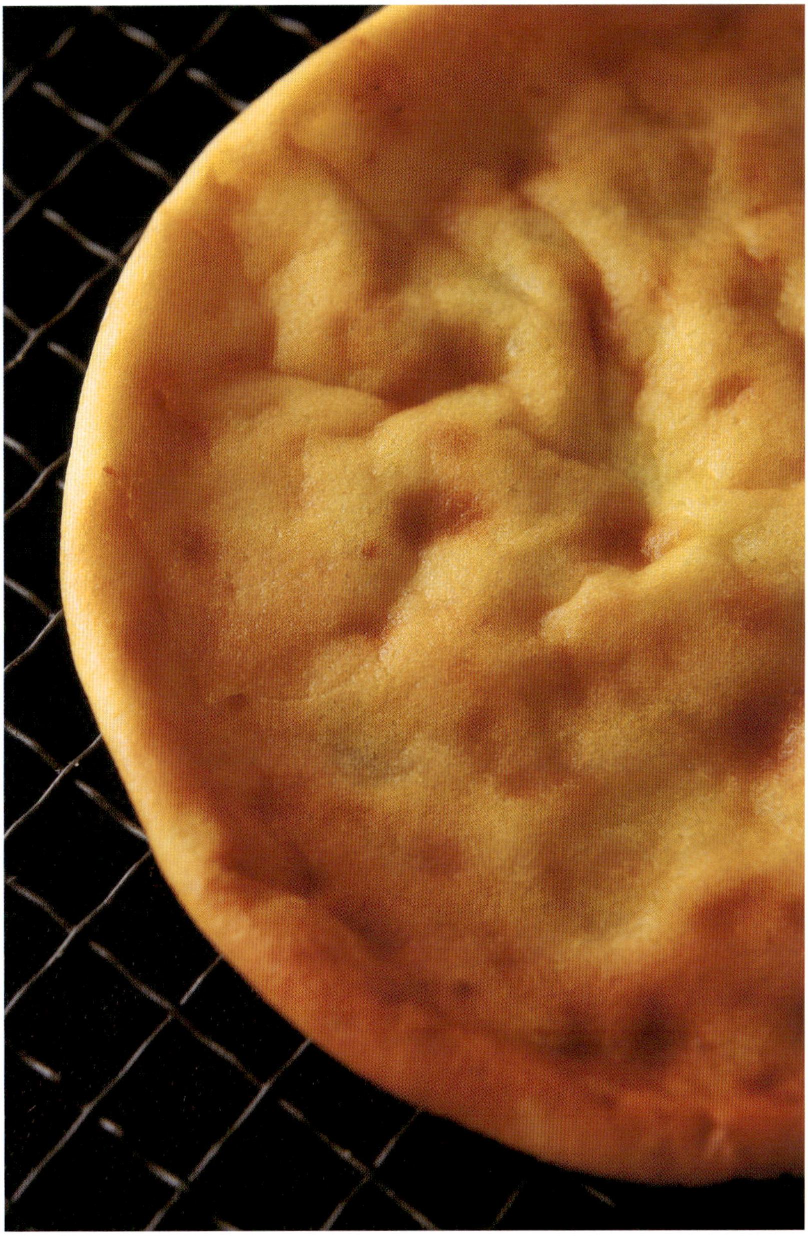

Flan à la Farine de Châtaigne
フラン・ア・ラ・ファリーヌ・ド・シャテーニュ

山がちの地形で小麦の栽培には適していなかったコルシカ島で、栗はカスターニュ(*castagnu*)と呼ばれ、長い間主食として親しまれてきた。この島で採れる栗は、マロングラッセなどに使われる大粒のマロン(*marron*)ではなく、小粒のシャテーニュ(*châtaigne*)。これを粉末状にしてパンやポレンタ、ブリッルーリ(*brilluli*)と呼ばれる山羊乳を加えたお粥などを作る。また、サブレの一種のカニストレッリ(*canistrelli*)をはじめ、揚げ菓子やゴーフル、ニッチ(*nicci*)と呼ばれるクレープなど、栗の粉を使った菓子も数多くある。

フラン・ア・ラ・ファリーヌ・ド・シャテーニュもそのひとつ。最初に栗の粉を牛乳で煮て、しっかり熱を入れておくことで、プリンのようになめらかな質感に仕上がる。口に入れると、濃厚な栗の香りがいっぱいに広がり、滋味深くやわらかな余韻が後を引く。

直径15×高さ7cmの
ジェノワーズ型(底つき)・2台分

栗粉 farine de châtaigne：50g
牛乳 lait：100g
牛乳 lait：900g
グラニュー糖：200g
sucre semoule
バニラシュガー sucre vanille：10g
全卵 œufs：200g
栗のオー・ド・ヴィ：85g
eau de vie de châtaigne

バター beurre：適量 Q.S.

下準備
＊型にバターを手で薄く塗っておく。

1. ボウルに栗粉を入れ、牛乳100gを加えてホイッパーで溶き混ぜる。
2. 沸騰させた牛乳900gを注ぎ混ぜ、グラニュー糖、バニラシュガーも加え混ぜる。
3. 鍋に入れ、ホイッパーで混ぜながら軽く沸騰している状態で10分ほど少しとろみがつくまで煮る。
4. 人肌程度の温度に冷ます。
5. しっかり溶きほぐした全卵を4に加え混ぜる。栗のオー・ド・ヴィも加え混ぜる。
6. 型に流し入れ、200℃のオーブンで約25分焼く。
7. 網にのせて冷まし、型からはずす。

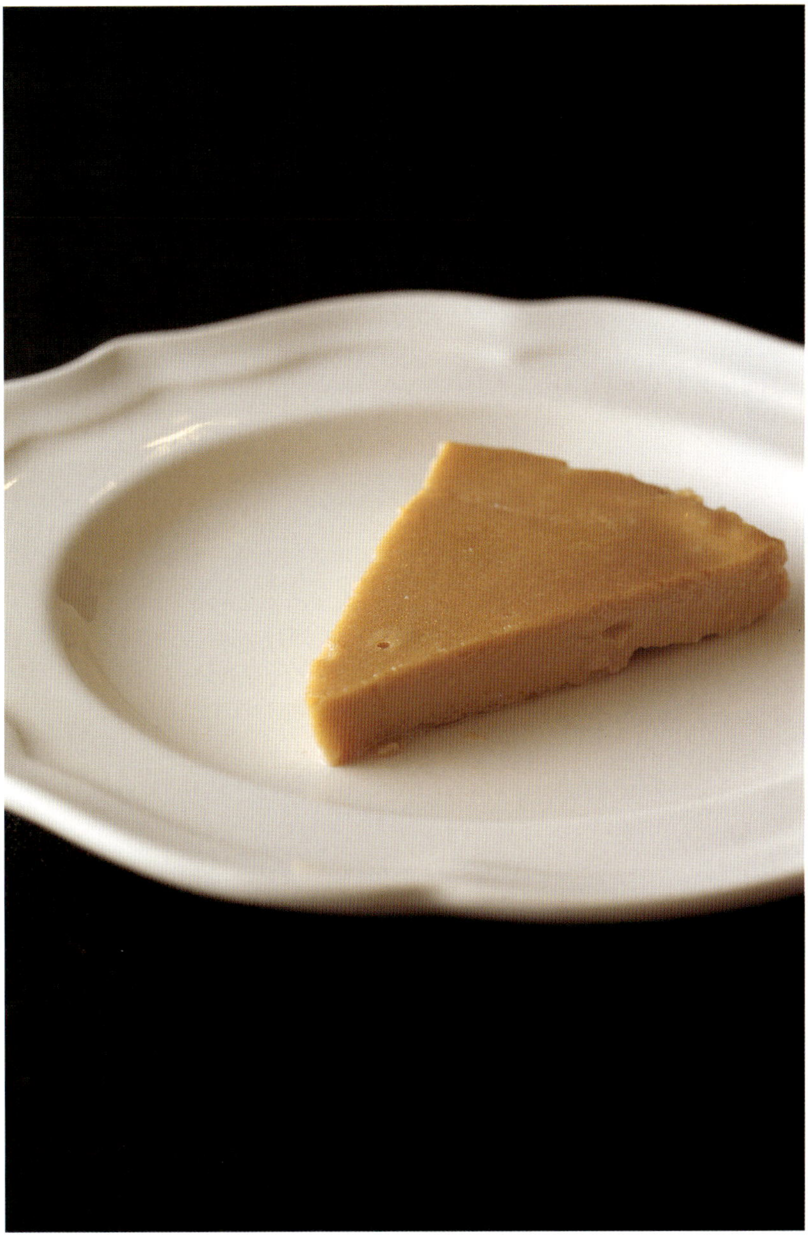

Farcoullèle
ファルクレール

　ファルクレールは、レモンがふわっと香る、フロマージュ・ブランのチーズケーキだ。グラタンのような作り方をするのが面白く、外のしっかり焼けた部分と、内のやわらかな部分の食感のコントラストが楽しめる。コルシカ島の菓子なので、フロマージュ・ブランは山羊乳のものを使うといいだろう。オーブンから出したばかりの熱々を食べても、冷たく冷やして食べてもよい。

19×13cm、高さ3.5cmの
グラタン皿・2台分

フロマージュ・ブラン：300g
fromage blanc

薄力粉 farine ordinaire：10g

全卵 œufs：300g

グラニュー糖：200g
sucre semoule

すりおろしたレモンの皮
：2個分
zestes de citrons râpés

バター beurre：適量 Q.S.

下準備
＊グラタン皿にポマード状のバターを刷毛で塗っておく。

1. フロマージュ・ブランをボウルに入れ、薄力粉を加えてホイッパーで混ぜる。
2. 別のボウルで全卵を溶きほぐし、グラニュー糖、すりおろしたレモンの皮を加えてホイッパーで混ぜる。
3. 1に2を加え、ホイッパーで混ぜ合わせる。
4. グラタン皿に流し入れ、天板にのせて180℃のオーブンで約40分焼く。
5. 網にのせて冷ます。

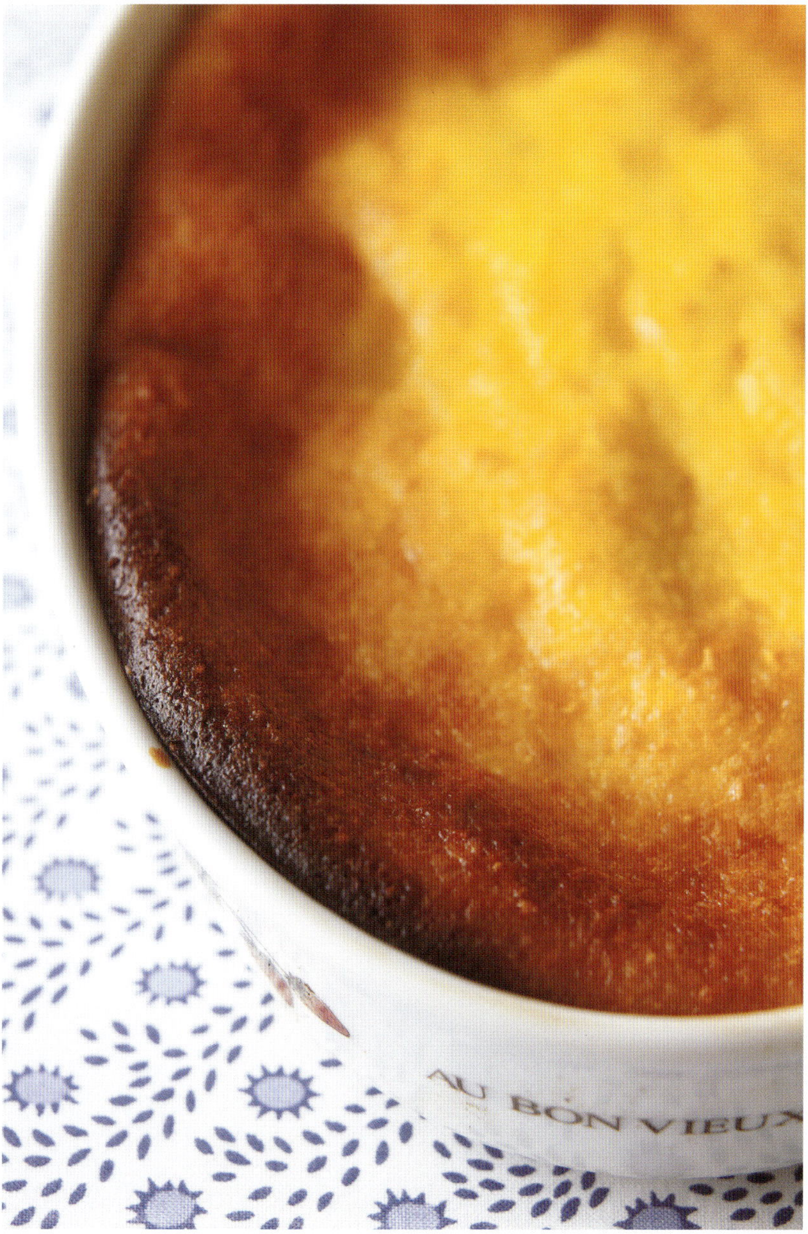
AU BON VIEUX

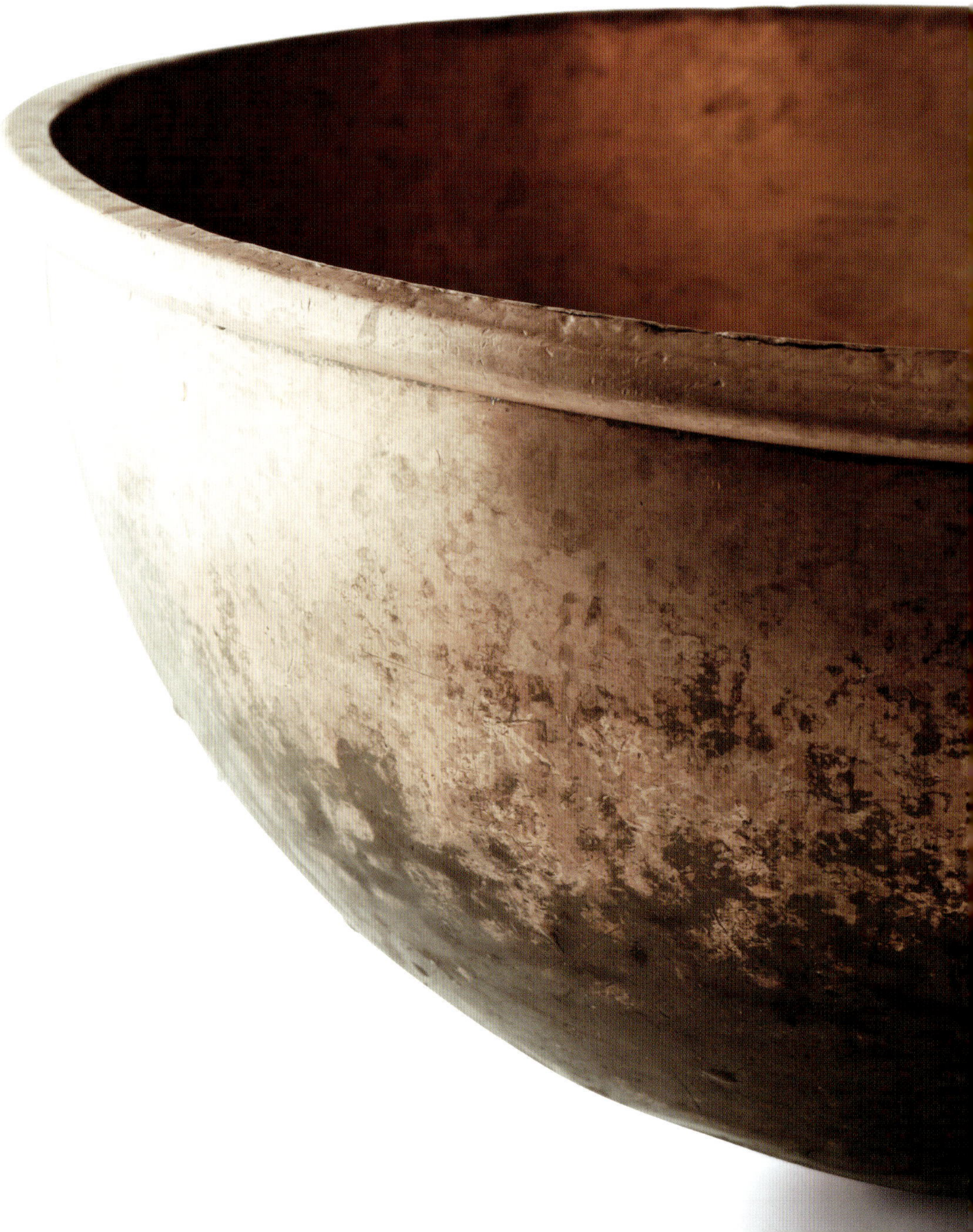

Vivarais (Ardèche)
Auvergne
Bourbonnais
Limousin

ヴィヴァレ（アルデッシュ）、
オーヴェルニュ、ブルボネ、リムーザン

メレンゲの泡立てに
使用する、銅製のボウル。

Vivarais(Ardèche)
ヴィヴァレ(アルデッシュ)

ヴィヴァレ地方は現在のアルデッシュ県にほぼあたる、山の多いローヌ川沿いの地域。ヴィヴィエ(Viviers)を首都として、ローマによって築かれたヴィヴァリウム(Vivarium)を起源とする。その後、プロヴァンス領やブルゴーニュ領を経て、10世紀末にはトゥールーズ伯領となり、フランス領に統合されたのは13世紀のことだ。農業が盛んで果物が豊富に揃い、特に栗は名産。マロン・グラッセ(Marron glacé)をはじめとするプリヴァ(Privas)の栗加工品は世界中に名声を馳せている。

▶主要都市：プリヴァ(Privas、パリから490km) ▶気候：多様な気候で、北は温和、南は地中海性気候の影響を受ける。 ▶果物：栗、ブルーベリー、エイリュー川流域のモモ、リンゴ、洋ナシ、アプリコット、サクランボ、イチゴ、フランボワーズ、レーヌ・クロード ▶チーズ：ピコドン・ド・ラルデッシュ(Picodon de l'Ardèche) ▶料理：クリーク・アルデショワ(Criques Ardéchoises、ジャガイモのピュレと卵のクレープ)、ダンド・ロティ・オー・マロン(Dinde Rôtie aux Marrons、栗を詰めた雌の七面鳥のロースト)

Auvergne
オーヴェルニュ

マシフ・サントラル(Massif Central、中央山地)の中でも、中心に位置するのがこのオーヴェルニュ地方。フランスでも一番の火山地帯で、ピュイ(Puy、"山丘"という意味の方言)と呼ばれる、緑が美しい円錐状の火山が連なる景観は有名だ。気候が厳しくて土地も肥沃といえず、農業よりも牧畜が盛ん。他の地方へ出稼ぎに出かける人も多い。6世紀以降フランク王国、アキテーヌ公国の支配を経て、10世紀にオーヴェルニュ伯領として独立。12世紀にイギリスの支配を経て分割され、小規模な在地領主などによる割拠が続き、17世紀にフランス王国に統合された。菓子には地元の果物を使った素朴なものが多く見られる。

▶主要都市：クレルモン＝フェラン(Clermont-Ferrand、パリから347km) ▶気候：基本的に山岳気候だが地域によってかなり差がある。 ▶果物：栗、リンゴ、ブルーベリー、フランボワーズ、アプリコット ▶酒：ゲンチアン(Gentiane、リンドウの一種の根)のリキュール、ヴェルヴェーヌ・デュ・ヴァレ(Verveine du Valay、ヴェルヴェーヌなどのハーブを使ったヴァレのブランデーベースのリキュール) ▶チーズ：カンタル(Cantal)、フルム・ダンベール(Fourme d'Ambert)、ブルー・ドーヴェルニュ(Bleu d'Auvergne)、サン＝ネクテール(Saint-Nectaire)、ガプロン(Gaperon)、サレール(Salers)、ブリック・デュ・フォレ(Brique du Forez)、フルム・ド・モンブリゾン(Fourme de Montbrison) ▶料理：アリゴ(Aligot、カンタルまたはライヨールチーズを混ぜたジャガイモのピュレ)、レンズ豆のサラダ(Salade de Lentilles)、スープ・オ・シュー(Soupe au Chou、キャベツ、タマネギ、ジャガイモ、ベーコンのスープ)、プンティ(Pounti、豚の背脂やタマネギ、フダンソウのフラン)、トリプー・オーベルニャ(Tripoux Auvergnats、羊の胃や脚肉、ハーブの煮込み) ▶その他：ヴォルヴィック(Volvic)周辺のミネラルウォーター

Bourbonnais
ブルボネ

マシフ・サントラル(Massif Central、中央山地)の北に位置するブルボネ地方は、ブルボン王朝の祖となるブルボン家が治めた地域。1327年に公爵領が誕生し、政治や文化、芸術で繁栄を見せたが、1527年にフランス王国に統合された。丘陵地や盆地で牧畜や耕作が行われ、果実も収穫される。周辺地域の漸移地帯で明確な特徴に乏しいが、菓子には地元産の果物が多く使われる。鉱泉水から抽出した塩分を加えた、ミントやレモン、アニス風味のドロップ、パスティーユ・ド・ヴィシー(Pastille de Vichey)も名高い。

▶主要都市:ムーラン(Moulins、パリから265km) ▶気候:全般的に大陸性気候の影響を受け、温和で湿潤。 ▶料理:オヨナード(Oyonnade、鴛鳥の煮込み、シヴェ)、ジャガイモのパテ(Pâté aux Pommes de Terre)、サンショー・ブルボネ(Sanciaux Bourbonnais、厚いクレープ) ▶その他:ヴィシー(Vichey)周辺のミネラルウォーター

Limousin
リムーザン

古代ガリアのレモウィケス(Lemocives)族にその名を由来するリムーザン地方は、リモージュ焼き(磁器)で有名なリモージュ(Limoges)を中心とする地域。ローマの支配を受けた後、西ゴート族などの侵略を受けた。その後、いくつかの子爵領に分かれたが、10世紀にアキテーヌ領に統合され、イギリス領を経て1607年、フランス領となった。大半が高原で農村的色合いが強い。森や清流、丘など牧歌的な風景が広がり、牧畜も盛ん。菓子には果物が多く使われ、タルトやフロニャルドも作られる。

▶主要都市:リモージュ(Limoges、パリから346km) ▶気候:南西部は比較的温暖な海洋性気候だが、内陸部に向かうに従って気候が厳しくなり、山岳部では冬が長くて寒い。 ▶果物:サクランボ、栗、ブルーベリー、リンゴ、ヴァール(Vars)のレーヌ・クロード、クルミ、プラム ▶酒:シードル・デュ・リムーザン、栗(シャテーニュ)のリキュール ▶料理:ブレジョード(Bréjaude、キャベツ、塩漬け豚、インゲン豆などのスープ)、野ウサギのカベサル仕立て(Lievre en Cabessal、詰め物をした野ウサギの蒸し煮) ▶その他:ヒースのハチミツ

Vivarais(Ardèche) | ヴィヴァレ(アルデッシュ) | Marron Glacé de Privas

Marron Glacé de Privas
マロン・グラッセ・ド・プリヴァ

日本で「栗は丹波」と言われるように、フランスで栗の名産地と言えば、アルデッシュ(旧ヴィヴァレ)地方だ。A.O.C.(原産地呼称統制)にも認定されている。通常、シャテーニュ(châtaigne)はイガに実が3つ入っているが、マロン・グラッセに使われる改良品種のマロン(marron)には、大粒の実がただ1つ。高級品であることは、これからもお分かりいただけるだろう。

周囲に栗林が広がるこの地方の中心都市、プリヴァ(Privas)の町には、特産の栗を使ってクレーム・ド・マロンやピュレ、マロン・グラッセを作る会社が数多く立ち並ぶ。工場生産が始まったのは、19世紀末のこと。クレマン・フォジエ(Clément Faugier)が大量生産に漕ぎ出し、その存在を海外にまで知らしめたという。

私が初めてこの菓子に出会ったのは、パリの老舗ショコラトリー「マルキーズ・ド・セヴィニエ(Marquise de Sevigné)」だった。かなりの高級店で、パリに渡ったばかりの私には入るのが躊躇(ためら)われるほどだったが、店の雰囲気や商品に魅かれてずいぶん通った。ある日、店のおばちゃんたち(失礼！)と話していると、手渡されたのが壊れたマロン・グラッセの欠片だった。その高級感に満ちた奥深い味わいといったら！今も昨日のことのように思い出される。アルデッシュ地方が栗の名産地と知ったのは、それからしばらく経ってからのことだった。

20個

栗のコンフィ
: compote de marrons
以下のうち、20個使用
  栗 marrons：1kg
  水 eau：2kg
  重曹 bicarbonate de soude：10g

ボーメ20°のシロップ：適量
sirop à 20°Baumé Q.S.
(▶▶「基本」参照)

ボーメ36°のシロップ：適量
sirop à 36°Baumé Q.S.
(▶▶「基本」参照)

グラニュー糖：適量
sucre semoule Q.S.

水飴 glucose：適量 Q.S.

準備・下茹で
1. 栗の鬼皮を剥き、渋皮はつけたままにしておく。
2. 鍋に水と重曹を入れて混ぜ溶かし、火にかけて沸騰させる。
3. 2を弱火にして1を加え、アクを取りながら茹でる。
4. 竹串がすっと通るくらいやわらかくなったら、火を止めて粗熱が取れるまで冷ます。
5. ペティナイフで渋皮を剥く。流水をそっとかけながら洗い、水気を切る。
6. 一粒ずつガーゼで包み、糸で留める。

コンフィにする
7. ボーメ20°のシロップを鍋に入れて強火にかけ、沸騰したら火から下ろす。
8. 6を網に入れ、7に浸す。ところどころ切り込みを入れたオーブンペーパーをかぶせ、一晩漬ける。
9. 網ごと栗をそっと引き上げ、汁気を切る。
10. 9のシロップの鍋を火にかけ、沸騰させる。グラニュー糖適量を加えて煮溶かし、ボーメ22°に調整する。
11. 10を火から下ろし、9を網ごと浸す。再びオーブンペーパーをかぶせ、一晩漬ける。
12. 9〜11を、1〜2日に1回繰り返す。ただし、糖度は作業のたびに2°ずつ上がるように調整する。
13. シロップがボーメ36°に達したら、栗を引き上げて、シロップだけを別の鍋に入れる。その2割量の水飴を加えて火にかけ、沸騰させる。
14. 13の栗を戻し入れ、一晩漬ける。

仕上げる
15. 栗のガーゼをはずし、網に上げてしっかりシロップを切る。
16. 新たにボーメ20°のシロップを鍋に入れ、火にかけて沸騰させる。栗をさっとくぐらせて表面についた濃度の高い糖液を落とし、網に上げてシロップをしっかり切る。
17. ボーメ36°のシロップを鍋で作る。少し冷ましてからホイッパーでそっと混ぜると、糖化して白濁する。
18. 16の栗をフォークにのせて17にくぐらせ、天板にのせる。
19. 180℃のオーブンに約30秒入れ、表面のシロップを乾かす。

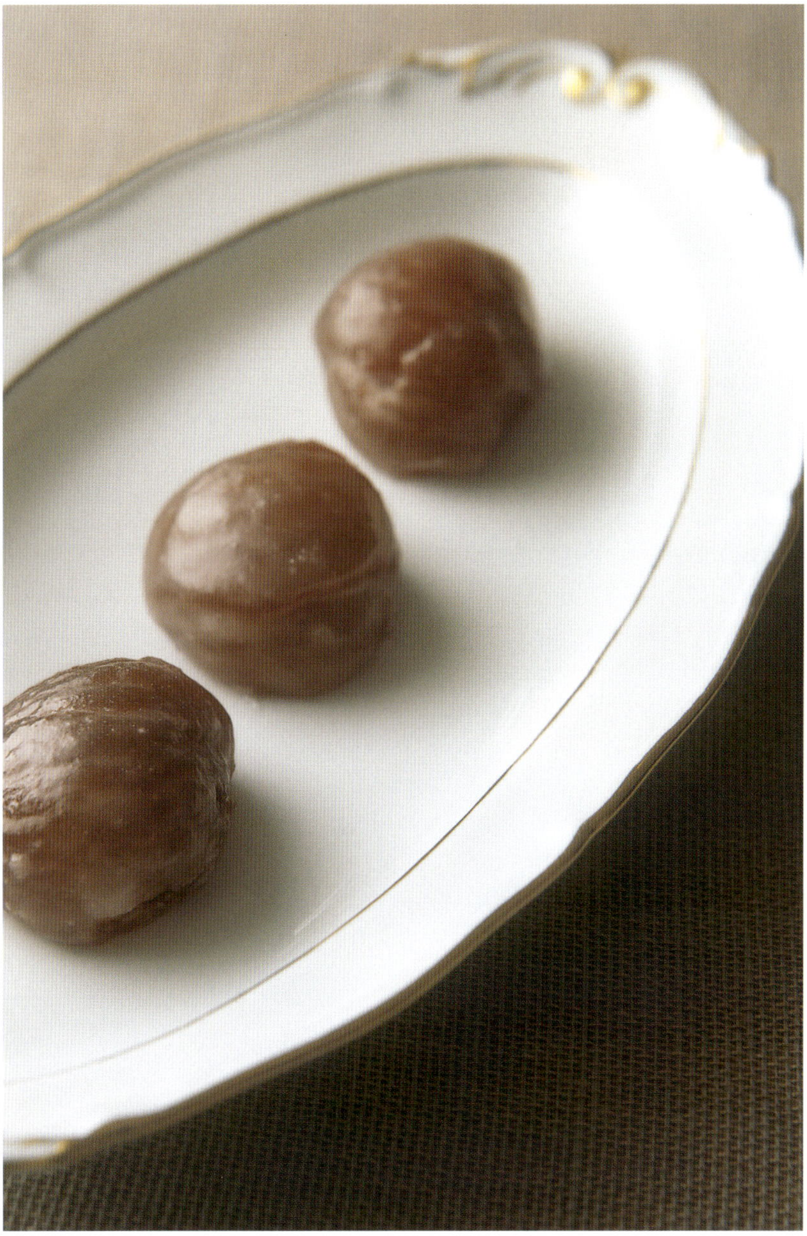

Flognarde aux Pommes
フロニャルド・オー・ポム

フロニャルドは、オーヴェルニュ地方や、リムーザン地方、ペリゴール地方など広い地域で作られるアントルメの一種。粥状の生地を焼いた菓子（私は、フランス全土で見られるこうした菓子を"粥状の菓子"と呼んでいる）で、少し弾力のあるむっちりした食感が特徴だ。クレープのような生地を厚めに流し、リンゴやプラム、洋ナシといった果物とともに焼き上げる。冬場は果物の代わりにコンフィチュールを入れることもあるようだ。冷ましてから食べてもいいが、オーブンから出したての熱々を頬張るのもいいだろう。

フランス語ではflognardeのほか、flaugnarde、flangnarde、flougnardeと綴られることもある。

――――

直径16.5×高さ1.5cmのパイ皿・4台分

アパレイユ appareil
- A. グラニュー糖：150g sucre semoule
- ベーキングパウダー：5.5g levure chimique
- バニラシュガー：7.5g sucre vanille
- 薄力粉 farine ordinaire：80g
- 全卵 œufs：200g
- 生クリーム（乳脂肪分48%）：260g crème fraîche 48% MG
- 牛乳 lait：330g

ガルニチュール garniture
- リンゴ pomme：1個

バター beurre：適量 Q.S.

下準備
＊パイ皿にバターを手で塗っておく。

アパレイユを作る
1. Aをボウルに入れ、ホイッパーで混ぜる。
2. 溶きほぐした全卵、生クリーム、牛乳を順に加え、その都度ホイッパーで混ぜ合わせる。

ガルニチュールを準備する
3. リンゴは縦半分に切り、皮と芯を取り除いて厚さ約3mmの薄切りにする。

組み立て・焼成
4. 3をパイ皿に重ならないように並べる。
5. 4を天板にのせ、2を流し入れる。
6. 220℃のオーブンで約35分焼く。
7. 網にのせて冷ます。

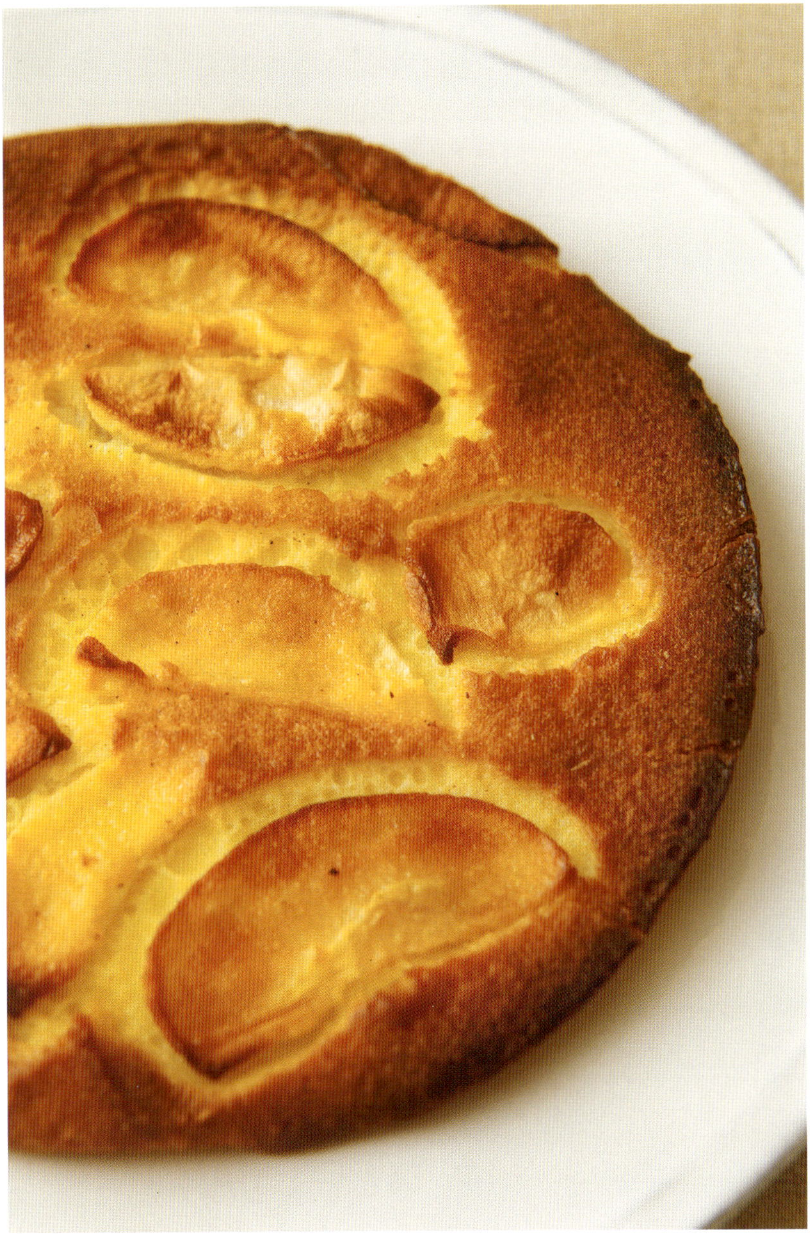

Tarte à la Crème
タルト・ア・ラ・クレーム

タルト・ア・ラ・クレームは、本で出会ったオーリヤック（*Aurillac*）のスペシャリテ。型に敷いたブリオッシュ生地に、フロマージュ・ブラン入りのアパレイユを流して焼く。特に大きな特徴があるわけではないが、素朴で飽きのこない味わいに心癒される。

オーリヤックは、ガロ・ロマン時代に起源を持つという、山と平野の境に位置する古い町だ。フランス人として初めてローマ教皇の座についたシルウェステル2世（*Sylvestre II*）の生誕地で、彼が修道生活を送ったサン＝ジェロー修道院など、歴史的建造物が今も残る。フランス最古のチーズとも言われるカンタルチーズの中心地として、その名を知る人もいるだろう。

直径18×高さ2cmの菊形の
タルト型（底が抜けるもの）・3台分

生地 pâte
- ドライイースト：5g
  levure sèche de boulanger
- グラニュー糖：1g
  sucre semoule
- ぬるま湯 eau tiède：25g
- 薄力粉 farine ordinaire：125g
- 強力粉 farine de gruau：125g
- グラニュー糖 sucre semoule：14g
- 塩 sel：2.5g
- 全卵 œufs：100g
- バター beurre：100g

アパレイユ appareil
- フロマージュ・ブラン：300g
  fromage blanc
- 生クリーム（乳脂肪分48%）：300g
  crème fraîche 48% MG
- グラニュー糖：300g
  sucre semoule
- 全卵 œufs：300g
- すりおろしたオレンジの皮
  ：3個分
  zestes d'oranges râpées
- 薄力粉 farine ordinaire：30g

生地を作る
1. 「基本」の「パータ・ブリオッシュ」と同じ要領で作る。ただし、水は入れず、1次発酵は約2倍に膨らむまで約1時間半行なう。
2. 160gずつに分割する。
3. 型の大きさに合わせて円形にのばし、型に敷き込む。
4. 天板にのせ、ラップフィルムをかけて約2倍に膨らむまで約1時間半、2次発酵させる。

アパレイユを作る。
5. フロマージュ・ブランをボウルに入れ、その他の材料を順に加え、その都度ホイッパーでよく混ぜ合わせる。

組み立て・焼成
6. 5を4に流し入れる。
7. 200℃のオーブンで約45分焼く。
8. 型からはずし、網にのせて冷ます。

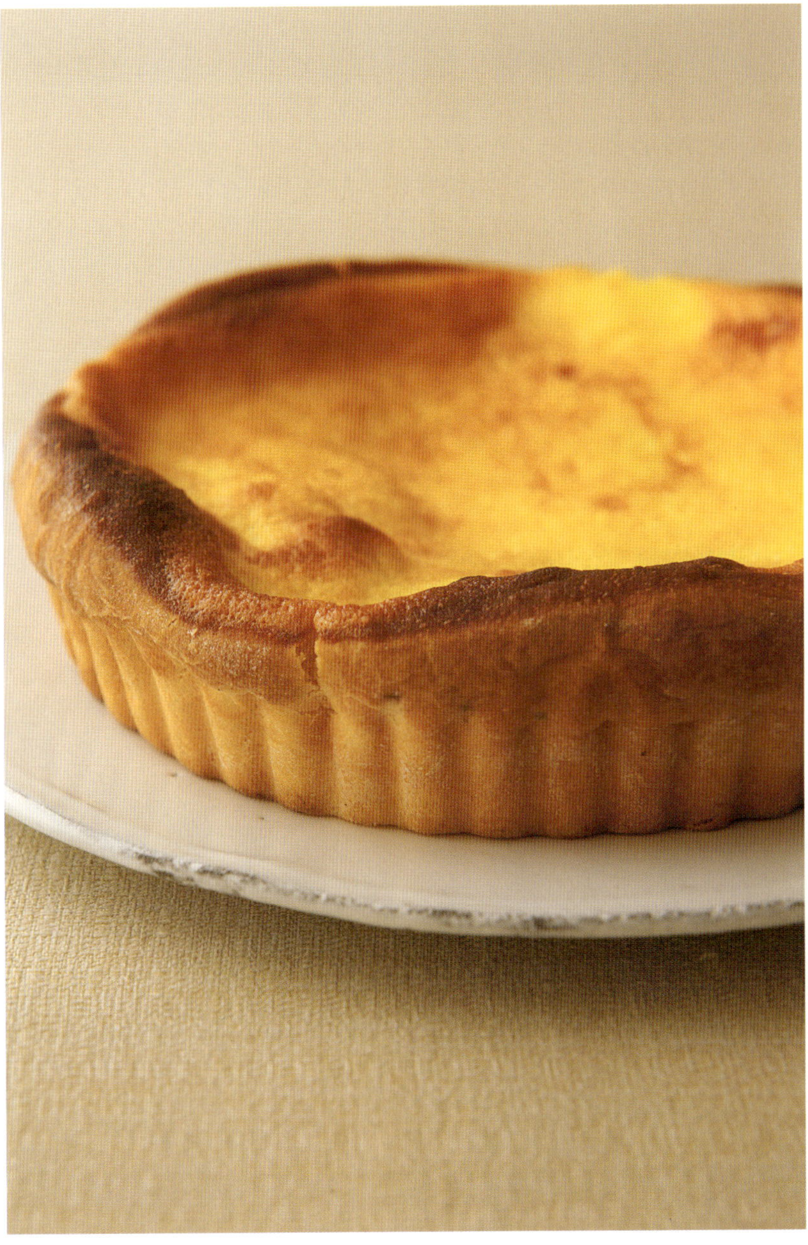

Cornet de Murat
コルネ・ド・ミュラ

カンタル山脈の中心、標高920mに位置するミュラ(*Murat*)は、火山による美しい景観に囲まれた町。傾斜した屋根が特徴の古い家々や教会が多く残り、中世の趣を今も宿している。この町のスペシャリテが、ラング・ド・シャなどに使うシガレット生地をコルネ(小さな角笛の意)形に丸め、クレーム・シャンティイを絞ったコルネ・ド・ミュラだ。19世紀にはすでに存在していたと考えられ、毎年9月には盛大な祭りも開かれる。

見た目の愛らしさはもちろん、軽やかに崩れる生地とふわっとしたクリームの食感のコントラストに、心をぐっとつかまれる。30分も経てばその繊細な食感が失われてしまうので、ぜひ出来立てを味わってほしい。

長さ約6×口径約3cm・約75個分

パータ・シガレット pâte à cigarette
- バター beurre：80g
- ピーナッツオイル：17g huile d'arachide
- 薄力粉 farine ordinaire：60g
- 粉糖 sucre glace：50g
- 卵白 blancs d'œufs：60g
- 塩 sel：1g
- すりおろしたレモンの皮：⅓個分 zestes de citrons râpés
- グラニュー糖 sucre semoule：25g

クレーム・シャンティイ：275g
crème chantilly
(8分立て、▶「基本」参照)

サラダオイル：適量
huile végétale Q.S.

下準備
＊天板にサラダオイルを刷毛でしっかり塗っておく。

パータ・シガレットを作る
1. バターとピーナッツオイルを合わせて沸騰させ、冷ます。
2. ボウルに薄力粉と粉糖を入れ、よく混ぜる。
3. 2に1を注ぎ入れ、へらで均一に混ぜる。
4. 卵白、塩、すりおろしたレモンの皮を高速のミキサー(ホイッパー)で泡立てる。
5. 4が角が立つまで泡立ったら、グラニュー糖を加えて低速でざっと混ぜる。
6. 3に5を数回に分けて加え、へらで全体がしっかりつながるまで混ぜる。
7. 口径8mmの丸口金をつけた絞り袋に6を入れ、天板に間隔をあけて4gずつ絞る。
8. 天板を台に叩きつける。生地がそれぞれ直径5cm程度に広がる。
9. 180℃のオーブンで8〜10分焼く(焼き上がりは直径約8cm)。
10. 熱いうちに1枚ずつパレットナイフで天板からはずし、一方の端を1.5cm程度折ってからそちらを下にして、長さ12cmの口金(フランス製の金属製の口金は、日本製のものに比べてやや長め)にコルネ(角)状に丸めて入れる。
11. 粗熱が取れたら口金からはずす。

仕上げる
12. 口径10mmの星口金をつけた絞り袋にクレーム・シャンティイを入れ、供する直前に11に絞り込む。

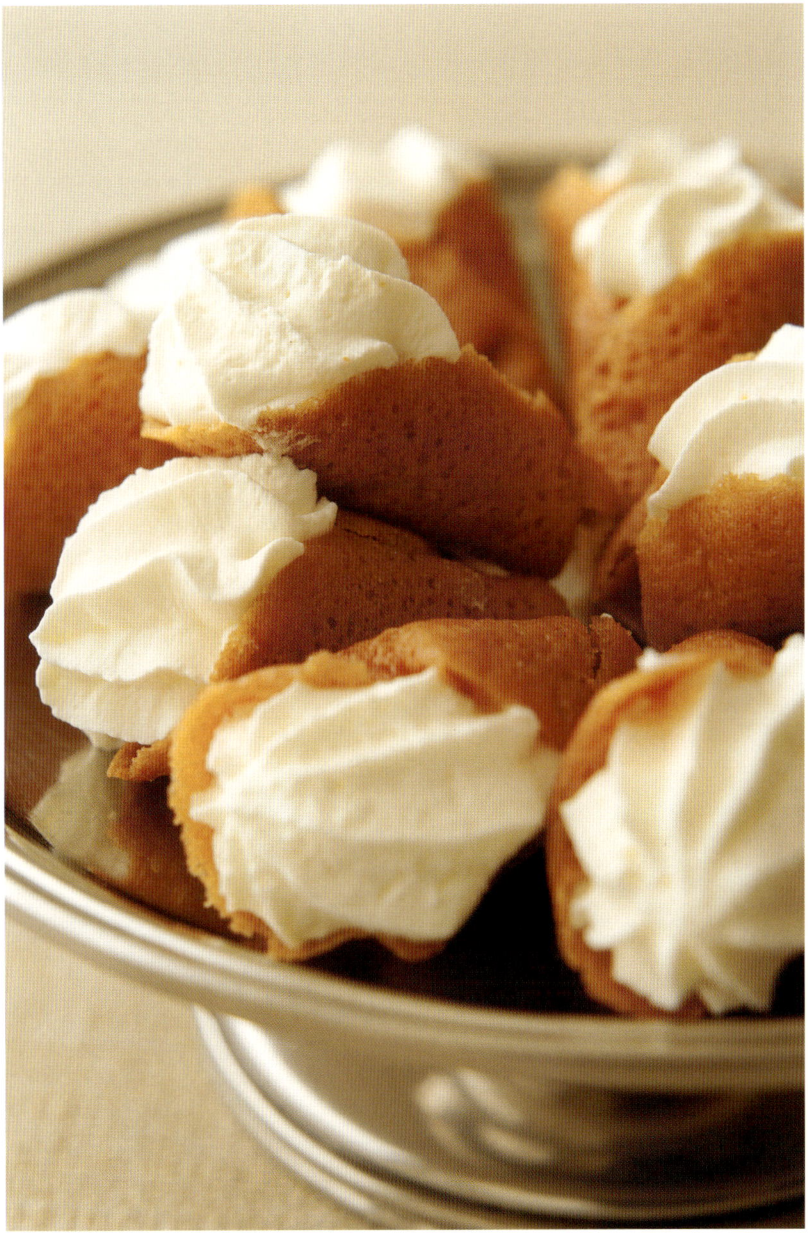

Mias Bourbonnais
ミーア・ブルボネ

ミーア・ブルボネは、ブルボネ地方で作られるスリーズ・ノワール（ダークチェリー）のタルト。オーヴェルニュ地方のフロニャルド・オー・ポム（p.136）やリムーザン地方のクラフティ（p.150）と同じ類の、卵、牛乳、粉、砂糖をベースにしたいわゆる"粥状の菓子"（p.136）のひとつだ。特にクラフティによく似ており、スリーズ・ノワールを生地の中いっぱいに敷き詰めて焼くのが特徴だ。ここでは、グリオットチェリーを使用した。少しもちっとした食感のアパレイユは、甘すぎず、おだやかな味わい。サクランボの甘酸っぱさをやさしく包み込み、家庭的な温もりを感じさせる。

直径15×高さ4cmの
セルクル型・3台分

パータ・フォンセ：450g
pâte à foncer
（▶▶「基本」参照）

アパレイユ appareil
　全卵 œufs：150g
　グラニュー糖：250g
　sucre semoule
　薄力粉 farine ordinaire：125g
　塩 sel：1g
　牛乳 lait：750g

ガルニチュール garniture
　グリオットチェリー（冷凍）：480g
　griottes congelées

パータ・フォンセを準備する
1. パータ・フォンセを厚さ2.5mmにのばす。
2. 型よりひとまわり大きい円形に1台につき1枚切り、ビニール袋に入れて冷蔵庫で1時間以上休ませる。
3. 型に敷き込み、1時間以上冷蔵庫で休ませる。
4. 生地の側面を指で型に密着させ、はみ出た生地を切り落とす。

アパレイユを作る
5. ボウルに全卵を入れて溶きほぐし、グラニュー糖を加えてホイッパーで混ぜる。
6. 薄力粉と塩を加え混ぜる。
7. 沸騰させた牛乳を加え混ぜる。

組み立て・焼成
8. 4を天板にのせ、底にグリオットチェリーを敷き詰める。
9. 7を1台につき400gずつ流し入れる。
10. 180℃のオーブンで約45分焼く。
11. 網にのせて冷まし、型からはずす。

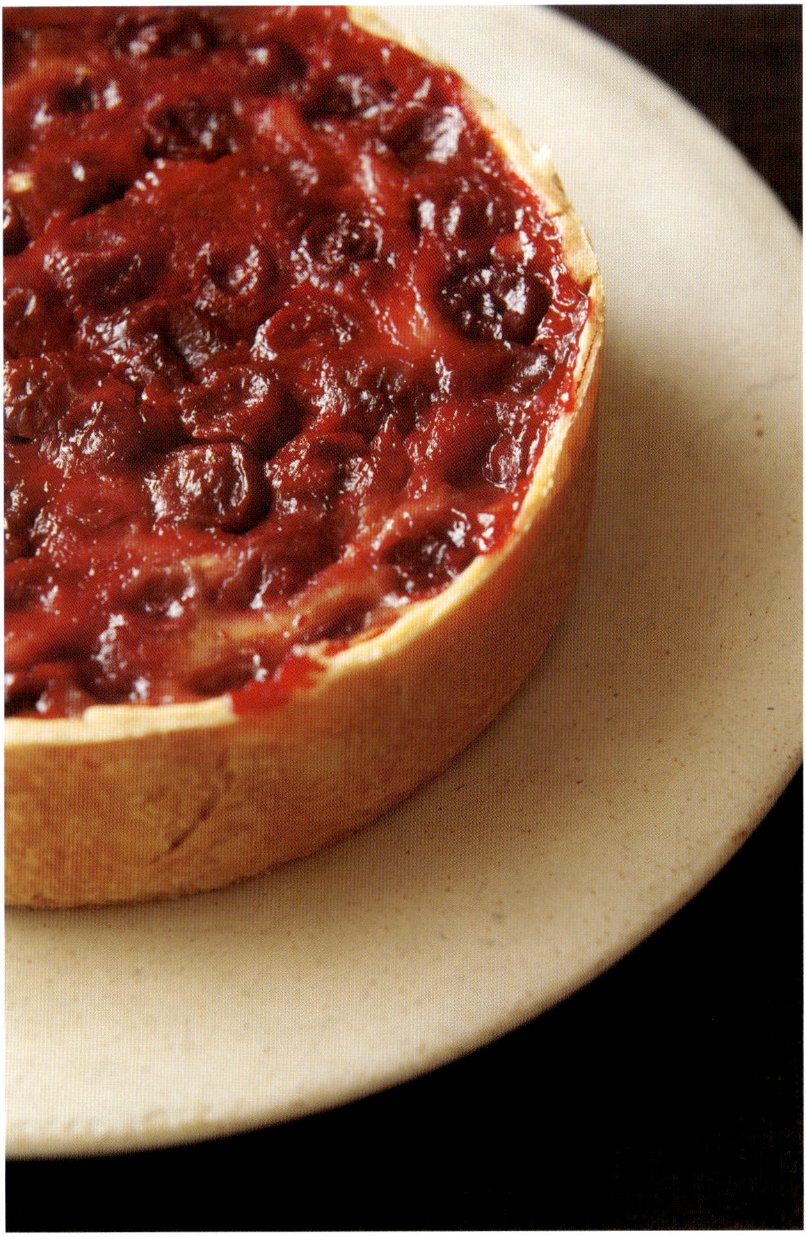

Bourbonnais ｜ ブルボネ

Piquenchâgne
ピカンシャーニュ

　ブルボネ地方の菓子には、隣接する地方の菓子と同じだったり、ほとんど変わらないものが多く見られるが、ピカンシャーニュはこの地方ならではの菓子と言っていい。もとは発酵生地を使ったガレットのようなものだったらしい。今ではさまざまなルセットがあり、ブリオッシュをはじめとする発酵生地だけでなく、パート・フイユテやパータ・フォンセ (ブリゼ) も使われる。中に詰めるのは、多くの場合は洋ナシだが、リンゴやカリンを詰めることも。王冠型に成形してそのまま砂糖をふって焼いたり、クレーム・パティシエール入りのトゥルトにしたりすることも多いようだ。かつては、少年たちが遊びで手の平の上に"カシワの木の枝を突き立てる" (pique un chêne) ように、生地の上に果物を立てて並べていたらしく、これが名前の由来とも考えられている。

　ここでは、地方菓子を紹介する本で見つけた製法に従い、パータ・フォンセを使ったトゥルトにした。砂糖と生クリームのシンプルなアパレイユに加えたコショウがアクセントとなり、洋ナシの繊細な風味とも意外に合う。グラタンのような質感で、生地をきちんと接着し、型に敷きこんでいないと流れ出てきてしまう。丁寧な仕事をすることが肝心だ。

直径15×高さ4cmの
セルクル型・1台分

パータ・フォンセ：230g
pâte à foncer
(▶▶「基本」参照)

アパレイユ appareil
　グラニュー糖 sucre semoule：50g
　生クリーム(乳脂肪分48%)：196g
　crème fraîche 48% MG
　黒コショウ：0.5g
　poivre noir en poudre

ガルニチュール garniture
　洋ナシ poires：250g

塗り卵(全卵)：適量
dorure (œufs entiers) Q.S.

パータ・フォンセを準備する
1. パータ・フォンセを150gと80gに分割し、それぞれ厚さ2.5mmの円形にのばす。ラップフィルムをかけて冷蔵庫で1時間以上休ませる。
2. 150gの生地を型に敷き込む。はみ出た生地は切り落とさず、天板にのせて冷蔵庫で1時間休ませる。80gの生地はそのまま冷蔵庫で休ませておく。

アパレイユを作る
3. グラニュー糖、生クリーム、黒コショウをボウルに入れ、ホイッパーで混ぜる。

ガルニチュールを準備する
4. 洋ナシは皮をむいて縦半分に切り、芯を取り除く。厚さ1cmの薄切りにする。

組み立て・焼成
5. 2の型に敷き込んだパータ・フォンセを天板にのせ、4を入れる。
6. 3を型の8分目まで注ぎ入れる。
7. 80gのパータ・フォンセを6にかぶせる。縁を軽く押して接着し、上面に麺棒を転がしてはみ出た生地を切り落とす。
8. 7の上面に塗り卵を刷毛で塗り、ペティナイフの背で格子状や波状の模様をつける。
9. 口金を使い、上面の中央に直径2cm程度の空気穴をあける。
10. 幅5cm程度の紙を丸め、9の空気穴に煙突のように差し込む。
11. 180℃のオーブンで約1時間焼く。
12. 10の紙を取り外して網にのせ、冷めたら型からはずす。

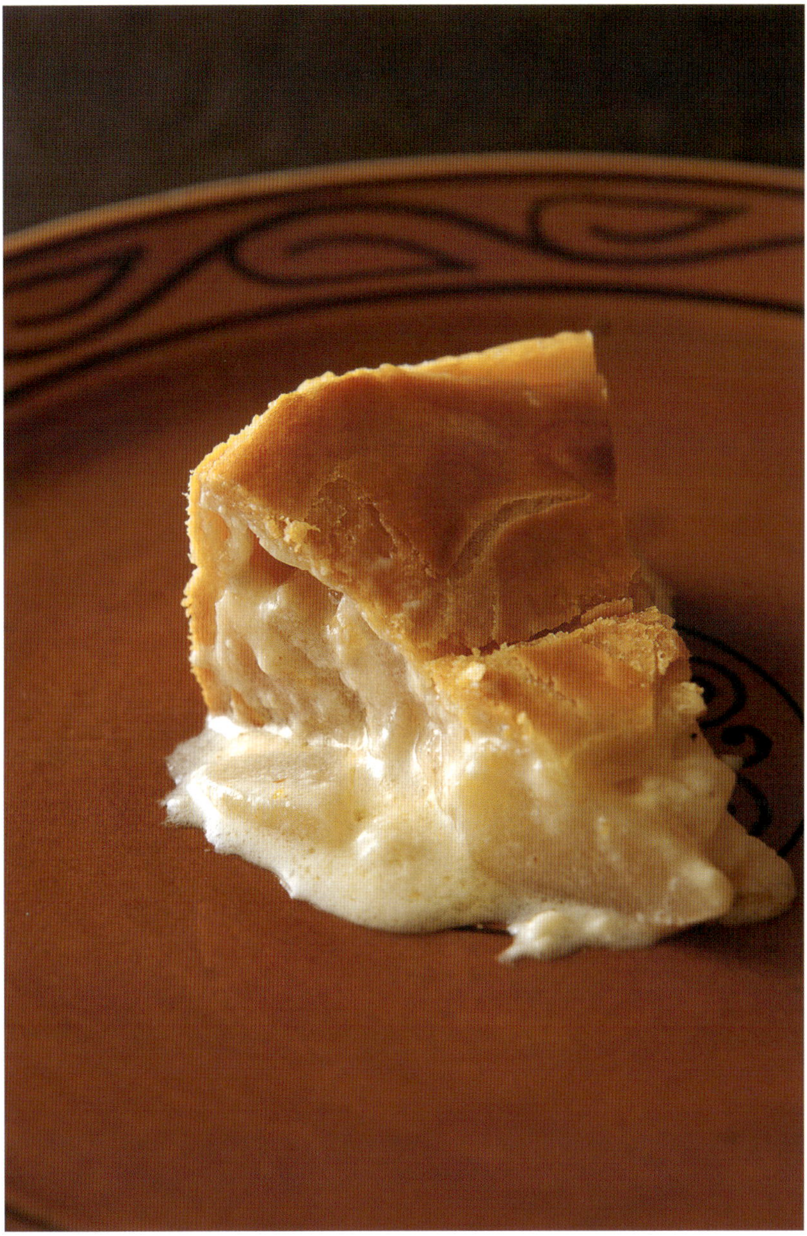

Bourbonnais | ブルボネ

Poirat
ポワラ

ブルボネ地方とベリー地方で秋に作られるのが、ポワラと呼ばれる洋ナシのトゥルトだ。パータ・フォンセ(ブリゼ)を使うのはピカンシャーニュ(p.144)と同じだが、薄く切った洋ナシを蒸留酒でマリネしてから詰めるのが特徴的。上面に空気穴をあけて焼き、このルセットでは焼き上がりにその穴から生クリームを注ぎ入れる。生地の底にタンプルタンを敷くことで、溢れ出た洋ナシの旨みや香り、クリーム、すべてがしみ込み、2層的な生地の味わいを楽しめるのがいい。少し冷ましてから切るほうが、生クリームや汁が流れ出さず、きれいに切れる。

25×8cm、高さ2.5cmの
角型・3台分

パータ・フォンセ：約165g
pâte à foncer
(▶▶「基本」参照)

ガルニチュール garniture
　洋ナシ poires：700g
　コニャック cognac：45g
　グラニュー糖：35g
　sucre semoule

タンプルタン T.P.T.：50g

ヴェルジョワーズ vergeoise：60g

黒コショウ：0.3g
poivre noir en poudre

生クリーム(乳脂肪分48%)：20g
crème fraîche 48% MG

塗り卵(全卵)：適量
dorure (œufs entiers) Q.S.

パータ・フォンセを準備する
1. パータ・フォンセを厚さ2.5mmにのばす。
2. 34×17cmと29×12cmの長方形に1台につき1枚ずつ切り、ラップフィルムをかけて冷蔵庫で1時間以上休ませる。
3. 34×17cmの生地を型に敷き込む(角の生地がだぶる部分は、切り落とすなどして調整する)。上にはみ出た生地は切り落とさず、天板にのせて冷蔵庫で1時間休ませる。29×12cmの生地はそのまま冷蔵庫で休ませておく。

ガルニチュールを作る
4. 洋ナシは皮を剥いて縦半分に切り、芯を取り除いて厚さ約5mmの薄切りにする。
5. バットに入れてコニャックとグラニュー糖をまぶし、冷蔵庫で約2時間漬ける。

組み立て・焼成
6. 3の型に敷き込んだ生地に、タンプルタンをまんべんなく敷き詰める。
7. 5を並べて入れ、ヴェルジョワーズと黒コショウをふる。
8. 3の29×12cmの生地を7にかぶせる。縁を軽く押して接着し、はみ出た生地を切り落とす。
9. 上面に4箇所、口金を使って直径2cm程度の空気穴をあける。
10. 塗り卵を上面に刷毛で塗る。
11. 180℃のオーブンで約45分焼く。
12. 焼き上がったらすぐ、空気穴から生クリームを均等に注ぎ入れる。
13. 網にのせて冷まし、型からはずす。

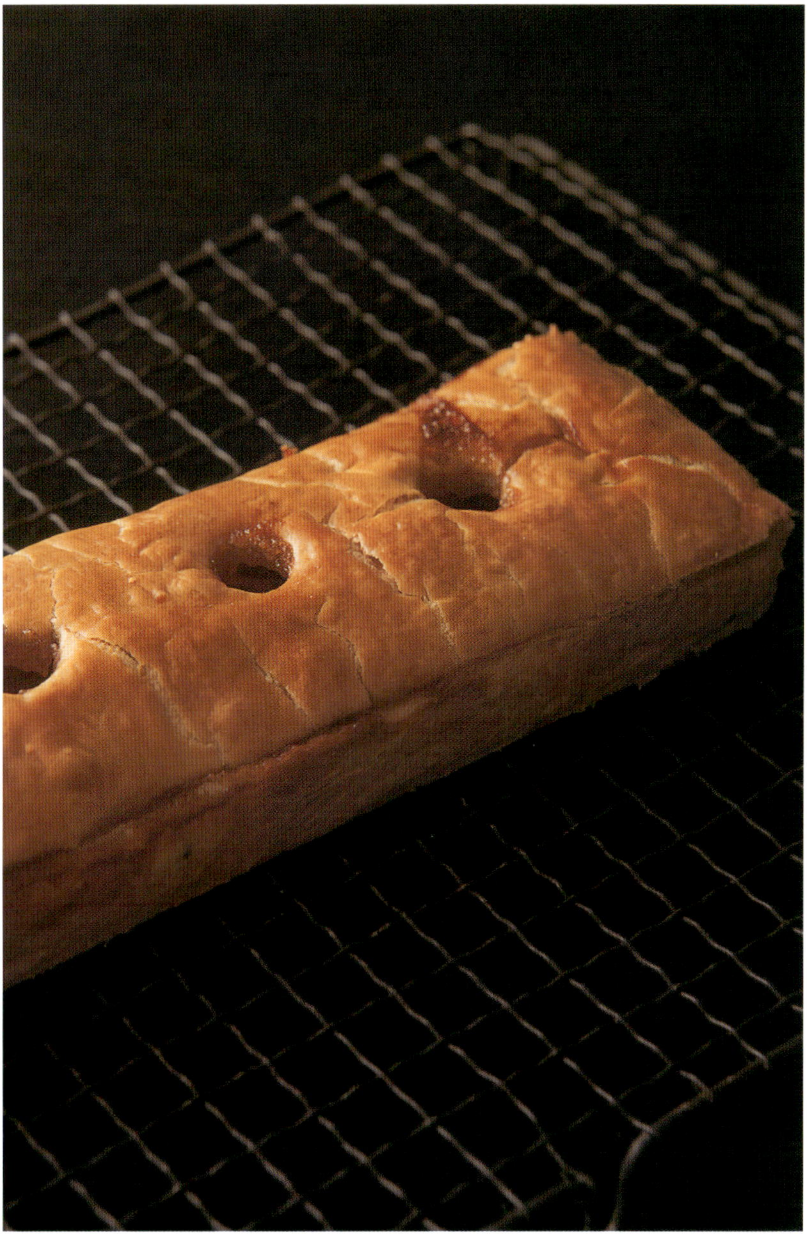

Column｜カヌレとの出会い

南仏への自転車での旅からパリに戻ってからも、私の菓子へ〔…〕にはヌヴェールやリヨン、ヴァランスなどたくさんの魅力的な町と菓子〔…〕ども、当時は菓子から目をそむけようとする自分が強く、町の観光〔…〕

再びパリから逃げるように私が向かったのは、ボルドー近くのシ〔…〕で見つけたワイナリーに手紙を出し、OKの返事に喜び勇んで列〔…〕

シャトーの広い畑で行われる収穫作業は、想像をはるかに超〔…〕み取りを続け、作業が遅ければ鞭打たれる。体中が痛くなり、く〔…〕ふるまわれ、スペインやポルトガルからの労働者たちは皆、疲れを〔…〕らあった。シャトーでの日々は私に労働とは何たるかを教え、フラン〔…〕

また、私は思いがけず、この地で運命の出会いを果たすことに〔…〕は(p.220)で述べた通りだが、小さな菓子屋に並べられた、得体〔…〕けた。「菓子はもう飽きたと思ったが、そうではない。俺にはまだま〔…〕も、何度尋ねても何も教えてくれない。届かぬ思いが、なおさら私〔…〕

そして私は再びパリへ戻り、「サラバン(Salavin)」で職を得て、菓〔…〕を選んだのは、まだ観念しきれない自分のささやかな抵抗だった〔…〕からコンフィズリーに力を入れる原点にもなった。が、やはり、なかな〔…〕悩みはしばらく尽きることはなかった。

熱はかき消されたままだった。考えてみれば、パリ=マルセイユ間
り、あの旅で郷土菓子探求に開眼していてもおかしくない。けれ
ず、心ときめく出会いなどひとかけらもなかった。
だ。以前から憧れていたブドウの収穫を体験してみようと、ガイド
向かった。
過酷な労働だった。適度に熟した実を選別しながら中腰で摘
だった。しかし、夜になれば賄いの料理と新酒のワインがたっぷり
て豪快に歌い踊る。そのエネルギーに満ちた光景は、感動的です
食文化のまた違う一面を知らしめる貴重な経験となった。
た。それは、古くから伝わる郷土菓子、カヌレ・ド・ボルドーだ。詳しく
れない美味なる黒い物体に、私は雷に打たれたような衝撃を受
るべきことがあるじゃないか!」。この菓子のことを知りたい。けれど
子への情熱に火をつけた。
世界へ戻っていった。パティスリーではなくコンフィズリー（糖菓専門店）
きな工場だったが、仕事そのものは興味深く、私が還暦を過ぎて
わらない菓子屋の状況と、なじめないフランス生活で、若い私の

仕事が休みの日には、郷土菓子を求めて
地方へと足を運んだ。

149

Clafoutis Limousin
クラフティ・リムーザン

クラフティ・リムーザンは、地元で採れる実の小さなスリーズ・ノワール(ダークチェリー)をたっぷり使って焼き上げる郷土菓子。耐熱皿にフルーツを並べ、クレープに似た生地を流して焼くのは、いわゆる"粥状の菓子"(p.136)と同じだが、サクランボ以外の果物を使う場合には、断固としてフロニャルド(p.136、p.206)と呼ばれる。アカデミー・フランセーズがクラフティを「フルーツ入りフランの一種」と定義づけようとした時には、リムーザン地方で抗議のデモが起き、結局「スリーズ・ノワールの焼き菓子」と改められたとか。それほどクラフティ・リムーザンは、地元の誇りとこだわりに満ちた一品なのだ。ちなみに語源は、オック語の方言のClaufir(釘づけする)という。

サクランボの風味をより高く仕上げるため、基本的に種は取り除かず、時には柄をつけたまま敷き詰めて焼くことも。地元では種を吐き出す人ももちろんいるが、噛み砕いたり、飲み込んだりする人もいるようだ。ここでは、日本で作るので、缶詰のグリオットチェリーで代用した。

19×13cm、高さ3.5cmのグラタン皿・3台分

アパレイユ appareil
薄力粉 farine ordinaire : 110g
グラニュー糖 sucre semoule : 90g
塩 sel : 1g
全卵 œufs : 200g
生クリーム(乳脂肪分48%) : 490g
crème fraîche 48% MG
牛乳 lait : 150g

ガルニチュール garniture
シロップ漬けのグリオットチェリー
(汁気を切る) : 390g
compote de griottes (égouttées)

バター beurre : 45g

バター beurre : 適量 Q.S.
粉糖 sucre glace : 適量 Q.S.

下準備
＊型にバターを手で塗っておく。

アパレイユを作る
1. ボウルに薄力粉、グラニュー糖、塩を入れ、ホイッパーで混ぜ合わせる。
2. 溶きほぐした全卵(室温)、生クリーム(室温)、牛乳(室温)を順に加え、その都度ホイッパーでよく混ぜる。
3. 漉し網で漉す。

組み立て・焼成
4. 汁気を切ったシロップ漬けのグリオットチェリーを型に敷き詰める。
5. 3を注ぎ入れる。
6. バター45gをちぎって5の上に散らす。
7. 天板にのせ、180℃のオーブンで約1時間焼く。
8. 網にのせて冷まし、粗熱が取れたら粉糖をふる。

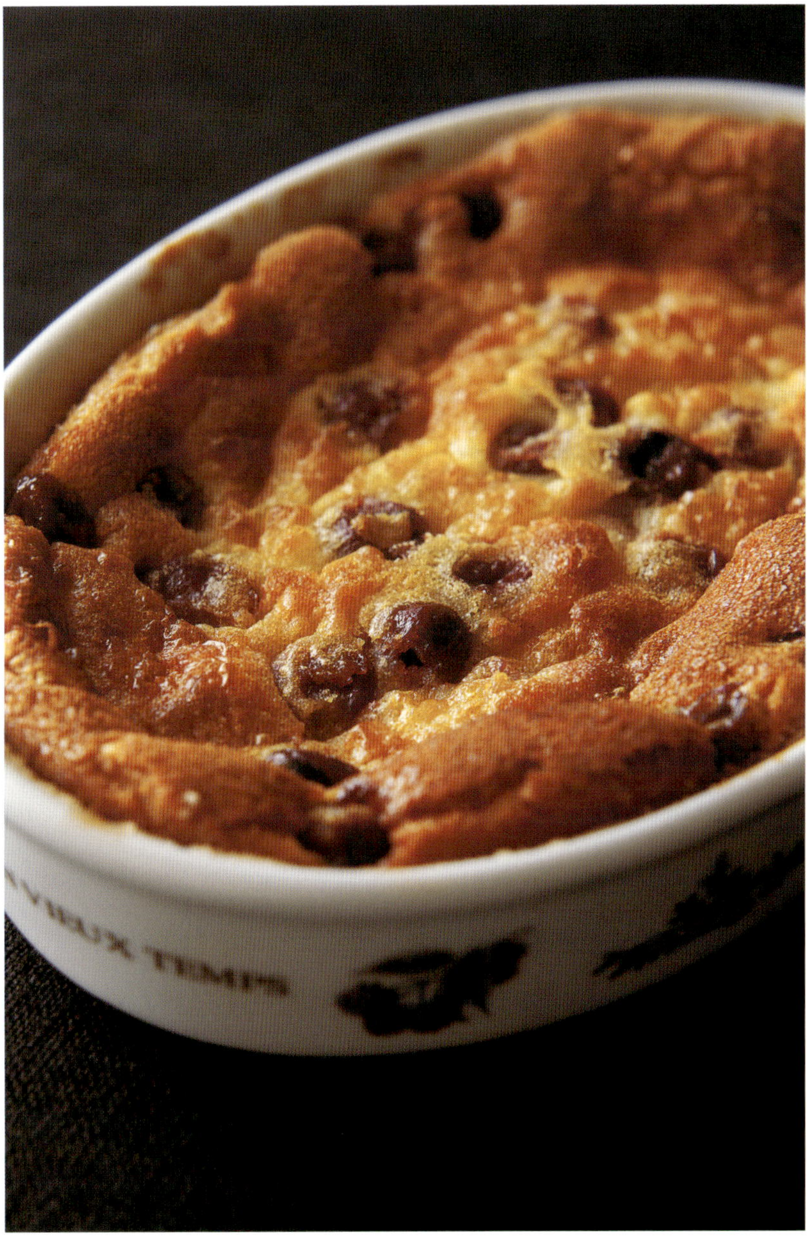
VIEUX TEMPS

Creusois

クルゾワ

豊かなヘーゼルナッツの風味と、やわらかな質感が魅力のシンプルな焼き菓子、クルゾワ。真偽は定かでないが、1969年、クロック(Crocq)近くのラ・マジエール＝オー＝ボン＝オム（La Mazière-aux-Bons-Hommes）にあった古い修道院を解体していた時、15世紀に古フランス語で書かれたレシピが見つかったとされている。そこには、「窪みのある瓦で焼く」と書かれていたそうだ。これを元にして、クルーズ県（Creuse）の菓子職人組合長のアンドレ・ラコンブ（André Lacombe）とクロックのパティシエ、ロベール・ラングラッド（Robert Langlade）が手を加え、地元で採れるヘーゼルナッツをたっぷり使ったクルゾワを完成したという。

ルセットや製法はクルゾワ協会（l'association Le Creusois）によって守られ、会員のみが証となるラベルをつけてこの菓子を製造し、販売できる。瓦入りだけでなく、円形のものも作られているようだ。ヘーゼルナッツの風味が非常に力強く感じられ、ほろほろ崩れるようなもろい食感もよく、おいしい菓子だと思う。

直径 18×高さ4cmの
マンケ型・1台分

ヘーゼルナッツ（皮つき）: 250g
noisettes brutes

グラニュー糖 sucre semoule : 60g

薄力粉 farine ordinaire : 50g

ベーキングパウダー : 5g
levure chimique

卵白 blancs d'œufs : 120g

塩 sel : 1g

レモン果汁 : 5g
jus de citron

グラニュー糖 sucre semoule : 20g

グラニュー糖 sucre semoule : 20g

溶かしバター beurre fondu : 110g

澄ましバター : 適量
beurre clarifié Q.S.

粉糖 sucre glace : 適量 Q.S.

下準備
＊型に澄ましバターを刷毛で塗っておく。

1. ヘーゼルナッツとグラニュー糖を混ぜ合わせ、フードプロセッサーで粒がやや残る程度に粗く挽く。
2. 1をボウルに入れ、薄力粉とベーキングパウダーを加えてへらで混ぜる。
3. 卵白、塩、レモン果汁、グラニュー糖20gを高速のミキサー（ホイッパー）で泡立てる。
4. 3が角が立つまでしっかり泡立ったら、さらにグラニュー糖20gを加え、へらでざっと混ぜる。
5. 2を4に加え、しっかり混ぜ合わせる。
6. 溶かしバター（室温）を加え混ぜる。
7. 型に流し入れ、天板にのせて180℃のオーブンで約45分焼く。
8. 網にのせて冷ます。
9. 冷めたら型からはずし、粉糖を軽くふる。

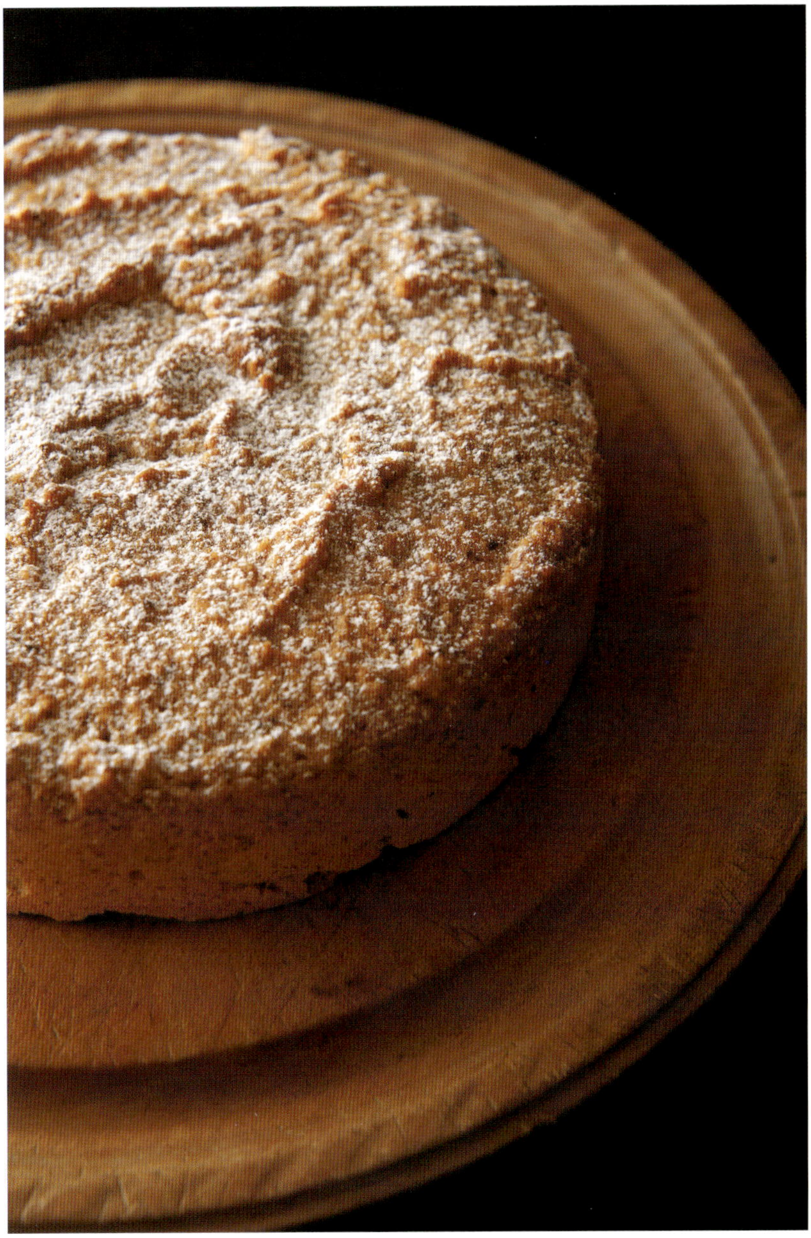

郷土菓子探求の道案内となった、
アンリ・ゴー（Henri Gault）、
クリスチャン・ミヨー（Christian Millau）著
『フランス美食ガイド
(Guide Gourmand
de la France)』(1970)。

Toulousain
Languedoc
Roussillon

トゥールーザン、ラングドック、ルーション

Toulousain
トゥールーザン

南西部の中心都市トゥールーズ(Toulouse)を中心に、アキテーヌ盆地と地中海に挟まれて広がる地域は、トゥールーザンとも区分される。トゥールーズは古名をトロサ(Tolosa)といい、交通の要衝、ローマ帝国の属州都市として発達。5世紀には西ゴート王国の首都、8世紀にはアキテーヌ王国の首都となった。9〜13世紀初頭には、代々のレーモン伯(Raymond、トゥールーズ伯)の下で自治制度や商工業を発展させ、領地を拡大。13世紀にはアルビジョア十字軍の南仏征服で荒廃し、1271年にフランス王領に併合された。16世紀にはパステル(藍染料)の交易で、経済的にも文化的にも発展し、現在は航空機産業の中心地としても知られる。食材に恵まれていて農産物の取引も盛んに行なわれており、菓子ではスミレの花の砂糖漬け(Violette de Toulouse)や、カシュー・ラジョニー(Cachou Lajaunie)という名の、レグリス(réglisse、甘草)が原料の四角い小粒のドロップも有名。

▶主要都市:トゥールーズ(Toulouse、パリから589km) ▶気候:夏は暑く冬はやや寒いアキテーヌ気候と、夏は暑く冬は温暖な地中海性気候の影響を受けた気候。 ▶果物:アーモンド、栗、モモ ▶酒:ワイン、クルミのリキュール ▶料理:カスレ・ド・トゥールーズ(Cassoulet de Toulouse、白インゲン豆や羊の肩肉、トマトを煮込み、鵞鳥のコンフィ、トゥールーズ風ソーセージを入れてオーブンで焼く)、オック風白インゲン豆のエトゥファ(Estouffat de Haricots à l'Occitane、白インゲン豆、塩漬け豚、ニンニク、タマネギ、トマトの煮込み)、フォワ・セック・ド・ポー・オ・ラディ(Foie Sec de Porc aux Radis、燻製した豚レバーのソテーにラディッシュを添える) ▶その他:トウモロコシ粉

Languedoc
ラングドック

プロヴァンスの西、フランス南部の広い範囲を占めるのが、ラングドック地方だ。その名は、オック語(langue d'oc)が話されていたことに由来する。紀元前1世紀にはローマの属州となって発展し、多くの遺跡が残る。その後、西ゴート族、フランク王国の支配を受け、8世紀以降はイスラム教徒が侵入。不安定な時代を経て、11〜12世紀にはトゥールーズ伯が覇権を伸ばしたが、政治的には統一されず、経済は発展した。12世紀後半からはキリスト教の異端とされるカタリ派が浸透。13世紀にはアルビジョア十字軍による鎮圧が起き、その後徐々にフランス王領に併合されていった。16世紀以降は、新教徒による宗教的反乱が起きた地としても知られる。19世紀以降はブドウの栽培が広がり、手頃な価格のワインを大量に産する地としても有名。食材に恵まれ、さまざまな果物が収穫される。菓子には、この地域特有のものが見られる。

▶主要都市:モンペリエ(Montpellier、パリから596km) ▶気候:全般的に地中海性気候で温和だが、夏は酷暑となり、冬はミストラルやピレネーおろしの強い風が吹くこともある。 ▶果物:アーモンド、クルミ、サン=ジュニエ=ドルト(Saint-Geniez-d'Olt)のイチゴ、クレルモン=レロー(Clermont-l'Hérault)のブドウ、アギュサック(Aguessac)のサクランボ、マルメロ、リンゴ、栗、プラム、モモ、イチジク、アプリコット ▶酒:ワイン、オー・ド・ヴィ・ド・マール・デュ・ラングドック(Eau de Vie de Marc du Languedoc、ワインを造る際に出るブドウの搾りかすで造る蒸留酒)、カルタジェーヌ(Cartagène、未発酵の果汁にアルコールを加えて造るミステルの一種)、ノイリー・プラット(Noilly Prat、スイートベルモット) ▶チーズ:ロックフォール(Roquefort)、ブルー・デ・コース(Bleu des Causses)、ライオル(Laguiole)、ペライユ(Pérail) ▶料理:カスレ・ド・カステルノダリー(Cassoulet de Castelnaudary、豚肉各種、ソーセージ、白インゲン豆と、時に鵞鳥のコンフィを煮込み、オーブンで焼く)、カスレ・ド・カルカッソンヌ(Cassoulet de Carcassonne、羊モモ肉と山ウズラを加えたカスレ)、オーベルジーヌ・ア・ラ・ビットロワーズ(Aubergines à la Biterroise、ハムや挽き肉、塩漬け豚を詰めたナスのオーブン焼き) ▶その他:カマルグ(Camargue)の米と海塩

Roussillon
ルーション

ピレネー山脈と地中海に挟まれ、南はスペインと国境を接するルーション地方は、フランス・カタルーニャと呼ばれる異国情緒漂う地域。紀元前1世紀にローマ人が支配し、その属州ガリア・ナルボネンシスに統合された。その後、西ゴート人やアラブ人の侵入を経て、12世紀にイベリア半島東部を基盤とするアラゴン王国の領地となった。このアラゴン王国がカタルーニャと連合王国を築いていたのが、今も色濃く残るカタルーニャ文化の所以。17世紀にフランス領となったが、今もフランス語とともにカタルーニャ語が使われるなど、民族意識は高い。よって菓子にもカタルーニャに由来するものが数多く見られ、異彩を放っている。丘陵や台地にはブドウ畑とともに果樹園が広がる。

▶主要都市：ペルピニャン(Perpignan、パリから687km) ▶気候：きわめて温暖な地中海性気候だが、強風に見舞われることがある。 ▶果物：アプリコット、アーモンド、セレ(Céret)のサクランボ、マルメロ、イチジク、モモ、洋ナシ ▶酒：ワイン、バニュルス(Banyuls)やリザルト(Riversaltes)などを代表とするヴァン・ドゥー・ナチュレル(天然甘口ワイン)、ビイラ(Byrrh、赤ワインやミステルにハーブやスパイスを加えた酒) ▶料理：伊勢エビのシヴェ(Civet de Langouste、バニュルス、トマト、ニンニク、タマネギ、香辛料を使った伊勢エビの煮込み)、トリンシャ・セルダ(Trinxat Cerda、キャベツと塩漬け豚を平たく焼く)、ボレス・デ・ピコラ(Boles de Picolat、牛または豚の肉団子をハム、オリーブ、トマト、塩漬け豚、香辛料入りのソースで煮込む)

Gimblette d'Albi
ジャンブレット・ダルビ

タルン川のほとりの小さな町、アルビ(Albi)の名を、画家アンリ・ド・トゥールーズ＝ロートレック(Henri de Toulouse-Lautrec)の故郷として知る人も多いだろう。織物業や皮革業、藍染料(パステル)の交易で栄え、トゥールーズ(Toulouse)同様、バラ色のレンガ造りの建物が大変美しい町だ。また、13世紀に異端として弾圧されたキリスト教の一派、アルビジョワ派(カタリ派)の拠点となった地としても知られている。

ジャンブレット・ダルビは、この町に伝わるリング形の菓子。イル＝ド＝フランス地方、ナンテール(Nanterre)の修道士が創製し、15世紀に、アルビの司教座聖堂参事会員(chanoines)に製法を伝えたとも言われる。製法で言えばエショデ(échaudé)にあたり、生地を熱湯で茹でて水気を切ってから、オーブンで乾燥焼きするのが特徴。そのまま食べてももちろんよいが、現地では、コンフィチュールを添えて出しているカフェもあった。外はパリッ、中はもろいながらもややモチッとする食感が面白く、実に素朴で滋味深い。

直径 約8.5cm・8個分

牛乳 lait：50g
ドライイースト levure sèche de boulanger：10g
強力粉 farine de gruau：62.5g
薄力粉 farine ordinaire：62.5g
タンプルタン T.P.T.：120g

A. 塩 sel：1g
 溶かしバター beurre fondu：35g
 卵黄 jaunes d'œufs：20g
 グラニュー糖 sucre semoule：15g
 粉糖 sucre glace：15g
 すりおろしたオレンジの皮 zestes d'oranges râpées：½個分
 細かく刻んだレモンの皮のコンフィ écorces de citrons confites hachées：40g

塗り卵(全卵) dorure (œufs entiers)：適量 Q.S.

---

1. 牛乳(室温)にドライイーストを加え、ホイッパーで混ぜる。
2. ボウルに強力粉、薄力粉、タンプルタンを入れ、1とAを加える。
3. むらなく、もったりした状態になるまで、手でそっと混ぜる。
4. ラップフィルムをかけ、約5時間発酵させる。
5. 生地をパンチしてガスを抜き、50gずつに分割する。
6. 手で長さ20cmの棒状にのばす。両端を指でつなげ、リング状にする。
7. 沸騰した湯に6を落とし入れて、浮くまで茹でる。
8. 網にあげ、水気をよく切る。
9. 天板にのせ、塗り卵を刷毛で塗る。
10. 200℃のオーブンで約30分焼く。
11. 網にのせて冷ます。

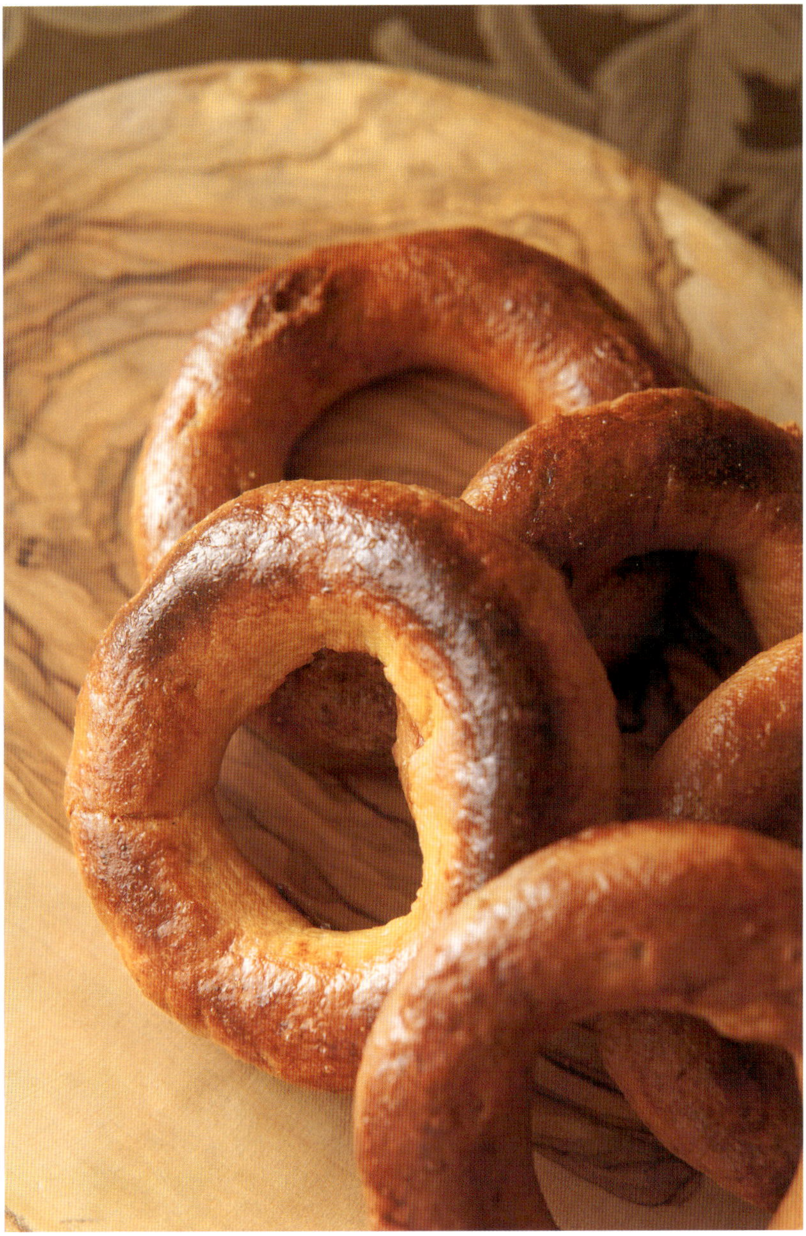

Gâteau Toulousain
ガトー・トゥールーザン

赤みを帯びたレンガ造りの建物が旧市街に立ち並び、「バラ色の町(la ville rose)」と称されるフランス南西部の中心都市、トゥールーズ(Toulouse)。紀元前3世紀には町が築かれたという歴史ある地だ。交通の要衝でもあり、16世紀以降は藍染料(パステル)の交易で発展。バラ色のレンガが美しい大きな館が数多く建てられた。現在では航空産業の中心地、学問の町としても知られている。

その名物のひとつが、レモンで香りづけされたアーモンドの菓子、ガトー・トゥールーザンだ。細かく刻んだアーモンドをメレンゲに混ぜたアパレイユを流して焼くので、表面はサクッ、中はしっとり、ところどころにアーモンドの粒が混ざった独特の食感を楽しめる。甘みは強く、コクもあるが、レモンがしっかり効いているので後口はさわやか。味と食感のバランスが絶妙だ。

20×11cm、高さ3cmの
オヴァール型・3台分

パート・シュクレ・オー・ザマンド：約390g
pâte sucrée aux amandes
(▶▶「基本」参照)

マルムラッド・ド・シトロン
marmelade de citrons

レモンの皮：1個分
zestes de citrons

水飴 glucose：100g

青リンゴのピュレ：300g
purée de pommes vertes

ライムのピュレ：200g
purée de citrons verts

グラニュー糖：375g
sucre semoule

アパレイユ appareil

卵白 blancs d'œufs：150g

グラニュー糖：350g
sucre semoule

細かく刻んだアーモンド
：500g
amandes hachées fin

すりおろしたレモンの皮：75g
zestes de citrons râpés

粉糖 sucre glace：適量 Q.S.

レモンの皮のコンフィ：適量
écorces de citrons confites Q.S.

パート・シュクレ・オー・ザマンドを準備する
1. パート・シュクレ・オー・ザマンドを厚さ3mmにのばす。
2. 型よりひとまわり大きい楕円形に切り、型に敷き込む。
3. はみ出た生地を切り落とし、天板にのせて冷蔵庫で1時間休ませる。

マルムラッド・シトロンを作る
4. 薄く剥いたレモンの表皮の白い部分を削ぎ落とし、千切りにして鍋に入れる。
5. ひたひたの水を入れて火にかけ、やわらかくなったら茹でこぼす。
6. 5分ほど水にさらした後、ザルにあげて水気を切る。
7. 鍋に6と水飴を入れて火にかける。
8. 110℃になり、皮に少し透明感が出て軽いコンフィ状態になったら、漉してシロップを切る。
9. 青リンゴのピュレ、ライムのピュレ、グラニュー糖を鍋に入れ、へらで混ぜながら加熱する。
10. 糖度70%brixになったら、バットにあけて8のレモンの皮を加え混ぜる。ラップフィルムを密着させて冷ます。

アパレイユを作る
11. 卵白にグラニュー糖を少しずつ加えながら、高速のミキサー(ホイッパー)でしっかり泡立てる。
12. 重く、艶が出るまで泡立ったら、細かく刻んだアーモンドとすりおろしたレモンの皮を加え、へらで均一に混ぜる。

仕上げる
13. 3に10を1台につき75gずつ入れ、薄く広げる。
14. 12を250gずつ流し入れてパレットナイフでならす。
15. 粉糖をふり、そのまま少し置いて粉糖に水分を吸わせる。
16. もう一度粉糖をふり、菱形に切ったレモンの皮のコンフィを十字にのせる。
17. 170℃のオーブンで約1時間15分焼く。
18. 網にのせて冷まし、型からはずす。

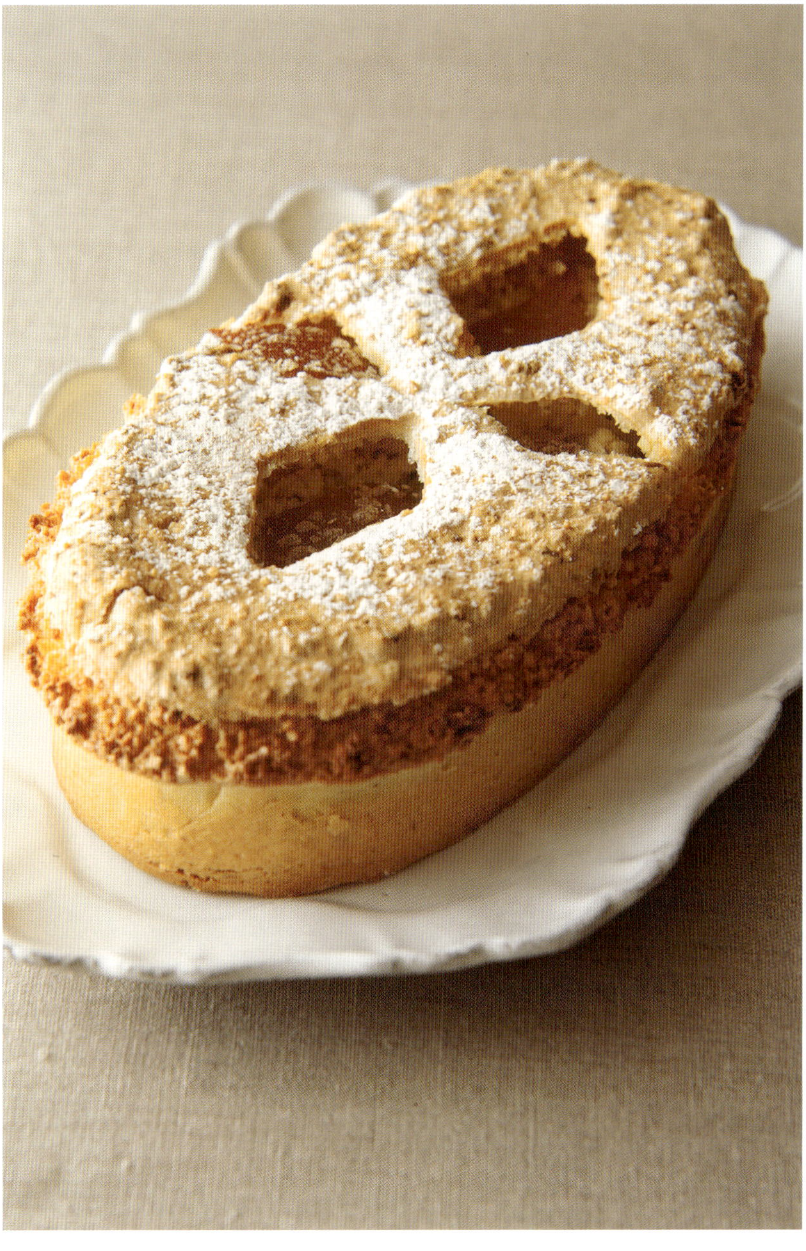

Alléluias de Castelnaudary

アレルイア・ド・カステルノダリー

カステルノダリー(Castelnaudary)は、トゥールーズ(Toulouse)の南西50kmに位置する町。ミディ運河を利用した水運で栄え、かつては陶器や瓦の製造も盛んだった。そして、この町で忘れてはならないのは、カソール(cassole)と呼ばれる陶製の鍋で白インゲン豆や肉の塩漬け、香味野菜を煮こんだカスレ(cassoulet)だ。百年戦争の頃、戦火にあえぐ村人たちが残りの食材をかき集めて煮込み、兵士たちにふるまったのが起源とか。今では南西部を代表する郷土料理となっている。

菓子では、復活祭(Pâques、パック)に作られるアレルイアが有名だ。ブリオッシュ生地に本来はセドラ(仏手柑。レモンに似た果実)のコンフィを入れるのだが、日本では手に入らないので、ここではミックス・フルーツのコンフィで代用した。生地にフルーツの甘みが加わり、何も入れないよりもしっとり、やわらかな口当たりに焼き上がる。

アレルイアの歴史は古く、1800年頃、ひとりの兵士が一夜の宿のお礼に、戦争で東奔西走するなか得た菓子のルセットを教えたのが始まりという。そして、1814年にローマ教皇ピオ7世(Pie VII)がカステルノダリーを訪れた際、この菓子を作る店の向かいに滞在したので献上したところ、大いに喜ばれたそうだ。その際、法王が「ハレルヤ(Alléluia)」と祝福したのが名前の由来とも言われている。

25〜30×約8cm・4台分

ドライイースト：12g
levure sèche de boulanger

薄力粉 farine ordinaire：15g

グラニュー糖 sucre semoule：1.5g

ぬるま湯 eau tiède：100g

牛乳 lait：50g

強力粉 farine de gruau：125g

薄力粉 farine ordinaire：110g

グラニュー糖：23.5g
sucre semoule

塩 sel：2g

卵黄：40g
jaunes d'œufs

バター beurre：50g

角切りのミックス・フルーツ
(レーズン、オレンジ、レモン、パイナップル、チェリー)のコンフィ：110g
fruits confits en dés

塗り卵(全卵)：適量
dorure (œufs entiers) Q.S.

ボーメ30°のシロップ：適量
sirop à 30°Baumé Q.S.

パールシュガー：適量
sucre en grains Q.S.

---

1. 「基本」の「パータ・ブリオッシュ」の「手で捏ねる方法」1〜8に従って作る。ただし、1でドライイーストと一緒に薄力粉を入れ、ぬるま湯と一緒に牛乳(人肌程度の温度)を加える。3では全卵の代わりに卵黄を加え、水は入れない。また、7でバターの後にミックス・フルーツのコンフィを加える。
2. ラップフィルムをかけて約1時間半、約2倍に膨らむまで1次発酵させる。
3. 生地をパンチしてガスを抜き、50gずつ分割する。
4. それぞれ、約30cmの棒状に手でのばす。
5. 3本を揃えて並べ、一方の端を指で接着する。そこを起点に三つ編みにする。
6. 天板にのせ、ラップフィルムをかけて約1時間、約2倍に膨らむまで2次発酵させる。
7. 塗り卵を刷毛で2回塗る。
8. 200℃のオーブンで約20分焼く。
9. 熱いうちにボーメ30°のシロップを刷毛で塗り、パールシュガーを散らす。
10. 網にのせて冷ます。

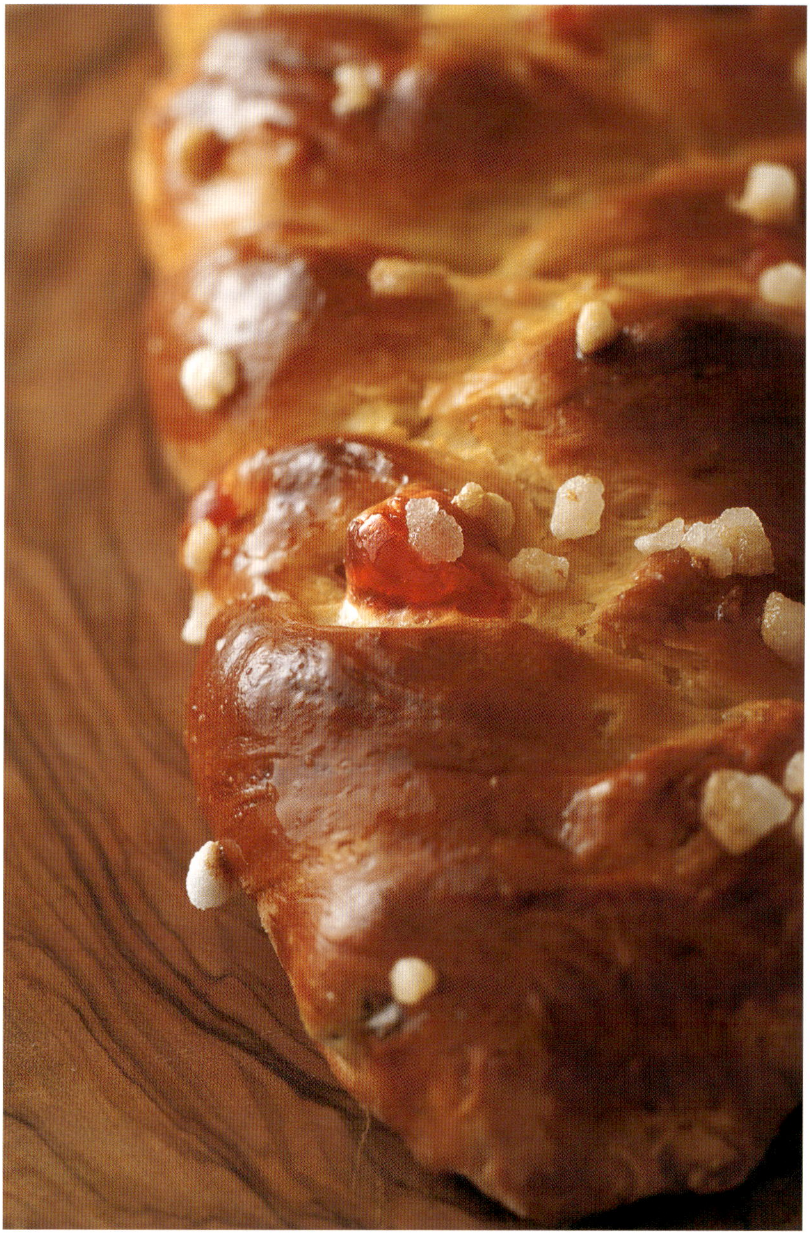

Langdoc | ラングドック　　Oreillette

Oreillette
オレイエット

　オレイエットは、ラングドック地方で2月のカルナヴァル (*carnaval*、謝肉祭) の時期に作られる、伝統の揚げ菓子だ。特にモンペリエ (*Montpellier*) のものが有名で、オレンジやレモンの皮、ラム酒などで香りがつけられる。フランス語でオレイユ (*oreille*) は耳、オレイエット (*oreillette*) は帽子の横についている耳覆いを指す。形から名づけられたのだろうが、ユニークな表現だ。南フランスの各地でも同じような菓子が見られ、メルヴェイユ (*merveille*) という名で売られていることもある。

　生地をごく薄くのばし、熱い油で揚げることで、一気に膨らんだ気泡によってボコボコとした独特の表情が生まれる。歯の間でサクサクと軽やかに崩れ、後にはレモンがほんのり香る。

約13×6cm・約24枚分

薄力粉 farine ordinaire : 125g
ベーキングパウダー : 2g
levure chimique
グラニュー糖 sucre semoule : 20g
バター beurre : 25g
全卵 œufs : 50g
すりおろしたレモンの皮 : 1/3個分
zestes de citrons râpés

ピーナッツオイル : 適量
huile d'arachide Q.S.
粉糖 sucre glace : 適量 Q.S.

生地を作る
1. すべての材料をボウルに入れ、手で捏ね混ぜる。
2. 全体がなめらかにまとまったら、台に取り出してボール状にまとめる。
3. ビニール袋に入れて15分休ませる。
4. 手で棒状にのばした後、10gずつに分割する。
5. 軽く丸めた手の平で包むようにして台の上で転がし、丸める。
6. ビニールシートで挟み、軽く押し潰す。
7. 厚さ1mm、長径13×短径6cmの楕円形に麺棒でのばす。

仕上げる
8. 7を、170～180℃に熱したピーナッツオイルで、ときどきひっくり返しながら、両面がしっかり色づくまで揚げる。
9. 網に上げて油を切り、冷めたら粉糖をふる。

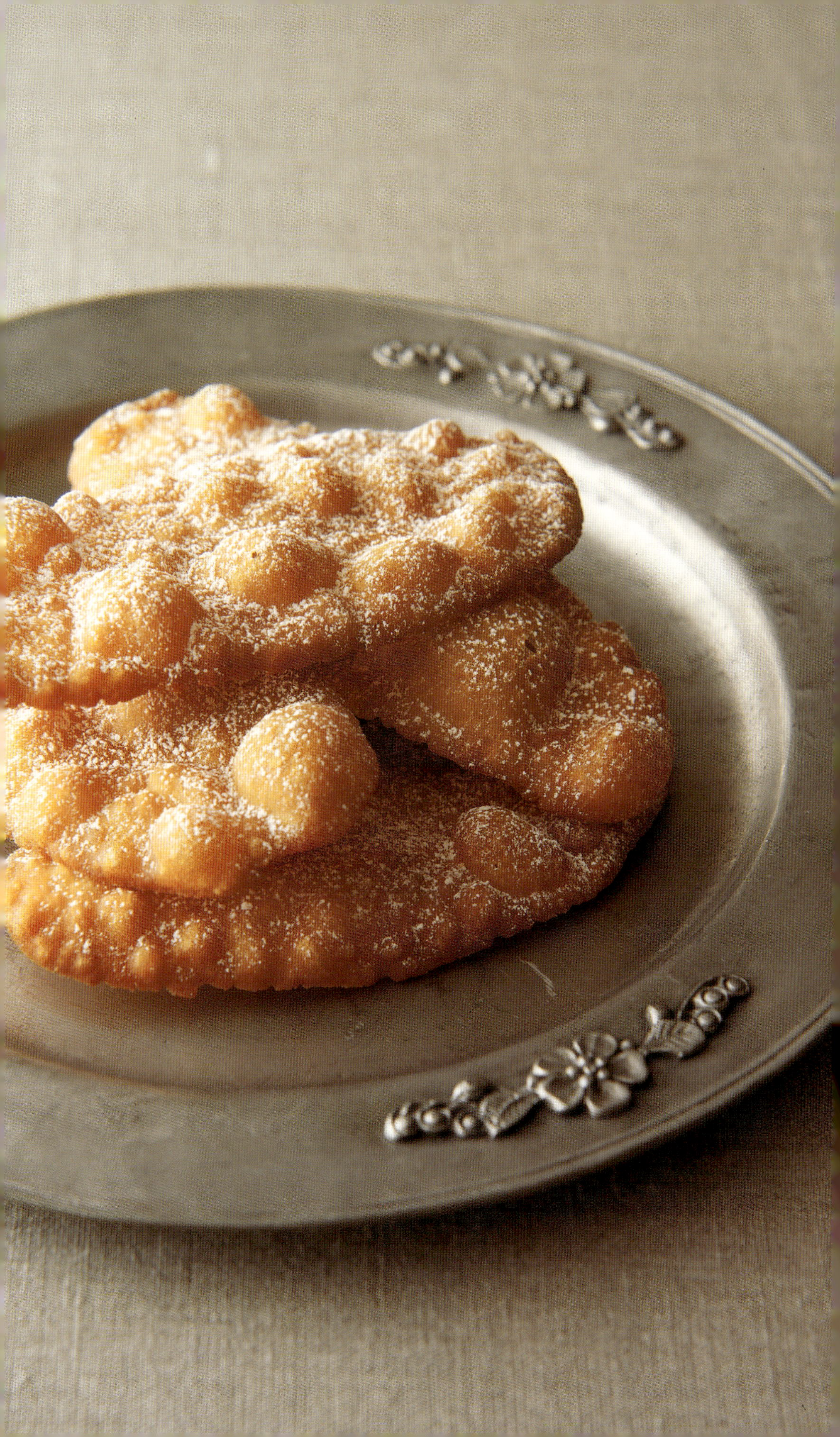

Gâteau des Rois de Limoux

ガトー・デ・ロワ・ド・リムー

フランスで1月6日の公現節を祝う菓子といえば、フイユタージュにフランジパーヌを挟んだガレット・デ・ロワ（*Galette des Rois*、王様のガレット）が広く知られる。これと同じ趣旨で、南フランスで作られるのが、王冠型の発酵生地にフリュイ・コンフィやパールシュガーを散りばめた、ガトー・デ・ロワ（*Gâteau des Rois*、王様の菓子）だ。果物の香りがいかにも南フランスらしく、ガレットとはひと味違うおいしさを感じさせる。カルカッソンヌ（*Carcassonne*）から20kmほど南の歴史ある町、リムー（*limoux*）でもこの菓子が名物。セドラ（仏手柑。レモンに似た柑橘）を使うのが特徴で、ガトー・ド・リムー（*Gâteau de Limoux*）、リムー（*Limoux*）とも呼ばれる。現地で見つけて食べてみると、ややパサついたブリオッシュのような生地とセドラの香りがマッチし、やわらかな余韻が楽しめた。

19世紀のパティシエであり、歴史家のピエール・ラカン（*Pierre Lacam*）が著した『歴史的、地理的製菓覚書（*Le Mémorial Historique et Géographique de la Pâtisserie*）』（1900）では、ガトー・デ・ロワのひとつとして、ガトー・ド・リムー・ア・トゥールーズ（*Gâteau de Limoux à Toulouse*、トゥールーズのガトー・ド・リムー）が紹介されている。すりおろしたレモンの皮を生地に混ぜるのがトゥールーズ流なのかはさておき、生地を円盤状にのばして中央を薄くし、セドラを散らすスタイルが個性的だ。日本でセドラは手に入らないので、ここではレモンで代用して作ってみた。淡泊な生地と心地よい柑橘の香りに、現地で食べたあの味が蘇ってくる気がした。

直径18×高さ2cmの
タルトリング型・6台分

ドライイースト：15g
levure sèche de boulanger

強力粉 farine de gruau：50g

グラニュー糖：15g
sucre semoule

ぬるま湯 eau tiède：75g

薄力粉 farine ordinaire：225g

強力粉 farine de gruau：225g

グラニュー糖：125g
sucre semoule

塩 sel：2g

全卵 œufs：100g

バター beurre：125g

すりおろしたレモンの皮
：1個分
zestes de citrons râpés

レモンの皮のコンフィ：適量
écorces de citrons confites Q.S.

塗り卵（全卵）：適量
dorure（œufs entiers）Q.S.

---

1. 「基本」の「パータ・ブリオッシュ」の「ミキサーを使用する方法」*1*〜*5*に従って生地を作る。ただし、*1*に強力粉50gを加え、*2*の水は加えない。また*3*ですりおろしたレモンの皮を加える。
2. 生地をパンチしてガスを抜き、6等分する。型の大きさに合わせて円形にのばす。
3. 型を天板にのせて生地を入れる。縁は厚めに、中央は薄めに生地を指先でならす。
4. ラップフィルムをかけ、約2倍に膨らむまで約1時間、2次発酵させる。
5. 塗り卵を刷毛で2回塗り、棒状に切ったレモンの皮のコンフィを縁にのせる。
6. 200℃のオーブンで約25分焼く。
7. 型からはずし、網にのせて冷ます。

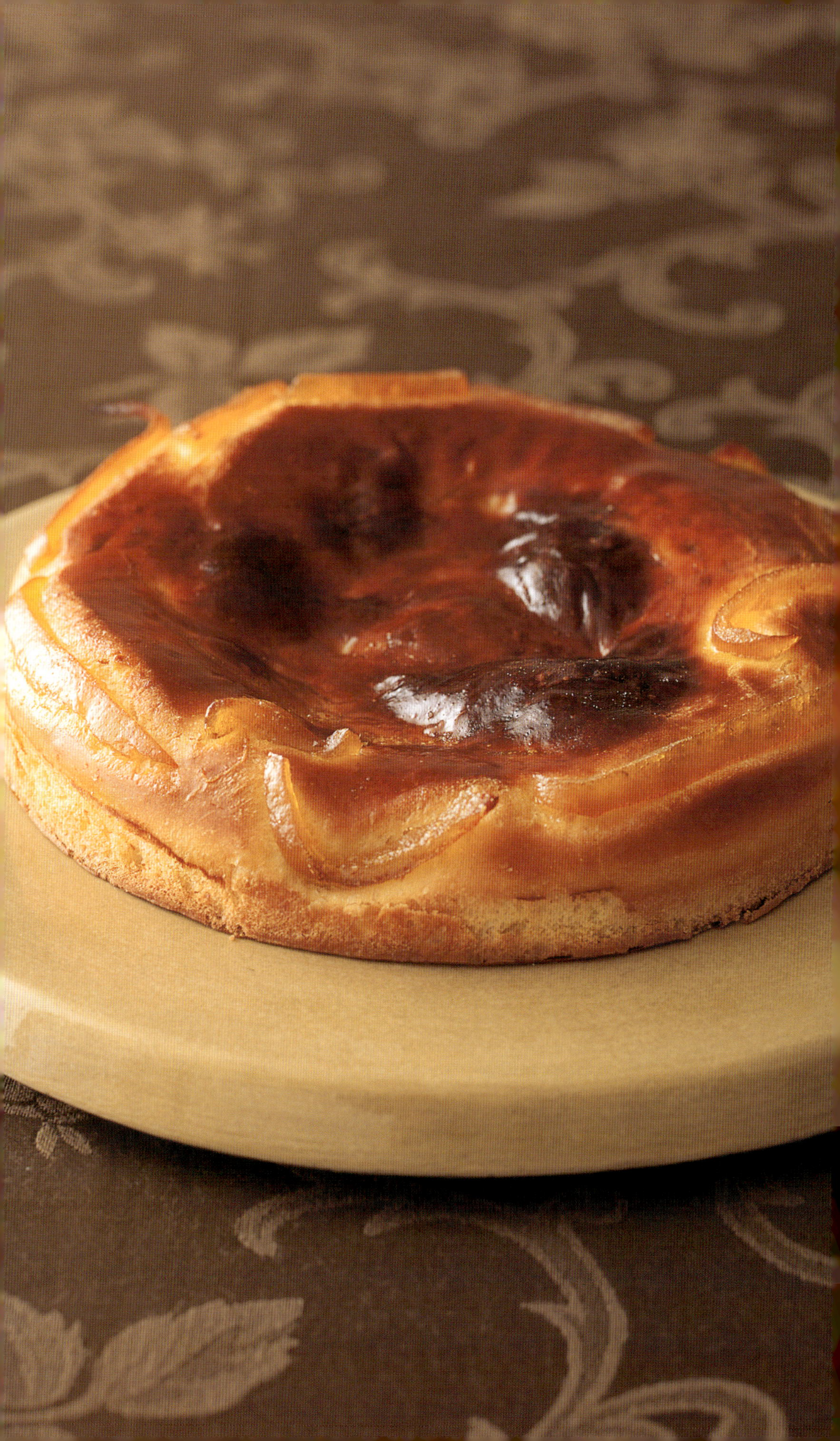

Bras de Vénus
ブラ・ド・ヴェニュス

ナルボンヌ（Narbonne）は、紀元前118年に建設されたガリア最初のローマ植民都市、ナルボ・マルティウス（Narbo Martius）に起源を持つ町。運河が町の中心を通り、ワインの積み出しが盛んに行なわれているこの港町を私が訪れたのには、目的があった。それは、本で存在を知ったブラ・ド・ヴェニュス（ヴィーナスの腕）なる菓子を探すこと。神話的な匂いを感じさせる名前からして、古い歴史的背景を持っているに違いないと、勇んで乗り込んだというわけだ。が、町中探してもどこの店にも見当たらない。本に出ている名前を指して見せても、誰も知る人がいない。期待を大きく裏切られ、私はすっかり意気消沈してしまった。

しかし、私と友人の菓子探訪の趣旨を聞いて感激してくれた菓子屋の主人がいた。その人はブラ・ド・ヴェニュスを知っていると言う。そして、「同じ菓子屋仲間だから」と、2日待つ約束でこの菓子をわざわざ作ってくれた。私の喜びと言ったら！フランス各地を巡るなかで、この時ほど嬉しかったことはない。

出来上がった菓子は、ビスキュイ・ルーレでクレーム・パティシエールを巻き、マカロンを散りばめたロールケーキのようなものだった。「ヴィーナスの腕」と呼ぶには少々太めではあったが、失われてしまうには惜しい、素晴らしい菓子だった。

フリュイ・コンフィを生地に混ぜて焼き、その色合いを見せるように裏返しに巻いて作るやり方もあると聞く。なるほど、そうすれば、宝石をちりばめた腕のように華やかになるだろう。が、私の中でのブラ・ド・ヴェニュスは、シンプルなもの。今回は本で見たものにならい、レモンのクリームとアーモンドで仕上げた。

直径7〜8×長さ24cm・2台分

ビスキュイ・ルーレ biscuit roulé
グラニュー糖 sucre semoule：112g
卵黄 jaunes d'œufs：120g
卵白 blancs d'œufs：136g
塩 sel：2g
レモン果汁 jus de citron：10g
薄力粉 farine ordinaire：112g
溶かしバター beurre fondu：38g

シロップ sirop
グラニュー糖 sucre semoule：100g
水 eau：150g
レモン果汁 jus de citron：½個分

クレーム・パティシエール crème pâtissière
牛乳 lait：400g
すりおろしたレモンの皮 zestes de citrons râpés：⅙個分
卵黄 jaunes d'œufs：80g
グラニュー糖 sucre semoule：100g
薄力粉 farine ordinaire：40g
バター beurre：40g

アンズジャム confiture d'abricots Q.S.：適量
（▶「基本」参照）

水 eau：適量 Q.S.

アーモンドスライス（ロースト） amandes effilées grillées Q.S.：適量

ビスキュイ・ルーレを作る
1. グラニュー糖と卵黄をボウルに入れ、ホイッパーでもったりするまで力強く泡立てる。
2. 卵白、塩、レモン果汁を高速のミキサー（ホイッパー）で角が立つまで泡立てる。
3. 1に薄力粉を加えてゴムべらでざっと混ぜ、混ざりきらないうちに2を約3回に分けて加え、混ぜ合わせる。
4. 常温になるまで冷ました溶かしバターを加え、ゴムべらでしっかり混ぜる。
5. オーブンペーパーを敷いた60×40cmの天板2枚に流し、パレットナイフで平らにならす。
6. 240℃のオーブンで約20分焼く。表面に色がついたら取り出す。
7. オーブンペーパーごと網にのせ、冷めたらラップフィルムをかけておく。

シロップを作る
8. グラニュー糖と水を鍋に入れて沸騰させ、冷ます。
9. 粗熱が取れたらレモン果汁を加え混ぜる。

クレーム・パティシエールを作る
10. 「基本」の「クレーム・パティシエール」と同じ要領で作る。ただし、バニラビーンズの代わりにすりおろしたレモンの皮、強力粉の代わりに薄力粉を入れる。

組み立て・仕上げ
11. 7のオーブンペーパーをはがし、波刃包丁で24×36cmに切る。
12. 焼き面と反対の面を上に向け、短辺を手前にしてはがしたオーブンペーパーにのせる。
13. 9を刷毛で1台につき120gずつしみ込ませる。
14. 10を1台につき280gのせ、パレットナイフで薄くのばす。
15. 生地の手前側から、横にナイフで数本、約1cm幅に軽く切り込みを入れる。
16. 両手で丸めていき、巻き終わったらオーブンペーパーでひと巻きする。ゆるまないよう紙を引きながら締める。
17. アンズジャムに水を少し加え、刷毛で塗れる程度の濃度になるまで加熱する。
18. 16のオーブンペーパーをはずし、表面に17を塗る。
19. アーモンドスライスを貼りつける。

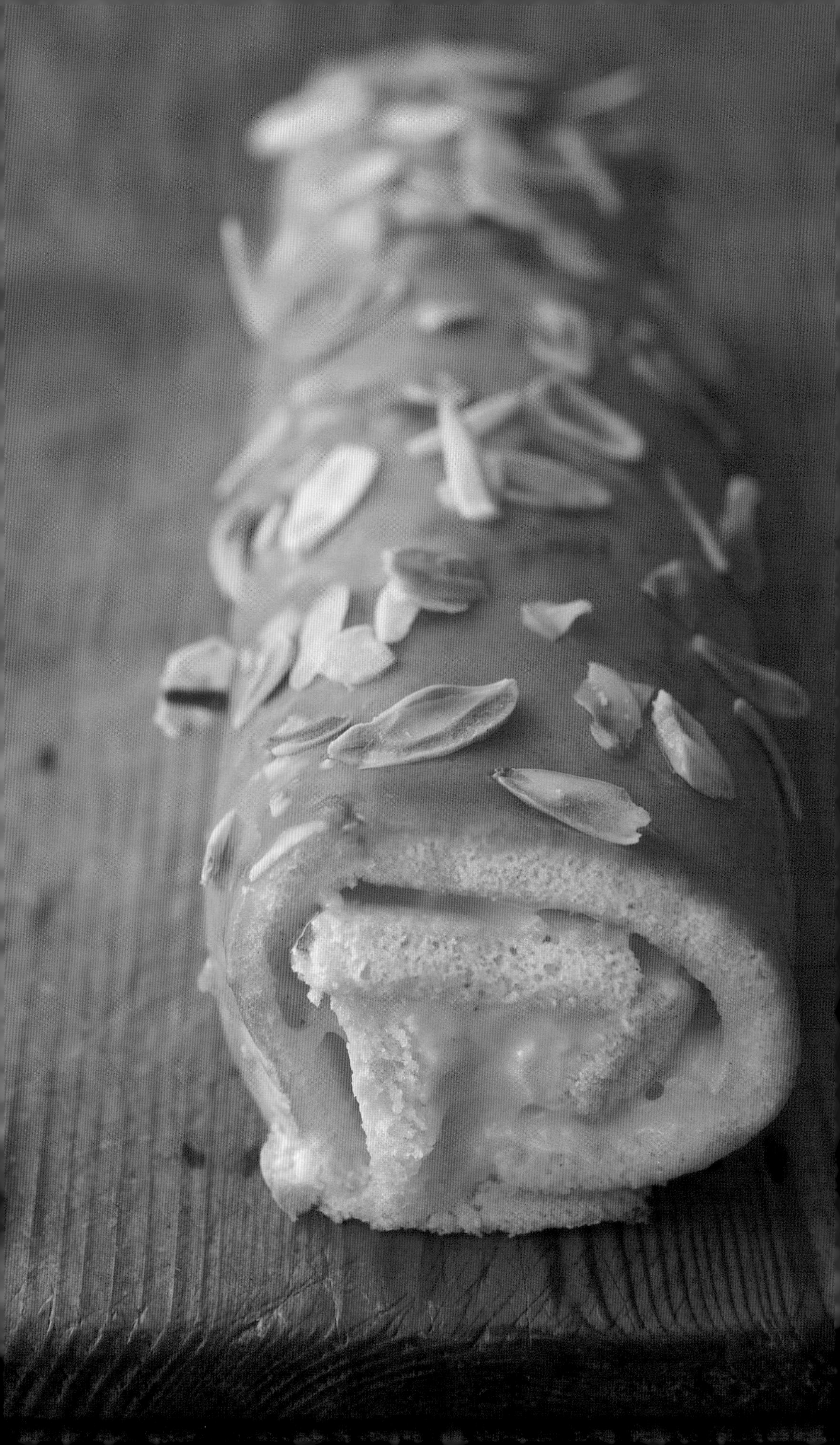

Languedoc ｜ ラングドック　　　　Aveline du Midi

Aveline du Midi
アヴリーヌ・デュ・ミディ

アヴリーヌ(*Aveline*)とは、西洋ハシバミの実のこと。つまり、ヘーゼルナッツの一種を指す。アヴリーヌ・デュ・ミディは、すり潰したヘーゼルナッツを卵白と混ぜ合わせ、クリスタルシュガーをまぶして焼く。19世紀半ばの本で紹介されていたというルセットを見つけ、南西部らしい響きに魅かれて作ってみた。非常に生地が固く、手で小さく丸めた後、1日乾かしてから焼くことで安定し、割れずに焼き上がる。

口に入れるとホクッと割れて、中はしっとり。噛むごとにヘーゼルナッツの力強い味わいが押し寄せてくる。ざらりとした砂糖の食感がまた、一興だ。

直径 約2cm・約55個分

ヘーゼルナッツ(皮つき、ロースト)：250g
noisettes brutes grillées

卵白 blancs d'œufs：30g

水 eau：10g

グラニュー糖：300g
sucre semoule

バニラパウダー：1g
vanille en poudre

卵白 blancs d'œufs：適量 Q.S.

クリスタルシュガー：適量 Q.S.
sucre cristallisé

下準備
＊ヘーゼルナッツは粗めの網でふるい、皮を取り除いておく。

1. すべての材料をボウルに入れて混ぜ合わせる。ローラーにかけ、やや粒が残り、やや固めのマジパンのような状態になるまで数回挽く。
2. 10gずつに分割し、手でボール状に丸める。
3. 卵白を手の平につけ、2にまぶしつける。
4. クリスタルシュガーを入れたボウルに3を入れ、まんべんなくまぶしつける。
5. 天板に並べ、24時間乾燥させる。
6. 80℃のオーブンで約30分焼く。
7. 網にのせて冷ます。

Croquant
クロッカン

　フランス南部、特にピレネー山脈周辺でよく見かける素朴な菓子だ。クロッカンとは、フランス語で"カリカリした"の意味。乾いた食感とナッツの香ばしさが後を引き、次から次へ手が伸びる。地域によって配合や製法は微妙に異なるが、ここではペルピニャン(Perpignan)近辺で売られていたような、砂糖が多めで軽やかな歯触りのクロッカンを作ってみた。アーモンドが使われることが多いが、ヘーゼルナッツのものもよく見られるので、併用して味に奥行きを出した。ポイントは、焼成温度。糖分が多いため、温度が高すぎると焦げてしまう。上面にふった粉糖が溶けずに焼き上がるくらいが丁度いい。

下準備
*ヘーゼルナッツはオーブンで表面を焼き、粗めの網でふるって皮を取り除いておく。

1. 卵白、グラニュー糖、薄力粉をボウルに入れ、手で均一に混ぜ合わせる。
2. 粗く刻んだアーモンドとヘーゼルナッツを加え混ぜる。
3. 手で棒状に丸めた後、1枚あたり5gずつに分割する。
4. シルパットを敷いた天板に置き、フォークの背で直径約4.5cmに薄くのばす。
5. 塗り卵を刷毛で塗り、粉糖をふる。
6. 160℃のオーブンで約10分焼く。
7. 網にのせて冷ます。

直径約4.5cm・約72枚分

卵白(室温で3日以上おいたもの):50g
blancs d'œufs

グラニュー糖:200g
sucre semoule

薄力粉 farine ordinaire:50g

アーモンド(皮つき):50g
amandes brutes

ヘーゼルナッツ(皮つき):50g
noisettes brutes

塗り卵(全卵):適量 Q.S.
dorure (œufs entiers)

粉糖 sucre glace:適量 Q.S.

Touron Catalan
トゥロン・カタラン

12世紀にスペインのアラゴン王国の一部となり、1276〜1344年はマジョルカ王国の首都として宮殿が置かれたペルピニャン(Perpignan)。17世紀にフランス領になった後も、スペイン文化の香りが色濃く残り、人々はカタルーニャ人としての誇りを持ち続けている。

このような歴史からもバスク地方と類似点があり、菓子についても似たようなスペイン風の特徴が見られる。その代表が、トゥロン・カタランだ。いわゆるヌガーのようなものなのだが、卵白に煮詰めたシロップ(もとはハチミツ)を加えるのではなく、シロップに卵白を合わせて作る。よって、ヌガーよりも目が詰まり、ねっちりした食感になるのだ。松の実のコクとフルーツの香りが、ゆっくりとした口溶けとともに広がっていく。

ここでは、私がフランスでの修業時代に参加した講習会で、この地方のM.O.F(Meilleur Ouvrier de France、国家最優秀職人賞)パティシエが作っていた形にならい、オブラートで包んで半月形に仕上げてみた。表情が出てよいと思う。

直径約7cmの半月形・約90個分

ハチミツ miel : 187g
グラニュー糖 : 125g
sucre semoule
グラニュー糖 : 187g
sucre semoule
水飴 glucose : 125g
水 eau : 60g
ムラング・イタリエンヌ : 60g
meringue italienne
(▶▶「基本」参照)
松の実(ロースト) : 500g
pignons de pin grillés
角切りのミックス・フルーツ
(レーズン、オレンジ、レモン、パイナップル、チェリー)のコンフィ : 187g
fruits confits en dés

粉糖 sucre glace : 適量 Q.S.
コーンスターチ : 適量
fécule de maïs Q.S.
オブラート(直径9cm) : 約90枚
oblaat

下準備
＊ムラング・イタリエンヌは、4の仕上がりに合わせて作る。
＊粉糖とコーンスターチは1 : 1で混ぜておく。

1. ハチミツとグラニュー糖125gを鍋に入れ、123〜124℃になるまで煮る。
2. ミキサー(ビーター)に移し、低速で撹拌する。
3. 2と並行して、グラニュー糖187g、水飴、水を鍋に入れ、火にかけて145℃になるまで煮る。
4. 3を2に加え、低速で混ぜる。
5. ムラング・イタリエンヌを数回に分けて加え混ぜる。
6. 低速で粗熱が取れるまで撹拌を続ける。手で触ると形が残る程度のしっかりしたパート(生地)状になったら、ミキサーから下ろす。
7. 混ぜておいた粉糖とコーンスターチを台にふり、6をあける。松の実と、ミックス・フルーツのコンフィを加え、手で捏ね混ぜる。
8. 温かいうちに30gずつに分割し、直径約7cmに手で押しのばす。
9. 2枚のオブラートで8をはさむ。
10. 冷めたら、包丁で半分に切る。

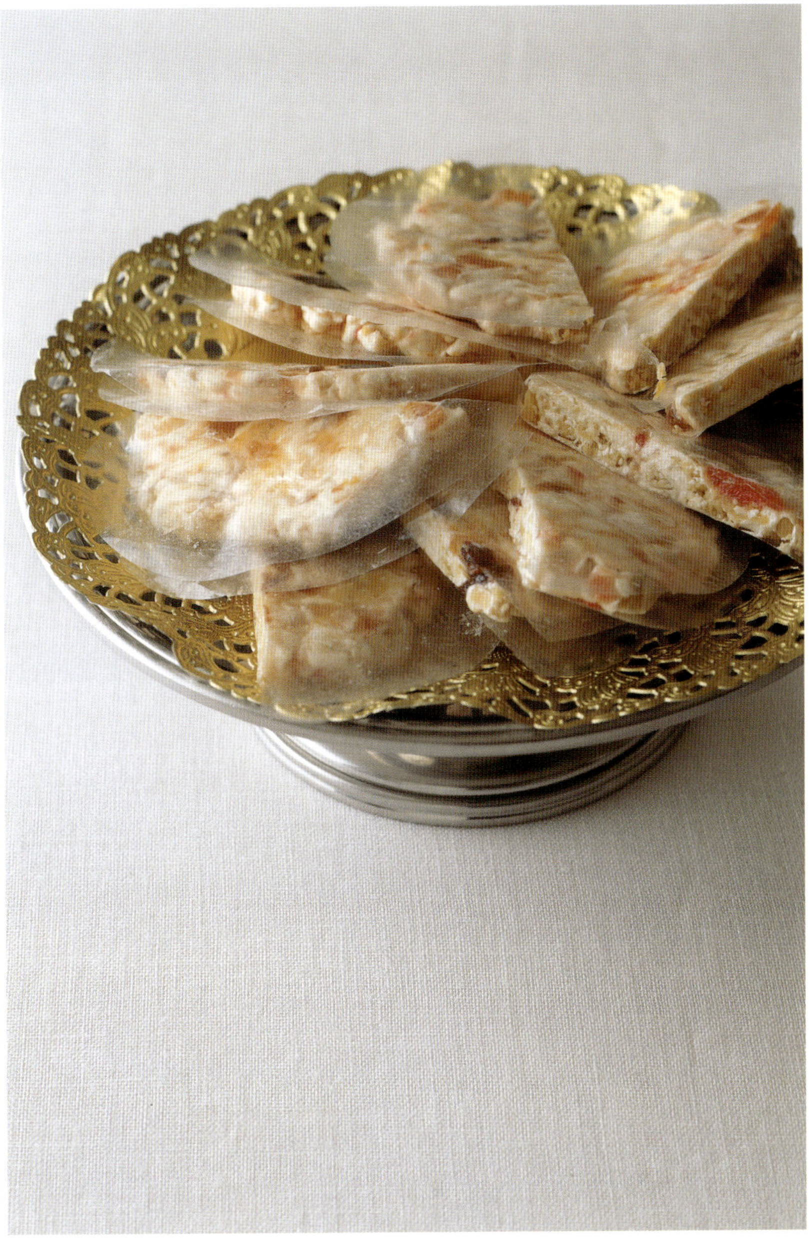

Rosquille

ロスキーユ

ロスキーユは、ルーション地方を含むカタルーニャ文化圏で作られる、お祭りには欠かせないリング形のビスキュイ。カタルーニャ語でロスキラ(Rousquilla、ドーナツ)とも表示される。今はやわらかいが、もとは乾燥焼きされて堅く、日持ちのする菓子だったらしい。

ピレネーの山間にあるアメリ=レ=バン(Amelie-les-Bains、現Amelie-les-Bains-Palalda)は、豊かな温泉とこの菓子で名を知られる町。1810年、ロベール・セゲラ(Robert Seguela)というこの町のパティシエが、ロスキーユをグラサージュで覆い、レモン風味をアニス風味に代えることを発案し、各地に広まったとも伝えられている。町を訪れると、菓子屋の店先にこのロスキーユが山積みにされて売られていた。口に入れるとアニスの香りがぷんと漂い、シンプルな味わい。口溶けのよい、真っ白なグラス・ロワイヤルがよく似合う。

直径8(内径5)×厚さ1cmのリング形・18個分

生地 pâte
薄力粉 farine ordinaire : 300g
強力粉 farine de gruau : 100g
全卵 œufs : 90g
ボーメ30°のシロップ : 230g
sirop à 30°Baumé
バター beurre : 100g
転化糖 sucre inverti : 20g
バニラエッセンス : 3g
essence de vanille
濃縮レモン : 1g
purée de citron concentrée
重曹 bicarbonate de soude : 6g

グラス・ロワイヤル glace royale
卵白 blancs d'œufs : 20g
粉糖 sucre glace : 300g
パスティス(リカール) : 40g
pastis(Ricard)
レモン果汁 : 2〜3滴
jus de citron

生地を作る
1. すべての材料をボウルに入れ、粉に水分を吸わせながら手で混ぜる。
2. 全体が混ざったら、打ち粉をした台に出し、ひとまとまりにする(捏ねすぎないよう注意)。
3. 厚さ1cmにのばす。
4. 直径8cmの丸型で抜き、さらにその中央を直径5cmの丸型で抜いて、リング形にする。
5. 天板に並べ、180℃のオーブンで約30分焼く。
6. 網にのせて冷ます。

グラス・ロワイヤルを作る
7. 卵白と粉糖をボウルに入れ、へらで均一にすり混ぜる。
8. パスティスとレモン果汁を加え混ぜる。

仕上げる
9. 6を8に浸し、まんべんなくグラスロワイヤルをまとわせる。
10. 天板に網をのせ、その上に9を並べる。
11. 180℃のオーブンに約1分入れ、乾かす。

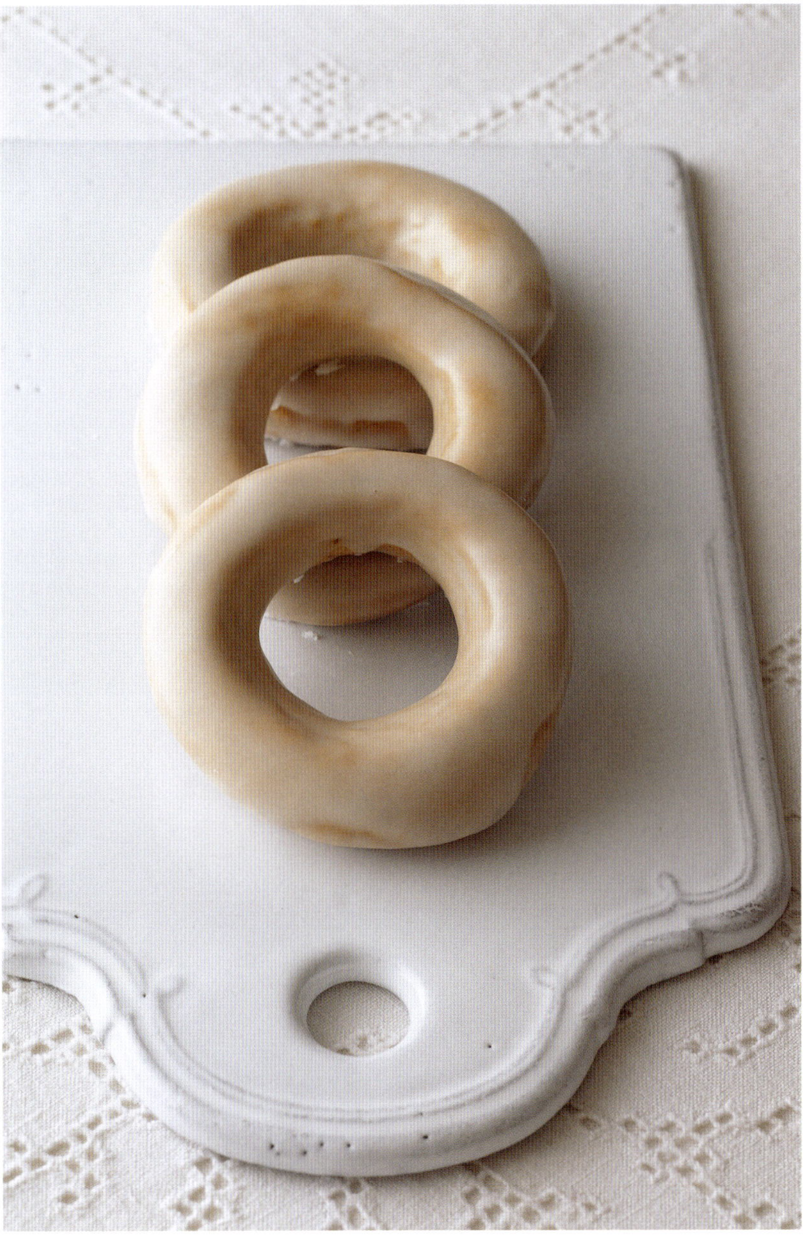

Column │ 書物でフランス菓子の真髄を知る

ようやく「俺にはこの道しかない」と観念し、仕事が面白くなっ
1969年のこと。日本人の画家たちとの交流を通じて、書物から得

最初に購入したのは、エミール・ダレンヌ(Emile Darenne)、エミール・
通称"赤本"と呼ばれ、フランス菓子の教科書的存在として今も
のベースを学び、自分なりの菓子作りに役立ててきた。次に購入

Mémorial Historique et Géographique de la Pâtisserie)』(1890)。この本には地方の

その後もお金を貯めては古本屋に通い、時には当時の給料
トナン・カレーム(Marie-Antonin Carême)やジュール・グーフェ(Jules Gouffé)、
も昇る心地だった。美しい図版や昔の誇り高き職人の言葉、菓
ることがない。

古い本ではないが、郷土菓子を知るうえで役立ったのは、1970
『フランス美食ガイド(Guide Gourmand de la France)』だ。食材から料理、
エピソードが細かく紹介されているものもある。この本のおかげで
へ出かけることも可能になった。

本は私に、パリのパティシエに尋ねても分からないことまで、惜し
よりもよほど、本に書かれたクラシックな菓子の方が斬新で、輝
思いを馳せ、フランス菓子がどうあるべきか、いかに作るべきかを
実際に菓子を味わい、その菓子をとりまく空気や歴史の重みを
風俗の中で育まれてきたものだからだ。それらを知らなくては、そ
そが、私にとって大切な修業だった。

本を手に入れるとすぐ、日付とサインを。
喜びがじわりと広がる。

ス生活にも溶け込み始めたのは、「ポンス(Pons)」で働いていた
る知識の広がりを知り、古い料理本に興味を持つようにもなった。
ール(Emile Duval)著『近代製菓概論(Traité de la Pâtisserie Moderne)』(1911)。
エに親しまれている本だ。ボロボロになるまで読んでフランス菓子
のは、ピエール・ラカン(Pierre Lacam)著『歴史的、地理的製菓覚書(Le
についての記述やルセットも見られ、興味深く読んだ。
以上、約300フランもする本も買い求めた。19世紀に活躍したアン
ン・デュボワ(Urbain Dubois)などの貴重な本を手に入れた時は、天に
歴史に心躍らせ、食い入るように読んだ。そしてそれは、今も変わ

発行されたアンリ・ゴー(Henri Gault)、クリスチャン・ミヨー(Christian Millau)著
、ワイン、チーズまで、フランス全土の町の名物が網羅され、歴史や
菓子がぐっと近い存在となり、目的の菓子を目がけて地方の町

教えてくれた。私から見れば、代わり映えのしない目の前の菓子
た。辞書を片手に夢中で読み、菓子が育まれた歴史や環境に
し、感じ取ろうとした。そして、情報をまとめては地方へ出かけて
全体で感じてきた。なぜなら、郷土菓子とは風土、歴史、文化、
子を知ったことにはならない。そうした厨房では得られない経験こ

大きなブリオッシュ型。
トゥルト・デ・ピレネー（p.194）や
パスティス・ブーリ（p.196）にも使用。

Basque
Gascogne
Guyenne

バスク、ガスコーニュ、ギュイエンヌ

Basque
バスク

スペインとの国境を越えて、独自の民族・文化を有するバスク地方。白壁や赤や緑の鎧戸、真っ赤なトウガラシ、黒いベレー帽、バスク語などが異国情緒を漂わせる。バスク人の祖先は旧石器時代からこの地に住み、ローマの支配に抵抗。その後も多民族との闘争や抵抗を続け、10世紀にはナバール王国(Navarre)を建てて基盤を確立した。16世紀、その一部だったフランス・バスク中央部(バス＝ナバール)はフランス王領に、スペイン・バスクはカスティーリャ王国に併合。が、19世紀まで実質上の自治を維持し、今なお独立運動が盛んで民族意識が高い。なお、フランス・バスク南東部の旧州スール(Soule)は、13世紀までほぼ独立を維持し、15世紀にフランスに併合。北西部の旧州ラブール(Labourd)は、ギュイエンヌと連合していた地域にあたる。菓子はトウモロコシ粉を使った素朴なものや、スペインの香り漂う独特のものが多数。スペイン経由でフランスへはこの地に最初に伝えられたというチョコレートの菓子も多く見られる。山間部では牧畜や果樹栽培を含む耕作が行なわれ、海岸部にはリゾート地が広がる。

▶主要都市：バイヨンヌ(Bayonne、パリから666km) ▶気候：アキテーヌ気候で、海岸部は温暖・湿潤。山間部は、夏は涼しく冬は寒い。 ▶果物：イッツァス(Itxassou)のサクランボ、イチジク、プルーン ▶酒：シードル・バスク、イザラ(Izarra、香草や果実、ハチミツ、サフランなどを使ったリキュール) ▶チーズ：オッソ＝イラティー・ブレビ・ピレネー(Ossai-Iraty Brebis Pyrénées) ▶料理：リ・ア・ラ・ガチュチャ(Riz à la Gachucha、塩漬け豚、チョリソー、トマト、タマネギ、ピーマン、オリーブ入りのピラフ)、アチュア(Hachua、牛肉か仔牛肉をタマネギ、ピーマン、ニンニクと煮る)、マルミタコ(Marmitako、ジャガイモ、トマト、ピーマン、ニンニク入りのマグロの煮込み)、トッロ(Ttoro、魚介類のスープ) ▶その他：ピレネーのハチミツ、バイヨンヌ(Bayonne)のチョコレート

Gascogne
ガスコーニュ

ガスコーニュ地方は、ピレネー山脈からアルマニャック丘陵やランド平野へと広がる地域。6世紀にバスク人の先祖とも言われるバスコン人が移り住んだのが名前の由来だ。8世紀にガスコーニュ公領が創設されるが、11世紀にはポワティエ＝アキテーヌ公家によって統合。大小の諸侯領が形成されて争いが繰り返され、14世紀からはイギリスとの百年戦争の舞台にもなった。フランス王領には15世紀に編入された。ピレネー山脈西部は自然の景観が豊かで、牧畜が盛ん。北東部のアルマニャック地方ではワインのほか、アルマニャック（ブランデー）が造られ、菓子にも使われる。現在のランド県あたりはランド地方、ポーを中心とするスペイン国境地域はベアルン地方、オート・ピレネー県あたりはビゴール地方、ジェール県あたりはアルマニャック地方とも呼ばれる。

▶主要都市：オーシュ(Auch、パリから596km) ▶気候：ピレネー山脈一帯は山岳気候で、夏は涼しくて冬は寒さが厳しく、雪が多い。その他の地域は、夏は暑くて冬はやや寒いアキテーヌ気候。 ▶果物：レクトゥール(Lectoure)のメロン、栗 ▶酒：ワイン、アルマニャック、フロック・ド・ガスコーニュ(Floc de Gascogne、ブドウ果汁にアルマニャックを混ぜて造る酒) ▶チーズ：トム・ド・ピレネー(Tomme de Pyrénées) ▶料理：ガルビュール(Garbure、野菜のブイヨン、キャベツ、鵞鳥のコンフィがベースのスープ)、アリコ(Alicot、七面鳥や鵞鳥の手羽や首をニンジンやジャガイモと煮込む)、フォワグラ(Foie Gras)、ドーブ・ド・セップ(Daube de Cèpes、セップ茸入りの牛のワイン煮) ▶その他：トウモロコシ粉

Guyenne
ギュイエンヌ

歴史上はガスコーニュ地方と一体として語られることが多いギュイエンヌだが、近年はフランス南西部の中でもガロンヌ川以北の地域を指す。アキテーヌ公女と後のイギリス王ヘンリー2世（*Henri II*）の再婚で、12世紀にイギリス領となるが、その後もイギリスとフランスの争いが続き、領地が目まぐるしく変わった。ギュイエンヌの名はアキテーヌがなまったもので、13世紀から使われるようになったという。最終的にフランス領となったのは、15世紀のことだ。現在のドルドーニュ県あたりはペリゴール地方とも言われ、フォワグラで有名。色の濃いカオール周辺の赤ワインも広く知られ、アジャン（*Agen*）産のプリュノー（ドライプルーン）は、この地の菓子を語るのに欠かせない。

▶主要都市：ペリグー（*Périgueux*、パリから427km）　▶気候：内陸だが、海洋性のアキテーヌ気候の影響を受ける。概して温和だが、夏は暑く、冬は長くて寒い。　▶果物：栗、イチゴ、クルミ、アーモンド、モワサック（*Moissac*）のシャスラ（白ブドウの一種）、メロン、プルーン、レーヌ・クロード、モモ、リンゴ、プラム、洋ナシ、ブドウ　▶酒：ワイン、クルミのリキュール、クルミのワイン、プルーンのオー・ド・ヴィ　▶チーズ：カベクー・デュ・ペリゴール（*Cabécou du Périgord*）、ロカマドゥール（*Rocamadour*）　▶料理：トリュフ入りオムレツ（*Omelette aux Truffes*）、フォワグラ（*Fois Gras*）、アンショー（*Enchaud*、ニンニクを入れて巻いた豚肉のロースト）、リエーブル・ア・ラ・ロワイヤル（*Lièvre à la Royale*、詰め物をした野ウサギの蒸し煮）、ソブロナード（*Sobronade*、豚またはその塩漬け、白インゲン豆、野菜の煮込みスープ）　▶その他：アジャン（*Agen*）のプリュノー、クルミオイル

Gâteau Basque
ガトー・バスク

　上面にしばしばローブリュー(lauburu、バスク十字)を描いて焼き上げられるガトー・バスクは、バスク地方を代表する伝統菓子だ。バター、砂糖、卵、小麦粉を合わせたパート・サブレのような生地に、クレーム・パティシエールを詰めて焼くのが現在よく見られるスタイル。しかし、かつてはスリーズ・ノワール(ダークチェリー)のコンフィチュールを詰めて焼くのが一般的だったそうだ。この地方の名産地、イッツァス(Itxassou)産のサクランボを使うことから、その名を取ってガトー・ディッツァス(Gateau d'Itxassou)と呼ばれることもある。

　起源は17世紀に遡り、当初はトウモロコシ粉とラードを混ぜた焼き菓子だったとか。それが次第に進化して果物が使われるようになり、バイヨンヌ(Bayonne)から南南東へ15kmほどの町、カンボ＝レ＝バン(Cambo-les-Bains)でガトー・ド・カンボ(Gâteau de Cambo)として売り出されたのが、現在のガトー・バスクに繋がるようだ。この町では毎年10月にガトー・バスクの祭りが開かれ、大きな賑わいを見せている。

　クリームが主流とはいえ、もちろん今でも、サクランボのコンフィチュールを詰めているものもあれば、クリームにサクランボを入れているものもある。しかし個人的には、クリームだけ詰めたガトー・バスクが好きだ。おいしさのポイントは、クリームと一体になって混じり合う、生地のもろさと風味のよさ。かなり厚みを持たせて生地を焼くので、焼成によって生地の旨みが出てこなければ意味がない。

直径18×高さ4.5cmの
マンケ型・1台分

パート・サブレ pâte sablée
　バター beurre : 200g
　グラニュー糖 : 200g
　sucre semoule
　卵黄 jaunes d'œufs : 60g
　塩 sel : 1g
　すりおろしたレモンの皮
　　: 1個分
　　zestes de citrons râpés
　薄力粉 farine ordinaire : 300g

クレーム・パティシエール
crème pâtissière
　牛乳 lait : 250g
　バニラスティック : 1本
　gousse de vanille
　卵黄 jaunes d'œufs : 40g
　グラニュー糖 : 50g
　sucre semoule
　アーモンドパウダー : 30g
　amande en poudre
　強力粉 farine de gruau : 30g
　バター beurre : 10g

塗り卵(全卵) : 適量
dorure (œufs entiers) Q.S.

パート・サブレを作る
1. バター(室温)を中低速のミキサー(ビーター)で攪拌する。
2. ポマード状になったらグラニュー糖を加え、時折高速にしながら白っぽくなるまで混ぜる。
3. 卵黄、塩、すりおろしたレモンの皮を加えて中低速でよく混ぜる。
4. 薄力粉を加えて混ぜ合わせる。
5. 粉が見えなくなったら、打ち粉をした台の上に出して手の平で少し練るようにしてまとめる。
6. ビニール袋に入れて平らにし、冷蔵庫で4～5時間休ませる。

クレーム・パティシエールを作る
7. 「基本」の「クレーム・パティシエール」の要領で作る。ただし、3で強力粉と一緒にアーモンドパウダーを加え、7でボコボコと沸騰したら火から下ろす。

組み立て・焼成
8. 6を厚さ1.2cmにのばす。
9. 型よりふたまわり大きい円形と、ひとまわり大きい円形に1枚ずつ切る。後者の生地は冷蔵庫に入れておく。
10. 天板に型をのせ、9の前者の生地を敷き込む。はみ出た生地は切らずに残しておく。
11. 口径12mmの丸口金をつけた絞り袋に7を入れ、10に隙間なく絞り込む。
12. 生地の縁に塗り卵を刷毛で塗る。
13. 9の後者の生地をかぶせ、麺棒で軽く押し、接着する。
14. 上面に麺棒を転がし、余分な生地を切り落とす。
15. 上面に塗り卵を刷毛で塗り、少し乾かしてからもう一度塗る。
16. 上面にペティナイフの背でローブリュー(バスク十字)を描く。
17. 180℃のオーブンで約45分焼く。
18. 網にのせて冷まし、型からはずす。

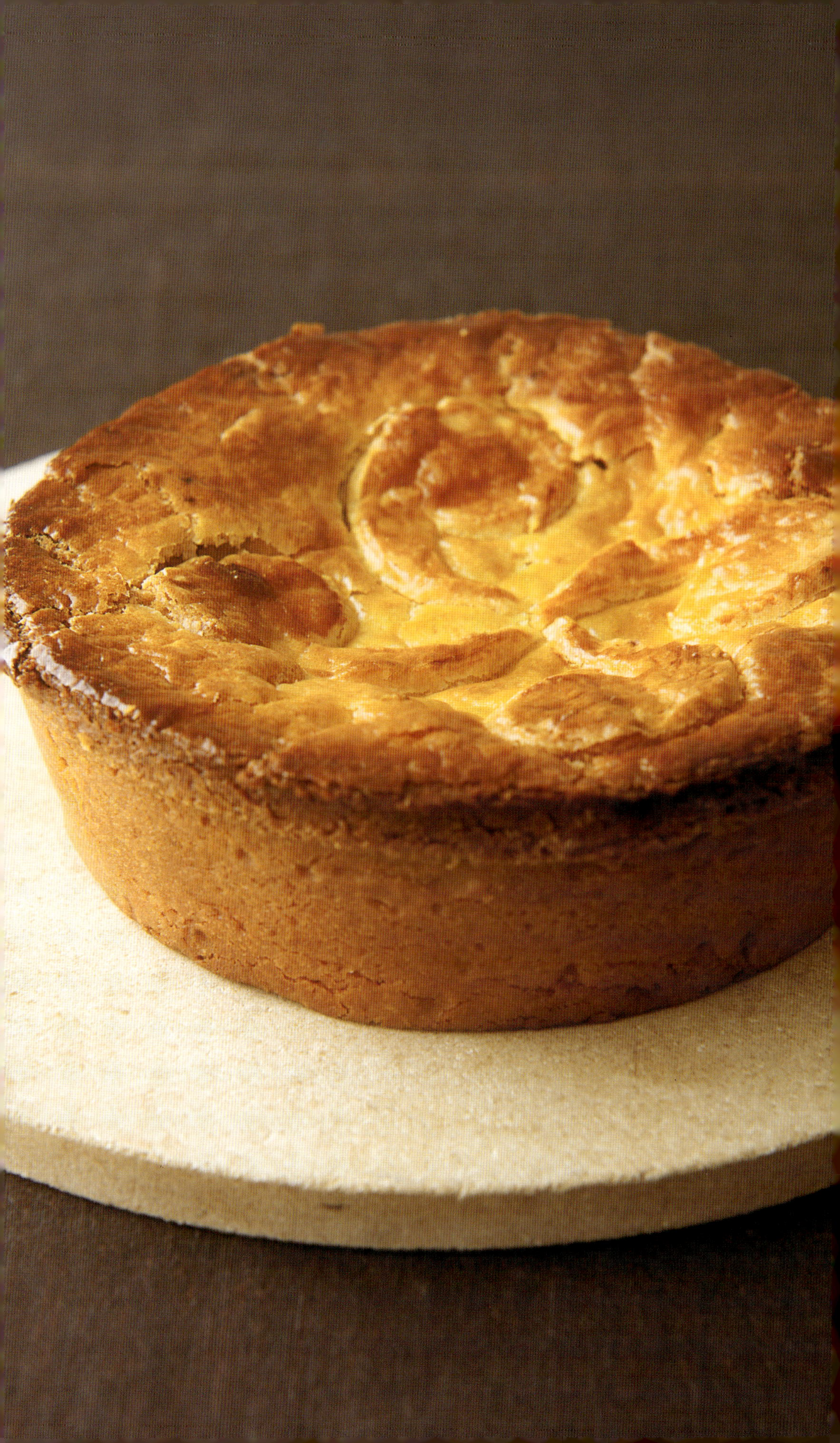

Touron de Basque
トゥロン・ド・バスク

すりつぶしたアーモンドに砂糖などを混ぜたペーストに、さまざまな色や風味をつけたトゥロン・ド・バスクは、スペインから伝えられた糖菓。砂糖やハチミツベースの生地にナッツを混ぜたアラブ菓子が起源で、ラテン語で"ローストする"を意味するtorrereから、トゥロン(touron)になったとされる。

バスク地方の町ならどこでも見かけるが、正直、色がきつすぎて食欲をそそる菓子とは言えない。が、食べてみればいわゆるマスパン・コンフィズリー(糖菓用マジパン)で、アーモンドの香りが力強く広がり、しっとり旨い。色とりどりのトゥロンを層に重ねたり、渦巻き状に巻いたり、デザインもさまざまだ。

作りやすい分量

マスパン・コンフィズリー massepain confiserie
- アーモンド(皮なし)：750g amandes émondées
- 粉糖 sucre glace：125g
- グラニュー糖 sucre semoule：1kg
- 水飴 glucose：50g
- 転化糖 sucre inverti：50g
- 水 eau：333g
- ラム酒 rhum：50g
- バター beurre：50g

色素と風味づけは、それぞれ以下を使用

白 blanc
- キルシュ kirsch：適量 Q.S.

黄 jaune
- レモンとライムのオー・ド・ヴィ：適量 eau-de-vie de citron et citron vert Q.S.
- レモンペースト：適量 pâte de citron Q.S.
- 黄の色素：適量 colorant jaune Q.S.

赤 rouge
- フランボワーズのオー・ド・ヴィ：適量 eau-de-vie de framboise Q.S.
- フランボワーズペースト：適量 pâte de framboise Q.S.

緑 vert
- ラム酒 rhum：適量 Q.S.
- ピスタチオペースト：適量 pâte de pistache Q.S.

茶 noir
- クレーム・ド・カカオ：適量 crème de cacao Q.S.
- カカオバター：適量 beurre de cacao Q.S.

松の実：適量 pignons de pin Q.S.

マスパン・コンフィズリーを作る
1. アーモンドと粉糖を合わせてフードプロセッサーにかけ、粗めの粉末状に粉砕する。ボウルに入れる。
2. グラニュー糖、水飴、転化糖、水を鍋に入れて火にかけ、118℃になるまで熱する。
3. 2を1に注ぎ入れながらへらで混ぜる。糖が白く結晶化してさらさらした砂状になったら、バットに広げて冷ます。
4. 3にラム酒をふりかけ、手で揉んでやわらかくしたバターをちぎりながら加える。手で揉み込むようにして全体になじませる。
5. ローラーに1回かけてペースト状にし、ひとまとめにする。
6. 5等分し、それぞれ配合表に従って材料を加え、手で練り込んで色と風味をつける。

仕上げる
7. 5色の直方体のトゥロンは、6をそれぞれ同量取り、厚さ約8mmの同じサイズの長方形にのばす。
8. 重ねて接着し、端を切り落として切り口が4×4cm程度の棒状に切る。
9. 3色の丸い棒状のトゥロンは、直径約2.5cmの細い棒状に赤の6を丸め、その周りに薄くのばした黄の6、白の6を順に海苔巻の要領で巻きつける。
10. 軽くローストした松の実をまぶしつけ、バーナーで軽く焼き目をつける。

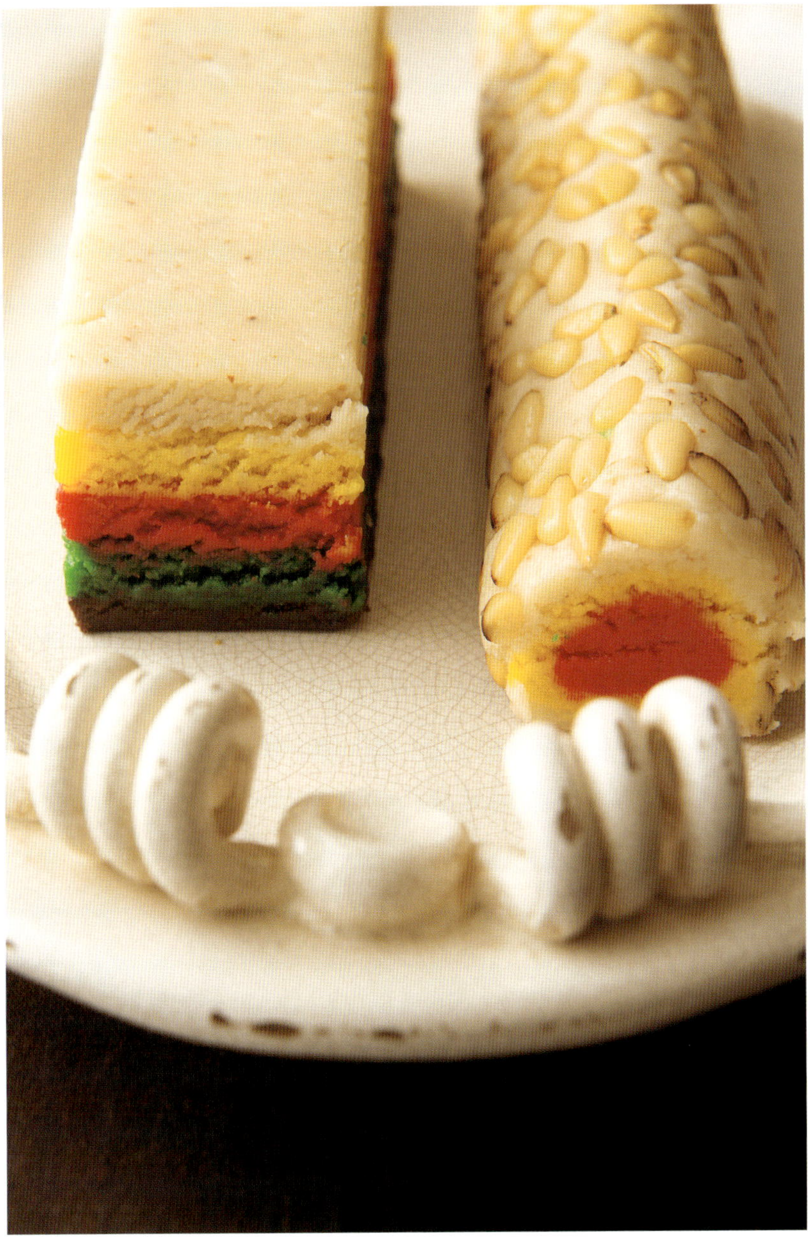

Millasson
ミヤソン

通常、ミヤソン(ド・ビゴール)と言えば、トウモロコシ粉で作られる粥、ミヤス(millas)の一種を指す。これに対し、ピエール・ラカン(Pierre Lacam)が『歴史的、地理的製菓覚書(Le Mémorial Historique et Géographique de la Pâtisserie)』(1890)で紹介しているのは、小麦粉で作る小型のミヤソン。スペイン国境に近いバニェール=ド=ビゴール(Bagnères-de-Bigorre)やバニェール=ド=ルーション(Bagnères-de-Luchon)近辺のスペシャリテで、名前もミヤソン・ド・バニェール(Millassons de Bagnères)と記されている。

これを土台に、私が現地で食べた記憶(小麦粉で作られたミヤソンやミヤスーを食べることも多かったと思う)を織り交ぜ、ここでは小麦粉を使ってミヤソンを作ってみた。口の中でふわっとほぐれるようにやわらかな食感とやさしい味わいが魅力的で、トウモロコシ粉のそれとはまた違ったおいしさが楽しめる。

直径5cm・30個分

- 牛乳 lait : 1kg
- 全卵 œufs : 150g
- 卵黄 jaunes d'œufs : 20g
- グラニュー糖 sucre semoule : 100g
- 薄力粉 farine ordinaire : 110g
- オレンジの花の水 eau de fleur d'oranger : 10g
- バター beurre : 適量 Q.S

下準備
*直径5×高さ4.5cmのセルクル型に指で厚くバターを塗り、シルパットを敷いた天板に並べておく。

1. 牛乳を鍋に入れて弱火にかける。
2. 全卵と卵黄をボウルに入れ、グラニュー糖を加えてホイッパーでしっかりすり混ぜる。
3. 2に薄力粉を加え、粉が見えなくなるまで混ぜる。
4. 1が沸騰したら、少しずつ3に注ぎ入れながらホイッパーでなめらかになるまで混ぜる。
5. オレンジの花の水を加え、もったりとなめらかな状態になるまで混ぜる。
6. 口径12mmの丸口金をつけた絞り袋に入れ、型に7分目まで絞り込む。
7. 180℃のオーブンで約50分焼く。
8. シルパットごと網にのせて冷ます。
9. 粗熱が取れたら、型と生地の間にペティナイフを通して型からはずす。

Broye du Béarn
ブロワ・デュ・ベアルン

　ブロワ・デュ・ベアルンは、ベアルン地方で作られるトウモロコシの粉を使った粥のこと。ガスコーニュ地方の菓子としてはクルシャード(Cruchade)とも呼ばれる。『美食家アカデミー辞典(Dictionnaire de l'Académie des Gastronomes)』(1962)では、ラングドック地方を起源とし、南西部全域で見られるトウモロコシを使ったブィイ(bouillie、粥)の一種、ミヤス(millas)の類に挙げられている。

　冷ましてから切り分けて焼いたり、揚げたりされることが多く、イタリア料理のポレンタ(polenta)のような食感で、塩味と甘味の両方がある。小麦粉とは違うもちもちした食感が面白く、やわらかく広がるレモンとオレンジの花の水の香りが合うと思う。

約4×7cm・6個分

水 eau：500g

トウモロコシ粉：125g
farine de maïs

バター beurre：17g

オレンジの花の水：3g
eau de fleur d'oranger

バター beurre：適量 Q.S.

粉糖 sucre glace：適量 Q.S.

すりおろしたレモンの皮
：1/4個分
zestes de citrons râpés

---

1. 鍋に水を沸騰させ、トウモロコシ粉を加えて、粉が見えなくなるまでへらで手早く混ぜる。
2. 角切りにしたバターを加え混ぜ、続いてオレンジの花の水を加え混ぜる。
3. 作業台にさらし布を広げ、その上に**2**を熱いうちにのせる。
4. 布を折って生地を挟み、約16×14cmの長方形にのばす。そのまま冷ます。
5. 布をはずして端を切り落とし、約4×7cmの長方形に切り分ける。
6. バターを熱したフライパンに**5**を入れ、弱めの火でゆすりながら両面をこんがり焼く。
7. 網にのせて冷ます。
8. 粉糖とすりおろしたレモンの皮をふる。

Galette Béarnaise
ガレット・ベアルネーズ

崇高なピレネーの山々が迫る、スペイン国境のベアルン地方を旅していて出会ったのが、ガレット・ベアルネーズだ。薄い生地の間にプルーンを挟み、何層にも重ねて焼く。プルーンがピュレ状だったら、焼く時に型から溢れ出てしまうだろうが、果実を割って敷き詰めるので美しい層のまま焼き上がる。サクッと香ばしい生地と、ねっとりしたプルーンとの一体感が魅力的で、ときどき砂糖がジョリ。ちぎったバターをところどころ散らすことで焼き色に濃淡ができ、表情、食感ともに豊かに仕上がる。

直径 18×高さ2cmの
タルトリング型・2台分

生地 pâte
　薄力粉 farine ordinaire：250g
　全卵 œufs：50g
　コニャック cognac：3g
　オレンジの花の水：6g
　　eau de fleur d'oranger
　塩 sel：1.5g
　バター beurre：150g

ガルニチュール garniture
　セミドライプルーン(種ぬき)：250g
　　pruneaux semi-confits
　グラニュー糖 sucre semoule：75g
　水 eau：500g

グラニュー糖 sucre semoule：100g
バター beurre：40g

生地を作る
1. すべての材料（バターは角切り）をボウルに入れ、ひとまとまりになるまで手で練り混ぜる。
2. ビニール袋に入れ、冷蔵庫で1時間以上休ませる。

ガルニチュールを作る
3. すべての材料を鍋に入れて弱火にかけ、静かに沸騰させながら約20分煮る。
4. ザルにあけ、汁気を切る。

組み立て・焼成
5. 2を厚さ2mmにのばす。
6. 1台につき直径18cmの円形3枚、直径21cmの円形1枚を切り出す。
7. 型に直径21cmの生地を敷き込み、天板にのせる。
8. 4のプルーンの実を手で半分に開きながら敷き詰める。
9. 直径18cmの生地を1枚かぶせる。
10. 8～9をあと2回繰り返し、層にする。
11. 上に麺棒を転がし、はみ出た生地を切り落とす。
12. グラニュー糖を上面にふり、バターをちぎってところどころにのせる。
13. 180℃のオーブンで約40分焼く。
14. 型からはずし、網にのせて冷ます。

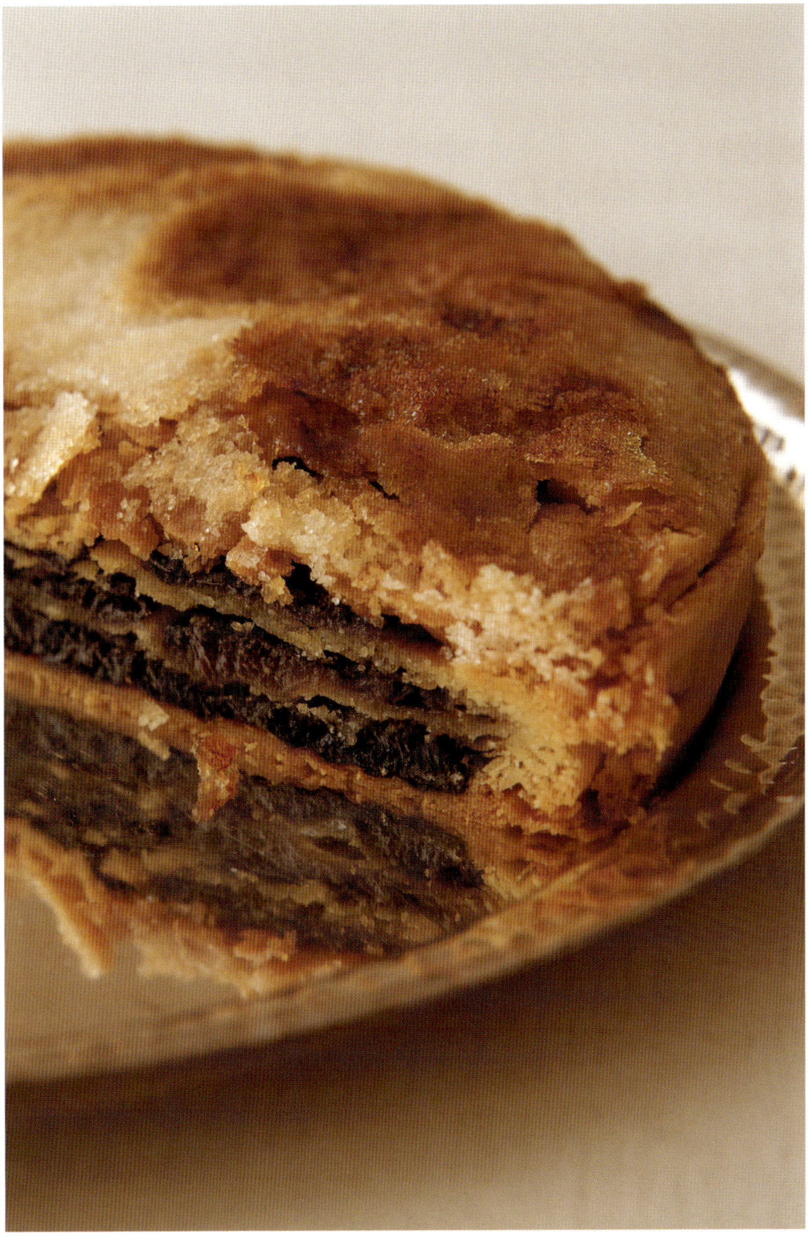

Pastis Gascon
パスティス・ガスコン

パスティスはフランス南西部で見られる菓子の名前。パスティス・ブーリ(p.196)のようにブリオッシュタイプのものもあるが、ガスコーニュ風(Gascon)と言えば、特産のアルマニャック風味のフルーツと薄い生地、と決まっている。リンゴがよく使われ、地域によっては、クルスタッド(p.200)と呼ばれることもある。

パリパリした独特の食感が楽しい極薄の生地は、大きな布を広げた台にのせて慎重に、紙のような薄さになるまで手でのばして作られる。表面を少し乾かした後、何枚かの円形に切り、現地では鵞鳥の脂(今は、溶かしバターを塗ることが多い)を塗る。これを重ねてアルマニャック風味のリンゴをのせ、くしゃくしゃと形作った同じ生地をふんわりのせて焼けば、出来上がり。出来合いのパータ・フィロを使うことも可能だが、手作りした生地の方が歯触りよく、断然旨い。作業効率がよくないので一時は店で作るのを止めていたが、現地の主婦が家の台所でせっせと作る姿を映像で見て、負けじとまた作り始めた。

この生地がアラブ菓子に由来するのは確かだろうが、構成まで含めて、パスティス・ガスコンとオーストリアのアップフェルシュトゥルーデル(Apfelstrudel)はよく似ている。歴史や文化的な繋がりがあるのだろうか。それとも……？ これだから、郷土菓子探求はやめられない。

直径16.5×1.5cmのパイ皿・3台分

パータ・パスティス pâte à pastis
- A. 薄力粉 farine ordinaire : 300g
- 強力粉 farine de gruau : 200g
- 卵黄 jaunes d'œufs : 50g
- オリーブオイル huile d'olives : 30g
- ぬるま湯 eau tiède : 250g
- 塩 sel : 5g

ガルニチュール garniture
: 以下のうち330g使用
- リンゴ pommes : 4個
- バター beurre 適量 Q.S.
- グラニュー糖 sucre semoule : 20〜30g
- アルマニャック armagnac Q.S. : 適量

焦がしバター beurre noisette : 15g

粉糖 sucre glace : 適量 Q.S.

パータ・パスティスを作る
1. ボウルにAを入れ、手で軽く混ぜる。
2. 塩を溶かした40℃の湯を加え、粉が見えなくなるまで指先で混ぜる。
3. 打ち粉をした台に出す。ときどき打ち粉をしながら生地を引っ張りあげては台に打ちつけ、折り畳むようにして回し混ぜ、グルテンをしっかり出す。生地がまとまって台にくっつかなくなるまで繰り返す。
4. 両手で生地を回転させながら、小指の側面で生地の端を下に押し込み、表面を張らせてボール状に丸める。
5. ビニール袋に入れて一晩休ませる。

ガルニチュールを作る
6. リンゴは皮と芯を取り除き、横半分に切ってからそれぞれ6等分にする。
7. フライパンにバターを熱し、6を入れてグラニュー糖をふりかけ、軽くソテーする。
8. グラニュー糖がリンゴに軽く絡まったらアルマニャックをふり入れ、フランベする。
9. バットにあけて冷ます。

組み立て・焼成
10. 大きな布を台に広げて打ち粉をふり、5をのせて麺棒でざっとのばす。
11. 縁を引っ張って生地をのばす。
12. ある程度のびたら手の甲にのせ、滑らせるようにして徐々に広げながら薄くのばす。
13. 約60×100cmになり、下が透けるほどに広がったら、しわが寄らないように布の上に広げる。
14. 端の厚い部分をハサミで切り落とし、そのまま10分ほど乾かす。
15. 14の下にパイ皿を滑り込ませ、パイ皿よりひとまわり大きく生地を切って敷きこむ。
16. 9を110gずつのせる。
17. 14の生地を不定形に切り、16の上に不規則にふんわりのせる。
18. 180℃のオーブンで約45分焼き、生地にしっかり焼き色をつける。
19. 熱いうちに焦がしバターを刷毛でふりかけ、網にのせて冷ます。
20. 型からはずし、粉糖をふる。

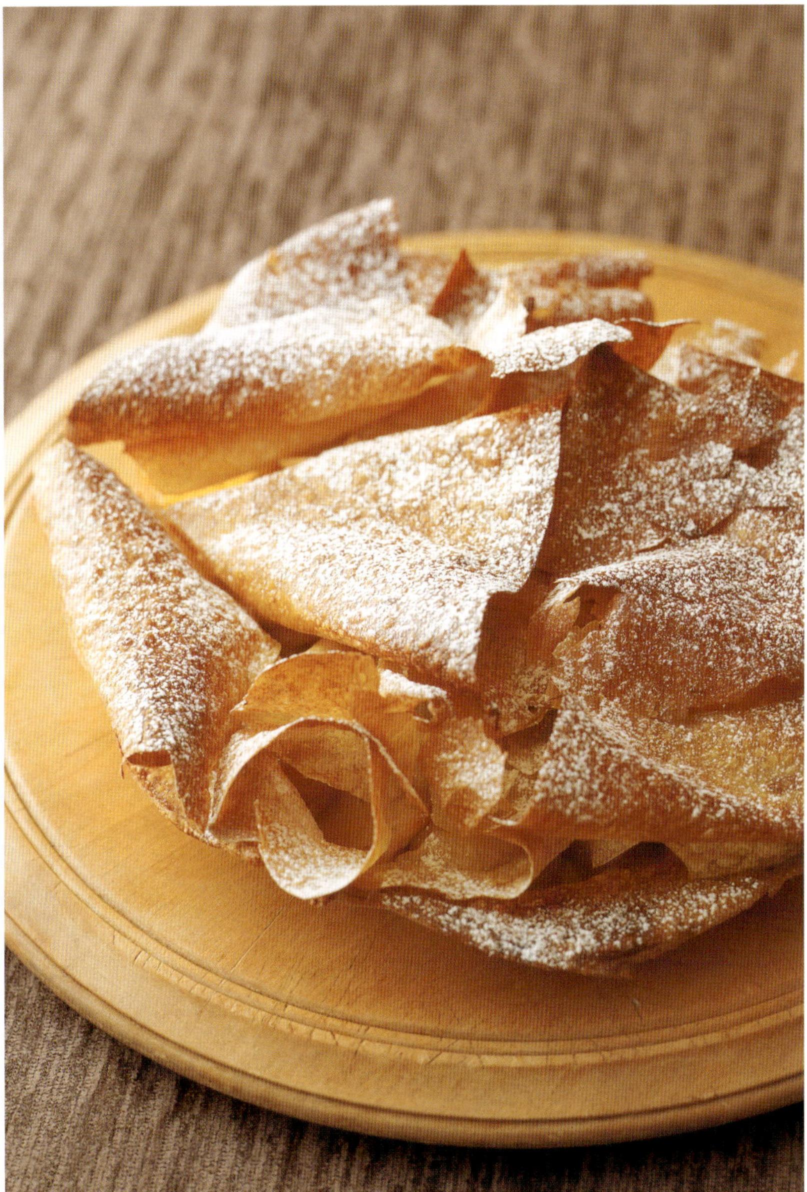

Gâteau Pyrénées
ガトー・ピレネー

ガトー・ピレネーは、ガトー・ア・ラ・ブロッシュ(Gâteau à la broche)とも呼ばれる串焼きの菓子。ピレネー山脈周辺の地域では、結婚式やお祝いなどで食べられる。この菓子との出会いは渡仏して3年ほど経ったクリスマス、パリ(Paris)の「フォション(Fauchon)」だった。毎年の恒例として、2m近くあろうかというこの菓子が店頭に置かれ、クリスマスの装飾が施されていて目を奪われた。その時は詳しいことまで分からなかったが、ある日、古本屋で手に入れた1780年代発行の本でガトー・ア・ラ・ブロッシュの図版を見つけ、「これだ!」と歓喜した。さらに、ゴー・ミョー(Gault et Millau)の『フランスの美食ガイド(Guide Gourmand de la France)』(1970)で情報をつかみ、実物を目がけて向かったのが、ピレネー山脈北麓の町タルブ(Tarbes)だ。

一度目は、フランス修業の仕上げの旅行で訪れた時。残念ながらこの時は見つからず、日本に帰ってきた。しかし、思いが断ち切れずに再び探しに出かけたのが、「オーボンヴュータン」を開いてから数年後のこと。「今度こそ」と町中の菓子屋すべてを回るも、やはりこの菓子を置く店も存在を知る人も見つからない。私はすっかり疲れ果て、しょげ返ってカフェで座り込んでしまった。が、なんと目の前に、探し求めたガトー・ピレネーが置かれているではないか!駆け寄って店の女性に尋ねると、土産用に焼いている男性が近郊にいるのだという。幸運にも、その男性の息子が私を迎えに来てくれることになり、作業場まで案内してくれた。

ところが喜びも束の間、焼くのは朝3〜8時で、作業は断じて見せられないと言う。かといって、私も諦めきれない。考えた末、隣のオーベルジュに宿を取り、明け方にこっそり見に行くことにした。すると、農家の納屋のような作業場に明かりがひとつ。扉の隙間から、男性が暖炉に薪をくべ、芯棒を回しながらガトー・ピレネーを焼いているのが覗き見えた。闇を照らして赤々と燃える炎としたたり落ちる生地、荒々しいガトー・ピレネーのシルエット……。今も忘れられない光景だ。

凹凸を美しく出すには、流動性のある生地をかけながら、ムラのある高温の薪火で焼くのがよい。が、それでは生地の味が良いとは言えず、売り出すまでには試行錯誤の連続。結局、ユルバン・デュボワ(Urbain Dubois, 1818~1901)のルセットで作るのが一番旨いと感じ、そのまま使っている。オレンジのコンフィを混ぜるのは、私のアレンジだ。しっとりきめ細やかな生地からオレンジの香りがふわっと鼻を抜け、何度食べても飽きない。

直径約20×高さ約60cm・1台分

卵黄 jaunes d'œufs:580g
グラニュー糖:1162g
sucre semoule
細かく刻んだ
オレンジの皮のコンフィ:176g
écorces d'oranges confites hachées
溶かしバター:1056g
beurre fondu
卵白 blancs d'œufs:757g
塩 sel:28g
強力粉 farine de gruau:528g
薄力粉 farine ordinaire:528g
ベーキングパウダー:11g
levure chimique

卵白 blancs d'œufs:適量 Q.S.
グラス・ア・ロー:適量
glace à l'eau Q.S.
(▶▶「基本」参照)

---

1. 卵黄とグラニュー糖をボウルに入れ、白っぽくなるまでホイッパーですり混ぜる。
2. 細かく刻んだオレンジの皮のコンフィを混ぜ、溶かしバター(室温)を加えて手で混ぜる。
3. 卵白に塩を加え、高速のミキサー(ホイッパー)で泡立てる。4の出来上がりに合わせ、しっかり角が立つまで泡立てる。
4. 強力粉、薄力粉、ベーキングパウダーを合わせて2に加え、手で底からすくい上げるようにして粉が見えなくなるまで混ぜる。
5. 3を2回に分けて4に加え、手で底からすくい上げるようにして、艶が出るまで混ぜる。
6. 焼成機の芯木にアルミホイルを巻きつけ、卵白で接着する。これを焼成機の軸に取りつけ、端にもアルミホイルを被せてからネジを締める。
7. 焼成機を稼働し芯木を回転させ、炭火で4〜5分空焼きしてアルミホイルを密着させる。
8. 焼成機の手前にバットを置き、5の生地を入れて温めておく。
9. 7の芯木を引き出し、回転させながら芯木の細いほうから、8をすくいかける。
10. 生地が垂れなくなったら、焼成機の中に押し戻し、全体に色づくまで炭火に当てる。
11. バットに入れた生地がなくなるまで、9〜10を約14回繰り返す(2時間以上)。
12. 焼成機から軸ごと生地を取り外し、専用の台に横向きにかけて一晩休ませる。
13. グラス・ア・ローを刷毛で塗り、乾かす。軸と芯木を丁寧に抜き取る。

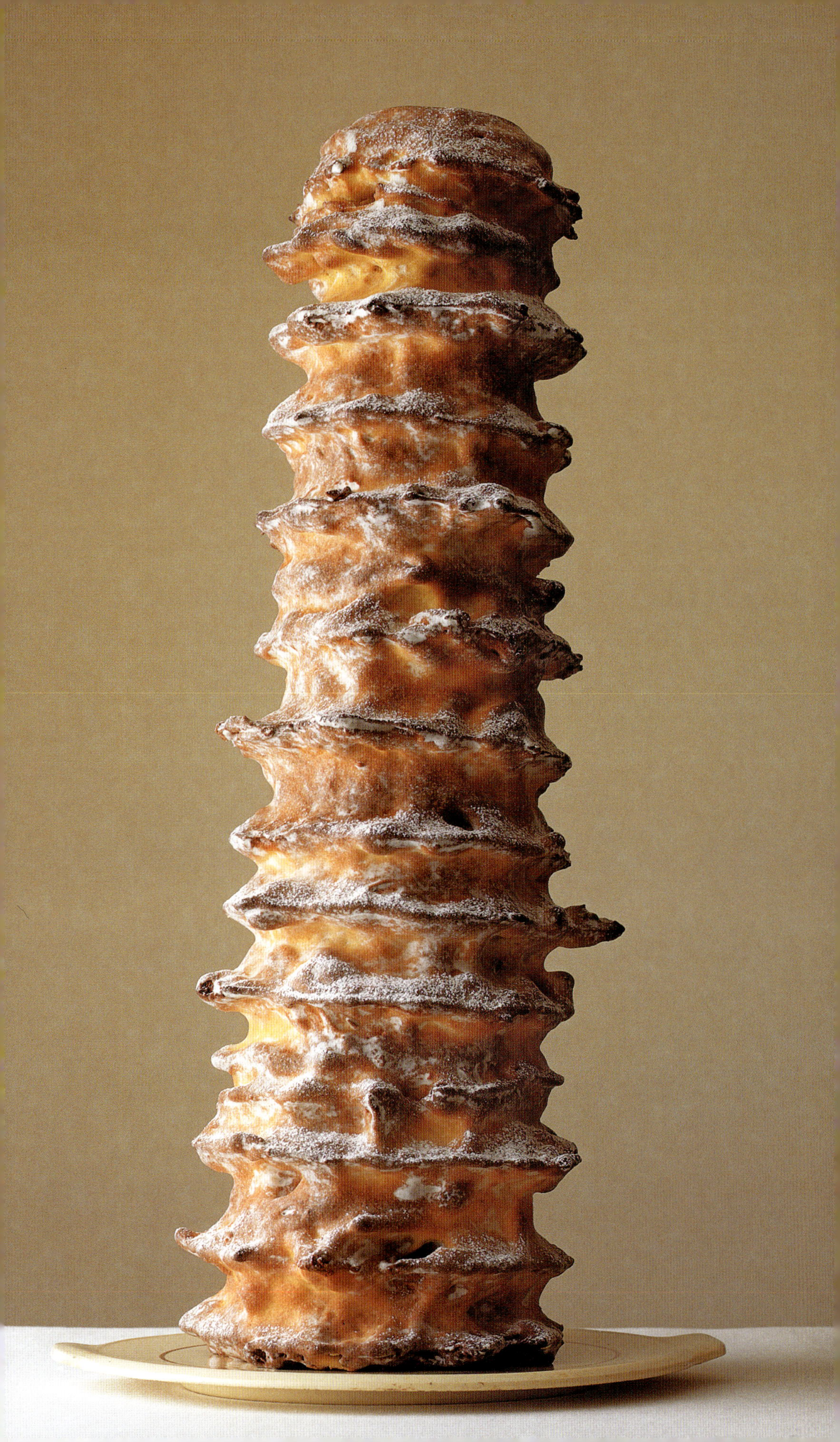

Gascogne | ガスコーニュ

Tourte des Pyrénées
トゥルト・デ・ピレネー

タルブ(Tarbes)やルルド(Lourdes)など、ピレネー山脈周辺の町を訪ねると、ぷっくり焼かれたトゥルト・デ・ピレネーに出会う。基本的には4同割のシンプルなバターケーキだが、アニス風味のリキュール、パスティスの香りが印象的。標高3000m級の峰も連なるピレネーの山々に負けまいとするかのように、溝付きの型から大きく膨れ上がった形も微笑ましい。

口径18×底直径8.5×高さ8cmの
ブリオッシュ型・2台分

バター beurre : 200g
グラニュー糖 sucre semoule : 200g
全卵 œufs : 250g
タンプルタン T.P.T. : 68g
薄力粉 farine ordinaire : 333g
ベーキングパウダー levure chimique : 8g
アニス酒 (リカール) anisette (Ricard) : 40g

澄ましバター beurre clarifié : 適量 Q.S.
強力粉 farine de gruau : 適量 Q.S.
粉糖 sucre glace : 適量 Q.S.

下準備
＊型に澄ましバターを刷毛で塗り、強力粉をふっておく。

1. バターをボウルに入れ、ホイッパーで混ぜてポマード状にする。
2. グラニュー糖を加え、白っぽくなるまですり混ぜる。
3. 溶きほぐした全卵を3回に分けて加え、その都度ホイッパーで白っぽくなるまで混ぜる。
4. タンプルタン、薄力粉、ベーキングパウダーを合わせて3に加え、ホイッパーでゆっくりすり混ぜる。
5. 粉が見えなくなったら、アニス酒を加え混ぜる。
6. 型に⅓の高さまで5を入れる。へらで生地を側面になすりつけるようにして、型の隅々まで生地を密着させる。
7. 170℃のオーブンで約1時間焼く。
8. 型からはずし、網にのせて冷ます。
9. 粗熱が取れたら、粉糖をふる。

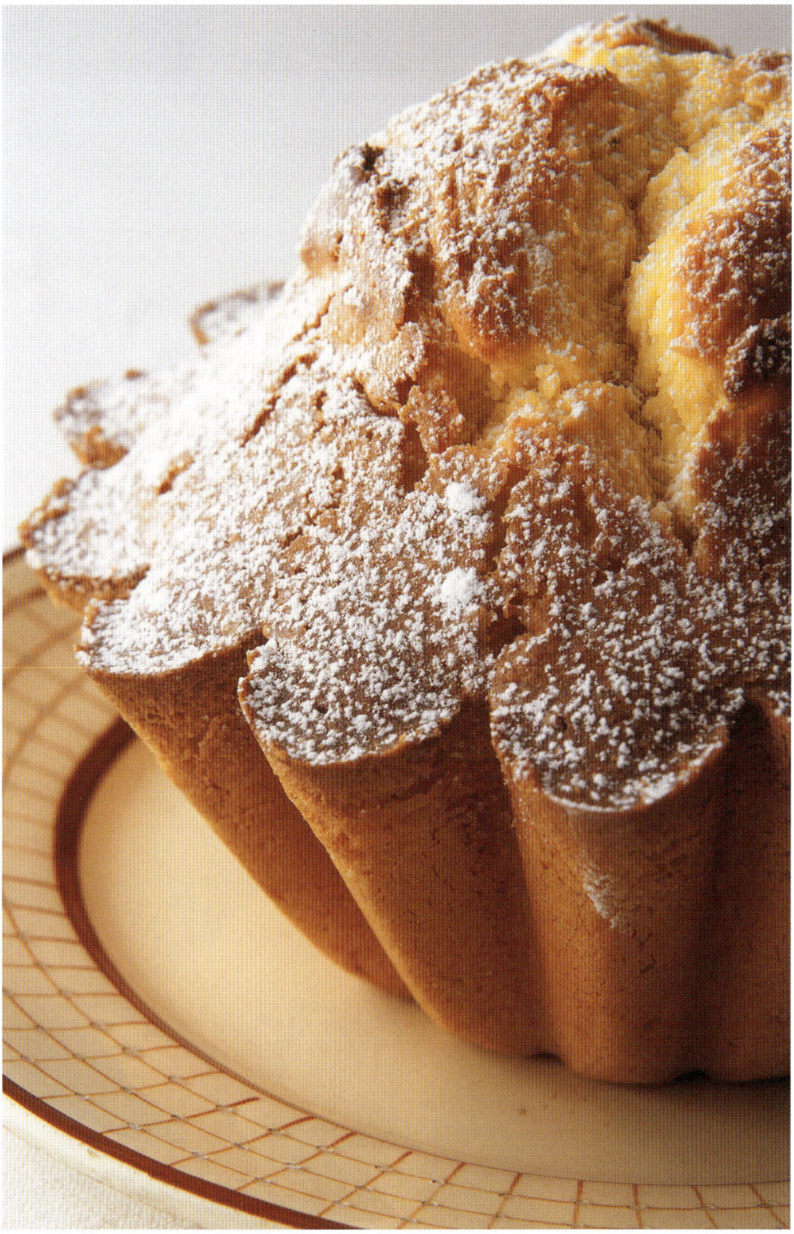

Pastis Bourrit
パスティス・ブーリ

パスティス・ランデ(Pastis Landais)とも呼ばれるパスティス・ブーリは、大西洋に面するランド地方のスペシャリテ。大型のブリオッシュで、祝祭や婚礼などのためにも作られ、オレンジの花の水、ラム酒で香りづけされる。アニス風味のリキュール、パスティスを加えることもあるようだ。外はサクッと香ばしく、中はむっちり、もちもち。そのコントラストが面白く、素朴さを感じさせる。

口径18×底直径8.5×高さ8cmのブリオッシュ型・4台分

全卵 œufs：200g

グラニュー糖 sucre semoule：200g

溶かしバター beurre fondu：125g

牛乳 lait：100g

ラム酒 rhum：7g

オレンジの花の水 eau de fleur d'oranger：9g

バニラエッセンス extrait de vanille：10g

塩 sel：5g

ドライイースト levure sèche de boulanger：50g

薄力粉 farine ordinaire：250g

強力粉 farine de gruau：250g

サラダオイル huile végétale Q.S.：適量

塗り卵(全卵) dorure (œufs entiers) Q.S.：適量

下準備
＊型にサラダオイルを刷毛で塗っておく。

1. 全卵とグラニュー糖をボウルに入れ、ホイッパーで混ぜる。
2. 溶かしバター、牛乳、ラム酒、オレンジの花の水、バニラエッセンス、塩を加え混ぜる。
3. ドライイースト、合わせてふるった薄力粉と強力粉を加え、手でざっと混ぜる。
4. 台に出し、生地を持ち上げては台に叩きつけ、折り畳むようにしてまわし混ぜながら生地をつないでいく。水分が多いので初めはべたべたしているが、次第にグルテンが出てまとまり、台から離れるようになる。
5. ボウルに移して表面に打ち粉をし、カードで生地の端を下に押し込むようにして表面を張らせてまとめる。
6. ラップフィルムをかけて約2倍に膨らむまで約3時間、1次発酵させる。
7. 台に取り出し、パンチしてガス抜きする。4等分し、軽く丸めた手の平で包むように転がし、丸める。
8. 型に入れ、約2倍に膨らむまで約2時間、2次発酵させる。
9. 上面に塗り卵を刷毛で塗り、ハサミで十字に切り込みを入れる。
10. 180℃のオーブンで約40分焼く。
11. 型からはずし、網にのせて冷ます。

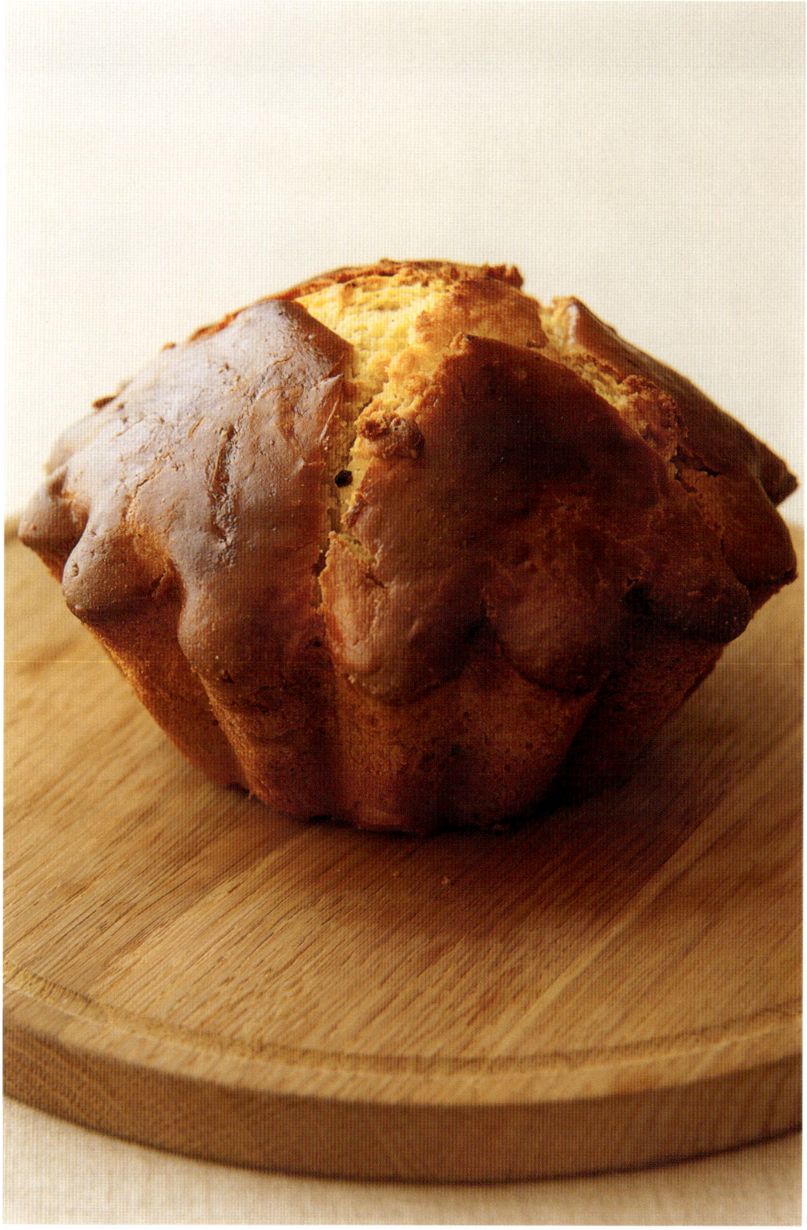

Column | パリでの日々

「ポンス」で働いた後は、「次はアイスクリーム」、「次はショコラ」と〔…〕をすべて爆発させたのが、ホテル「ヒルトン・ド・パリ(Hilton de Paris)」の〔…〕すぞという思いと、シェフが先頭に立って人一倍働き、責任を持っ〔…〕ンやカフェ、宴会のデザートと仕事は膨大だったが妥協は一切〔…〕の仮眠でがむしゃらに働いた。だからこそ、充実感に満たされて〔…〕

約9年のパリ生活は、仕事以外も充実していた。店を移る合〔…〕に郷土菓子を求めて地方へ出かけたりもした。最初に訪れた〔…〕スラス・レクチンスキーが治めた町で、美しい街並みと数々の郷土〔…〕印象を私に残した。殺風景な店内と無愛想な売り子の老婆から〔…〕

親父が死んで帰国が叶わなかった時、居ても立っても居ら〔…〕着し、ホテルのベッドへ倒れ込むともはや足は動かず、足裏の皮〔…〕受け止める気持ちになったのを覚えている。

日々の遊びも非常に充実していた。2年ほどはビリヤードに熱〔…〕ンス人の彼女とも付き合った。パリで修業していた日本人のパテ〔…〕を飲みながら熱い議論をぶつけ合ったのも、忘れ難い。あの時〔…〕

修業というのは、なにも厨房での仕事だけを指すわけではな〔…〕えることも大事だが、フランスで育まれた菓子を知るには、フランス〔…〕ず、オンとオフの切り替えがはっきりしている。そしてある意味いい〔…〕を持ってそれを体感しなければ、あのフランス菓子は作れまい。リ〔…〕草、チーズの香りでも、ファッション、アートでも何でもいい。とことんフ〔…〕フランス生活を全力で駆け抜けて日本へ帰る前に、私にはどうして〔…〕

徒歩でたどり着いたシャルトルにて。何かをやり遂げた気がした。

うに課題を設定して店を選び、仕事の幅を広げていった。それ
パティシエに就任した時だ。自分が表現したいものをすべて出
タッフを引っ張らねばとの思いが、私の背中を押していた。レストラ
プティ・フール・セックやパンもすべて自分達で作り、毎日約1時間
への帰国を決めることができたのだと思う。
敢えて期間を置き、読書や翻訳に打ち込んだり、休日やバカンス
ロレーヌ地方のナンシーだ。美食家として名高いロレーヌ公スタニ
が守り継がれている。特に、マカロン・ド・ナンシー(p.24)は、強烈な
伝統の味を守るという頑固さと威厳に、ただただ圧倒された。
パリからシャルトルまで歩いたこともあった。ほぼ丸一日かけて到
ろりとむけていた。が、不思議と胸のつかえが下り、親父の死を

フランス人の仲間と仕事帰りに興じた。賭け事だってしたし、フラ
達と「レアール会」を結成し、部屋で手料理をふるまい、安ワイン
た夢や情熱は、今も変わることなく私の胸で燃えている。
は思う。日本人ならではの生真面目さで本場の菓子や仕事を覚
生き方を肌で感じなければなるまい。彼らはサービス残業などせ
で、チャーミングで、人生の楽しみ方を知っている国民だと思う。身
含めて、丸ごと楽しむくらいの度胸と大らかさがほしい。香水や煙
にかぶれ、文化に溶け込んで初めて見えてくるものがあると思う。
ておきたいことがあった。それが、フランス一周旅行だ。

Guyenne ｜ ギュイエンヌ

Croustade aux Pruneaux
クルスタッド・オー・プリュノー

クルスタッドは、薄くのばしたフイユタージュなどの生地にリンゴやプルーンといった果物を詰め、パリッと焼き上げた菓子。南西部の広い地域で作られ、パスティス・ガスコン (p.190) をクルスタッドと呼ぶこともしばしばだ。私の個人的な印象としては、上の生地をふんわりさせた場合はパスティス、平らにかぶせた場合はクルスタッドと呼ばれていることが多かったように思う。

このルセットは生地でバターを包んだ後、3つ折りを1回しか行わないので生地とバターがなじみ切らず、食感差が出るのが面白い。そのうえ卵を塗って砂糖をふって焼くので、ザクザク、カリカリ、歯ごたえたっぷり。中にはアルマニャックに漬けたアジャン (Agen) 名産のプルーンが丸ごと詰め込まれ、いかにも南西部らしい香りを解き放つ。

直径 22cm・1台分

生地 pâte
- 薄力粉 farine ordinaire : 100g
- 強力粉 farine de gruau : 100g
- 全卵 œufs : 50g
- 牛乳 lait : 33g
- 塩 sel : 1g
- グラニュー糖 : 15g sucre semoule
- バター beurre : 100g

ガルニチュール garniture
- セミドライプルーン(種ぬき) : 300g pruneaux semi-confits
- 水 eau : 適量 Q.S.
- アルマニャック armagnac : 7g

- グラニュー糖 : 30g sucre semoule
- バター beurre : 25g
- オレンジの花の水 : 6g eau de fleur d'oranger
- アルマニャック : 2g armagnac
- 塗り卵 (全卵) : 適量 dorure (œufs entiers) Q.S.
- グラニュー糖 : 10g sucre semoule

生地を作る
1. 薄力粉と強力粉を合わせて台の上に山状にふるい出し、中央に窪みを作る。
2. 1の窪みに全卵、牛乳、塩、グラニュー糖を入れる。周りの粉を少しずつ崩しながら、手で全体を混ぜる。台に叩きつけながらよく捏ねる。
3. 生地が台から離れるようになったら、ボール状にまとめてナイフで十字に切り込みを入れる。
4. ビニール袋に入れ、冷蔵庫で1時間休ませる。
5. 打ち粉をした台に取り出す。切り込みを四方に押し開き、十字形に生地を広げて麺棒で軽くのばす。中央は小高いまま残しておく。
6. バターを麺棒で叩いてから適当な大きさの正方形にのばし、5の中央に置く。四方から生地を折り畳み、密着させながらバターを包み込む。
7. 麺棒で叩いてから、厚さ約6mmの長方形にのばし、「基本」の「パート・フィユテ」の要領で3つ折りにする。両端を麺棒で押さえて密着させる。
8. ビニール袋に入れ、冷蔵庫で1時間休ませる。

ガルニチュールを作る
9. セミドライプルーンを鍋に入れ、ひたひたに水を加えて火にかける。
10. 沸騰し、プルーンがふっくら膨らんだら火から下ろす。ザルにあけて水気を切る。
11. 10をボウルに入れ、アルマニャックを加えてへらで混ぜる。そのまま約1時間休ませる。

仕上げる
12. 8の生地を2等分し、それぞれ直径22cmのヴォル・オ・ヴァン(円形の型)に合わせてのばす。余分な生地は切り落とす。
13. 12を1枚、天板の上に置く。端から約2cm残し、11のガルニチュールをのせる。
14. ガルニチュールの上にグラニュー糖30gをふり、バターをちぎってのせる。さらに、オレンジの花の水、アルマニャックをふりかける。
15. 縁に塗り卵を刷毛で塗る。
16. 12のもう1枚の生地を15の上にかぶせる。縁を指でしっかり押さえて接着する。
17. 冷蔵庫で1時間休ませる。
18. 塗り卵を刷毛で塗り、グラニュー糖10gをふる。
19. 220℃のオーブンで約20分焼く。
20. 網にのせて冷ます。

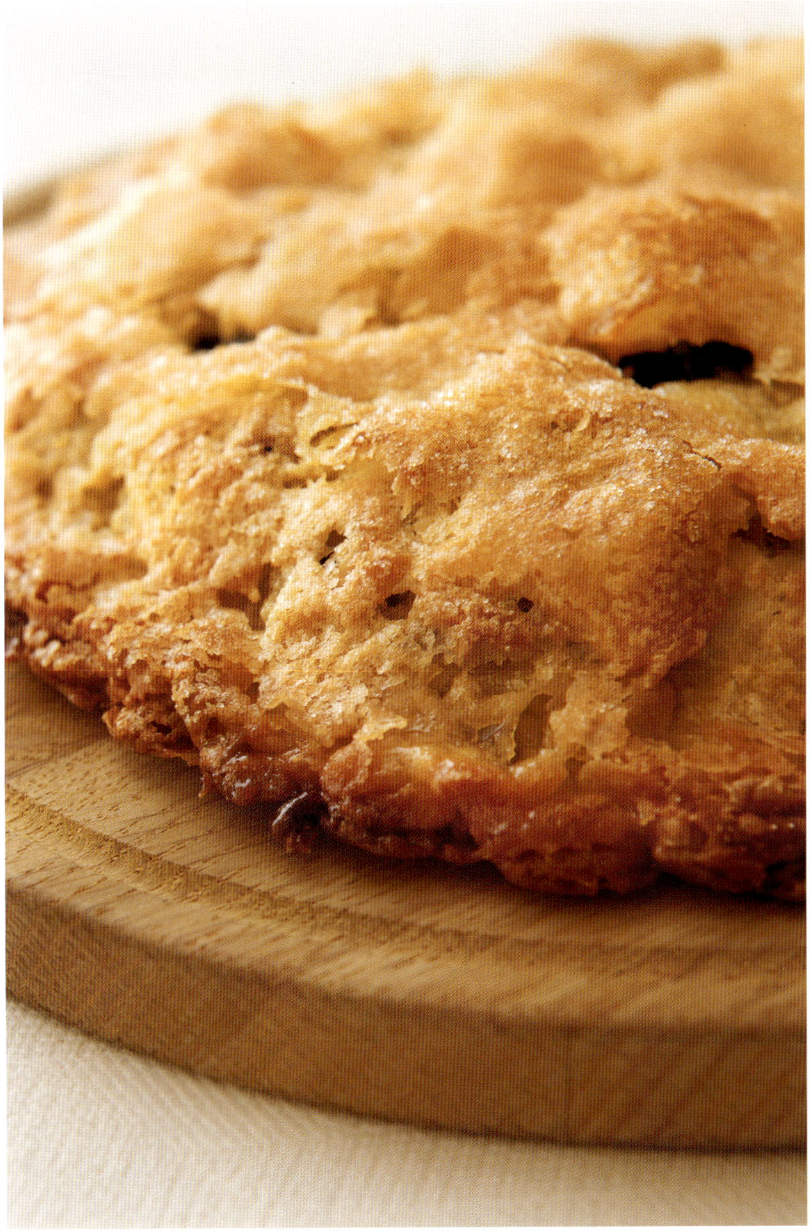

Chausson aux Pruneaux
ショーソン・オー・プリュノー

　ショーソンは、果物のコンポートをフイユタージュで包んだ半円形の菓子。主にリンゴが使われるが、プルーンの名産地アジャン(*Agen*)となればやはり、ショーソン・オー・プリュノーだ。

　プリュノーとは、プラムを乾燥または脱水した、保存性の高い干しプラムのこと。12世紀、西アジア原産のプラムが十字軍によってシリアからヨーロッパへ持ち込まれた。アジャンの近くにある修道院の僧侶が、そのダマスカス種のプラムを地元のプラムに接ぎ木したところ、気候に適した新種が生まれ、繊細で豊かな風味を放つプリュノーが得られたという。これがアジャン産プルーンの始まり。ガロンヌ川からボルドー(*Bordeaux*)を経由して各地に輸送され、名声を広めていった。

　アジャンへ行けばショーソンのみならず、どの菓子を食べてもプリュノーを使ったものばかり。郷土菓子とは、そういうものだ。

約12×7cmの半円形・8個分

パート・フイユテ：約400g
pâte feuilletée
(3つ折り・5回、▶▶「基本」参照)

ガルニチュール garniture
　グラニュー糖：100g
　sucre semoule
　水 eau：200g
　セミドライプルーン(種ぬき)：250g
　pruneaux semi-confits

塗り卵(全卵)：適量
dorure (œufs entiers) Q.S.

ボーメ30°のシロップ：適量
sirop à 30° Baumé Q.S.
(▶▶「基本」参照)

ガルニチュールを作る
1. グラニュー糖と水を鍋に入れ、火にかける。沸騰したら火を止め、セミドライプルーンを加えて約2時間漬ける。
2. 弱火にかけ、ゆっくり沸騰させながらやわらかくなるまで約20分煮る。
3. ミンサーでミンチにし、バットに入れて室温で冷ます。

パート・フイユテを準備する
4. パート・フイユテを厚さ5mmにのばす。
5. 直径12cmの菊型で抜く。
6. 上下の端を残して中央に麺棒を転がし、長径13〜14cmの楕円形(薄い部分は厚さ2mm)にのばす。

組み立て・焼成
7. 台の上に生地を縦に置く。口径12mmの丸口金をつけた絞り袋に3を入れ、生地の中央に1個あたり20gずつ絞る。
8. 生地の手前半分の端に塗り卵を刷毛で塗る。奥から手前へと2つに折り畳み、端を指で押してしっかり接着する。
9. 裏返して天板に並べ、冷蔵庫で約1時間休ませる。
10. 塗り卵を上面に刷毛で塗り、ペティナイフの背で木の葉の模様を描く。
11. 190℃のオーブンで、しっかり焼き色がつくまで約40分焼く。
12. 熱いうちにボーメ30°のシロップを上面に刷毛で塗る。
13. 網にのせて冷ます。

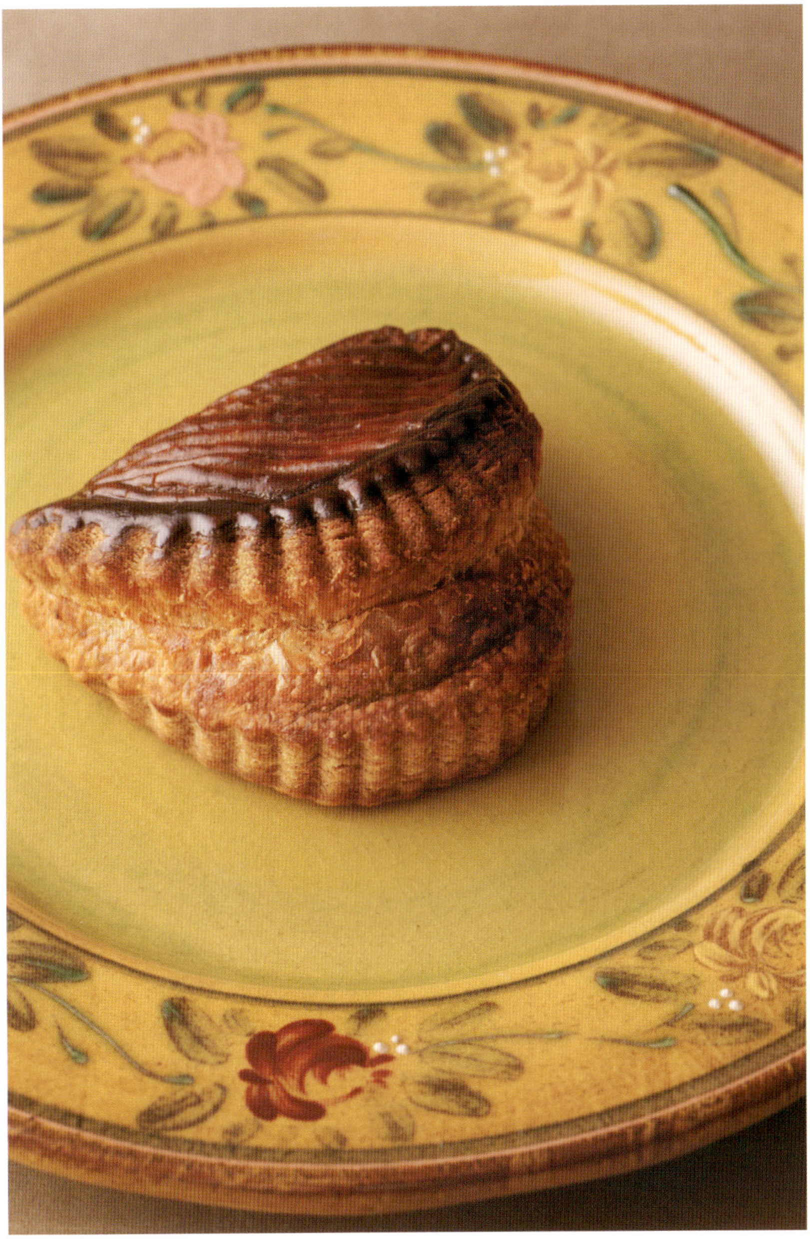

Guyenne | ギュイエンヌ　　　Rissole aux Pruneaux

Rissole aux Pruneaux
リソル・オー・プリュノー

リソルとは、パート・ブリゼやフイユタージュ、ブリオッシュ生地に具を詰めて2つ折りにし、揚げたり、オーブンで焼いたりした菓子や料理のこと。アジャン(*Agen*)周辺では、揚げたブリオッシュ生地に、潰したプルーンとリンゴのコンポートを詰めたリソル・オー・プリュノーがよく作られる。もとは生地だけを揚げたシンプルなもので、しばしば残り生地が使われていたようだ。プルーンにリンゴのコンポートを合わせるというのが、なかなかいい。飾り気のない揚げパンに、その土地の香りが閉じ込められている。

約6×4cm・16個分

パータ・ブリオッシュ
pâte à brioche
　ドライイースト：4g
　levure sèche de boulanger
　牛乳 lait：20g
　グラニュー糖 sucre semoule：1g
　薄力粉 farine ordinaire：63g
　強力粉 farine de gruau：62g
　グラニュー糖 sucre semoule：7g
　塩 sel：4g
　全卵 œufs：75g
　バター beurre：85g

ガルニチュール garniture
　セミドライプルーン(種ぬき)：160g
　pruneaux semi-confits
　リンゴのコンポート：40g
　compote de pommes

ピーナッツオイル：適量
huile d'arachide Q.S.
グラニュー糖：適量
sucre semoule Q.S.
粉糖 sucre glace：適量 Q.S.

ブリオッシュを作る
1.「基本」の「パータ・ブリオッシュ」の「手で捏ねる方法」の要領で作る。ただし、ぬるま湯の代わりに牛乳(人肌程度の温度)を入れ、水は入れない。

ガルニチュールを作る
2. セミドライプルーンとリンゴのコンポートをフードプロセッサーでペースト状にする。

成形・仕上げ
3. 生地をパンチしてガスを抜き、棒状に丸めてから1個あたり20gずつに分割する。
4. 軽く丸めた手の平で包むようにして台の上で転がし、表面をつるんと丸める。さらに、半月形に整える。
5. 霧吹きで水を吹きつけてラップフィルムをかけ、約2倍に膨らむまで約1時間、2次発酵させる。
6. 170℃に熱したピーナッツオイルで*5*を揚げる。途中でひっくり返し、全体が色づいたら網に上げて油を切る。
7. 粗熱が取れたらナイフで横に切り込みを入れ、*2*を口径8mmの丸口金をつけた絞り袋で15gずつ絞り入れる。
8. グラニュー糖をまぶし、粉糖を軽くふる。

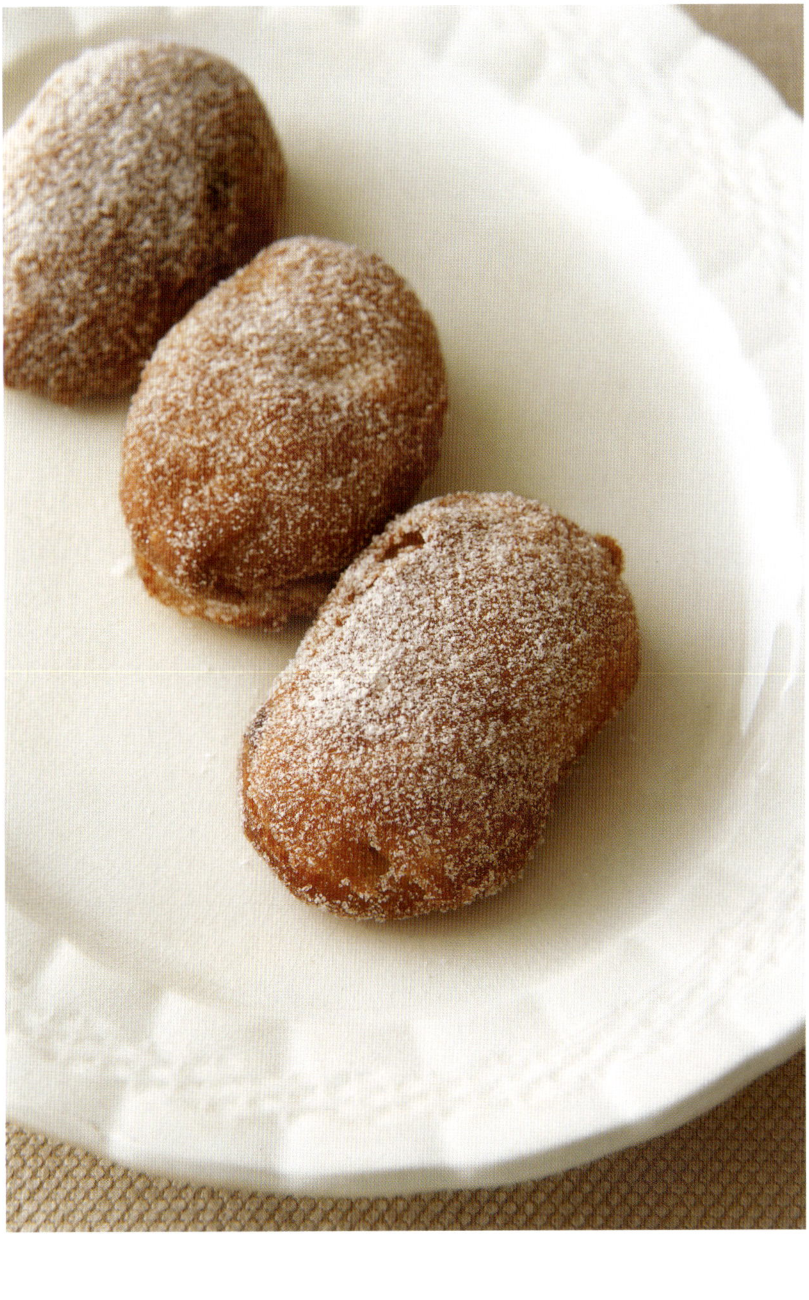

Flaugnarde aux Pruneaux

フロニャルド・オー・プリュノー

広い地域で作られているフロニャルドだが、ペリゴール地方でよく見られるのが、地元特産のプルーンを入れたフロニャルド・オー・プリュノーだ。女性料理人で作家のラ・マジーユ(*La Mazille*, 1891~1984)によれば、この地方でフロニャルドとは、媚を売る若い娘に容易に気を取られることを指す形容句とか。口に入れると溶けて、ほとんど形が保たれないというのが、美味なフランをそう呼ぶようになった理由という。

このルセットはアパレイユを泡立てることで、やや軽い質感が得られるのが気に入っている。ペリゴール地方の中心都市であり、美食の町としても知られるペリグー(*Périgueux*)で目にした時は、型から抜いて売られていることがほとんどだったが、今回は陶製の型に流して焼いてみた。プリンのようにやわらかく、とろけるような舌触りがより楽しめると思う。

19×13×高さ3.5cmの
グラタン皿・4台分

ガルニチュール garniture
　ドライプルーン(種ぬき):24個
　pruneaux
　アンズのセミ・コンフィ:8個
　abricots semi-confits
　サルタナレーズン:200g
　raisins secs de Sultana
　ラム酒 rhum:180g

アパレイユ appareil
　全卵 œufs:150g
　グラニュー糖:75g
　sucre semoule
　塩 sel:0.5g
　薄力粉 farine ordinaire:75g
　牛乳 lait:750g

バター beurre:20g

バター beurre:適量 Q.S.

下準備
＊型に手でバターを厚めに塗っておく。

ガルニチュールを作る
1. ドライプルーン、アンズのセミ・コンフィを1cm角に切り、ボウルに入れる。
2. サルタナレーズンとラム酒を加え混ぜ、3時間以上漬ける。

アパレイユを作る
3. 全卵、グラニュー糖、塩をボウルに入れ、うっすら筋がつくまでホイッパーで泡立てる。
4. 薄力粉を加えながらやさしく混ぜ合わせる。
5. 冷たい牛乳を注ぎ混ぜる。

組み立て・焼成
6. 2の汁気を切り、型に敷き詰める。
7. 5を250gずつ流し入れる。
8. バター20gを5gずつを手でちぎって散らす。
9. 220℃のオーブンに入れ、表面が色づくまで約30分焼く。
10. 網にのせて冷ます。

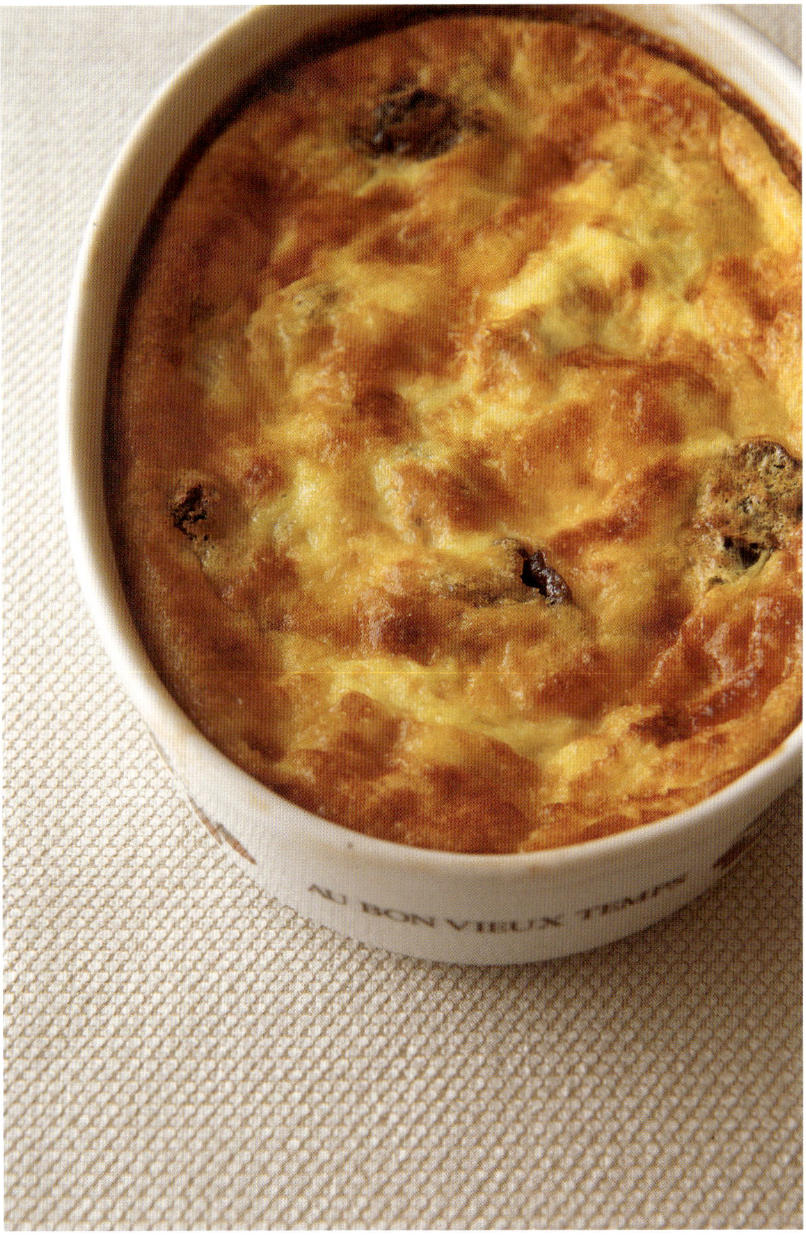
AU BON VIEUX TEMPS

Guyenne | ギュイエンヌ　　　　　　　　Cajasse de Sarlat

Cajasse de Sarlat
カジャス・ド・サルラ

　ペリゴール地方の南西部に位置するサルラ（Sarlat、正式にはSarlat-la-Canéda）は、中世に栄えた町。城壁に囲まれ、サン＝サセルド大聖堂をはじめとする17世紀までの街並みが、今も美しく残されている。
　カジャス・ド・サルラは、クレープ(p.262)に似たこの町のスペシャリテ。ラム酒の香りをつけて型に入れて焼き上げられ、ここで紹介するように果物を入れて焼くこともある。焼き上がったら冷まして食べるのが通例だ。クレープより食感はしっかりしていて、むっちり、もちもち。キャラメリゼされたリンゴの甘みと酸味、生地の焦げた香りが入り混じり、同じ類に属するクラフティ(p.150)やフロニャルド(p.136, p.206)とはまたひと味違う、食べごたえを感じさせる。

20.5×20.5×高さ2.5cmの角型・1台分

ガルニチュール garniture
　リンゴ pommes：2個
　バター beurre：34g
　グラニュー糖：34g
　sucre semoule

アパレイユ appareil
　全卵 œufs：100g
　グラニュー糖：30g
　sucre semoule
　薄力粉 farine ordinaire：60g
　ラム酒 rhum：7g
　溶かしバター：10g
　beurre fondu
　牛乳 lait：334g

澄ましバター：適量
beurre clarifié Q.S.

強力粉：適量 Q.S.
farine de gruau

下準備
＊型に澄ましバターを刷毛で塗り、強力粉をふっておく。

ガルニチュールを作る
1. リンゴは皮と芯を取り除き、2cm角に切る。
2. フライパンにバターを熱し、1を入れて軽く炒める。
3. グラニュー糖をふりかけ、キャラメル色になるまでソテーする。
4. バットにあけて冷ます。

アパレイユを作る。
5. ボウルに全卵を入れ、ホイッパーで溶きほぐす。グラニュー糖を加え、よく混ぜる。
6. 薄力粉を加え、粉が見えなくなるまで混ぜる。
7. ラム酒、溶かしバター、牛乳を順に加え、その都度よく混ぜる。

組み立て・焼成
8. 型に7を500g流し入れる。
9. 4をまんべんなく散らす。
10. 210〜220℃のオーブンで約40分焼く。
11. 網にのせて冷まし、型からはずす。

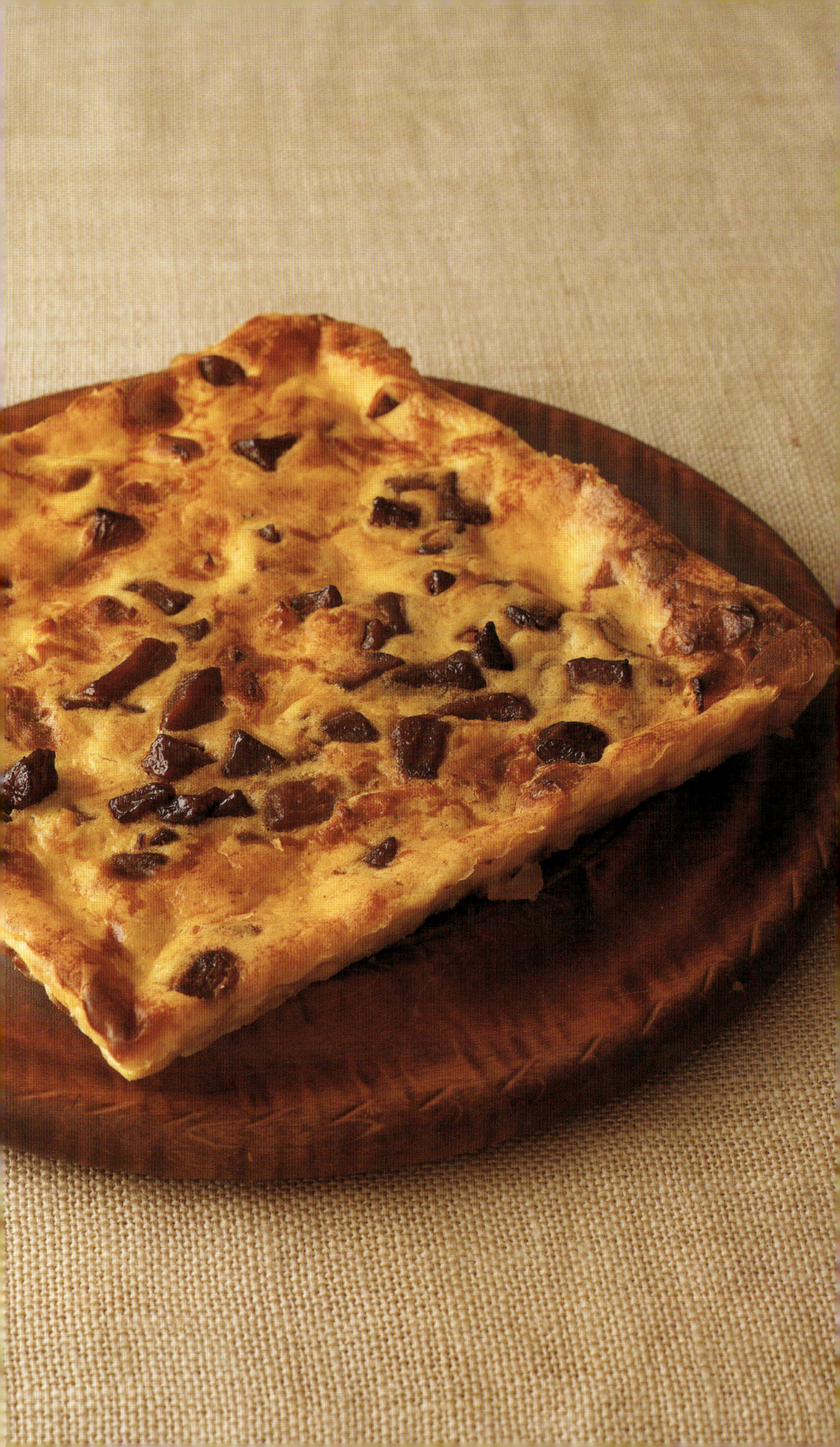

Millassou
ミヤスー

　ブロワ・デュ・ベアルン(p.187)と同じくミヤスーも、南西部で見られるブィイ(bouillie、粥)の一種、ミヤス(Millas)の類に含まれる菓子。ミヤスは、トウモロコシを指すmaïsやmilletから派生して名づけられたとされ、もともとはトウモロコシ粉に豚などの脂を混ぜてこってりした粥を作り、冷ましてから切って焼いたり、揚げたりしたものを言う。現在は塩味も甘味もあるが、ミヤスーと語尾がのびると菓子を指すようだ。

　トウモロコシ粉で作られるもののほか、現地では小麦粉のミヤスーも見られたので、ここでは後者を紹介しよう。口に入れると、やわらかめのういろうにも似たふるんとした弾力が感じられ、味わいはいたって素朴。粥状の菓子ならではのおいしさが楽しめると思う。

直径18×高さ4cmの
マンケ型・3台分

牛乳 lait : 500g
バター beurre : 30g
塩 sel : 2g
全卵 œufs : 250g
グラニュー糖 : 250g
sucre semoule
薄力粉 farine ordinaire : 100g
バニラシュガー sucre vanille : 2g
ラム酒 rhum : 20g

バター beurre : 適量 Q.S.

下準備
＊型にバターを手で塗っておく。

1. 鍋に牛乳、バター、塩を入れ、ホイッパーで混ぜながら沸騰させる。
2. ボウルに全卵を入れ、ホイッパーで溶きほぐす。グラニュー糖を加え、全体がやや白っぽくなるまでよく混ぜる。
3. 2に薄力粉、バニラシュガー、ラム酒を加え、粉が見えなくなるまでへらで混ぜる。
4. 3に1を注ぎ入れながら混ぜる。
5. 型に1台あたり370gずつ流し入れる。
6. 180℃のオーブンで焼き色がつくまで、約50分焼く。
7. 網にのせて冷まし、型からはずす。

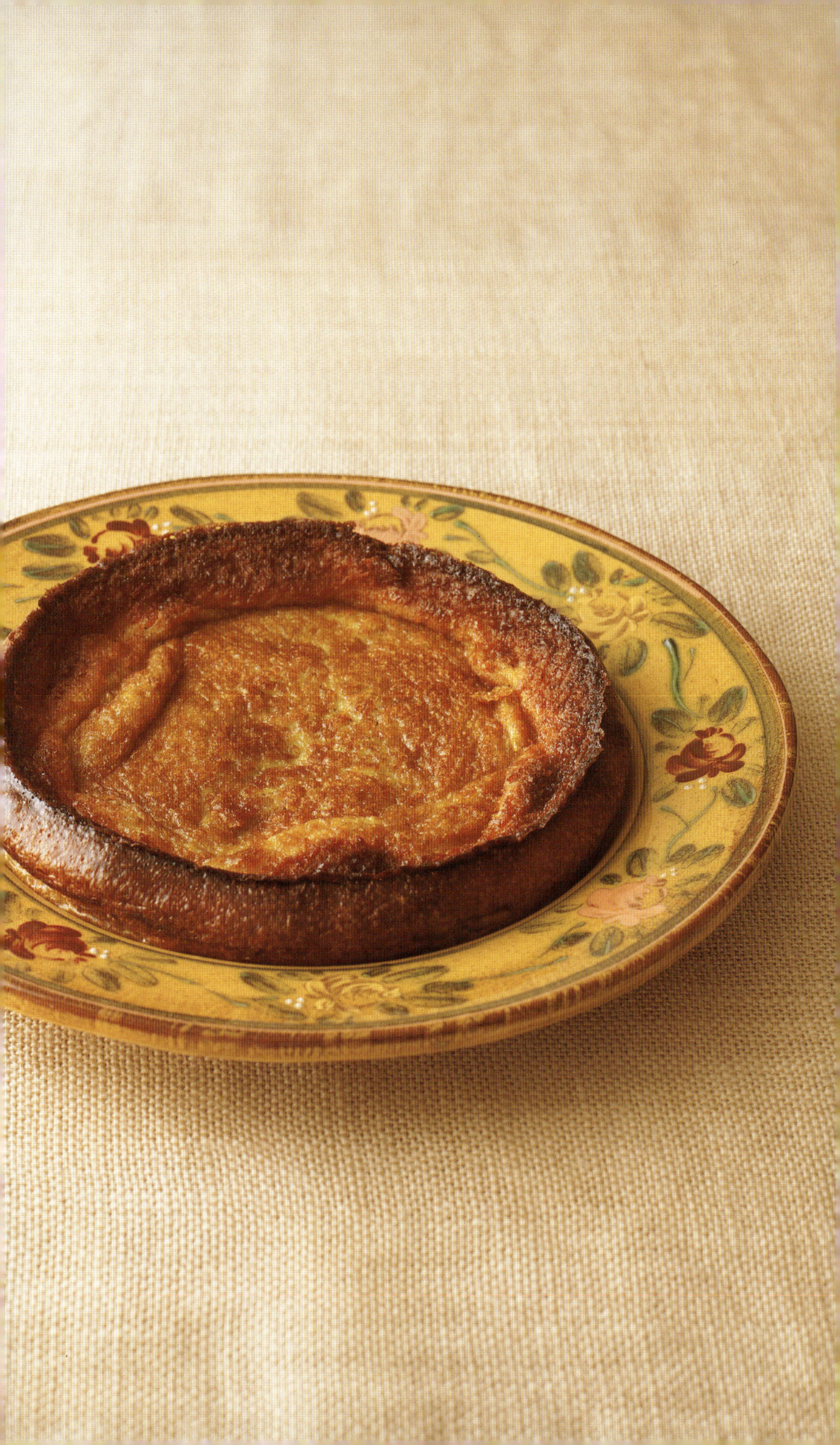

Millassou au Potiron

ミヤスー・オー・ポティロン

ミヤスー(p.214)はまた、地域によってカボチャを使って作られることもある。ボクッと崩れるとまではいかないが、カボチャならではのむっちりした食感が面白く、ラム酒との相性もよい。アルマニャックやレモンの皮、オレンジの花の水などで香りづけされることもあるようだ。

直径 15×高さ7cmの
ジェノワーズ型(底つき)・3台分

カボチャ(正味):500g
potiron

牛乳 lait:110g

バター beurre:100g

薄力粉 farine ordinaire:200g

グラニュー糖:200g
sucre semoule

バニラシュガー:0.5g
sucre vanille

ラム酒 rhum:20g

全卵 œufs:200g

澄ましバター:適量
beurre clarifié Q.S.

強力粉:適量
farine de gruau Q.S.

グラニュー糖:適量
sucre semoule Q.S.

下準備
＊型に澄ましバターを刷毛で塗り、強力粉をふっておく。

1. カボチャの種とワタを取り、皮を剥いて適当な大きさに切り、鍋に入れる。
2. 牛乳を加えて中火にかける。カボチャが牛乳をほぼ吸収し、柔らかくなるまで煮る。
3. 漉し網で漉し、ボウルに入れる。ポマード状にやわらかくしたバターを加え、へらで混ぜる。
4. 薄力粉を加えて混ぜ、粉が見えなくなったらグラニュー糖、バニラシュガーを加え混ぜる。
5. ラム酒、溶きほぐした全卵を加え、なめらかになるまで混ぜる。
6. 型に390gずつ流し入れる。
7. 180℃のオーブンに入れ、表面が焼けて乾いたらいったんオーブンから取り出す。
8. 上面にナイフで十字に切り込みを入れ、グラニュー糖をふる。
9. 再び180℃のオーブンに入れ、計約30分焼く。
10. 網にのせて冷まし、型からはずす。

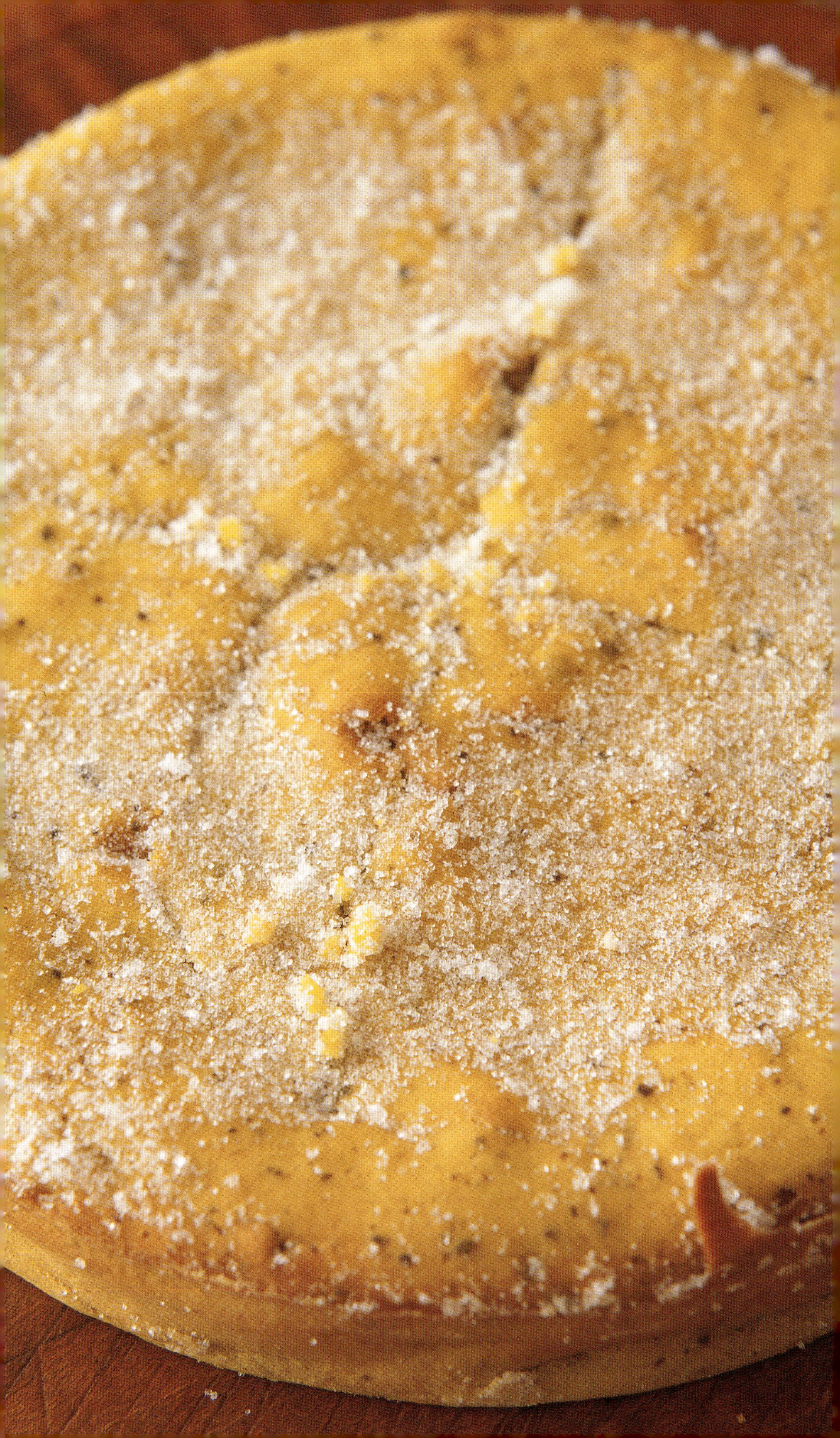

使うごとに洗わず、丁寧に
拭きながら20年以上
使い続けている、銅製のカヌレ型。

Bordelais
Poitou-Charente
Berry
Orléanais
Touraine
Anjou

ボルドレ、ポワトゥー=シャラント、
ベリー、オルレアネ、トゥーレーヌ、アンジュー

Bordelais
ボルドレ

ボルドーの起源は、紀元前3世紀のケルト人による都市、ブルディガラ(Burdigala)。ローマ時代からワインの一大産地となり、各国へ輸出。アキテーヌ公国の首都となり、12世紀には公女と後のイギリス王ヘンリー2世(Henri II)との再婚で、イギリスの支配下に入って大きく繁栄した。百年戦争で15世紀にフランス領へ戻り、18世紀には三角貿易でさらに発展。美食の地として知られ、周辺はボルドレ(ボルドー地方)とも語られる。菓子には小型のものが多く、アーモンド風味のパイをレモン風味のメレンゲで飾った、ファンショネット(Fanchonnette)もある。

▶主要都市:ボルドー(Bordeaux、パリから500km) ▶気候:穏やかなアキテーヌ気候。夏は気温が高くなる。 ▶果物:イチゴ、グロゼイユ、プラム、プルーン、レーヌ・クロード ▶酒:ワイン、アニゼット(Anisette、アニス酒)、フィーヌ・ボルドー、リレ(Lillet、白ワインのリキュール) ▶料理:エスカルゴ・ド・コーデラン(Escargots de Cauderan、エスカルゴと生ハム、白ワインの煮込み)、トリカンディーユ(Tricandilles、豚胃袋のグリル)、緑のソースを添えたアローズ(ニシン科の魚)のロースト(Alose Grillée à la Sauce Verte)

Poitou-Charente
ポワトゥー=シャラント

ポワトゥー地方は、北のポワトゥーと南のシャラントから成る地方。多くの湖沼を有する前者は6世紀にフランク王国領となり、ポワティエ伯、アキテーヌ公の統治を経て、15世紀までイギリス領とフランス領の間を行き来した地域。後者はサントンジュ、オーニス、アングーモワの旧3地方から成り、同じくイギリス領を経て14世紀にフランス領に併合されている。変化のある地形と温暖な気候を反映して多彩な食材が豊富に揃い、バターの質の高さでも名高い。菓子には果物が多く使われ、メルヴェイユ(Merveille)やグリモル(Grimolle、オーブンで焼いた果物入りクレープ)も見られる。

▶主要都市:ポワティエ(Poitiers、パリから295km)、ラ・ロシェル(La Rochelle、パリから399km) ▶気候:典型的な西岸海洋性気候で、温暖。 ▶果物:メロン、リンゴ(レネット・クロシャール種)、サクランボ、クルミ、モモ、栗、サントンジュのブリュニョン(Brugnon、モモの一種)、サン=ポルシェール(Saint-Porchaire)のリンゴ、シャスラ(Chassela、白ブドウの一種) ▶酒:コニャック、ピノー・デ・シャラント(Pineau des Charentes、ブドウ果汁にコニャックを加えた酒)、ニオール(Niort)のアンジェリカのリキュール、カモク(Kamok、コーヒーリキュール) ▶チーズ:カイユボット(Caillebotte)、シャビシュー・デュ・ポワトー(Chabichou du Poitou) ▶料理:ソース・ド・ピール(Sauce de Pire、豚の肺と肝臓を赤ワインや香辛料で煮込む)、ショードレ(Chaudrée、多種の魚を白ワインで煮込んだシャラント風ブイヤベース) ▶その他:エシレ(Échiré)などのバター、ニオール(Niort)のアンジェリカ、クルミオイル、サフラン、イル・ド・レ(Île de Ré)の海塩

Berry
ベリー

8〜9世紀のカロリング朝時代に伯爵領、14世紀中頃に公爵領となり、1601年にフランス王領に統合されたベリー地方。パリ盆地の南縁とマッシフ=サントラル(Massif Central、中央山地)の接点にあたる。田園風景が広がり、小麦栽培や牧畜、果樹栽培が盛ん。菓子には果物のアントルメが多く見られ、シトルイヤ(Citrouillat、カボチャのパテ)やサンショー(Sanciau、厚いクレープ)、大麦飴(Sucre d'orge)もある。

▶主要都市:ブールジュ(Bourges、パリから198km) ▶気候:概して温和な気候。湿潤な期間と寒冷で乾燥した期間が交互に現れる。 ▶果物:サクランボ、クルミ、洋ナシ、リンゴ(ベル・フィーユ・デュ・ベリー種)、サン=マルタン=ドキニー(Saint-Martin-d'Auxigny)のリンゴ、ヘーゼルナッツ ▶酒:ル・ブラン(Le Blanc)のキルシュ ▶チーズ:ヴァランセ(Valençay)、プーリニー=サン=ピエール(Pouligny-Saint-Pierre)、クロタン・ド・シャヴィニョル(Crottin de Chavignol)、セル=シュル=シェール(Selles-sur-Cher) ▶料理:ポ=ト=フ・ベリオー(Pot-au-Feu Berriaud、羊肩肉、牛肉、仔牛スネ肉の煮込み)、仔羊モモ肉の7時間煮込み(Gigot de Sept Heures) ▶その他:クルミオイル、ハチミツ

Orléanais
オルレアネ

オルレアン(Orléans)を中心にロワール川流域に広がるオルレアネ地方は、8〜9世紀にカロリング朝の下、公爵領が形成され、たびたびオルレアン家によって支配された地。古くから交通の要衝で多くの戦争や侵略に見舞われ、百年戦争では孤立したオルレアンを、ジャンヌ・ダルク(Jeanne d'Arc)が解放。17世紀にフランス王領に併合されたが、その後も激戦の舞台となった。農業や牧畜、養蜂が盛んで果物も豊富。オルレアン(Orléans)のコティニャック(Cotignac、マルメロのマーマレード)も知られる。

▶主要都市:オルレアン(Orléans、パリから111km) ▶気候:概して温和な気候。湿潤な期間と寒冷で乾燥した期間が交互に現れる。 ▶果物:マルメロ、イチゴ、プルーン、グロゼイユ、カシス、フランボワーズ、レーヌ・クロード ▶酒:オリヴェ(Olivet)の洋ナシのオード・ヴィ ▶チーズ:オリヴェ(Olivet)、ピティヴィエ・オー・フォワン(Pithiviers au Foin) ▶料理:鯉のシャンボール風(Carpe à la Chambord、詰め物をした鯉の赤ワイン蒸しに魚のクネルや白子、ザリガニ、トリュフを添える)、ヒバリのパテ(Pate d'Alouettes) ▶その他:ガティネ(Gâtinais)のハチミツ

Touraine
トゥーレーヌ

「フランスの庭(Le Jardin de France)」と称されるトゥーレーヌ地方は、ロワール川や丘陵が広がる風光明媚な地。メロヴィング朝時代に伯領となり、10世紀まで続いた。その後アンジュー伯とブロワ伯の係争地となり、13世紀にフランス王領へ併合。諸王の愛する地として、時に文化や政治の中心としての役割を担い、16世紀には数々の壮麗な城館や城塞が建てられた。食材に恵まれた美食の地で、菓子にはパンやブリオッシュ生地主体のものが多く、果物を合わせることも多い。ヌガー・ド・トゥール(Nougat de Tours、フリュイ・コンフィやマカロナードを詰めたタルト)も有名。

▶主要都市:トゥール(Tours、パリから205km) ▶気候:一年を通じて温和な気候で、降水量は比較的少ない。 ▶果物:イチゴ、メロン、洋ナシ(ウィリアムス種やパス=クラサーヌ種)、リンゴ(レネット種やゴールデン種)、シャスラ(Chasselas、白ブドウの一種)、プラム(レーヌ・クロードなど) ▶酒:ワイン ▶チーズ:サント=モール・ド・トゥーレーヌ(Sante-Maure de Touraine) ▶料理:ジェリーヌ黒鶏のヴーヴレイワイン煮込み(Geline à la Lochoise)、リヨン(Rillons、塩漬け豚をラードで煮る) ▶その他:バジル、リヴァレンヌ(Rivarennes)のポワール・タペ(Poire Tapée、乾燥焼きして叩いた洋ナシ)

Anjou
アンジュー

ロワール川流域の自然豊かなアンジュー地方。9世紀に伯領が形成され、周辺への支配を拡大。12世紀にイギリス王ヘンリー2世(Henri II)がこの家から誕生し、イギリス領となるが、13世紀にフランス王領へ奪還された。その後アンジュー公領となり、15世紀に最終的にフランス王領へ再併合された。西部は牧畜が盛んで、農牧地を生垣や林で囲んだボカージュ(Bocage)が見られる。東部は果樹や野菜の栽培が盛んで、果物のタルトやパテ、ボトロー(Bottereau、揚げ菓子)、マカロン、糖菓が作られる。

▶主要都市:アンジェ(Angers、パリから265km) ▶気候:温暖な気候。 ▶果物:カシス、イチゴ、フランボワーズ、洋ナシ(ドワイエネ・デュ・コミス種)、リンゴ(レネット・デュ・マン種)、レーヌ・クロード、ミラベル ▶酒:ワイン、コアントロー(Cointreau、オレンジのリキュール)、ギニョレ(Guignolet、チェリーブランデー)、マント・パスティーユ(Menthe-Pastille、ミントのリキュール)、甘口ワイン ▶料理:アンジュー風キュ・ド・ヴォー(Cul de Veau à l'Angevine、白ワインやブイヨンで煮込んだ仔牛モモ上部肉にタマネギのピュレやモリーユ茸のクリーム煮を添える)、川カマスのブール・ブラン添え(Brochet au Beurre Blanc) ▶その他:ポム・タペ(Pomme Tapée、乾燥焼きして叩いたリンゴ)

Macaron de Saint-Emillion
マカロン・ド・サン=テミリオン

ボルドーワインの中でも、銘醸ワインの産地として知られるサン=テミリオン (Saint-Émillion) は、ブドウ畑に囲まれた丘の上の小さな村。石造りの建物と複雑に入り組んだ細い石畳の路地が中世の趣を今に伝え、訪れるワイン愛好家や観光客の目を楽しませている。町の名前は、8世紀にこの地で洞窟を掘って隠遁生活を送った、聖エミリオン (Saint-Émillion) に由来するそうだ。

ワインカーブやカフェを眺めながら、迷路のような小道を歩いていると、目に留まるのが硫酸紙をつけたまま箱に入れて売られている、素朴なマカロン・ド・サン=テミリオンだ。17世紀 (18世紀とも) にはすでに、ウルスラ会の修道女ら (les Ursulines) によって作られていたとされる、村自慢の伝統菓子だ。フランス革命によって修道院を追われた彼女たちが、村に住む一家にルセットを託し、世代を超えて今も大切に作り継がれているという。

甘めのワインを材料に加え、温めながら生地を作るのが特徴で、外はカリッ、中はやわらか。最初に熱を入れることで、しっかりした質感の生地になり、だらりと広がらずに焼き上がるのだろう。噛みしめると、ビターなアーモンドの奥から、ワインの香りがふわっと鼻を抜ける。表面がひび割れた素朴な表情にも魅きつけられる。

直径 約5cm・約23枚分

A. アーモンドパウダー amande en poudre : 175g
　グラニュー糖 sucre semoule : 75g
　ハチミツ miel : 3g
　白ワイン vin blanc : 23g
　卵白 blancs d'œufs : 30g

白ワイン vin blanc : 23g
粉糖 sucre glace : 75g
卵白 blancs d'œufs : 30g

粉糖 sucre glace : 適量 Q.S.

---

1. 鍋にAを入れ、へらでよく混ぜる。
2. 混ぜながら弱火で約5分加熱する。
3. 温かいうちに白ワイン23gを加え混ぜ、そのまま冷ます。
4. 粉糖と卵白を3に加え、なめらかになるまでへらで混ぜる。
5. 口径12mmの丸口金をつけた絞り袋に入れ、オーブンペーパーを敷いた天板に直径約4cmの円形に絞る。
6. 粉糖をふる。
7. 180℃のオーブンで約20分焼く。
8. オーブンペーパーごと網にのせて冷ます。

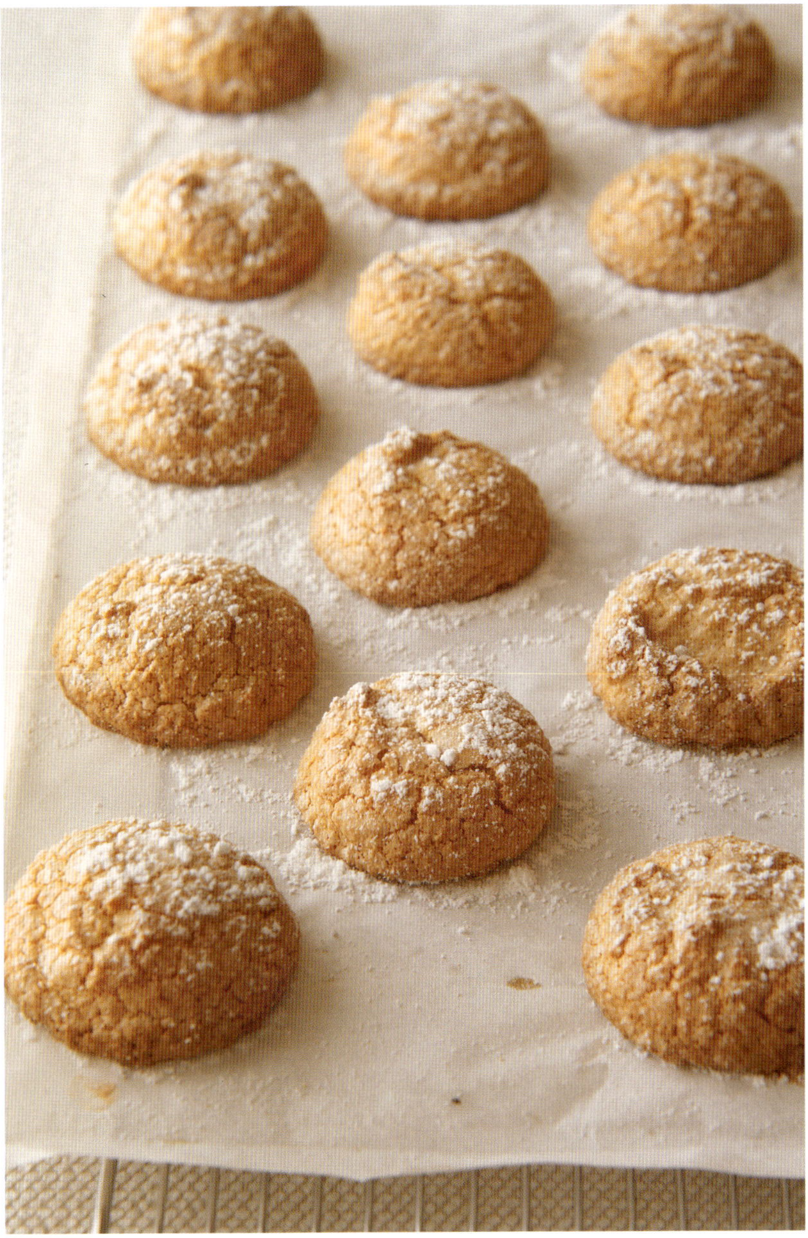

Cannelé de Bordeaux
カヌレ・ド・ボルドー

カヌレは、縦溝のある型で焦げ茶色になるまで焼かれた、小さな菓子。誕生の経緯についてははっきりしていないが、一説では、16世紀頃に修道女たちが棒状に作っていた小菓子が起源と言われる。そのレシピはいったん消滅したが、1830年頃、現在のような形となって復活したそうだ。また、かつては修道院でワインが造られており、その澱を取り除くために卵白が使われ、残った卵黄を利用してカヌレが作られたという話もよく聞かれる。

私のカヌレとの出会いは、衝撃的なものだった。旧態依然としたパリの菓子の状況に失望し、パリを離れ、ブドウ摘みのアルバイトでもしてみようとボルドー(Bordeaux)近くのシャトーで働いていた時のことだ。ある休日、何とはなしに隣町のリブルヌ(Libourne)へ出かけ、偶然、「ロペ(Lopéz)」という菓子屋に行き当たった。しばらく菓子を遠ざけていた私だったが、とりあえず入ってみることにし、扉を開けた途端、目に飛び込んできたのが山盛りのカヌレ。「何だ、この真っ黒焦げの菓子は！」。あまりの黒さにたじろぎつつも口に入れると、ガリッとした焼き面とは裏腹に、中はむっちりとやわらかく、バニラとラム酒の香りがふわっと広がる。そのおいしさに私は驚かされ、激しく心を揺さぶられた。「俺には、まだまだ知るべきことがたくさんある！」。私を再び菓子の世界へと引き戻し、郷土菓子に目を向けさせた忘れ難い出来事だった。

どうしてもこの菓子のことを知りたくて、パリ(Paris)に戻ってからも「ロペ」には何度も通い、情報を求めた。しかし、材料や製法はおろか、型についても一切教えてはくれなかった。当時はまだ、カヌレはその土地だけで受け継がれる門外不出の菓子として、頑なに守られていたのだ。もちろんパリで知る人もなく、古い文献にも蜜蝋を使うことや型の形状は書かれていたが、配合の記載はなかった。もはや為す術もない。私はひとり、型の中で煮えくり返り、むっちりした粥状に焼けていくカヌレの様を想像し、自分なりにルセットを思い描くしかなかった。

ようやく型を手に入れたのは、それから数十年後。ピエール・エルメ(Pierre Hermé)がパリの「フォション(Fauchon)」でカヌレを売り出し、広く知られたのがきっかけだった。パリの料理道具屋、「ドゥイルラン(Dehillerin)」で銅製の型を見つけた時の喜びは、言葉では言い尽くせない。その後幾度となく失敗を重ね、できあがったのがこのカヌレ・ド・ボルドーだ。ポイントは、牛乳を沸騰させてから一晩寝かせ、卵や砂糖、小麦粉を混ぜ合わせた後、再び一晩寝かせること。これにより、生地が安定してきれいに焼き上がる。伝統的には型に蜜蝋を塗るが、ヌルっとした感触が残るのにどうしても抵抗があり、私はバターとハチミツを塗っている。

口径5.5×高さ5cmの
カヌレ型・12個分

低温殺菌牛乳：500g
lait pasteurisé

バニラスティック：½本
gousse de vanille

薄力粉 farine ordinaire：70g
強力粉 farine de gruau：55g
グラニュー糖：250g
sucre semoule

卵黄：45g
jaunes d'œufs

全卵 œufs：25g

ラム酒 rhum：43g

焦がしバター：25g
beuure noisette

バター beurre：適量 Q.S.
ハチミツ miel：適量 Q.S.

下準備
＊ポマード状のバターを型に指で薄く塗り、その上にハチミツを薄く塗っておく。

1. 牛乳と裂いたバニラスティックを鍋に入れ、火にかけて沸騰させる。
2. ボウルに入れて粗熱を取り、ラップフィルムをかけて冷蔵庫で一晩休ませる。
3. 別のボウルに薄力粉、強力粉、グラニュー糖を入れてホイッパーでよく混ぜる。
4. 中央に窪みを作り、1を注ぎ入れて静かに全体を混ぜる。
5. 卵黄と全卵を合わせてよく溶きほぐし、4に加えて同様に混ぜる。
6. ラム酒、焦がしバター(室温)を順に加え、その都度よく混ぜる。
7. 6を漉して別のボウルに入れる。バニラの種をゴムべらでしごき入れ、鞘も加える。
8. 生地に密着させてラップフィルムをかけ、冷蔵庫で一晩休ませる。
9. 型を天板に並べる。8のバニラの鞘を取り除き、型の8～9分目まで流し入れる。
10. 上火230℃、下火240℃のオーブンで30分、上火200℃、下火240℃で30分焼く。
11. 天板にのせたまま冷まし、粗熱が取れたら型からはずす。

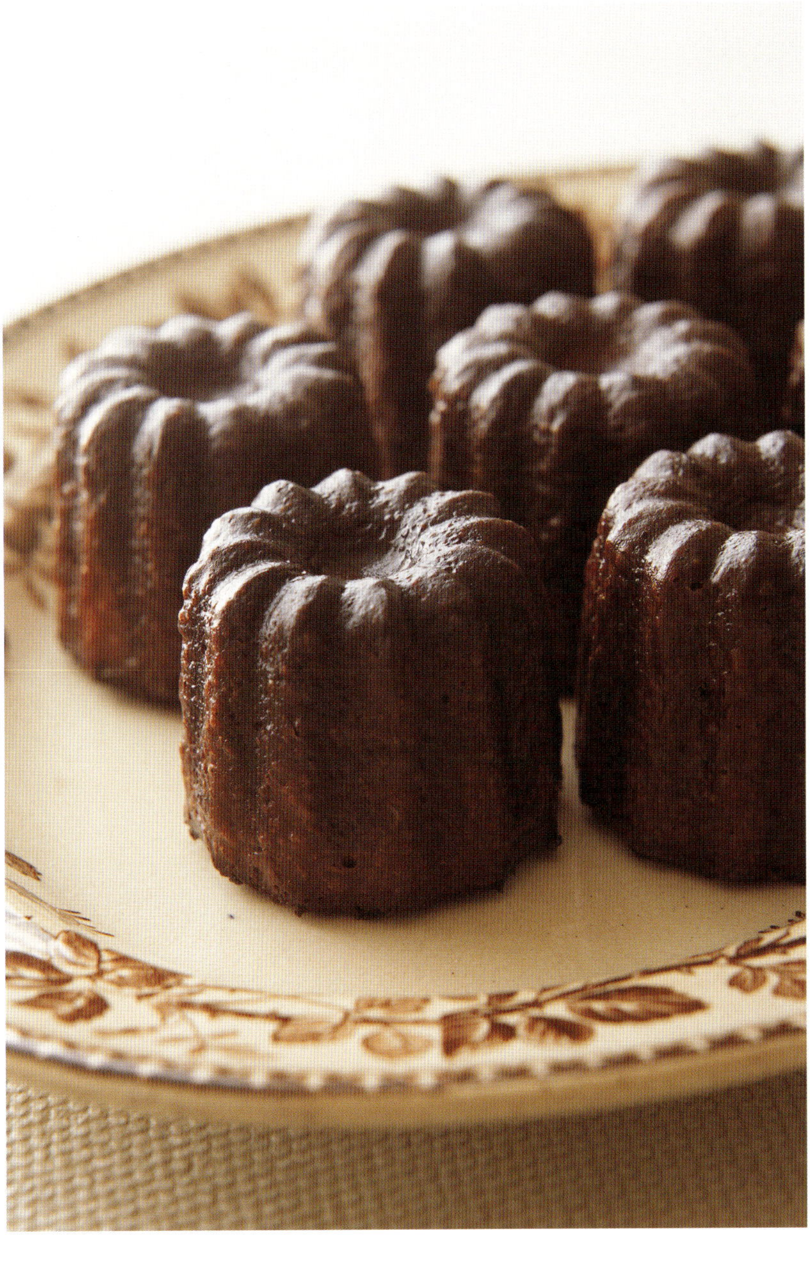

Crème au Cognac
クレーム・オー・コニャック

　コニャック（*Cognac*）は、シャラント川に臨むシャラント県の町。この町一帯で造られるコニャックは、上質なブランデーとして世界中に名声を轟かせている。もとはボルドーワインの勢いに押され、やむを得ずワインを蒸留したのが始まりとか。しかしながら、シャラント型と呼ばれる単式蒸留器で2回蒸留の後、リムーザン地方産オーク材の樽で熟成して醸されたアロマは、類まれなまろやかさと気品に満ち溢れている。

　町の名物クレーム・オー・コニャックに使われるのもやはり、このコニャック。これだけお酒を効かせる菓子もめずらしい。一般的にはポ・ド・クレーム（*Pot de Crème*）と呼ばれる、卵、牛乳、砂糖がベースのアパレイユを小さな容器に流して焼くプディングの一種だが、アパレイユを加熱しながら泡立てるので、食感が違う。口当たりはふわっ、ふるんとやわらかく、口溶けはクリームのようになめらか。泡立てたアパレイユを一度冷ましてからコニャックを加えて焼くので、上品な香りがしっかり残り、口溶けとともに豊かに花開く。現地ではビストロのデザートとしてもしばしば登場し、もう少しコニャックが強いのだが、このルセットではやや控えめにしている。

直径6×高さ4cmの
ココット型・16個分

牛乳 lait：370g
生クリーム（乳脂肪分48％）：127g
crème fraîche 48% MG
全卵 œufs：100g
卵黄 jaunes d'œufs：80g
グラニュー糖：125g
sucre semoule
コニャック cognac：13.5g

バター beurre：適量 Q.S.

下準備
＊型にポマード状にしたバターを刷毛で薄く塗る。

1. 鍋に牛乳と生クリームを入れ、強火で沸騰させる。人肌程度の温度に冷ます。
2. ボウルに全卵、卵黄、グラニュー糖を入れ、ホイッパーで白っぽくなるまでよく混ぜる。
3. *1*を*2*に注ぎ混ぜ、*1*の鍋に戻し入れる。強めの中火にかけ、ホイッパーで泡立てながら熱する。
4. ぶくっと大きめの泡があがり、もったりしたとろみがついたら火から下ろす。そのまま冷ます。
5. コニャックを加え、ホイッパーで混ぜる。
6. バットに並べたココット型に、8分目まで(1個あたり40gが目安)流し入れる。
7. *6*のバットに30℃くらいのぬるま湯を深さ1cm程度まで注ぎ入れる。
8. バットごと180℃のオーブンに入れ、表面を手で触ってもつかなくなるまで、約30分焼く。

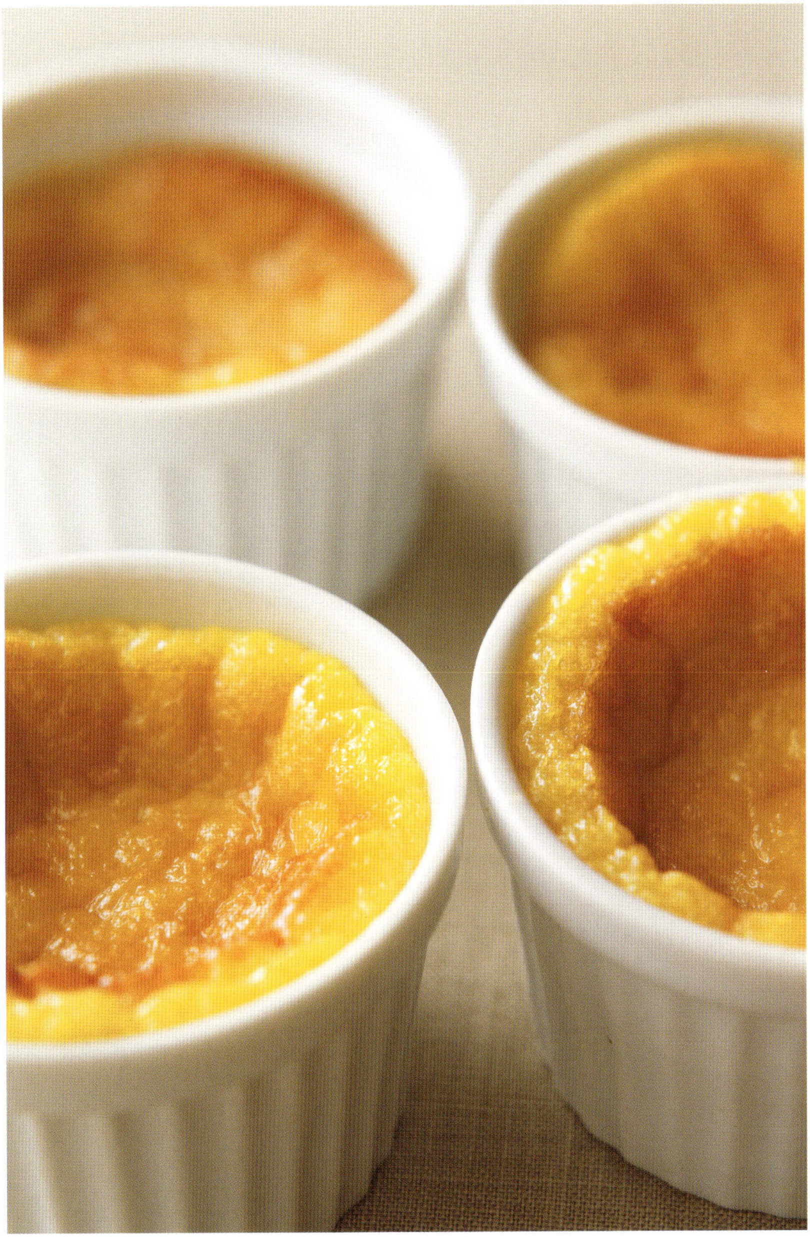

Tartelette aux Amandes et au Chocolat
タルトレット・オー・ザマンド・エ・オー・ショコラ

かつてのアングーモワ州の州都であり、現在はシャラント県の県都となっているアングレーム(Angoulême)は、シャラント川に臨む丘の上にある、城壁に囲まれた町。町の歴史はローマ時代以前に遡り、旧市街の中心には、レリーフに覆われたファサードが壮麗な、ロマネスク様式のサン=ピエール大聖堂が建つ。パリ(Paris)とボルドー(Bordeaux)を結ぶ交通の要衝として、さまざまな工業が発展してきた。

この町の名物とされるのが、タルトレット・ダングレーム(Tartelette d'Angoulême)、もしくはタルト・ダングレーム(Tarte d'Angoulême)とも呼ばれる、タルトレット・オー・ザマンド・エ・オー・ショコラだ。アーモンドとチョコレート風味の生地をタルト台に流し入れ、オーブンで焼き上げる。加える酒はもちろん、この地方特産のコニャックだ。地方菓子を紹介する本で見つけて作ってみたのだが、なかなか旨い。粉糖をふって焼くのでガルニチュールにやわらかく火が入り、ガトー・オー・ショコラ・クラシックにも似たほろ苦さ。香ばしいサブレ生地とマッチしている。

直径7×高さ1cmの
タルトレット型(菊型)・30個分

パート・サブレ pâte sablée
：以下のうち約300g使用
  薄力粉 farine ordinaire：250g
  バター beurre：125g
  塩 sel：2g
  グラニュー糖：125g
  sucre semoule
  全卵 œufs：50g

ガルニチュール garniture
  全卵 œufs：225g
  グラニュー糖：188g
  sucre semoule
  アーモンドパウダー：225g
  amande en poudre
  カカオパウダー：150g
  cacao en poudre
  コニャック cognac：22.5g
  溶かしバター：75g
  beurre fondu

粉糖 sucre glace：適量 Q.S.

パート・サブレを作る
1. 薄力粉を台にふるい出す。手で揉んでやわらかくしたバターをのせ、粉をまぶしながら指先で揉むようにしてすり混ぜ、ほろほろとした砂状にする。
2. 中央に窪みを作り、塩とグラニュー糖を加えて軽く泡立てた全卵を入れ、周りの粉を崩しながら手で揉むようにしてひとまとまりになるまで混ぜる。
3. 手の平で少し練るようにしてボール状に丸め、ビニール袋に入れて冷蔵庫で1時間以上休ませる。
4. 厚さ2.5mmにのばし、直径8cmの円形に切る。
5. 縁の生地を少したるませた状態で型に敷き込む。
6. たるませた生地を指でつまんで上に立ち上げる。パイばさみで斜めに細かくはさみ、縄目模様をつける。

ガルニチュールを作る
7. ボウルに全卵とグラニュー糖を入れ、ホイッパーでよく混ぜ合わせる。
8. 7にアーモンドパウダーとカカオパウダーを加えて手早くざっと混ぜ、コニャックを加え混ぜる。
9. 溶かしバター(40〜50℃)を加え混ぜる。

仕上げる
10. 口径10mmの丸口金をつけた絞り袋に9を入れ、6に渦巻き状に絞り入れる。
11. 粉糖をたっぷりふり、180℃のオーブンで約30分焼く。
12. 型からはずし、網にのせて冷ます。

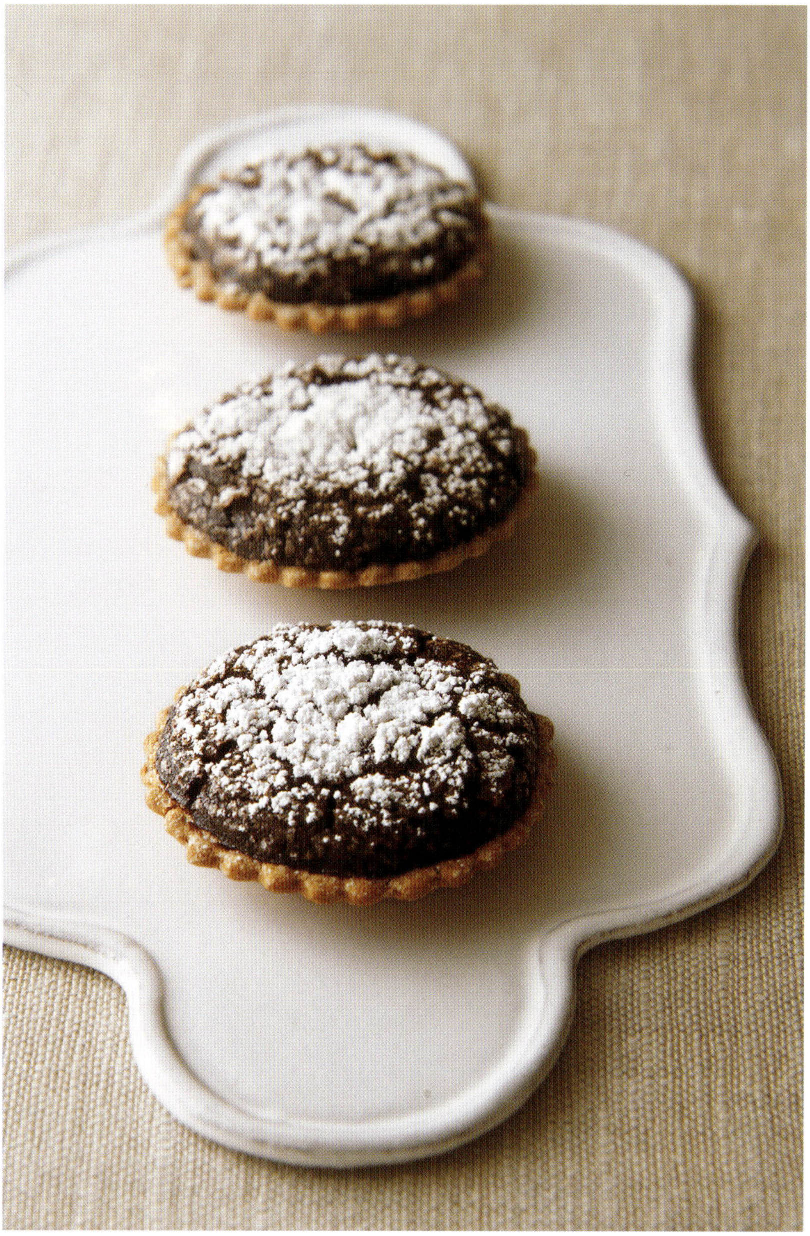

Poitou-Charente | ポワトゥー=シャラント　　Flan de Poire Charentais

Flan de Poire Charentais
フラン・ド・ポワール・シャランテ

　フラン・ド・ポワール・シャランテとはつまり、シャラント地方風洋ナシのフランのこと。タルト台にクレーム・パティシエールを詰め、洋ナシのコンポートをのせて焼き上げる。シンプルなタルトだが、洋ナシの汁気でクリームがみずみずしく、やわらかな印象になり、フラン・パリジャン・ア・ラ・クレーム(p.316)とはひと味違ったおいしさが楽しめる。決め手はなんと言っても、上面に塗るコニャックを加えたアンズジャムだ。地元産の上質なブランデーの芳しい香りがアンズの甘酸っぱさとともに加わり、シャラント地方らしさを醸し出している。

直径18×高さ2cmの
タルトリング型・2台分

パート・ブリゼ pâte brisée
　水 eau：200g
　塩 sel：1g
　グラニュー糖：15g
　　sucre semoule
　薄力粉 farine ordinaire：250g
　バター beurre：125g

コンポート・ド・ポワール
compote de poires
　洋ナシ poires：2個
　ボーメ20°のシロップ：適量
　　sirop à 20°Baumé Q.S.

クレーム・パティシエール
crème pâtissière
　牛乳 lait：500g
　バニラスティック：1本
　　gousse de vanille
　全卵 œufs：100g
　グラニュー糖：75g
　　sucre semoule
　強力粉 farine de gruau：60g
　バター beurre：20g

アンズジャム：適量
　confiture d'abricots Q.S.
コンポート・ド・ポワールの
シロップ：適量
　sirop de compote de poires Q.S.
コニャック cognac：適量 Q.S.

パート・ブリゼを作る
1. 「基本」の「パータ・フォンセ」と同じ要領で作る。ただし、卵黄は入らない。
2. 厚さ2mmにのばす。
3. 型よりひとまわり大きい円形に1台につき1枚切り、ラップフィルムをかけて冷蔵庫で1時間以上休ませる。
4. 型に敷き込み、冷蔵庫で1時間以上休ませる。
5. 生地の側面を指で押して型に密着させ、はみ出した生地を切り落とす。
6. 天板にのせ、内側にオーブンペーパーを敷いて重石を詰め、180℃で約30分空焼きする。
7. オーブンペーパーごと重石をはずし、180℃のオーブンでさらに5分ほど焼く。
8. 網にのせて冷ます。

コンポート・ド・ポワールを作る
9. 洋ナシの皮と芯を取り除き、縦4等分に切る。
10. 鍋に入れ、ボーメ20°のシロップをひたひたに加えて弱火にかける。
11. 竹串がすっと通るまで煮えたらバットに移し入れ、シロップに漬けたまま冷ます。

クレーム・パティシエールを作る
12. 「基本」の「クレーム・パティシエール」と同じ要領で作る。ただし、卵黄の代わりに全卵を加える。

仕上げる
13. 12を熱いうちに、8の2/3程度の高さまで流し入れる。
14. 11の背に斜めに切り込みを入れ、1台あたり4切れを少し広げるようにして13の中に放射線状に並べる。
15. 残りの12を、型いっぱいまで流し入れる。
16. 180℃のオーブンで約40分焼く。
17. 網にのせて粗熱を取る。
18. アンズジャムに11のシロップとコニャックを適量加えて沸騰させ、塗りやすい固さにのばす。
19. 18を17の上面に刷毛で塗る。

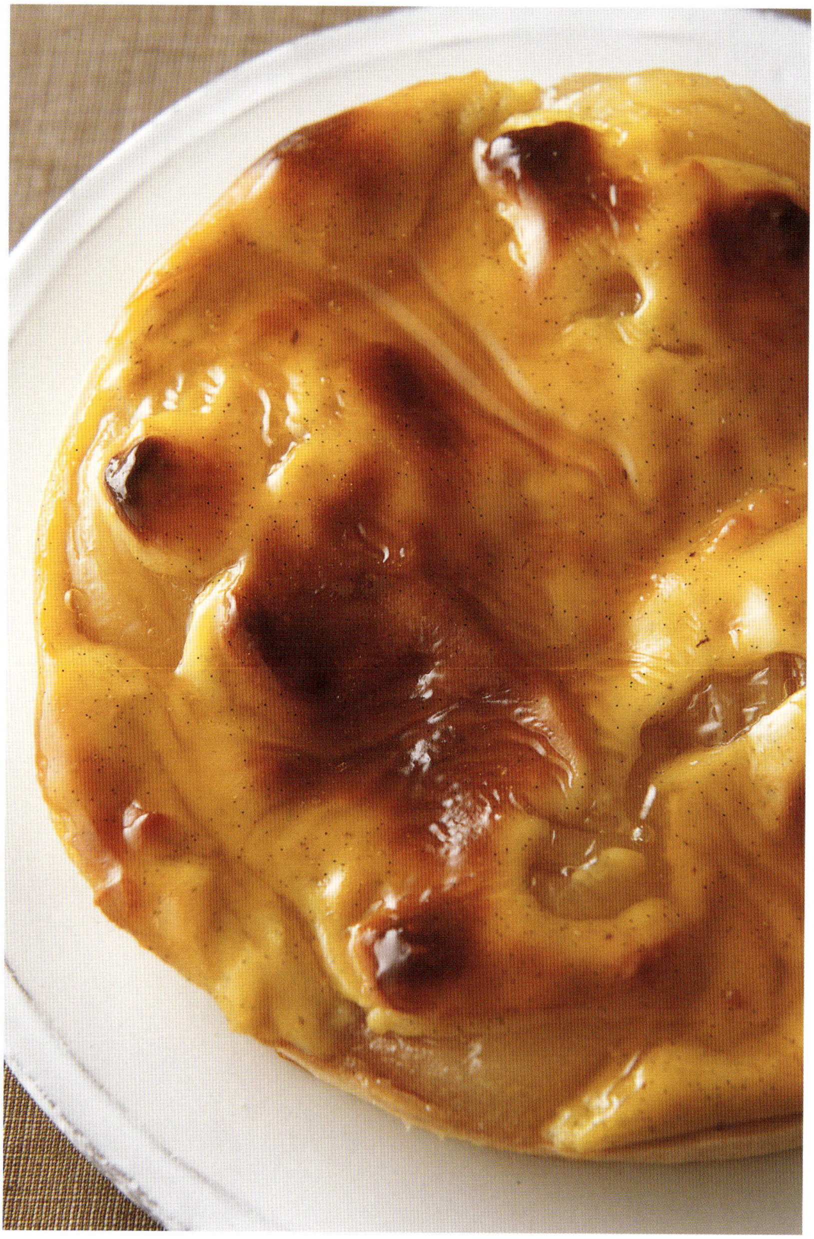

Tourteau Fromager (Fromagé)
トゥルトー・フロマージェ

"こんがり"をとうに通り越した、真っ黒焦げの姿に驚かされるトゥルトー・フロマージェは、ポワトゥー地方とヴァンデ地方に伝わる、シェーブルチーズのケーキ。フランス菓子ではなかなかお目にかかれない、いわゆるチーズケーキの一種だ。アンゼリカやコニャックを加えるなど、さまざまなバリエーションが見られる。両地方のいろいろな町で作られているが、発祥はポワトゥー地方のリュジニャン(Lusignan)だと、『新ラルース料理大辞典(Larousse Gastrojomique)』(1996)には書かれている。パティスリーやブーランジュリーで見かけることはなく、売られていたのはほとんど、チーズ専門店やスーパーだった。

恐る恐る口に入れると、高温で真っ黒になるまで焼かれた表面は、当然のことながらほろ苦く、さっくり。が、中から現れる、しっとりきめ細やかでやさしい味わいのアパレイユと出会うと、意外にもまろやかな調和が生まれる。それはまるで、サツマイモの甘みを引き立てる、焼き芋の皮の香ばしさのようでもある。

味わいのポイントは、アパレイユに地元のフレッシュなシェーブルチーズを使うこと。山羊乳特有の酸味とほんのり広がる香りが、他の菓子にはないおいしさを感じさせる。縁が開いた浅いドーム状の型に敷いて焼く、パータ・フォンセの塩気や香ばしさとも好相性だ。表面をひび割れさせず、つるんと焼き上げるには、パータ・フォンセを敷きこんで冷蔵庫で一晩休ませてから、余分な生地を切り落とすこと。焼き縮みが軽減され、アパレイユの表面が引っ張られて割れることなく焼き上がる。焼成の途中でオーブンからいったん取り出し、ペティナイフを差し入れて型から生地を離しておくのも有効だ。

直径14×高さ5cmの
ドーム型・4台分

パータ・フォンセ pâte à foncer
全卵 œufs:50g
卵黄 jaunes d'œufs:20g
水 eau:80g
塩 sel:10g
グラニュー糖:20g
sucre semoule
薄力粉 farine ordinaire:500g
バター beurre:300g

アパレイユ appareil
シェーブルチーズ(フレッシュタイプ):292g
fromage de chèvre
グラニュー糖:180g
sucre semoule
卵黄 jaunes d'œufs:180g
薄力粉 farine ordinaire:22g
強力粉 farine de gruau:67g
卵白 blancs d'œufs:270g
塩 sel:4.5g
グラニュー糖:112g
sucre semoule
レモン果汁 jus de citron:6.7g

バター beurre:適量 Q.S.

下準備
＊型にバターを指で薄く塗っておく。

パータ・フォンセを作る
1. 「基本」の「パータ・フォンセ」と同じ要領で作る。ただし、全卵は卵黄と一緒に入れる。
2. 1台あたり50gずつに分割し、厚さ1.5mmの円形にのばす。ラップフィルムをかけて1時間以上冷蔵庫で休ませる。
3. 型に敷き込む。
4. 2の残りの生地をボール状に丸め、打ち粉をつけて型の内側に押しつけ、生地を型に密着させる。はみ出た生地は切り落とさず、そのまま冷蔵庫で一日休ませる。

アパレイユを作る
5. ボウルにシェーブルチーズとグラニュー糖180gを入れ、へらでなめらかになるまでよく混ぜる。
6. 卵黄を加えてよく混ぜ、薄力粉と強力粉を加え、しっかり混ぜる。
7. 卵白に塩を加え、高速のミキサー(ホイッパー)で泡立てる。グラニュー糖112gを少しずつ加えながら、固く角が立つまでしっかり泡立てる。
8. 7にレモン果汁を加えてへらで混ぜる。
9. 8を6に2回に分けて加えながら、艶が出るまでよく混ぜ合わせる。

仕上げる
10. 4を取り出し、生地の側面を指で押して型に密着させる。はみ出した生地をパレットナイフで切り落とす。
11. 9を4等分して10に流し入れる。
12. 220℃のオーブンで15〜20分、色づいて膨らむまで焼く。
13. いったんオーブンから取り出し、型と生地の間にペティナイフを少し差し入れて、くっついている部分を離す。
14. 再び200℃のオーブンに入れ、20〜25分焼く。網にのせて冷まし、型からはずす。

Broyé du Poitou
ブロワイエ・デュ・ポワトゥー

ブロワイエ・デュ・ポワトゥーは、ポワトゥー地方で作られるガレットの一種。ブロワイエ(Broyé)とはフランス語で"砕いた"を意味し、拳で叩き割り、皆で分け合いながら食べることに由来するという。

　良質なシャラント地方産のバターをたっぷり使って作られるので、豊かな風味がこの上なく、サブレのような食感が持ち味。が、型に詰めて厚めの円盤状に焼くので乾燥しすぎず、ザクッ、ホロッと崩れながらも、中心はややねっとりしている。ポワトゥー地方ニオール(Niort)名産のアンゼリカ(セリ科の西洋トウキの茎を砂糖漬けにしたもの)を混ぜたものも見られ、独特の風味が加わってまたおいしい。

直径18×高さ2cmの
菊形のタルト型
(底が抜けるもの)・3台分

バター beurre:500g
グラニュー糖 sucre semoule:500g
塩 sel:1g
全卵 œufs:100g
ラム酒 rhum:27g
薄力粉 farine ordinaire:1kg

バター beurre:適量 Q.S.
塗り卵(卵黄+コーヒーエッセンス"トラブリ")
:適量
dorure (jaunes d'œufs + extrait de café « Trablit ») Q.S.

下準備
＊型にバターを手で薄く塗る。

1. バターを手で揉んで柔らかくし、台の上に置く。
2. グラニュー糖、塩、全卵、ラム酒を加え、手で練り混ぜる。
3. 薄力粉を数回に分けて加え、その都度、よく手で混ぜる。混ぜ終わりは、手にべったりつくくらいのやわらかい状態でOK。
4. 型に3を1台あたり650gずつ入れ、手で平らにならす。
5. 上面に塗り卵を刷毛で薄く塗る。乾いたらもう一度、塗り卵を塗る。
6. 上面に星の抜き型を押し付けて模様を刻む。
7. 180℃のオーブンで約45分焼く。
8. 型からはずし、網にのせて冷ます。

Macaron de Montmollion
マカロン・ド・モンモリヨン

　フランスには数々の有名なマカロンがあるが、ポワティエ(Poitiers)の南東50kmに位置するモンモリヨン(Montmollion)の名物、マカロン・ド・モンモリヨンもまた、味わい深い一品だ。豊かな自然に囲まれ、中世の趣を今も宿すこの町で、17世紀にはすでに作られていたという。町のスペシャリテとして知られるようになったのは、19世紀に入ってからのこと。かのピエール・ラカン(Pierre Lacam)も、自著の『歴史的、地理的製菓覚書(Le Mémorial Historique et Géographique de la Pâtisserie)』(1890)で、このマカロンを紹介している。

　材料はアーモンド、卵白、砂糖のみ。星形の口金をつけた絞り機に出来上がった生地を入れ、王冠状に絞って焼くのが特徴で、現地では紙につけたまま店頭で売られている。数あるマカロンの中でも非常に固い生地なので、絞り袋ではなく、バズーカのような特別な絞り機を使って絞るようだ。が、焼き上がったものを食べてみると、中はソフトで香ばしく、アーモンドの甘みがふくよかに広がる。

---

1. アーモンドとグラニュー糖を混ぜ合わせ、ローラーに約3回かけて粗めの粉末状にする。
2. 1と卵白をボウルに入れ、へらでよく混ぜる。
3. 口径10mmの星口金をつけた絞り袋に入れ、ロール紙を敷いた天板に直径約6cmのリング状に絞る。そのまま24時間休ませ、表面を乾かす。
4. 180℃にオーブンで約30分焼く。
5. 紙ごと網にのせ、熱いうちに50〜60℃に保温したアラビアゴムを刷毛で塗り、冷ます。

直径 6cm・45個分

アーモンド(皮なし)
amandes émondées:250g

グラニュー糖:750g
sucre semoule

卵白:150g
blancs d'œufs

アラビアゴム(パウダー)
:適量.
gomme arabique en poudre Q.S
※同量の水で溶く

Massepains d'Issoudun
マスパン・ディシュダン

　マスパンとは、アーモンド、砂糖、卵白をベースに作る小さいコンフィズリーのこと。イシュダン (Issoudun) のウルスラ会の修道女 (les Ursulines) が作り始めたものと言われている。フランス革命後の1790年、修道女たちは町で菓子屋を開き、この菓子の販売を始めた。その評判は、19世紀にはロシア宮廷やヴァチカンにまで届き、ナポレオン3世 (Napoléon III) やローマ教皇ピオ9世 (Pie IX) もお気に入りだったという。小説家のオノレ・ド・バルザック (Honoré de Balzac) は、この町を舞台とした『ラブイユーズ (La Rabouilleuse)』(1842) で、「フランスのコンフィズリーで最も偉大な創意のひとつ」と称えている。

　さまざまな形に作り、通常はグラス・ロワイヤルをかけて乾燥焼きするが、ここでは本で見た製法を参考に、そのまま焼いて仕上げに粉糖をふった。表面は色よく焼かれ、中は少しねっちり。噛みしめるごとに広がる、アーモンドの味と香りがこの上ない。

直径約2.5cm目安の
好みの抜き型・290個分

アーモンド (皮なし)：750g
amandes émondées

卵白：100g
blancs d'œufs

グラニュー糖：350g
sucre semoule

水 eau：120g

粉糖 sucre glace：適量 Q.S.

---

1. ボウルにアーモンドを入れ、卵白を加えてへらで混ぜ合わせる。
2. ローラーに3～4回かけ、マジパンのようなペースト状にする。大きめの鍋に入れる。
3. グラニュー糖と水を別の鍋に入れ、118℃になるまで煮詰める。
4. 3を2に加え、へらでよく練り混ぜる。
5. 4を中火にかけ、へらで混ぜながら2～3分、アーモンドに熱が入って白っぽくなるまでしっかり水分を飛ばす。
6. 大理石の台にあけ、熱いうちにシルパットをかぶせて麺棒を転がし、厚さ1cmにのばす。
7. 好みの抜き型で抜く。
8. シルパットを敷いた天板に並べ、24時間乾燥させる。
9. 天板を2枚重ね、190℃のオーブンで約15分焼く。
10. 網にのせて冷まし、粗熱が取れたら軽く粉糖をふる。

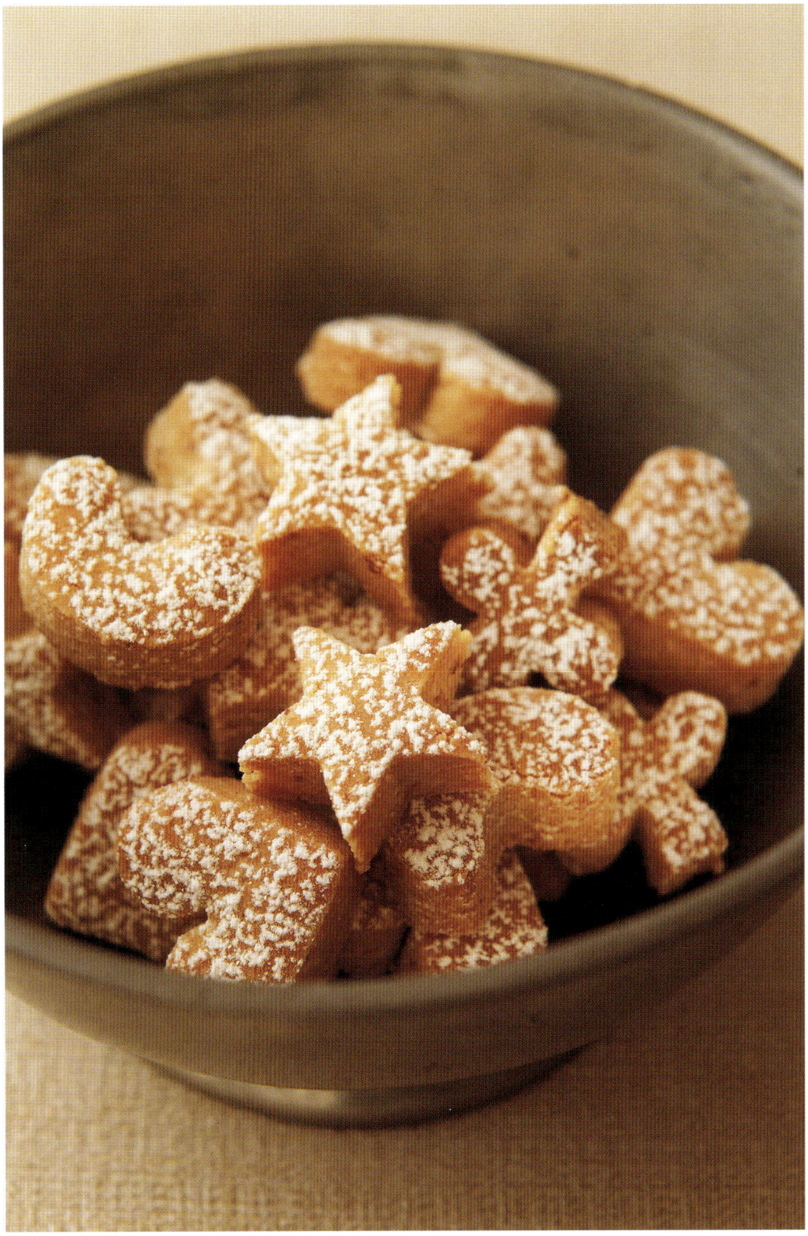

Tarte Tatins
タルト・タタン

タルト・タタンは、20世紀初頭、オルレアネ地方の南にあたる、ソローニュ地方のラモット゠ブーヴロン(Lamotte-Beuvron)でホテル・レストランを経営していた、タタン姉妹(Stéphanie et Caroline Tatin)が考案したとされる菓子。今も続く「オテル・タタン(Hôtel Tatin)」によれば、姉のステファニーがある日、忙しさのあまりデザートが作れず、慌ててリンゴだけを型に詰めてオーブンに入れてしまったとか。焼き上がったのは、当然のことながらタルトでも焼きリンゴでもない、ただのキャラメル色のリンゴ。作り直す時間のない彼女はそれを見て、とっさにのばした生地をのせてオーブンに戻したのだという。そして、焼けたところで皿をかぶせ、おずおずとひっくり返してみると見事なタルトが出来上がり、お客も満足して大成功! これが、今に伝わるタルト・タタン誕生の顛末だ。

しかし実際には、こうした裏返すタイプのリンゴや洋ナシのタルトは、ソローニュ地方でもっと古くから存在していたそうだ。つまり、彼女たちを発案者とするのではなく、彼女たちの名前と逸話とともにこのタルトが同地方のスペシャリテとして知れ渡った、と言う方が正しいらしい。

フイユタージュをリンゴにかぶせて焼くほうが正統なのかもしれないが、そうすると生地が焼け切らなくてねっとり重く、私の好みではない。そこで私は、まずリンゴだけを型に入れ、味わいを凝縮させながら飴色になるまでじっくり焼き上げる。それを冷やしている間に、フイユタージュを別に深く色づくまで焼き、両者を合体させて型からはずすのだ。リンゴに含まれるペクチンによって余すことなく凝縮された果実の旨みと、フイユタージュの香ばしさが渾然一体となり、重厚なハーモニーが堪能できる。

直径18×高さ4cmのマンケ型・2台分

ガルニチュール garniture
- グラニュー糖 sucre semoule : 150g
- バター beurre : 20g
- リンゴ pommes : 11〜12個
- グラニュー糖 sucre semoule : 350g

パート・フイユテ pâte feuilletée : 350g
(3つ折り8回、▶▶「基本」参照)

ガルニチュールを作る
1. 銅鍋にグラニュー糖150gを入れ、強火にかける。ホイッパーで混ぜながら濃い茶色のカラメルになるまで熱し、火を止める。
2. ホイッパーで混ぜながら余熱でさらに焦がし、ほどよい色になったらマンケ型に薄く流して冷ます。
3. バターを小さくちぎって2に散らす。
4. リンゴは皮と芯を取り除き、縦4等分(大きいものは縦6等分)のくし形に切る。
5. 3を天板にのせ、4を型の中に放射状に敷き詰める。グラニュー糖350gの半量をふる。
6. 5の上にさらにこんもりと4を隙間なく詰めて盛り、残りのグラニュー糖をふる。
7. 180℃のオーブンで約1時間焼き、傾けると汁が少し端に残る程度まで水分を飛ばす。
8. 網にのせて粗熱を取ってから、冷凍庫で冷やす。

パート・フイユテを準備する
9. パート・フイユテを厚さ2.5mmにのばしてピケする。
10. ラップフィルムをかけ、冷凍庫に20〜30分入れて締める。
11. 直径18cmの円形に切る。
12. ラップフィルムをかけ、冷蔵庫で1時間休ませる
13. 180℃のオーブンで約30分焼く。
14. 網にのせて冷ます。

組み立て・仕上げ
15. 8に14をかぶせる。
16. 200℃のオーブンで約5分焼く。
17. ショックフリーザーで急冷する。
18. 完全に冷めたら、型の底を直火に当てて温め、台に叩きつけてから逆さまにして型をはずす。
19. 冷凍庫に入れ、溶け出たペクチンが固まるまで冷やす。

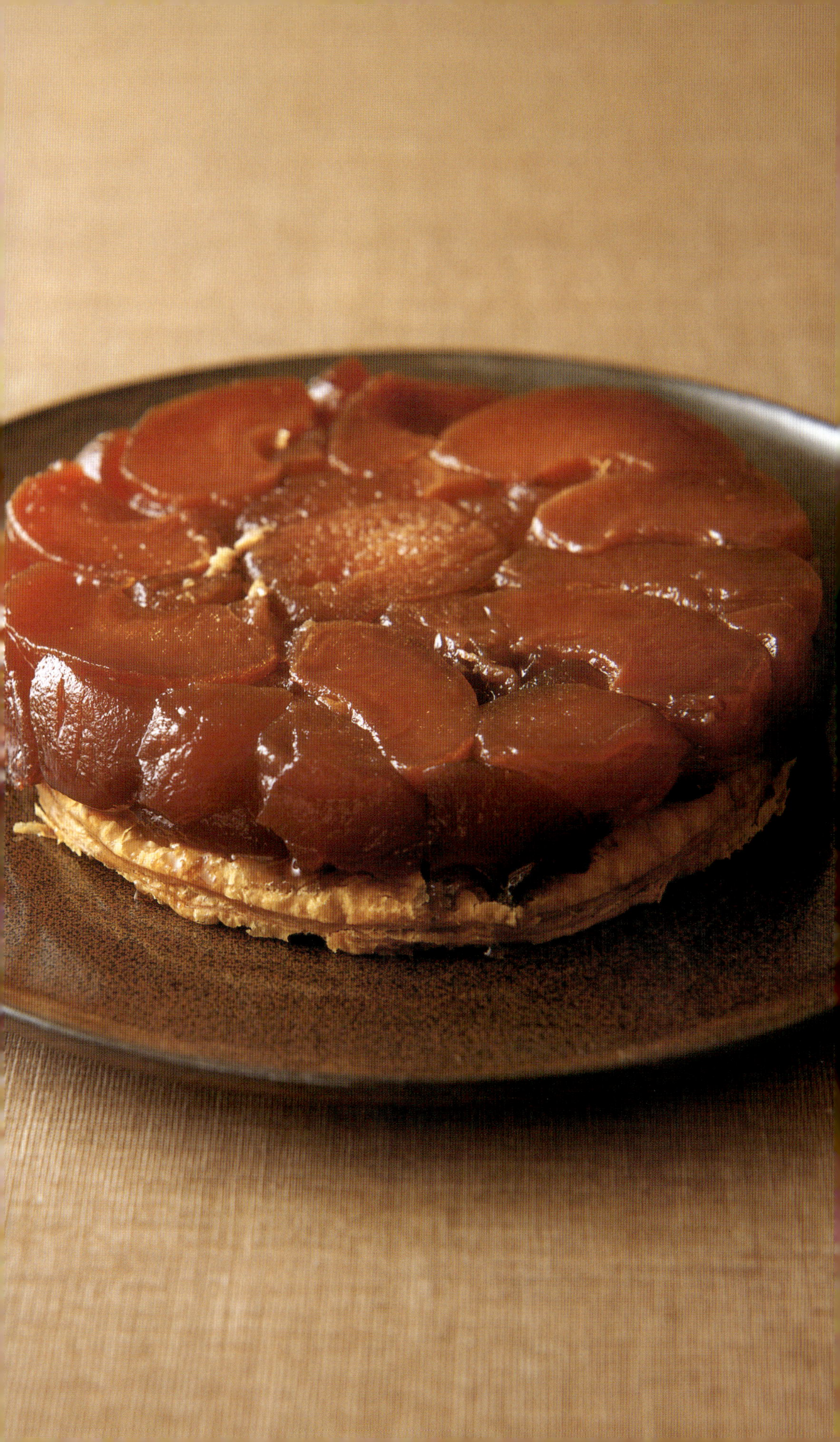

Pralines de Montargie

プラリーヌ・ド・モンタルジー

約4220g

シロップ(A) sirop(A)
　水 eau：50g
　水飴 glucose：180g
　アラビアゴム(パウダー)：100g
　gomme arabique en poudre
　ボーメ30°のシロップ：100g
　sirop à 30°Baumé
　(▶▶「基本」参照)

シロップ(B) sirop(B)
　グラニュー糖：1.8kg
　sucre semoule
　水 eau：900g
　水飴 glucose：400g
　カカオマス：350g
　pâte de cacao

アーモンド(皮つき、ロースト)：1.4kg
amandes brutes grillées

　カリッとした歯触りと香ばしさが後を引くプラリーヌが誕生したのは17世紀。ルイ13世(Louis XIII)と14世(Louis XIV)に仕えていたプレシ゠プララン(Plessis-Praslin)公爵セザール・ド・ショワズル(Cesar de Choiseul, 1598〜1675)の料理人、ラサーニュ(Lassagne)が考案したと伝えられている。ヒントは、見習いが残ったカラメルをアーモンドにつけて食べていたことだったという。
　このボンボンはパリ(Paris)の宮廷でも好評を博し、機知に富んだプレシ゠ププラン公爵の外交・政治的成功を後押ししたとも言われている。貴婦人達もこの菓子に夢中になり、菓子の名前を問われて困った公爵が命名を彼女らに委ねたところ、「プラリーヌ」との声が挙がったという逸話も残っている。プラリーヌとは、プララン女性形にした言葉である。その後、ラサーニュはオルレアン(Orléans)から東へ70kmほどの町、モンタルジー(Montargie)に隠遁し、プラリーヌはこの町の銘菓となった。
　決め手は何と言っても、糖液を何度も絡め、かき混ぜながら結晶化させる、サブラージュ(sablage)の工程だ。糖衣を厚くするべく何度も試作を繰り返し、ようやく6回に分けて糖液をかけて混ぜるという、自分なりの手法を導き出した。凸凹した表情が非常に魅力的だと思う。フランスでは、ドラム式の機械を熱しながら回してサブラージュを行なうのが通例で、以前はパリでも、アラブ人が露店で作りながら売っていた。残念ながら今では禁止されてしまったが、街角で鼻孔をくすぐるあの香ばしい香りは、私の記憶に強く焼きつけられている。

シロップ(A)を作る
1. 水と水飴をボウルに入れ、底を直火に当てて少し温める。
2. 水飴が溶けたらアラビアゴム(パウダー)を加え混ぜる。
3. ボーメ30°のシロップ(量は季節によって多少調節)を加え混ぜ、湯煎にかけて完全に溶かしておく。

シロップ(B)を作る
4. グラニュー糖、水、水飴を鍋に入れて火にかける。
5. 沸騰してグラニュー糖と水飴が完全に溶けたら、375g×4杯と750g×2杯に分け、それぞれ鍋に入れる。カカオマスも同様の比率に分けてそれぞれ加え混ぜる。

仕上げる
6. アーモンドを熱しておいた銅ボウルに入れる。
7. 5の375gのシロップ(B)1杯を火にかけ、120℃になるまで熱してアーモンドの上に注ぎ入れる。
8. 木べらで底からしっかり混ぜてシロップを絡める。シロップが白く糖化して絡まり、パラパラになったらOK。粗い目のふるいに軽くかけ、下に落ちた糖衣は別のボウルに取っておく(1回目)。アーモンドを銅ボウルに戻す。
9. 7〜8をあと2回繰り返す(2〜3回目)。さらに、750gのシロップ(B)を使って7〜8と同様の作業をあと2回繰り返す(4〜5回目)。
10. ふるいから落ちた糖衣もアーモンドと一緒に銅ボウルに戻し入れる。
11. 3のシロップ(A)を加え、木べらで底からしっかり混ぜてシロップを絡める。
12. 天板6枚に分け入れ、手にサラダオイル(分量外)をつけて一粒ずつ離す。
13. 40℃のエチューブ(保温・乾燥庫)に入れ、一晩乾かす。

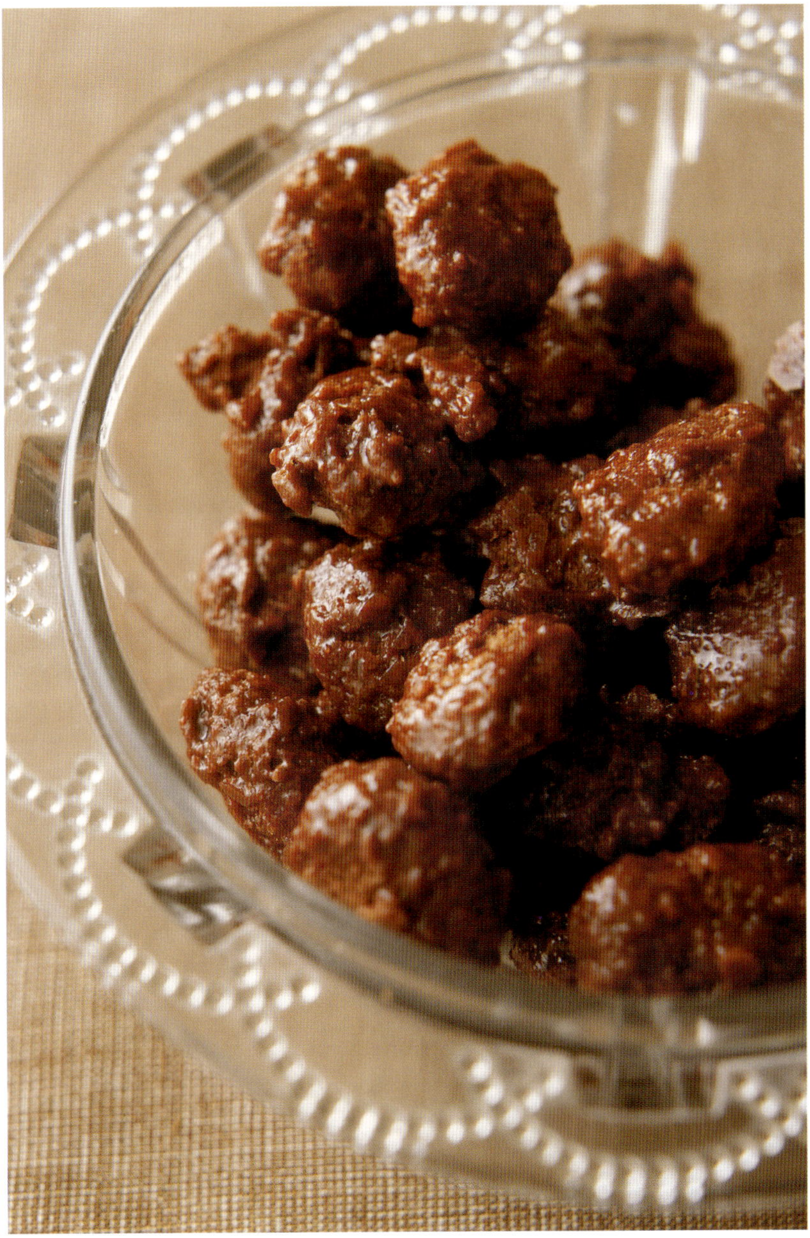

Pithiviers
ピティヴィエ

　ピティヴィエは、パリから南へ約90km下ったオルレアネ地方の小さな町、ピティヴィエ（Pithiviers）で生まれた伝統菓子。交通・交易の要所だったことから、ローマの商人たちによってアーモンドが伝えられ、素朴なガレットと結びついてこのスペシャリテが生まれたらしい。2つのタイプがあり、ひとつは、焼き上げたアーモンド風味の生地を白いフォンダンで覆い、フリュイ・コンフィを飾ったピティヴィエ・フォンダン（Pithiviers Fondant）。ピティヴィエ・グラッセ（Pithiviers Glacé）と呼ばれることもある。もうひとつは、フイユタージュの間にクレーム・ダマンドを詰めて焼くピティヴィエ・フイユテ（Pithiviers Feuilleté）だ。

　先に生まれたのは前者で、後者は17〜18世紀のフイユタージュの発明以降に作られるようになったものだが、現在は後者のほうが広く知られている。私にとってなじみが深いのも後者だ。シンプルな構成ならではの難しさがあり、素材や仕事の質が問われる菓子でもある。フイユタージュの折り込み、アーモンドの風味のよさ、生地とクリームのバランス、美しい模様と焼き色……。考えるほど奥深く、M.O.F（Meilleur Ouvrier de France、国家最優秀職人賞）の課題に出されたというのも頷ける。ポイントは、生地を切る際に斜めにナイフを入れ、表面積が大きい面が外になるようにして2枚を重ねること。その状態でペティナイフを使って側面に筋模様をつければ、焼成時にフイユタージュが曲がらず、真っ直ぐ浮き上がる。

直径15×高さ約6cm・3台分

パート・フイユテ：1180g
pâte feuilletée
（3つ折り5回、▶▶「基本」参照）

クレーム・ダマンド：540g
crème d'amandes
（▶▶「基本」参照）

塗り卵（全卵）：適量
dorure (œufs entiers) Q.S.

ボーメ30°のシロップ：適量
sirop à 30°Baumé Q.S.
（▶▶「基本」参照）

パート・フイユテを準備する
1. パート・フイユテを厚さ4mmにのばす。
2. ラップフィルムをかけ、冷凍庫に20〜30分入れて締める。
3. 直径15cmの円形に1台あたり2枚切る。この時、直径15cmのヴォル・オ・ヴァンを生地に当てて、ペティナイフの刃先を斜めに入れ、切り口が斜めになるように切る。

組み立て・焼成
4. 3を1枚、表面積が大きい面を下にして台に置く。
5. クレーム・ダマンドを1台あたり180gずつ4の中央にのせる。縁を約2cm残してパレットナイフで平らな円形にのばす。
6. 縁に塗り卵を刷毛で塗り、残りの生地を表面積が大きい面が上になるようにしてかぶせる。縁を軽く押さえて接着させる。
7. クリームが入っている部分の際に、直径12cmのヴォル・オ・ヴァンをぐるりと回しながら、円形に跡が残るくらい強く押し当て、しっかり接着する。
8. 上の生地の縁を人差し指で押さえながら、ペティナイフの背で重ねた生地の側面に斜めに筋模様をつける。
9. 冷蔵庫で生地とクリームが締まって固さが出るまで、約1時間休ませる。
10. 天板にのせ、上面に刷毛で塗り卵を塗る。
11. 縁を残して中心から周囲に向かってアーチを描くように、ペティナイフの背で放射状の筋模様を入れる。
12. 180℃のオーブンで約1時間15分焼く。さらに240℃のオーブンに1〜2分入れ、しっかり焼き色をつける。
13. 熱いうちにボーメ30°のシロップを刷毛で塗る。
14. 乾いたら網にのせて冷ます。

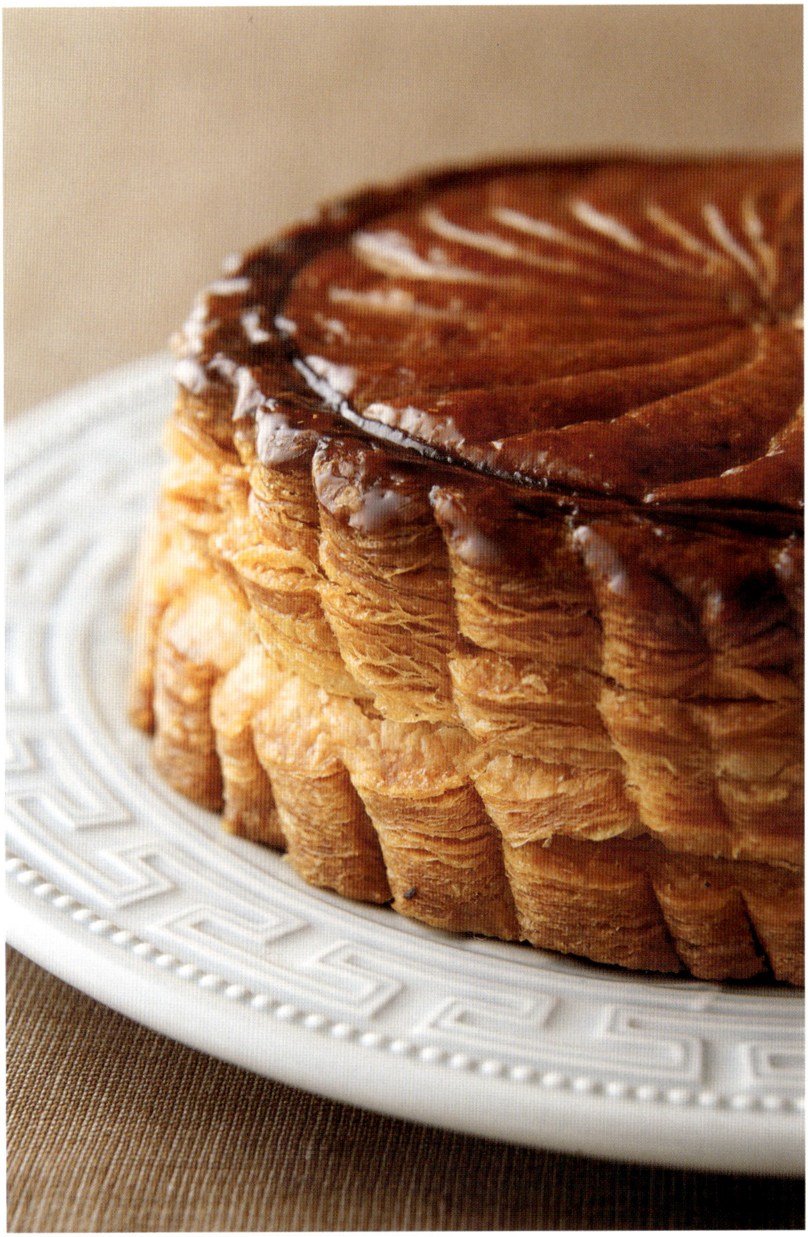

Pruneaux Farcis
プリュノー・ファルシ

ドライプルーンにアンズとリンゴ（またはアンズ）のコンフィチュールを詰めたプリュノー・ファルシは、トゥーレーヌ地方の中心都市、トゥール(Tours)の名物。15世紀にフランスの首都が置かれたこともあるこの町は、古くから商業や政治の中心地、また交通の要衝として栄えてきた。小説家オノレ・ド・バルザック(Honoré de Balzac)の生誕地であり、4世紀の司教、聖マルタン(Saint Martin)が眠る巡礼地としても知られている。

プリュノー（ドライプルーン）の産地と言えば、フランスでは南西部のアジャン(Agen)が有名だが、トゥール周辺でもかつては多くのプルーンが栽培され、プリュノーが作られていた。ロワール川から輸出もされるほどの生産量だったが、第1次世界大戦後衰退し、今はわずかに残るのみと聞く。プリュノー・ファルシが誕生した時期や詳しい経緯は、残念ながら不明。しかし、コロンと愛らしい形と果実味豊かな味わいは、町を流れるロワール川の眺めとともに、私の胸に鮮やかに刻まれている。

32個分

ガルニチュール garniture
　アンズの果肉（冷凍）：250g
　pulpe d'abricots congelés
　リンゴの果肉（冷凍）：125g
　pulpe de pommes congelées
　グラニュー糖：320g
　sucre semoule
　ペクチン pectine：5g
　グランマルニエ：20g
　Grand Marnier

セミドライプルーン（種ぬき）：32個
pruneaux semi-confits

シロップ sirop
　グラニュー糖：600g
　sucre semoule
　水 eau：200g

ガルニチュールを作る
1. 冷凍されたまま大雑把に刻んだアンズとリンゴの果肉、混ぜ合わせたグラニュー糖とペクチンを鍋に入れて中火にかけ、へらで混ぜながら105℃になるまで煮る。
2. グランマルニエを加えてフランベする。
3. バットに移し入れ、ラップフィルムを密着させて冷ます。

組み立て
4. 口径6mmの丸口金をつけた絞り袋に3を入れ、セミドライプルーンの種を抜いた穴に1個あたり15gずつ絞り込む。間隔をあけて網の上に並べる。

シロップを作る
5. グラニュー糖と水を鍋に入れて火にかけ、沸騰させる。
6. 5を火から下ろし、ホイッパーでシロップを鍋肌に当てるようにして撹拌する。温度が下がり、少し糖化して白濁してきたら撹拌を止める。

仕上げ
7. スプーンですくって6を4にかける。
8. 180℃のオーブンに約20秒入れ、乾かして艶を出す。

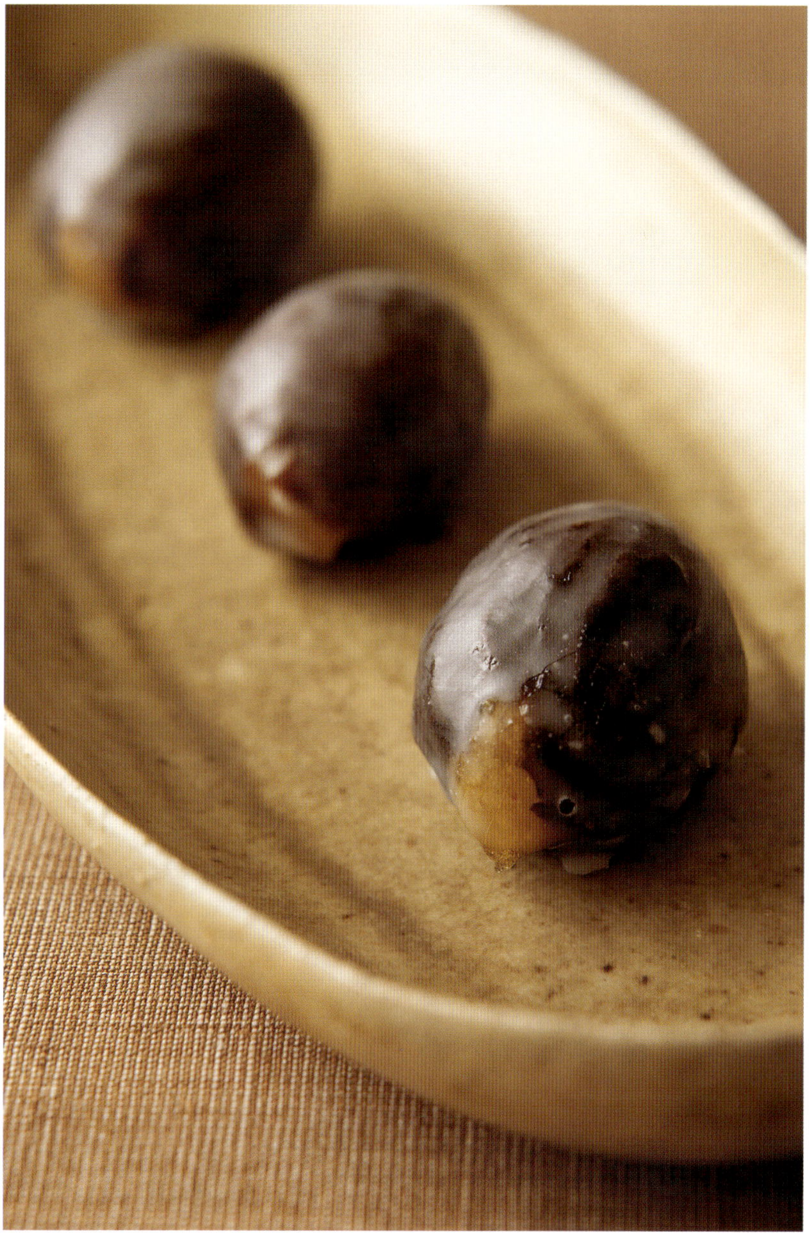

Duchesse Praliné
ドゥシェス・プラリネ

ドゥシェス・プラリネは、トゥール(Tours)近辺でしばしば見かけたお菓子のひとつ。なかでもトゥールの「サムソン(Samson)」というパティスリーで、名物として袋に詰めて売られていたのをよく覚えている。この店はまた、古い城のあるランジェ(Langeais)の町にも「ラ・メゾン・ド・ラブレー(La Maison de Rabelais)」という支店を開いていた。漆喰の壁のしっとりした趣に魅かれ、10回以上通っただろうか。サロン・ド・テでお茶を飲み、丁寧に作られた菓子にひとしきり感心した後、決まってドゥシェス・プラリネを買い求めるのが楽しみだった。

おいしさの鍵は、グラス・ロワイヤルとプラリネの絶妙なバランスだ。グラス・ロワイヤルはしっかり乾いていてサクサク、中のプラリネは固すぎず、舌の上でとろっと溶けるくらいが丁度よい。数あるプラリネのなかでも、砂糖とアーモンドが1:1で作られたクラシックなものが一番おいしいと思う。フランスに比べて日本は湿度が高いので、グラス・ロワイヤルを乾燥させるのには苦労したが、厨房の一角に室温25℃、湿度40％の乾燥室を設けたことで作りやすくなった。ほっくり割れるやさしい口当たりと、豊かに広がるプラリネのコクを楽しんでほしい。

約4×2.5cm・287個分

プラリネ・クラシック praliné classique
- アーモンド(皮つき、ロースト)：1kg
  amandes brutes grillées
- グラニュー糖 sucre semoule：1kg
- 水 eau：250g
- ミルクチョコレート(カカオ分35％)：100g
  couverture au lait 35% de cacao
- ブラックチョコレート(カカオ分61％)：100g
  couverture noir 61% de cacao
- カカオバター：100g
  beurre de cacao

グラス・ロワイヤル glace royale
- アラビアゴム(パウダー)：20g
  gomme arabique en poudre
  ※水40gで溶く
- 乾燥卵白：60g
  blancs d'œufs en poudre
- 粉糖 sucre glace：1250g
- 水 eau：300g
- 赤の色素：適量
  colorant rouge Q.S.
  ※ウォッカでのばす

下準備
*アーモンドは、1の仕上がりと合わせてローストしておく。

プラリネ・クラシックを作る．
1. グラニュー糖と水を銅ボウルに入れ、強火にかけて118℃になるまで熱する。
2. アーモンドを温かいうちに1に加え、木べらで底からしっかり混ぜる。
3. シロップが白く糖化して絡まり、パラパラになったら、天板に広げて粗熱を取る。
4. 3を再び銅ボウルに入れ、強火にかける。木べらで混ぜながら徐々に糖化した砂糖を溶かし、カラメル化させながら絡めていく。
5. 全体が深い茶色のカラメルになってアーモンドに絡んだら、天板に広げ、完全に冷ます。
6. フードプロセッサーにかけて細かく粉砕し、ボウルに入れる。
7. ミルクチョコレート、ブラックチョコレート、カカオバターを合わせて湯煎にかけて溶かし、6に加え混ぜる。そのまま冷まして固まらせる。
8. なめらかなペースト状になるまで、ローラーに7〜8回かける。
9. やわらかいうちに口径10mmの丸口金をつけた絞り袋に8を入れ、シルパットを敷いた天板に1個あたり14gずつ、楕円形に絞る。そのまま固まらせる。

グラス・ロワイヤルを作る
10. 50〜60℃に保温したアラビアゴム、乾燥卵白、粉糖、水をフードプロセッサーに入れ、ねっとり、なめらかな状態になるまで撹拌する。
11. ミキサーボウルに移し入れ、赤の色素を加える。
12. 高速のミキサー(ホイッパー)で、すくいあげた生地がやわらかいリボン状に流れ落ちるまで泡立てる。

仕上げる
13. 12を湯煎にかけて流動性を保ちながら、9をチョコレートフォークにのせてグラス・ロワイヤルに浸す。
14. 余分なグラス・ロワイヤルを切り、シルパットにひっくり返してのせる。
15. 室温25℃、湿度40％の乾燥室で約半日、表面を乾かす。
16. 13の残りのグラス・ロワイヤルをコルネに入れ、15の上面に"8"を描くように絞る。
17. 室温25℃、湿度40％の乾燥室で約半日、しっかり乾燥させる。

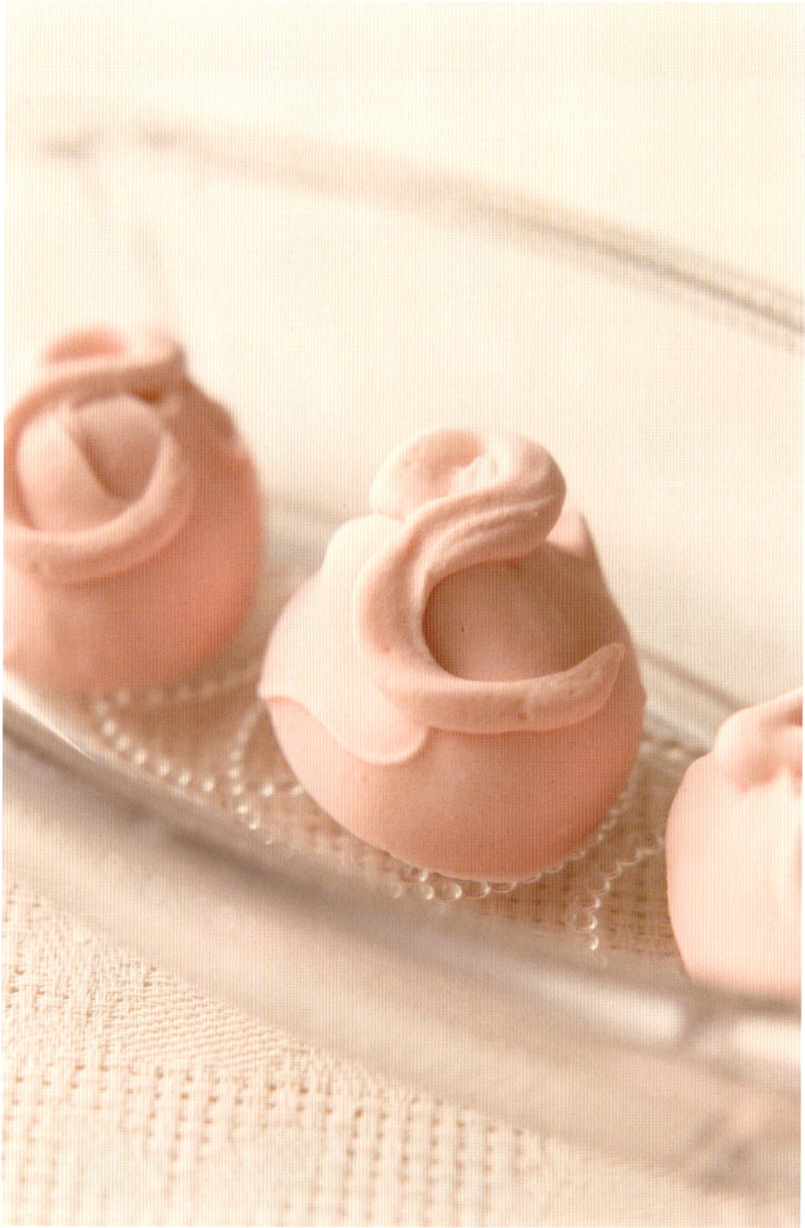

Crémet d'Anjou
クレメ・ダンジュー

かつて華やかな宮廷文化が花開き、15世紀以来の学園都市としても栄えたアンジュー地方の中心都市、アンジェ(*Angers*)。この町出身の"美食の王"、キュルノンスキー(*Curnonsky, 1872~1956*)が、「神々のごちそう(*un régal des dieux*)」と賞したクレメ・ダンジューは、その名の通りアンジュー地方のスペシャリテだ。以前は生クリームに泡立てた卵白を加えて作られていたが、今はフロマージュ・ブランを使うのが一般的となっている。現地でこの菓子を探してみると、菓子屋よりもクレムリー(*crémerie*、乳製品を売る店)やフロマージュリー(*fromagerie*、チーズ専門店)、レストランで出会うことがほとんどで、クレーム・シャンティイを添えて供されていた。フロマージュのやわらかな酸味とクリームのミルキーなコクがシンプルに混じり合い、両者が奏でる繊細なハーモニーに心が和む。

約9×7cmのハート型・約12個分

クレーム・ドゥーブル：375g
crème double

フロマージュ・ブラン：125g
fromage blanc

卵白 blancs d'œufs：60g

クレーム・シャンティイ：適量
crème chantilly Q.S.
(▶▶「基本」参照)

下準備
＊型にガーゼを敷き込み、網の上に並べておく。

1. クレーム・ドゥーブルとフロマージュ・ブランをボウルに入れ、ホイッパーでよく混ぜる。
2. 卵白をボウルに入れ、ホイッパーでしっかり角が立つまで泡立てる。
3. 2を1に2回に分けて加え、ホイッパーでよく混ぜ合わせる。
4. 口径12mmの丸口金をつけた絞り袋に3を入れ、型に絞り入れる。
5. ガーゼで表面を包み込み、冷蔵庫で一晩冷やす。
6. ガーゼをはずして、クレーム・シャンティイを添えて供する。

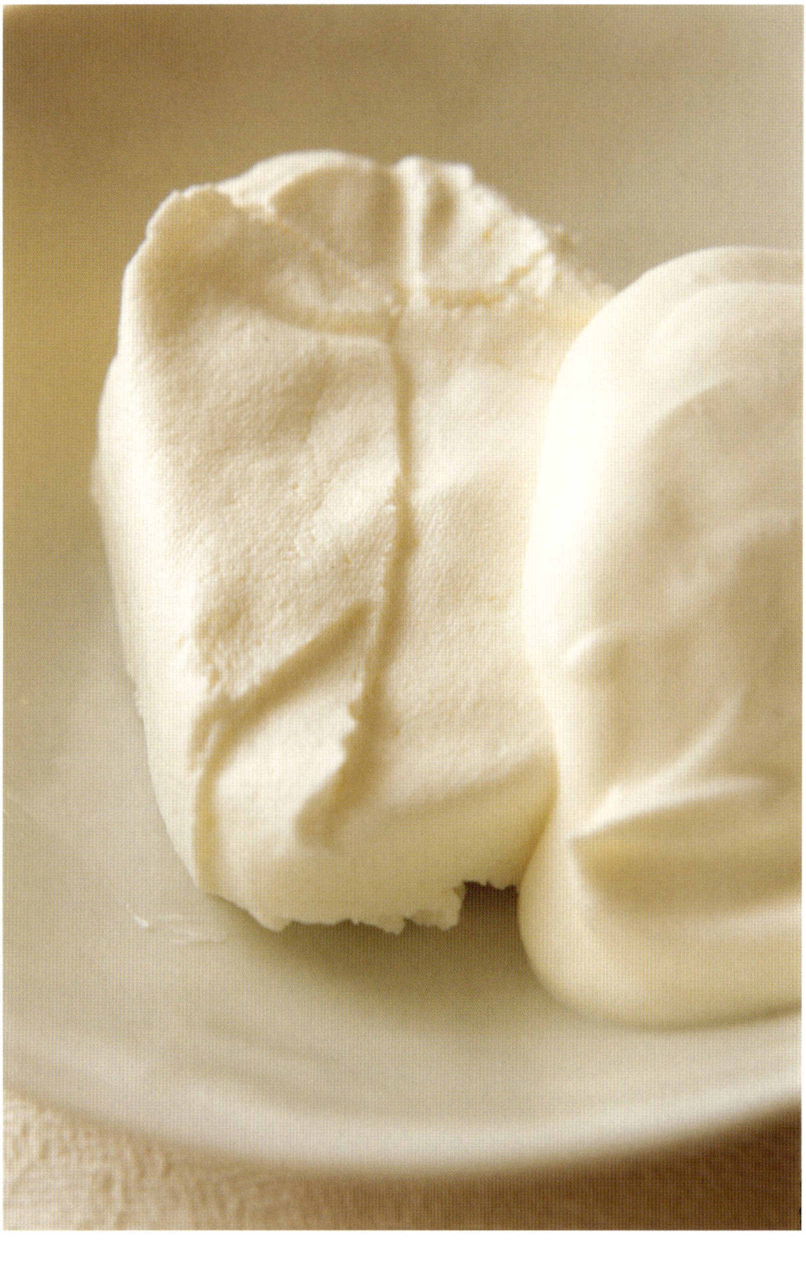

Column | フランス一周旅行へ

　帰国前に実行に移したのが、車でのフランス一周旅行だ。セ
ンカーを200フランで購入。とはいえ、私は免許を持っていなかった
い、2人でパリを出発した。
　案の定、車は故障だらけで何度も修理しながらの旅だったが
よかった。アンリ・ゴー(Henri Gault)、クリスチャン・ミヨー(Christian Millau)著
を目指し、到着するとまずは教会へ。すると大抵、近くに観光案
　できるだけ多くの町を回りたかったので、安いユースホステルに
事を済ませた。ショックだったのは、文献で調べた菓子の約8割が
れて落胆することもしばしばだった。だからこそ、まだ存在し続け
ど大きかった。「小僧の時によく作ったなあ」と懐かしそうに話し、
　旅を終え、一番多い郷土菓子はボンボンなどのコンフィズリーた
が各地に存在するのが興味深かった。ミヤスー(p.210)やクラフテ
る。パンやジェノワーズといった〝焼き生地状〟になる以前の、〝粥〟と
ランス菓子の原点を見た気がした。
　また、どんなにさびれた町にも教会と菓子屋があるのも、非常
買って家庭で分け合って食べるのが、彼らの習慣であり伝統だ。
ているか思い知らされた。そして、歴史を受け継ぐ店にはそれぞ
と愛し続ける人々がいて、意味があるのだと実感できたのも、大き
　この2万kmに及ぶ2カ月のフランス一周旅行があったからこそ
のだと思う。店内には生菓子やアイスクリーム、ショコラとともに、素朴
る。私が感じたフランスの匂いと、郷土で受け継がれる伝統を食

く旅するなら格好いい方がいいと、まずは中古のフィアットのオープ
友人が運転役、私は案内役として互いに100万円ずつ出し合

根を開けて6〜7月のフランスの大地を走るのは、この上なく気持ち
ス美食ガイド(Guide Gourmand de la France)』(1970)を頼りに、行きたい町
があり(無い町も多いが)、菓子屋も見つかることが多かった。
し、菓子を味わう以外は自炊したり、サンドイッチを買ったりして食
に消滅していたこと。訪ね歩いても埒が明かず、冷たくあしらわ
る2割の菓子に出会えた時の喜びは、言葉では言い表せないほ
わざ再現して作ってくれた時には、感激した。

が、粉を水や牛乳で溶いて加熱した、いわゆる"粥状の菓子"
150)、クレープ(p.262)、フラン(p.126、p.226、p.282、p.316)などがそれに当た
非常に原始的な調理法に、「いかに粉を食べさせるか」というフ

象的だった。日曜は家族で教会のミサに出かけ、帰りに菓子を
ス全土でいかに菓子が人々の生活に根付き、宗教と深く関連し
誇りと威厳があり、作り継がれている菓子には、それを育む郷土
穫だった。
今日の「オーボンヴュータン」(フランス語で、"想い出の時"の意)を築いてきた
情のフランス各地の郷土菓子や祝祭の菓子が数多く並んでい
人に感じてほしい。それが私の願いだ。

フィアットのオープンカーで、
フランスの田舎道をひた走った。

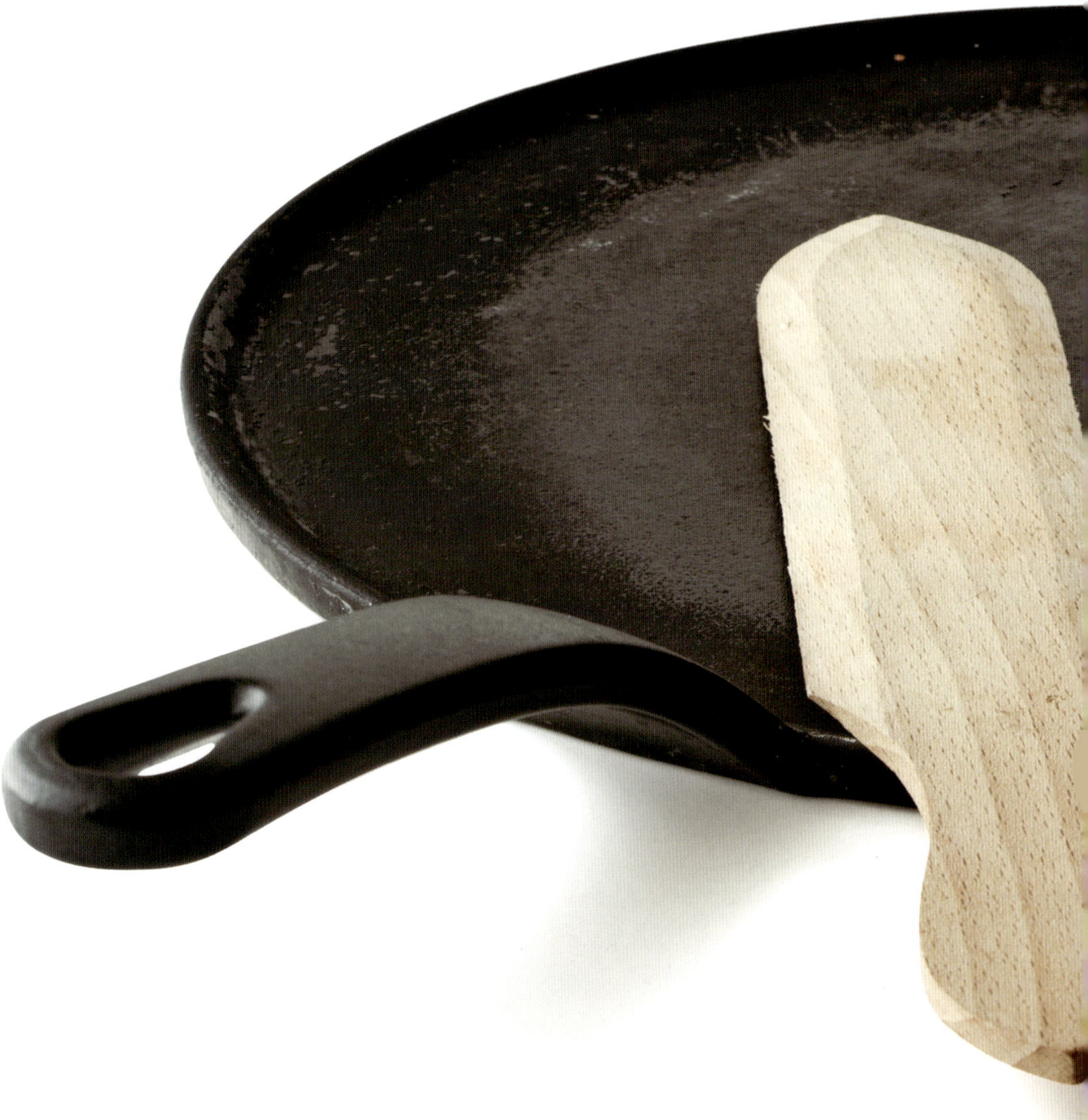

Bretagne
Normandie

ブルターニュ、ノルマンディ

鉄でできたクレープ専用の平たいフライパン。
しっかり焼きこんでから使う。

Bretagne
ブルターニュ

フランス西部の大西洋に突き出た半島に広がるブルターニュ地方は、フランスのなかでも非常に強い個性を持つ地方のひとつ。5世紀にアングロ・サクソン人やスコット人の侵入でイギリス南部を追われたケルト人が移り住み、ケルト文化が豊かに花開いていった。ブルターニュの名は、彼らが名づけた小ブリタニア(Britannia)に由来する。9世紀半ばにブルターニュ公国が形成され、14世紀のブルターニュ継承戦争など、支配権をめぐる争いなどを繰り返しながらも独立性を維持。15世紀に公女アンヌ(Anne de Bretagne)がフランス王シャルル8世(Charles VIII)との結婚を余儀なくされるなどし、1532年にフランス王国に併合された。が、その後もある程度の自治は確保され、地方長官が置かれたのは17世紀末のことだ。今なお独立運動は絶えず、言語(ブルトン語)や文化、風俗、習慣が受け継がれている。夏が冷涼な気候に適したソバの生産が多く、沿岸部では温暖な気候を生かしてイチゴをはじめとする露地栽培が行なわれている。内陸部では、酪農やリンゴなどの栽培も盛ん。クレープをはじめ、独自性のある菓子が広く世界に知られ、菓子には有塩バターがしばしば用いられる。

▶主要都市:レンヌ(Rennes、パリから308km)、ナント(Nantes、パリから343km)　▶気候:西岸海洋性気候。夏は涼しくて乾燥しており、暖流の影響で冬はそれほど寒くなく、湿度が高くて風が強い。　▶果物:プルガステル(Plougastel)のイチゴ、ルドン(Roudon)などの栗、アルモリック(Armorique)のリンゴ(レネット種)、メロン　▶酒:シードル・ド・ブルターニュ、イドロメル(Hyrdomel、ハチミツ酒)、ランビグ(Lambig、シードルで造るオー・ド・ヴィ)　▶チーズ:アベイ・ド・ラ・ジョワ・ノートル=ダム(Abbaye de la Joie Notre-Dame)　▶料理:キ・カ・ファ(Kig Ha Farz、ソバ粉と豚を野菜ブイヨンでポト=フのように煮た料理)、コトリアード(Cotriade、ブルターニュ版ブイヤベースのような魚のスープ)、カンカルのカキ(Huîtres de Cancale)、ゲムネのアンドゥイユ(Andouille de Guémené)、ソバ粉のスープ(Soupe de Sarrasin、かつては塩漬け豚やナッツを入れることも)、ガレット(Galette、ソバ粉のクレープ)　▶その他:バター(特に有塩バター)、レ・リボ(Lait Ribot、発酵させた脱脂乳バターミルク)、ゲランド(Guérande)の海塩

Normandie
ノルマンディ

フランス北西部に位置し、イギリス海峡に面して広がるノルマンディ地方は、9世紀に北欧からヴァイキング(ノルマン人)が侵入し、10世紀にノルマンディ公国を築いた地。1066年にはイングランドを征服するなど、強大な勢力を誇った。12世紀にアンジュー伯(＝イングランドのプランタジネット朝のヘンリー2世、*Henri II d'Angleterre*)の支配を経て、1204年フランス王領に合併された後も、さまざまな特権を維持。百年戦争では主戦場となり、一時はイギリスに支配され、最終的なフランスへの帰属は16世紀初め頃からとなった。第2次世界大戦で連合軍のノルマンディ上陸作戦の舞台になったことでも知られる。こうした争乱の歴史とは裏腹に、現在のノルマンディ地方に広がる光景はきわめておだやか。海沿いには港町とリゾート地が広がり、内陸には牛たちが草を食む牧草地やリンゴの果樹園など、のどかな田園風景が広がる。菓子にはその良質な乳製品やリンゴがふんだんに使われ、ほとんどの町に名物菓子が存在する。リンゴから造られる酒、シードルとカルヴァドスも忘れることのできない存在だ。

▶主要都市：ルーアン(Rouen、パリから458km)、カーン(Caen、パリから202km) ▶気候：西岸海洋性気候の影響が強く、雨が多い。夏はやや冷涼で、冬は比較的温暖。 ▶果物：デュクレール(Duclair)のサクランボ、洋ナシ(ルイーズ＝ボン・ダブランシュ種)、リンゴ(カルヴィル・ルージュ種)、グロゼイユ、レーヌ・クロード ▶酒：カルヴァドス、ペイ・ドージュ(Pay d'Auge)およびペイ・ド・ブレイ(Pay de Braye)のシードル、ベネディクティン(Bénédictine、ハーブや薬草を使ったブランデーベースのリキュール)、ポモー(Pommeau、リンゴ果汁にカルヴァドスを混ぜて造る酒) ▶チーズ：カマンベール(Camembert)、リヴァロ(Livarot)、ヌシャテル(Neufchâtel)、パヴェ・ドージュ(pavé d'Auge)、ポン＝レヴェック(Pont-l'Evéque)、プティ＝スイス(Petit-Suisse) ▶料理：トリップ・ア・ラ・モード・ド・カーン(Tripes à la Mode de Caen、牛の胃袋を香味野菜、シードル、カルヴァドスで煮込んだ料理)、ヴィールのアンドゥイユ(Andouille de Vire)、ノルマンディ産プレ＝サレ仔羊のモモ肉のロースト(Gigot de Pré-Salé Rôti à la Normande)、ディエップ風マルミット(Marmite Dieppoise、さまざまな魚、ムール貝、ホタテ貝、白ワインでつくるスープ)、ルーアン産窒息鴨のロースト(Canard au Sang à la Rouennaise)、ノルマンディ風ブーダン・ノワール(Boudin Noir à la Normande、黒ブーダンにリンゴを添えた料理) ▶その他：イズニー(Isigny)のバターとクリーム

Sablé Nantais
サブレ・ナンテ

ナント(Nante)を、『80日間世界一周(Le Tour du Monde en Quatre-Vingts Jours)』などで知られる小説家、ジュール・ヴェルヌ(Jules Gabriel Verne)の生まれ故郷として知る人も多いだろうが、私にとっては、シャンソン歌手バルバラ(Barbara)の町だ。歌声を聴いて大ファンになり、彼女の住むナントでのコンサートに何度も出かけた。音楽に酔いしれ、その余韻に浸りながら、風情ある石畳の商店街や広場をそぞろ歩きしたのが懐かしく思い出される。

現在、ナントはペイ・ド・ラ・ロワール地域圏に統合されているが、歴史をたどると、10世紀にブルターニュ公国の首都として宮廷文化が花開き、以降、ブルターニュの中心地として発展を遂げてきたことが分かる。16世紀にフランスに併合された後も、ロワール河口に広がる巨大な港町として、砂糖や黒人奴隷を取り引きする三角貿易で栄え、1941年まではブルターニュ地方に属していた。よって、歴史的にも文化的にもブルターニュ色が濃く、ブルターニュ再統合を求める運動が今なお続いている。

この町の名物と言えば、菊形のサブレに格子の模様を施して焼き上げたサブレ・ナンテだ。ザクッとした固めの歯触りが素朴で、バターとアーモンドの香りが豊かに混じり合う。いかにもブルターニュらしさを感じさせるガレット(小型のサブレ)だと思う。それゆえ私自身はこの菓子を、ナントを含むブルターニュ半島西部の古称「低地ブルターニュ(basse-Bretagne)」にちなんで、ガレット・バス・ブルターニュ(Galette Basse-Bretagne)と敢えて呼び、愛着を持っている。

直径7cmの菊型・41枚分

薄力粉 farine ordinaire : 400g
強力粉 farine de gruau : 200g
タンプルタン T.P.T. : 400g
バター beurre : 440g
牛乳 lait : 40g
卵黄 jaunes d'œufs : 40g

塗り卵:適量
(全卵+コーヒーエッセンス"トラブリ")
dorure (œufs entiers+ extrait de café « Trablit ») Q.S.

---

1. 薄力粉、強力粉、タンプルタンを合わせ、台の上に山状にふるい出す。
2. バターを麺棒で叩いてねっとりした状態にする。1と合わせ、全体がさらさらの砂状になるまでほぐし混ぜる。
3. 2を山状にして中央に窪みを作る。その窪みに牛乳と卵黄を入れる。
4. 周囲を手で少しずつ崩しながら、握るようにして全体を混ぜる。
5. 生地がまとまってきたら、台に取り出してひとまとめにする。
6. ビニール袋に入れて平らにし、冷蔵庫で1時間以上休ませる。
7. 打ち粉をした台に出し、厚さ8mmにのばす。
8. 菊型で抜く。
9. 天板に並べ、上面に塗り卵を刷毛で塗る。
10. 少し乾いたら、もう一度塗り卵を塗り、乾かないうちにフォークで筋模様をつける。
11. 180℃のオーブンで約25分焼く。
12. 網にのせて冷ます。

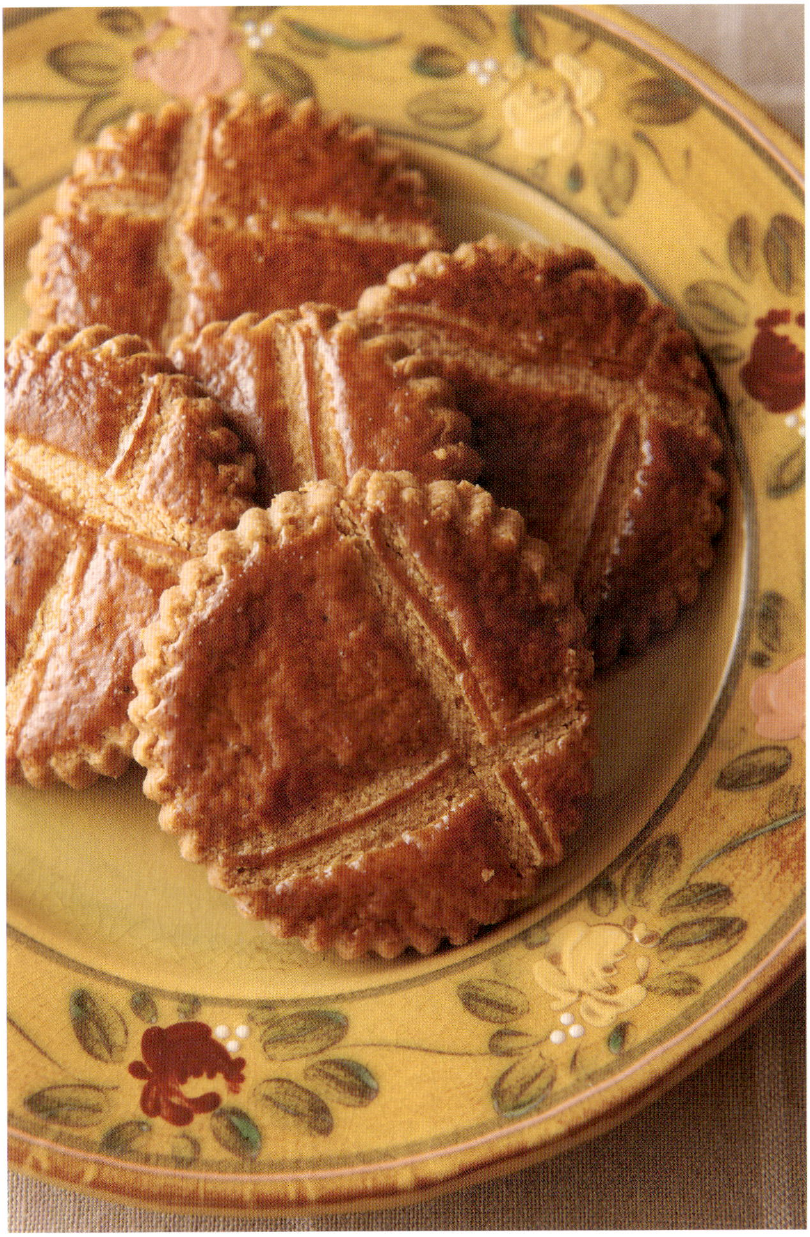

Pain Complet
パン・コンプレ

パン・コンプレはその名の通り、全粒粉のパン（パン・コンプレ）の形に似せて作る菓子だ。通常は、クレーム・ダマンドをフイユタージュで包んで焼く。私がパリで働いていた時もそのように作っていたが、ホテル「ジョルジュ・サンク（George V）」で一緒に働いていたブルターニュ出身のパティシエによれば、ブルターニュでは別の作り方をするのが一般的という。そして作って見せてくれたのが、ビスキュイ・ア・ラ・キュイエールにクレーム・オー・ブールを詰めたパン・コンプレだった。後に、彼が働いていたというナント（Nante）の、確か「ミッシェル（Michel）」という名のパティスリーを訪れてみると、間違いなくこの形でパン・コンプレが並べられていた。

構成は、山状に絞って焼いたビスキュイ・ア・ラ・キュイエールの底をくり抜き、プラリネ風味のクレーム・オー・ブールを詰めただけというシンプルなもの。ビスキュイのふんわり軽い食感と卵の風味が懐かしさを感じさせる。ポイントは、卵白をしっかり泡立てること。ミキサーではなく、銅ボウルに入れてホイッパーで泡立てるほうが、きめ細かくて潰れにくいメレンゲができる。

直径15×高さ約5cm・4台分

ビスキュイ・ア・ラ・キュイエール
biscuit à la cuillère

卵黄 jaunes d'œufs：200g
グラニュー糖：100g
sucre semoule
卵白 blancs d'œufs：360g
グラニュー糖：120g
sucre semoule
薄力粉：200g
farine ordinaire
コーンスターチ：34g
fécule de maïs

クレーム・オー・ブール・プラリネ
crème au beurre praliné
（1台あたり約100g使用）

グラニュー糖：200g
sucre semoule
水 eau：68g
卵白 blancs d'œufs：100g
バター beurre：300g
プラリネ praliné：125g

粉糖 sucre glace：適量 Q.S.

ビスキュイ・ア・ラ・キュイエールを作る。
1. ボウルに卵黄とグラニュー糖を入れ、ホイッパーで白っぽくなるまですり混ぜる。
2. 別のボウルに卵白を入れ、数回に分けてグラニュー糖を加えながらしっかり角が立つまでホイッパーで泡立て、艶よく、きめ細やかなメレンゲを作る。
3. 2の1/3量を1に加え、へらで混ぜ合わせる。
4. 薄力粉とコーンスターチを合わせて加え、さっくり混ぜ合わせる。
5. 残りの2を加え、ムラなく混ぜる。
6. 口径12mmの丸口金をつけた絞り袋に5を入れ、シルパットを敷いた天板に直径15cmの渦巻きの円形に絞る。
7. 6の上に、ひとまわりずつ円を小さくしながら5を絞り重ね、直径15cmのドーム型にする。
8. 全体に粉糖をふる。
9. 180℃のオーブンで20分強焼く。
10. 網にのせて冷ます。

クレーム・オー・ブール・プラリネを作る。
11. 鍋にグラニュー糖と水を入れて強火にかける。
12. 11が沸騰したら、高速のミキサー（ホイッパー）で卵白を泡立て始める。
13. 11が122℃になったら、ミキサーを低速に落として12に加え、再び高速に戻す。
14. 人肌程度の温度に冷め、泡のきめが締まって艶が出てきたら、ミキサーを止める。少し固めのバターを細かく切って加える。
15. 中速でなめらかに乳化するまで混ぜる。
16. ミキサーから下ろしてプラリネを加え、へらで均一になるまで混ぜる。

仕上げる
17. 10を底から円錐状にペティナイフでくり抜く。くり抜いた部分を2層にスライスする。
18. 17をひっくり返し、16を口径12mmの丸口金をつけた絞り袋に入れて絞り込む。
19. 17のくり抜いた部分（上部）を1枚かぶせる。
20. 再び16を絞り込む。
21. 17のくり抜いた部分（下部）でふたをする。
22. ひっくり返して網にのせ、全体に粉糖をふる。

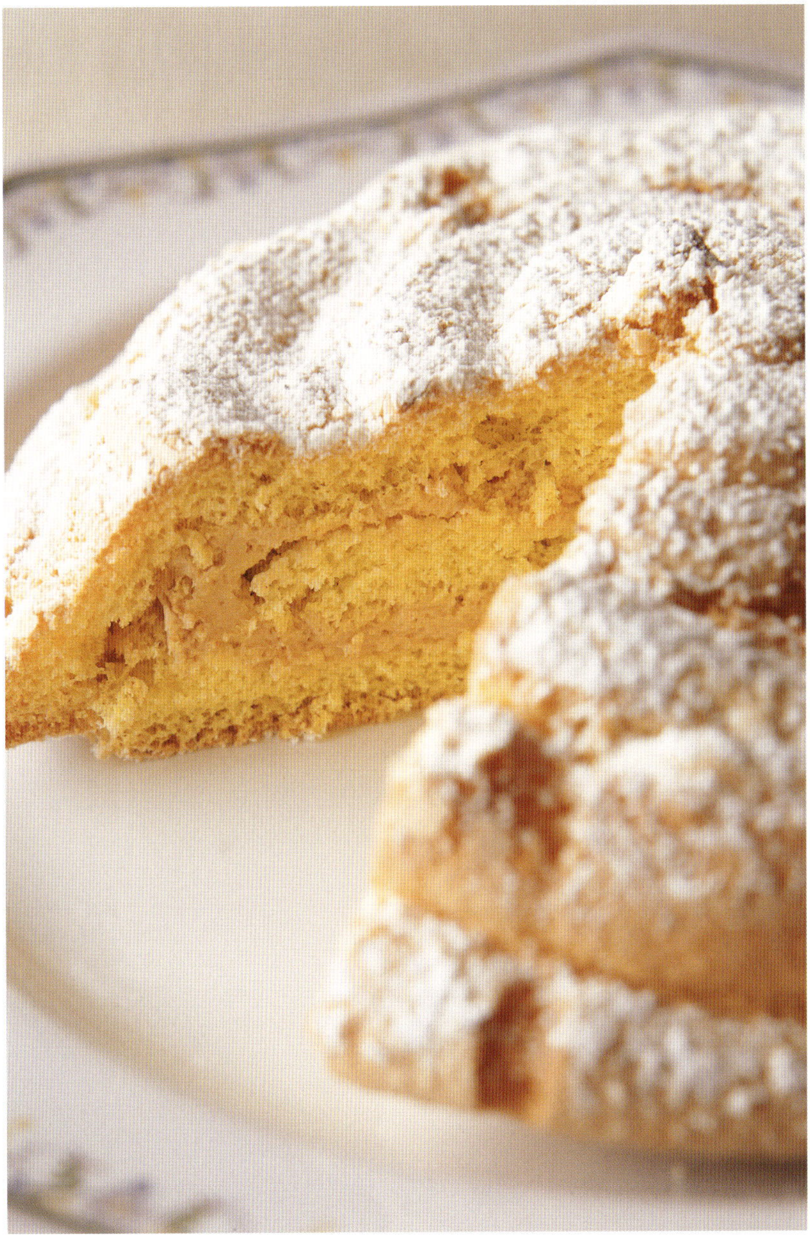

Galette Bretonne
ガレット・ブルトンヌ

サブレであれ、フイユタージュであれ、平たい円形に焼き上げた菓子はガレット(Galette)と呼ばれる。粉の生地で作る焼き菓子の中では最も歴史が古いと考えられ、新石器時代に熱した石の上に粥状にした穀物をのせて焼いていたのが起源とされる。ブルターニュで「ガレット」と言って、すぐに挙がるのは2つ。ソバ粉のクレープか、ここで紹介するバターたっぷりの小型のサブレ、ガレット・ブルトンヌだ。

小麦粉と同量のバターが入るという、とにかくリッチな配合で、セルクル型をかぶせて焼かないと、生地が流れて形が崩れてしまうほどやわらかい。混ぜ方にも神経を使うが、それによって生まれるサクッ、ホロッと崩れるもろい食感はこの上なく、塩気がじんわり広がっていく。現地では、ブルターニュ地方ならではの有塩バターを使うことが多いが、日本では気に入ったものが見つからないので、無塩バターに塩を加えて作っている。少量加えたラム酒によって、より深みある風味が醸し出される。

イギリスを追われたケルト人が住みついた土地らしく、この菓子はイギリス人好みのビスケット(biscuit)の流れを汲んでいて、原形はショートブレッド(Shortbread)にあるという話も聞かれる。

直径5.5cm・43枚分

バター beurre：250g
粉糖 sucre glace：150g
塩 sel：2.5g
卵黄 jaunes d'œufs：60g
ラム酒 rhum：23g
薄力粉 farine ordinaire：250g

澄ましバター：適量
beurre clarifié Q.S.

塗り卵
(卵黄＋コーヒーエッセンス"トラブリ")：適量
dorure (jaunes d'œufs +extrait de café « Trablit ») Q.S.

下準備
＊直径5.5cmのセルクル型の内側に澄ましバターを刷毛で塗っておく。

1. 低速のミキサー(ビーター)でバターをポマード状にやわらかくする。
2. 粉糖と塩を加え、低速ですり混ぜて空気を含ませる。
3. 卵黄を3〜4回に分けて加え混ぜる。
4. ラム酒を加え混ぜる。
5. 薄力粉を加え混ぜ、粉が見えなくなったらミキサーから下ろす。
6. ひとまとめにしてビニール袋に入れ、平らにして冷蔵庫で1時間休ませる。
7. 打ち粉をした台に取り出し、厚さ5mmにのばす。
8. ラップフィルムをかけ、冷凍庫で固くなるまで冷やす。
9. 打ち粉をした台に出し、直径5cmの円形にセルクル型で抜く。
10. シルパットを敷いた天板に並べ、上面に塗り卵を刷毛で塗る。少し乾かしてからもう一度塗る。
11. 上面にフォークで格子模様を描く。
12. 卵がつかないように、直径5.5cmのセルクル型をかぶせる。
13. 160℃のオーブンで、全体がしっかり色づくまで約20分焼く。
14. 型からはずし、網にのせて冷ます。

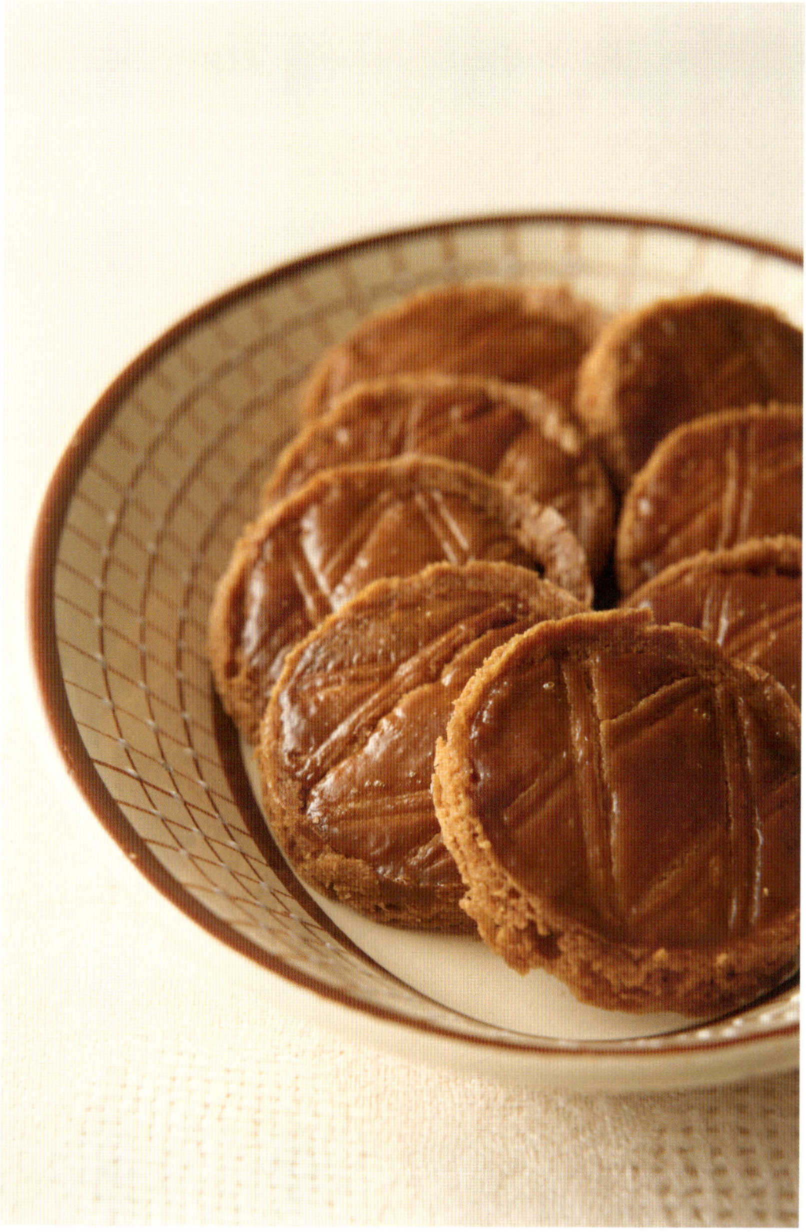

Gâteau Breton
ガトー・ブルトン

ガトー・ブルトンは、大きな厚焼きのクッキーに似た円形の菓子。ブルターニュ地方を代表する菓子のひとつだ。ガレット・ブルトンヌ(p.256)と同じく、現地では特産の有塩バターと卵をたっぷり使って作られる。ここでは、無塩バターに塩を加えて作った。型に生地を詰め、表面に卵を塗って菱形の筋模様をつけて焼くのが、お決まりのスタイルだ。

卵を塗って焼くので、表面は艶やかに香ばしく焼け、歯を立てるとホロッと崩れて中はややしっとり。サブレでもジェノワーズでもない独特の食感が面白い。シンプルに生地だけ焼くこともあれば、フリュイ・コンフィを混ぜ込んだり、間に挟んだりして焼くこともある。

ブルターニュ菓子職人連合会 (Fédération des Pâtissiers de Bretagne) によれば、現在の形でこの菓子について書かれている最も古い記述は、ピエール・ラカン (Pierre Lacam) の『フランスと外国の新菓子・氷菓職人 (Nouveau Pâtissier-Glacier Français et Étranger)』(1865) に見られるという。彼によるとガトー・ブルトンは厚いビスキュイであり、量り売りされていたそうだ。

直径18×高さ2.5cmの
菊のセルクル型(底が抜けるもの)・3台分

全卵 œufs : 200g
グラニュー糖 sucre semoule : 300g
塩 sel : 10g
薄力粉 farine ordinaire : 500g
バター beurre : 300g
角切りのミックス・フルーツ
(レーズン、オレンジ、レモン、パイナップル、チェリー)のコンフィ : 150g
fruits confits

澄ましバター : 適量
beurre clarifié Q.S.
強力粉 farine de gruau : 適量 Q.S.
塗り卵 (卵黄) : 適量
dorure (jaunes d'œufs) Q.S.

下準備
* 型に澄ましバターを刷毛で塗り、強力粉をまぶしつけておく。

1. ボウルに全卵、グラニュー糖、塩を入れ、軽く泡立ち、白っぽくなるまでホイッパーで混ぜる。
2. 薄力粉を加え、へらでさっくり混ぜ合わせる。
3. 別のボウルにバターを入れ、ホイッパーで混ぜてやわらかめのポマード状にする。
4. 3を2に加え、ゴムべらで混ぜる。
5. ミックス・フルーツのコンフィを加え混ぜる。
6. ビニール袋に入れて平らにし、冷蔵庫で1時間休ませる。
7. 1台あたり500gに分割し、手でざっとひとまとめにする。
8. 型に入れ、隙間のないよう、手で押しながら生地を敷き詰める。
9. 上面に麺棒を転がし、余分な生地を切り落とす。
10. 上面に塗り卵を刷毛で塗り、乾かないうちにフォークで筋模様をつける。
11. 180℃のオーブンで約1時間焼く。
12. 型からはずし、網にのせて冷ます。

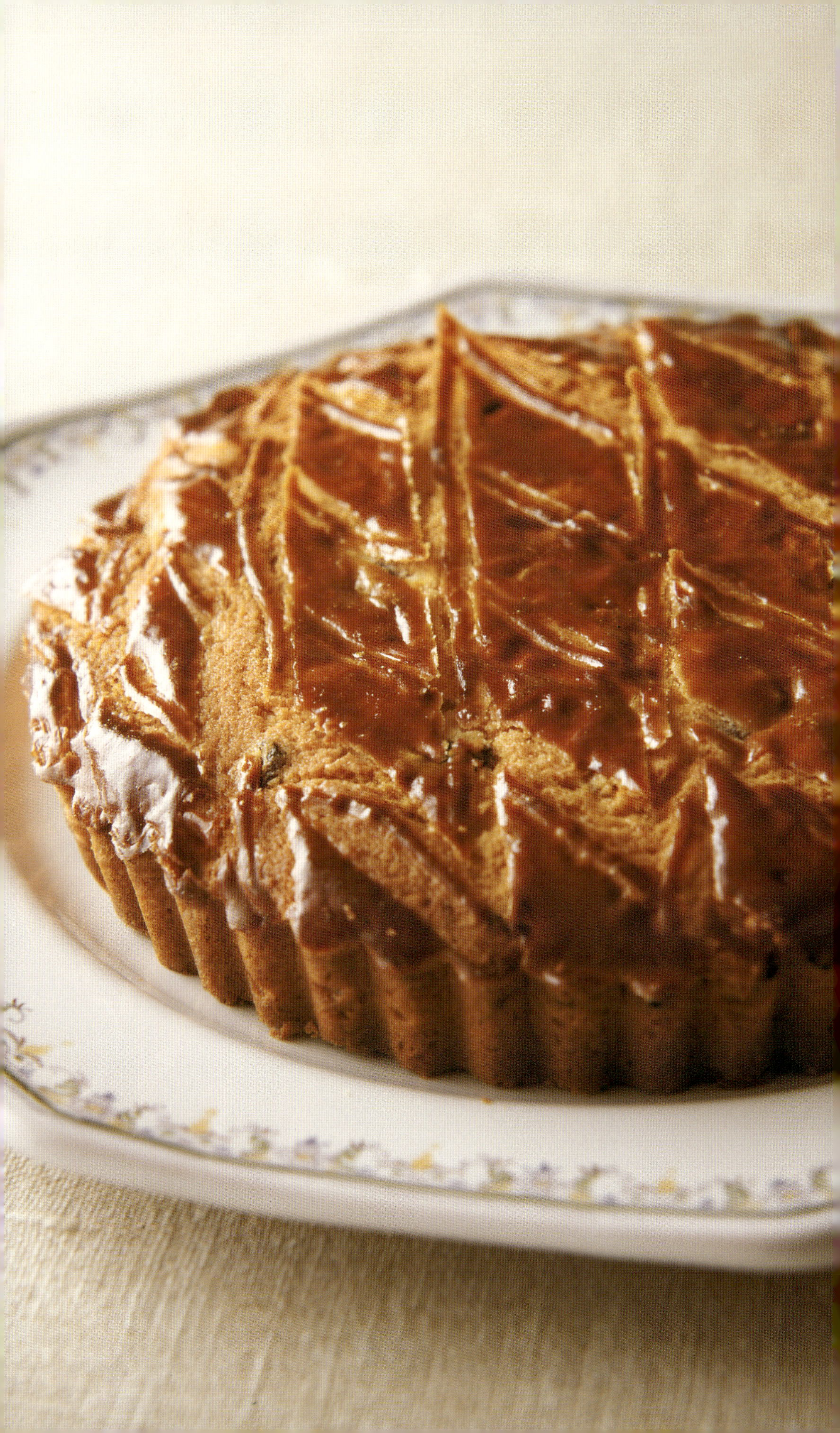

Bretagne｜ブルターニュ　　　　Far Breton

Far Breton
ファー・ブルトン

ファー(Far)とは、小麦粉やソバ粉で作られる、ブルターニュ地方の粥のこと。かつてはソバ粉で塩味の粥を作り、肉料理に添えていたようだ。現在、おやつとして親しまれているファー・ブルトンは、牛乳や小麦粉、砂糖、卵で作った粥にプルーンを入れて焼いた、甘い菓子。昔は宗教的な祭事や家族のお祝いなどで食べられていたそうだ。今では店でも売られているが、やはり家庭で作られることのほうが多いだろう。

水分も油脂も多くて焼き上がりに弾力があり、フロニャルド(p.136、p.206)とほぼ同じ菓子だが、ファーにはラム酒を加えるのが特徴。型にバターを厚く塗ってグラニュー糖をふっておき、上にもちぎったバターを散らすことで、表面がキャラメリゼされてカリッと香ばしく焼き上がる。焼き立ては中が粥のようにふわっとやわらかく、よく焼けた外側とのコントラストが絶妙だ。プルーンは肉厚なアジャン(Agen)産を選び、ラム酒に漬けて香りをしみ込ませている。

直径18×高さ4cmのマンケ型・1台分

アパレイユ appareil
　全卵 œufs：70g
　グラニュー糖：50g
　　sucre semoule
　塩 sel：3g
　薄力粉 farine ordinaire：70g
　牛乳 lait：155g
　生クリーム(乳脂肪分48%)：155g
　　crème fraîche 48% MG

ガルニチュール garniture
　ラム酒に漬けた
　　ドライプルーン(種ぬき)：8個
　　pruneaux marinés au rhum

バター beurre：20g

バター beurre：約20g
グラニュー糖：適量
　sucre semoule Q.S.

下準備
＊型にバター約20gを厚めに指で塗り、グラニュー糖をまんべんなくまとわせておく。

アパレイユを作る
1. ボウルに全卵を入れ、ホイッパーで溶きほぐす。
2. グラニュー糖と塩を加えて軽くすり混ぜる。
3. 薄力粉を加え、ざっくり混ぜる。
4. 混ぜ合わせた牛乳と生クリームを2回に分けて加え、その都度ざっと混ぜる。
5. 漉して別のボウルに入れ、密着させてラップフィルムをかけ、冷蔵庫で一晩休ませる。

組み立て・焼成
6. 型を天板にのせ、ラム酒に漬けたドライプルーンを8個入れる。
7. 5を型の9分目まで流し入れる(約500g)。
8. 1cm角程度にちぎったバター20gを散らす。
9. 180℃のオーブンで約1時間焼く。途中、生地がはみ出したら、パレットナイフか手で中に押し込む。手で押して弾力が出ていればOK。
10. 型からはずし、ひっくり返して網にのせ、冷ます。

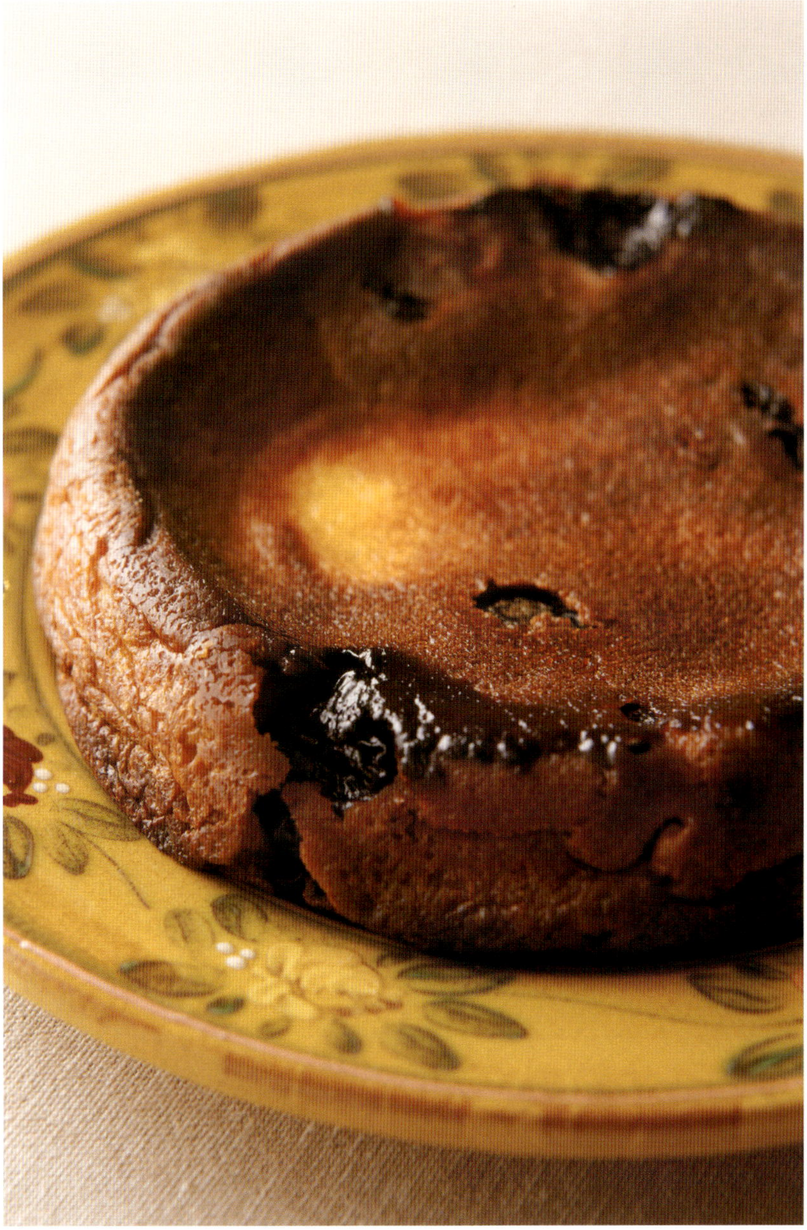

Bretagne | ブルターニュ　　　Crêpe

Crêpe
クレープ

　いわゆる"粥状の菓子"(p.136)はフランス各地にいろいろあるが、クレープほど、極薄でももっちりしていて、存在感のある生地は他にないと思う。小麦粉、またはソバ粉に牛乳や塩、砂糖を加えた生地をフライパンやプレートに流して焼き、主にソバ粉のものはガレットと呼ばれて区別されている。
　クレープ・シュゼット (Crêpe Suzette) など、レストランのデザートとして供される場合には、もっともちもちしていて、バターの多いリッチな配合なのだが、私は庶民的なクレープのほうが好きだ。現地では、菓子屋で焼き上がった生地を重ねて店頭に並べて売っていたり、スーパーでパック詰めを販売していたりするが、やはり焼き立てのおいしさにかなうものはない。
　ブルターニュ地方に限らず、フランスの家庭では、2月2日の聖燭祭 (chandeleur、主の奉献の祝日) やカルナヴァル (carnaval、謝肉祭) の最終日にクレープが焼かれる。この際、片手にコインを握ったまま、もう片方の手でフライパンのクレープをひっくり返し、幸運を占うのが習わしだ。もはや郷土菓子の枠を超え、フランス全土で親しまれる国民的美味のひとつと言っていいだろう。

直径 30cm・約10枚分

薄力粉 farine ordinaire：250g
グラニュー糖：60g
sucre semoule
塩 sel：1g
牛乳 lait：600g
全卵 œufs：50g
水 eau：61g
焦がしバター：75g
beurre noisette
シナモン（パウダー）：0.5g
cannelle en poudre
ラム酒 rhum：9g
水 eau：105g

澄ましバター：適量
beurre clarifié Q.S.
グラニュー糖：適量
sucre semoule Q.S.
有塩バター：適量
beurre salé Q.S.
粉糖 sucre glace：適量 Q.S.

---

1. ボウルに薄力粉、グラニュー糖、塩を入れる。牛乳、溶きほぐした全卵、水61gを合わせて加え、ホイッパーで混ぜる。
2. 少し温かい焦がしバターを1に加え、ホイッパーで混ぜる。
3. シナモンとラム酒を加え混ぜる。
4. 漉し網で漉し、約2時間休ませる。
5. 薄くのばせる適度な流動性になるよう、固さを調整しながら水を約105g加え、ホイッパーで混ぜる。
6. クレープパンに澄ましバターを入れて強火にかけ、キッチンペーパーで薄く塗りのばす。初めの1枚は、煙が出るくらいまでクレープパンをしっかり焼き込んでから焼く。2枚目以降は、クレープパンの温度を保ちながら毎回バターを塗り、焼成する。
7. 少し強めの中火に落とし、5をレードルでざっと混ぜてからクレープパンの中央にひとすくい（約135g）流す。
8. すぐにクレープ焼成用のトンボで薄く回し広げる。
9. 端を指でつまみあげて裏にレース状の焼き色がついていたら、そのままつまみあげてひっくり返す。
10. 1～2分焼き、台にのせる。
11. グラニュー糖を全体にふり、4つに畳んで皿にのせる。
12. 有塩バターを添え、粉糖をふる。

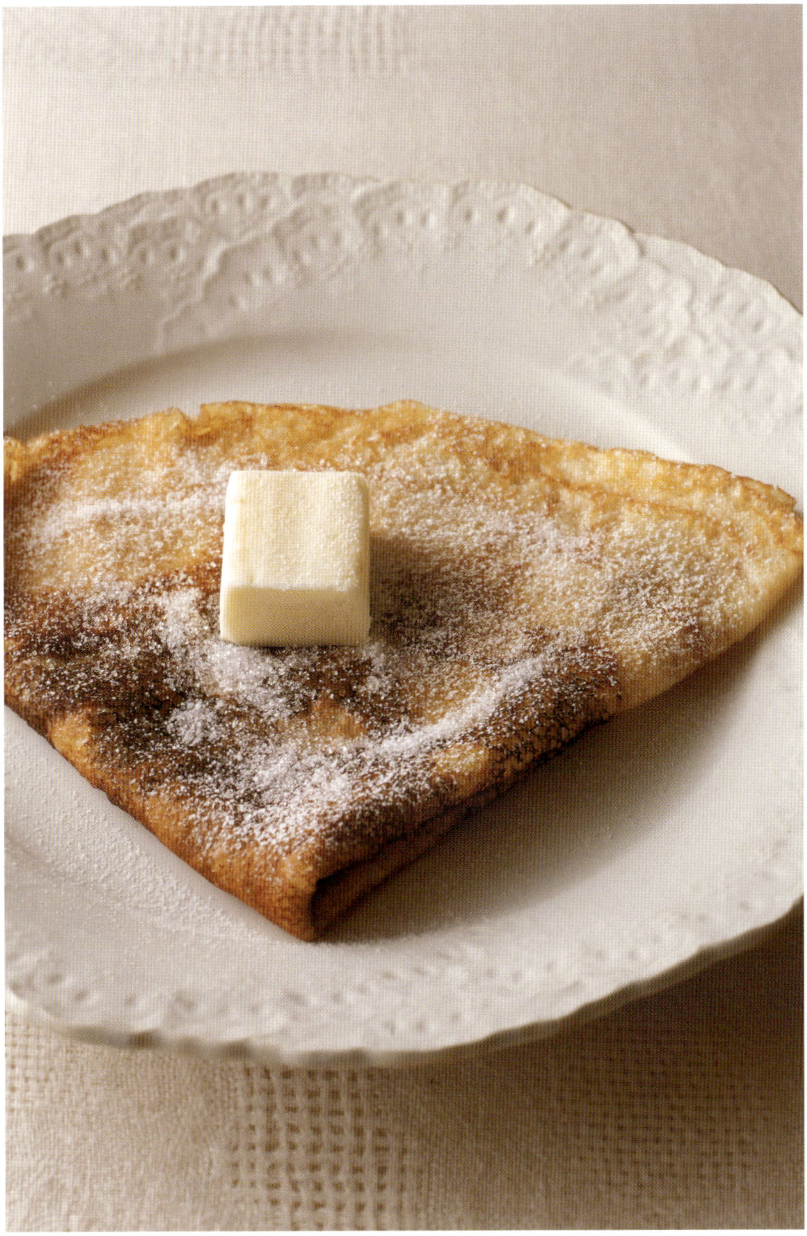

Caramel au Beurre Salé

キャラメル・オー・ブール・サレ

いかにもブルターニュらしいと感じられる味のひとつが、特産の有塩バターをたっぷり使ったキャラメル・オー・ブール・サレだ。町を歩けば、どこの土産物屋にもこのキャラメルが並んでいる。キャラメルにはさまざまな配合や作り方があり、カリッと堅いキャラメル・デュー(caramel dur)と、とろりとやわらかいキャラメル・ムー(caramel mou)に大きく分けられる。ブルターニュで見られるのは主に後者。ナッツ入りやフルーツ味、チョコレート味など風味もいろいろで、セロファンに包んで売られている。

室温でしばらく置いておくと形が崩れるほどにやわらかく、キャラメルのコクとバターの風味、じんわりとした塩気が口の中に豊かに広がる。最初に砂糖と水飴をきちんと焦がし、深い色合いのキャラメルを作ることがポイントだ。

3×3×厚さ1.3cm・35個分

グラニュー糖:250g
sucre semoule

水飴 glucose:25g

生クリーム(乳脂肪分48%):112g
crème fraîche 48% MG

転化糖 sucre inverti:10g

有塩バター beurre salé:100g

カカオバター:12g
beurre de cacao

サラダオイル:適量
huile végétale Q.S.

下準備
＊シルパットの上に厚さ13mmのバールを4本置いて15×21cmの長方形を形作っておく。

1. 銅鍋にグラニュー糖と水飴を入れて強火にかけ、ホイッパーで混ぜながら濃い茶色のキャラメルになるまで熱し、火を止める。
2. ホイッパーで混ぜながら余熱でさらに焦がす。
3. 2と並行して、別鍋に生クリームと転化糖を入れ、沸騰させる。
4. 2に有塩バターをちぎり入れ、ホイッパーでしっかり混ぜる。
5. 3を4に加え混ぜる。再び強火にかけて、115℃になるまでホイッパーで混ぜながら煮詰める。
6. 5をスプーンで少量取って氷水につけ、大きな塊に丸められる状態が確認できたら、カカオバターを混ぜ溶かす。
7. バールの中に流し入れ、一晩休ませる。
8. ペティナイフを差し入れてバールをはずす。
9. サラダオイルを薄く塗った大理石にのせ、包丁で3×3cmに切る。

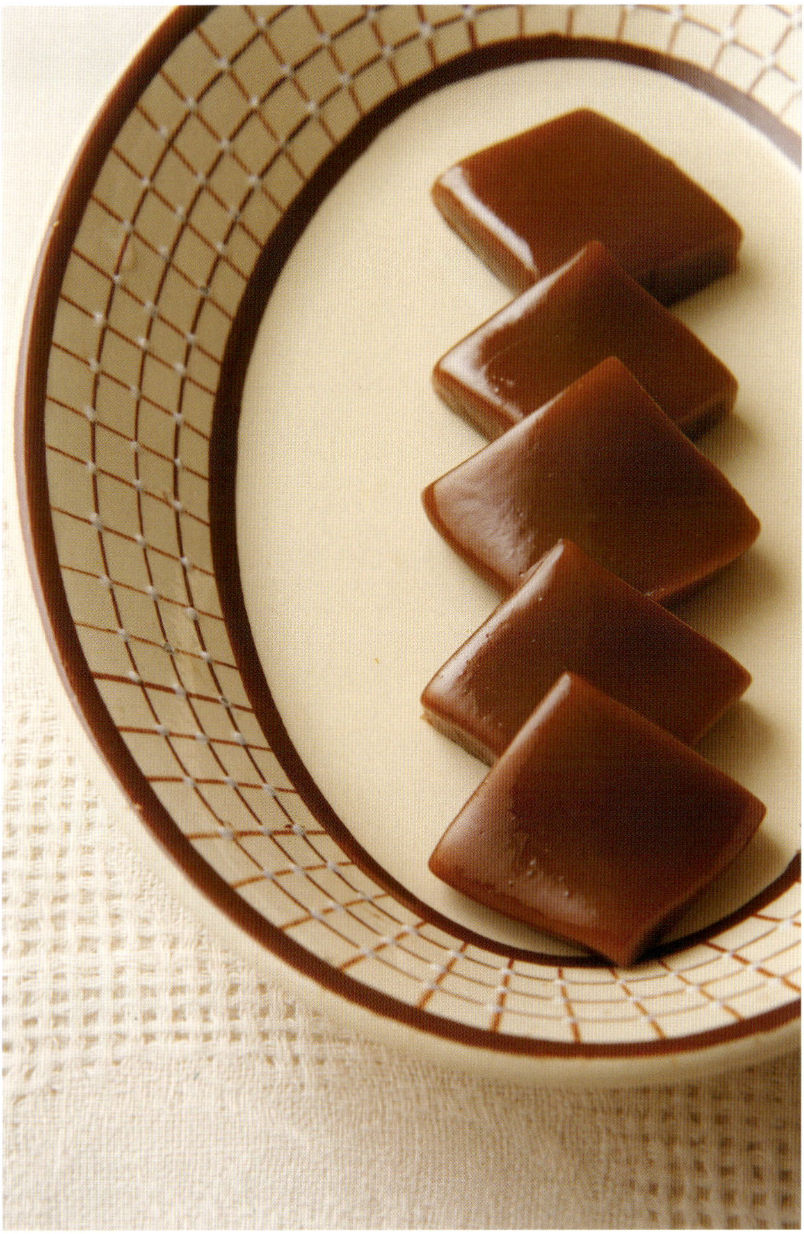

Crêpe Dentelle de Quimper
クレープ・ダンテル・ド・カンペール

フランスの西北端、フィニステール県の中心都市であるカンペール(Quimper)は、5世紀にブルターニュ地方にやってきたケルト人が、最初に作り上げた町。ステール川とオデ川が交わるところにあることから、町名はブルトン語で"川の合流点"を意味する。

素朴で温かみのあるカンペール陶器と並ぶこの町の名物が、薄焼きのクレープ生地をくるくると巻いた焼き菓子、クレープ・ダンテルだ。パリパリした軽い歯触りが特徴で、「ガボット(Gavottes)」という名のメーカーの製品がよく知られている。

この菓子が誕生したのは1886年。カンペールに住んでいたカテル・コルニック(Katell Cornic)という女性の発案によるそうだ。それが「レ・デリシューズ(Les Délicieuses)」という店を開いたマダム・タンギー(Madame Tanguy)に伝えられ、改良が加えられて、傾けた天板に生地を流してガス火で焼かれるようになったという。

ちなみにダンテルとは、フランス語で"レース"のこと。その名に違わぬ繊細な食感が、この上なく魅力的だ。

約6×2.5cm・約50個分

薄力粉 farine ordinaire：150g
ソバ粉 farine de sarrazin：15g
グラニュー糖：150g
sucre semoule
全卵 œufs：150g
バニラオイル：2～3滴
huile de vanille
牛乳 lait：約75g

---

1. 合わせてふるった薄力粉とソバ粉、グラニュー糖、溶きほぐした全卵、バニラオイルををボウルに入れ、ホイッパーで混ぜる。どろりとした重たい液状になる。
2. 固さを見ながら牛乳を少しずつ加え、とろーっと流れ落ちる状態になるまで混ぜのばす。
3. 天板(24×36cm)を220℃のオーブンで熱する。
4. 3の天板を取り出し、端に生地を大さじ1杯程度、約10cm幅に垂らす。すぐにクレープ用のトンボで長さ約20cmにすーっと引き、天板が透けて見えるくらいに薄くのばす。
5. 220℃のオーブンに2分程度入れる。
6. 全体がきつね色に焼けたらオーブンから取り出す。すぐに約6cm幅の帯状にナイフで切り、生地の端を指でつまんで天板からはがす。裏返し、熱いうちに幅約2cmのパレットナイフの刃に巻きつける。
7. オーブンペーパーの上にそっと置いて冷ます。

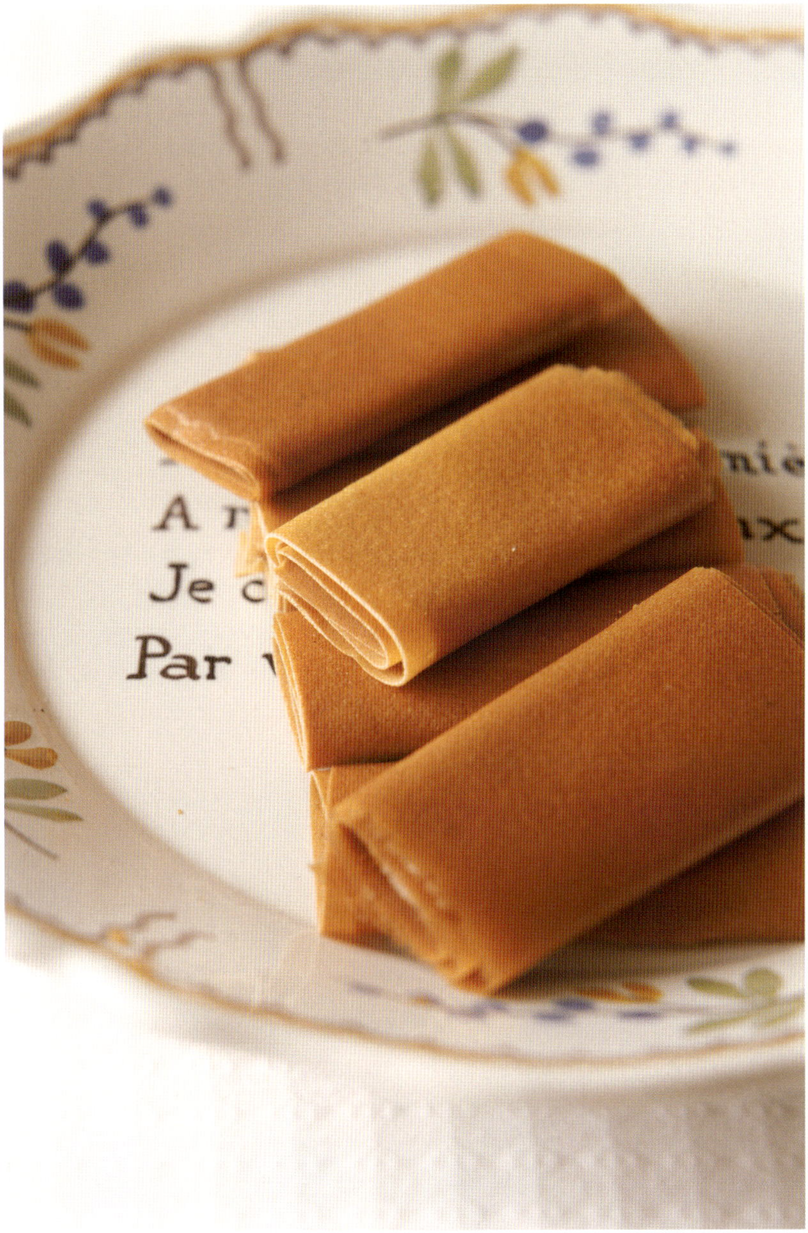

Kouign-Amann
クイニー＝アマン

クイニー・アマンとは、ブルトン語で"バターの菓子"の意味。ブルターニュ最西端、ドゥアルヌネ湾の奥にあるイワシの水揚げや加工が盛んな港町、ドゥアルヌネ（Douarnenez）で生まれたといわれる郷土菓子だ。1860年頃、この町のブーランジェ、イヴ・ルネ・スコルディア（Yves René Scordia）が発案したとの説が聞かれる。誕生の経緯については諸説あり、当時のブルターニュでは小麦粉が少なく、バターが豊富にあったことからこのような配合が生まれたとも、失敗したパン生地を無駄にしないよう、バターと砂糖を折り込んでできたとも言われている。

特にパティスリーではクロワッサンのような生地で作る人も多いが、やはりパン生地の方が噛み締める感じがあり、表面のカリッとした部分との対比が出ておいしいと思う。生地の中からジュワーッとバターの風味が溢れ出て、ところどころカリカリ、ジャリジャリした砂糖と混じり合い、塩気が全体の味わいを引き締める。

直径18×高さ4cmのマンケ型・2台分

ドライイースト：6g
levure sèche de boulanger
グラニュー糖 sucre semoule：1g
ぬるま湯 eau tiède：30g
強力粉 farine de gruau：130g
薄力粉 farine ordinaire：60g
フルール・ド・セル fleur de sel：4g
グラニュー糖 sucre semoule：19g
バター beurre：20g
冷水 eau froide：60g
バター beurre：100g
グラニュー糖：130g
sucre semoule

バター beurre：適量 Q.S

---

1. ドライイースト、グラニュー糖1gをボウルに入れ、ぬるま湯を注ぐ。ふつふつと泡立ってくるまで20〜30分、予備発酵させる。
2. ミキサーボウルに強力粉、薄力粉、フルール・ド・セル、グラニュー糖19g、バター20g（常温）、冷水、1を入れる。中速のミキサー（フック）で捏ね、生地がつながってひとまとまりになったら止める。
3. 2をボウルに移して表面に打ち粉をし、カードで生地の端を下に押し込むようにして表面を張らせてまとめる。
4. ラップフィルムをかけて、少し膨らむまで約25分発酵させる。
5. パンチしてガスを抜き、台に出す。包丁で十字の切り込みを入れる。その切り込みを四方に押し開き、十字形に生地を広げて麺棒で軽くのばす。中央は小高いまま残しておく。
6. 冷たいバター100gを麺棒で叩いてから10×10cm程度に四角く整え、5の中央に置く。パート・フイユテ（p.340）の要領で四方から生地を折り畳み、密着させながらバターを包み込む。
7. 麺棒で叩いてから、約20×60cmの長方形にのばす。グラニュー糖130gのうち20gを全体にふりかける。
8. 3つ折りにし、端は麺棒で押して接着させる。ビニール袋に入れ、冷凍庫で20〜30分休ませる。
9. 7〜8をもう一度繰り返す。
10. 7〜8をもう一度繰り返す。ただし、生地は2つ折りにする。
11. 30×15cmにのばし、半分の大きさ（15×15cmを2枚）に切る。
12. 型にバター適量を指で薄く塗り、グラニュー糖130gのうち残りの適量をまんべんなくまぶす。
13. 11の4辺を中央に寄せて折り、12に入れる。12の残りのグラニュー糖をふる。
14. 220℃のオーブンで約30分焼く。裏まで焼け、なおかつ上面の砂糖が溶けきらないところでオーブンから出す。
15. すぐに裏返して型からはずし、網にのせて冷ます。

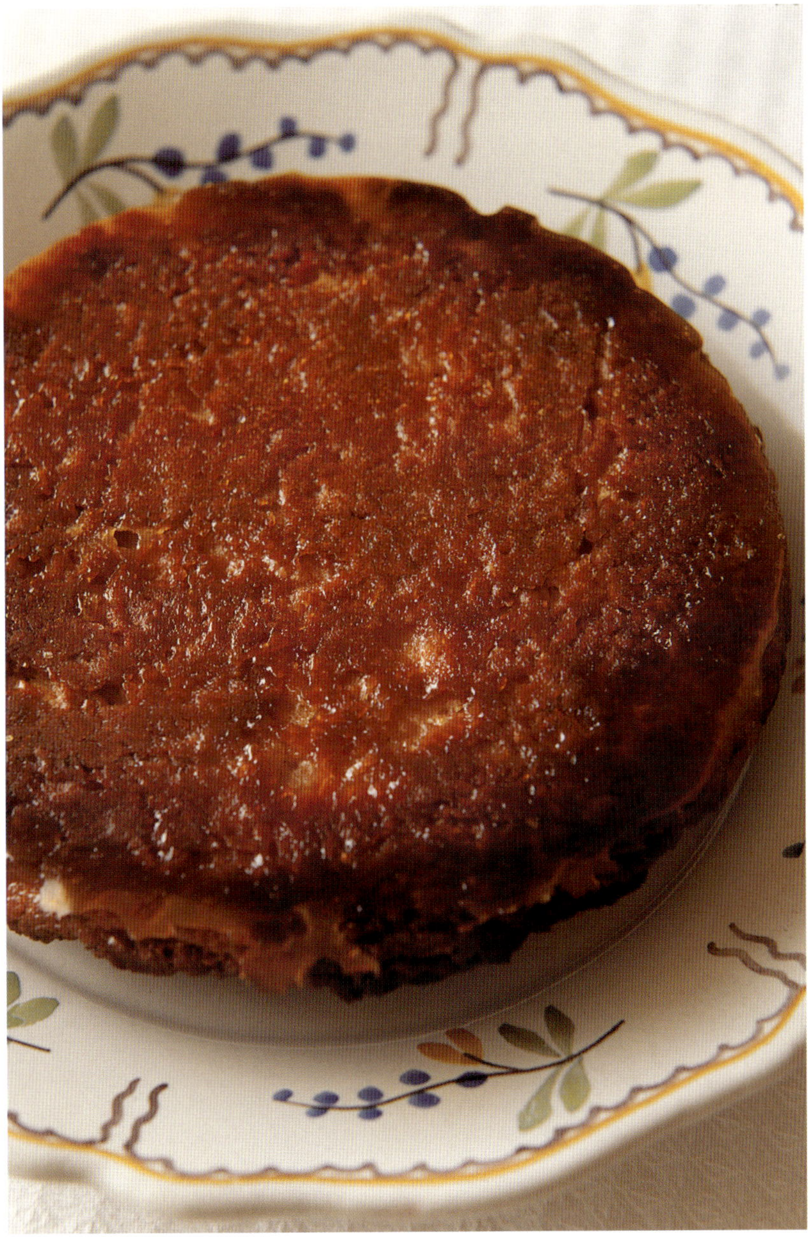

Gâteau Brestois
ガトー・ブレストワ

ブレスト（Brest）は、ブルターニュ半島のほぼ西端に位置する港湾都市。ローマ時代から港が置かれ、17世紀以降は要塞の整備された軍港となった。それゆえ、第2次世界大戦では壊滅的な被害を受けたが、現在は見事に復興を遂げ、商業港としても重要な役割を担っている。菓子好きであれば、パリ＝ブレスト（p.322）からその名を知る人も多いだろう。

この町のスペシャリテが目の詰まった焼き菓子、ガトー・ブレストワだ。ブレストワ（Brestois）とも言われ、アーモンドパウダーやレモンエッセンス、オレンジのリキュール入りの生地を、小さなブリオッシュ型かマンケ型で焼く。いずれもアンズジャムを詰めたり、表面に塗ったりし、アーモンドスライスを貼りつける。

きめ細やかでむっちりした食感と、アーモンドと卵のまろやかでやさしい味わいは、パン・ド・ジェーヌ（Pain de Gênes）に似たところがある。アンズジャムの酸味とのバランスが良く、日持ちするのでじっくり楽しめる。

17×17cm（底15×15cm）の角型（底つき）・2台分

卵黄 jaunes d'œufs：100g
タンプルタン T.P.T.：170g
オレンジの皮のコンフィ：25g
écorces d'oranges confites
コアントロー Cointreau：20g
レモンエッセンス：5〜6滴
essence de citron
薄力粉 farine ordinaire：85g
卵白：150g
blancs d'œufs
グラニュー糖：45g
sucre semoule
溶かしバター beurre fondu：25g

澄ましバター：適量
beurre clarifié Q.S.
アーモンドスライス：適量
amandes effilées Q.S.
アンズジャム：適量
confiture d'abricots Q.S.

下準備
＊型に刷毛で澄ましバターを塗り、アーモンドスライスを全面にムラなく貼りつける。

1. 卵黄とタンプルタンをミキサーボウルに入れ、中速のミキサー（ホイッパー）にかける。
2. 全体が混ざったら刻んだオレンジの皮のコンフィとコアントロー、レモンエッセンスを加え、もったりした状態になるまで約20分泡立てる。
3. 薄力粉を加えてへらで混ぜる。
4. 卵白にグラニュー糖を加え、ミキサー（ホイッパー）でしっかり角が立つまで泡立てる。
5. 3に4を2〜3回に分けて加え、ゴムべらで混ぜ合わせる。
6. 8分目まで混ざったら溶かしバター（室温）を加え、むらなく混ぜる。
7. 型に1台あたり300gずつ流し入れる。
8. 170℃のオーブンで約45分焼く。
9. 網にひっくり返してのせ、型をはずす。
10. 温かいうちに、温めたアンズジャムを刷毛で塗る。

271

Craquelin de Saint-Malo
クラックラン・ド・サン＝マロ

サン＝マロ(Saint-Malo)は、ブルターニュ地方北部のエメラルド海岸沿いにある、12世紀建造の城壁に囲まれた小さな港町。16世紀にはコルセール(corsaire)と呼ばれる海賊や私掠船(フランス国王公認の海賊船)が活躍し、17世紀末にはフランス随一の港町として繁栄した。第2次世界大戦で町の大半が破壊されたが、今ではほぼすべての歴史的建造物が復元され、人気のリゾート地のひとつとなっている。

　この町の銘菓と言えば、カリカリした軽い歯触りが持ち味のクラックラン・ド・サン＝マロだ。パン生地を熱湯で茹でてから焼くエショデ(echaudé)の一種で、ジャムやバター、チーズなどをつけて朝食やおやつに食べられる。現地では袋詰めにして売られ、カフェでも供されていた。起源は中世にまで遡るという、いかにも素朴な菓子だ。

　クラックランそのものはサン＝マロだけでなく、ブルターニュ地方からノルマンディ地方にかけての北岸地域や、北フランス、ヴァンデ県、フランシュ＝コンテ地方などでも作られている。形も製法もさまざまで、エショデやビスキュイ(biscuit)の一種、発酵生地を使うものと使わないもの、甘みを加えたものと加えていないものなど、数多くある。

約15×7cm·10個分

ドライイースト：5g
levure sèche de boulanger
ぬるま湯 eau tiède：50g
薄力粉 farine ordinaire：62g
薄力粉 farine ordinaire：250g
バター beurre：125g
塩 sel：1g
水 eau：60g

1. ドライイーストとぬるま湯、薄力粉62gをボウルに入れ、へらで混ぜる。約2時間、約2倍に膨らむまで発酵させる。
2. 薄力粉250gを台に山状にふるい出す。手で揉んでやわらかくしたバター(室温)、塩を加え、手でほぐし混ぜる。ほろほろした砂状になる。
3. 2の中央に窪みを作って水を注ぎ入れ、周りの粉を手で少しずつ崩しながら全体を混ぜ、手の平で捏ねる。生地に弾力が出てまとまり、台から離れるようになればOK。
4. 1を3に加え混ぜ、生地を引っ張り上げては台に打ちつけるようにして混ぜ、グルテンを出す。
5. 50gずつに分割し、軽く丸めた手の平で包むようにして台の上で転がし、表面をつるんと丸める。
6. 長径15×短径7cmの楕円形にのばす。
7. 沸騰直前の湯で6を2〜3分茹でる。
8. 浮いてきた生地を穴じゃくしで取り上げ、ふきんで水分を取る。
9. 天板に並べ、220℃のオーブンで全体が色づくまで約15〜20分焼く。
10. 網にのせて冷ます。

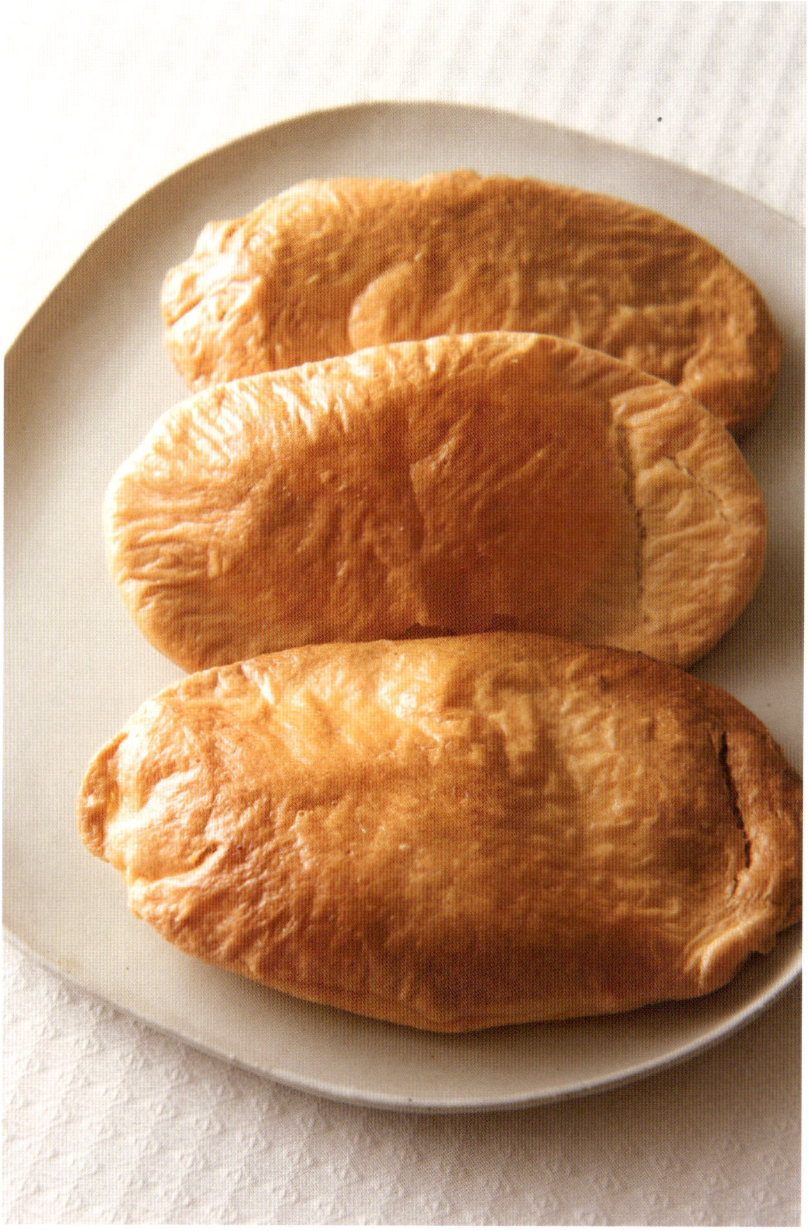

Pâte à Tartiner au Caramel Salé

パータ・タルティネ・オー・キャラメル・サレ

パータ・タルティネとは、朝食やおやつでパンやビスキュイ、クレープに塗るペーストのこと。ナッツ味やチョコレート味などさまざまあるが、ブルターニュではやはり、有塩バターのキャラメル味のパータ・タルティネ・オー・キャラメル・サレが多く見られる。作り方は基本的に、キャラメルを生クリームやバターでのばすという、非常にシンプルなもの。とろりとした口溶けとともに、ミルキーでリッチなキャラメルの味わいが一気に押し寄せ、幸せな気分になる。

塩にはご存知の通り、地中で結晶体になる岩塩と、海水から取れる海塩がある。ブルターニュの塩はもちろん後者で、特にゲランド(*Guérande*)産の海塩は、プロヴァンス地方のカマルグ(*Camargue*)産と並んで名高い。なかでも、塩田で濃くなった海水の上に最初に浮かぶ塩の結晶は、フルール・ド・セル(*fleur de sel*、塩の花)と呼ばれ、塩の中では高級品として扱われる。私がここで使っているのも、ゲランド産のフルール・ド・セルだ。塩辛さとは一線を画す、角のとれたまろやかな旨みが後を引く。

つくりやすい分量

グラニュー糖：400g
sucre semoule

水飴 glucose：400g

生クリーム(乳脂肪分48%)：600g
crème fraîche 48% MG

バニラスティック：½本
gousse de vanille

バター beurre：200g

フルール・ド・セル：8g
fleur de sel

1. 銅鍋にグラニュー糖と水飴を入れて強火にかけ、ホイッパーで混ぜながら熱する。
2. *1*と並行して、別の鍋に生クリームと裂いたバニラスティックの種と鞘を入れ、沸騰させる。
3. *1*が濃い茶色のカラメルになったら、火を止めて*2*を加え、ホイッパーでよく混ぜる。
4. 35℃になるまで冷ます。
5. バター(室温)を加え混ぜ、フルール・ド・セルも加え混ぜる。

Sablé Normand
サブレ・ノルマン

　サブレとは、バターが豊富に加えられた歯触りのよいビスケットのこと。口の中でサクサク、ホロホロと崩れるもろい食感に作らなければ、サブレとは呼べない。そのためには、小麦粉、バター、砂糖をはじめにしっかりサブレ(フランス語で"砂をまいた"の意)状に混ぜ合わせること。少量の場合は、両手でやさしく包んですり合わせ、粉と油脂を細かい粒子状になじませていく。

　フランス語の辞書によれば、サブレの名は、アンジュー地方の北にあるメーン地方の町、サブレ＝シュル＝サルト(Sablé-sur-Sarthe)に由来すると記載されている。が、発祥は19世紀以前のノルマンディ地方と考えられており、同地方のリジュー(Lisieux)、トゥルヴィル(Trouville)、カーン(Caen)、ウルガート(Houlgate)などからフランス全土に広がっていったとみられる。

　サブレ・ノルマンは、イズニー(Isigny)産に代表される、ノルマンディ地方特産の良質なバターと、現地で広く栽培されている小麦の粉をふんだんに使った、伝統のサブレだ。グラニュー糖を使うので、粉糖を使うサブレに比べてなめらかさやソフト感に欠けるところはあるが、飾り気のない味わいがかえって好ましく感じられる。

直径6cmの菊型・27個分

薄力粉 farine ordinaire : 150g
バター beurre : 100g
グラニュー糖 : 75g
sucre semoule
卵黄 jaunes d'œufs : 40g

---

1. 薄力粉をボウルに入れ、手で揉んでやわらかくしたバター(室温)、グラニュー糖を加えて指先でつかむようにして全体をなじませる。
2. ある程度混ざったら、手をこすり合わせるようにしてさらさらの砂状になるまで混ぜる。
3. 中央に窪みを作り、卵黄を加える。手でしっかりもみ込んで混ぜる。
4. 台に取り出し、全体をひとまとまりにする。
5. ビニール袋に入れ、冷蔵庫で1時間以上休ませる。
6. 厚さ4mmにのばし、菊型で抜いて天板に並べる。
7. 中央にフォークの先を押し当てて、模様をつける。
8. 180℃のオーブンで約12分焼く。
9. 網にのせて冷ます。

Bourdelot
ブールドロ

　ブールドロは、リンゴを丸ごとフイユタージュやパート・ブリゼで包み、オーブンで焼いた菓子。リンゴの名産地、ノルマンディならではの美味だ。芯をくり抜いて砂糖やシナモン、バターを詰め、生地で包んで焼くことで、リンゴが蒸し焼きにされて旨みが引き出され、ピュアな甘酸っぱさや食感を残しながらも、味が凝縮される。個々の形状や火の通り具合によって生まれる自然な形も面白い。リンゴは、ノルマンディ特産のリンゴの発泡酒、シードル(cidre)造りにも使われる、心地よい酸味が特徴のレネット(reinette)種が望ましいが、日本では紅玉がよいだろう。冷めてから食べてもよいが、温かいうちのほうがおいしく食べられると思う。

　ノルマンディ地方にはまた、洋ナシを同じように丸ごと生地で包んで焼く、ドゥイヨン(douillon)と呼ばれる菓子もある。私がフランスで修業していた頃は両者とも、ノルマンディだけでなくパリのブーランジュリーやパティスリーでもよく見かけて、印象に残っている。

直径約 11cm・4台分

パート・フイユテ：約300g
pâte feuilletée
(3つ折り6回、▶▶「基本」参照)

ガルニチュール garniture
　リンゴ pommes：4個
　グラニュー糖：20g
　sucre semoule
　カソナード cassonade：20g
　シナモン(パウダー)：20g
　cannelle en poudre
　バター beurre：20g

塗り卵(全卵)：適量
dorure (œufs entiers) Q.S.

パート・フイユテを準備する
1. パート・フイユテを厚さ2mmにのばし、冷凍庫に20〜30分入れて締める。
2. 約20×20cmの正方形に切り、冷蔵庫で1時間休ませる。

ガルニチュールを作る
3. リンゴの上の枝は残し、下から芯抜きを刺し入れて芯をくり抜く。
4. グラニュー糖、カソナード、シナモンを混ぜて3の穴に詰め、バターを押し込んでふたをする。
5. 天板に並べ、250℃のオーブンで少し乾いた状態になるまで、約5分焼く。
6. そのまま冷ます。

組み立て・焼成
7. 2を台に置き、中央に6をのせる。生地の角を上へ持ち上げて、リンゴを包み込む。
8. 余分な生地を切り落として、つなぎ目は指でつまんで接着し、天板に並べる。
9. 8で切り落とした生地を薄くのばす。葉の型で抜き、残りは紐状に切って茎にする。
10. 8に塗り卵を刷毛で塗り、9を形よく接着して飾る。
11. 10の葉と茎の表面にも塗り卵を刷毛で塗り、葉にはペティナイフの背で葉脈の模様を描く。
12. 200℃のオーブンで約1時間焼く。
13. 網にのせて冷ます。

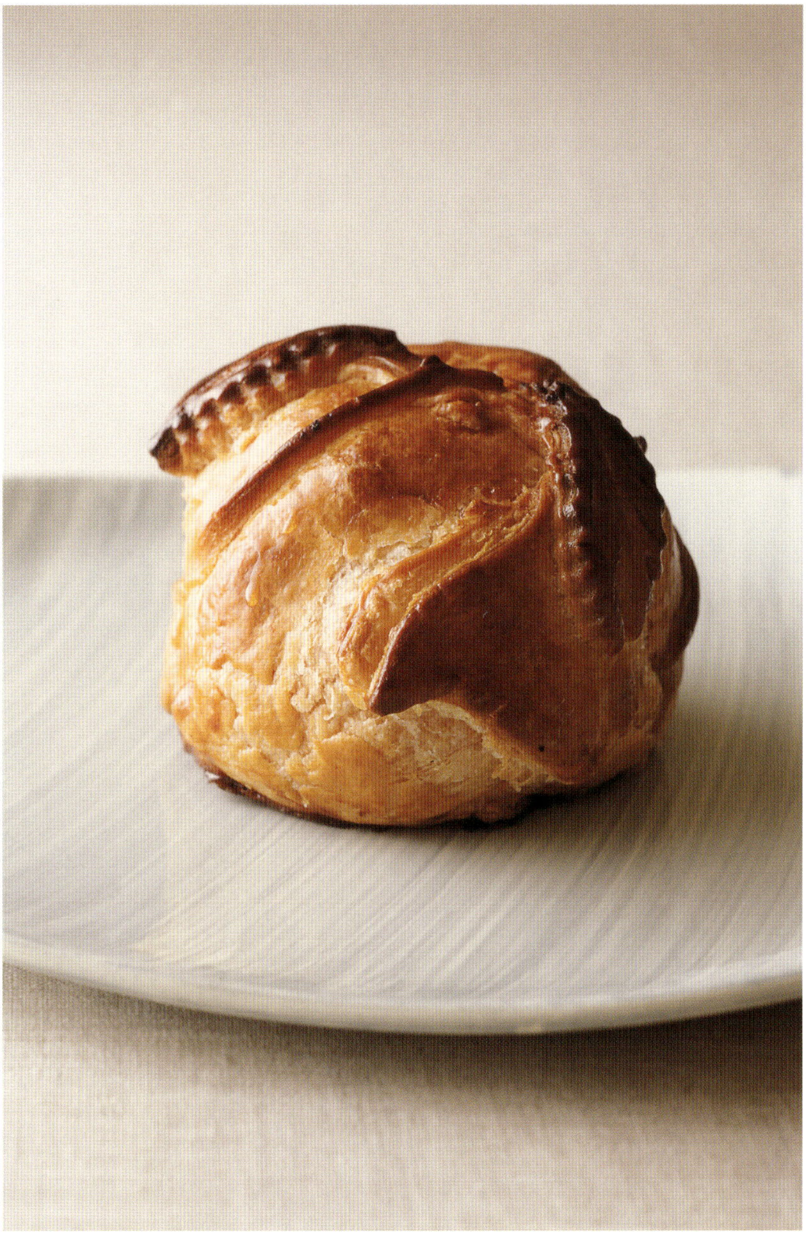

Gâteau du Verger Normand
ガトー・デュ・ヴェルジェ・ノルマン

ヴェルジェ(Verger)とは、フランス語で"果樹園"のこと。ガトー・ヴェルジェ・ノルマンは、残ったパンをほぐしてパン粉にし、リンゴと層に重ねて焼き上げた、家庭的な菓子だ。パン粉によって生まれる独特の弾力と、やわらかいリンゴのコントラストが非常にユニーク。食べ物の無駄を出さないというフランス人の合理性がうかがえる、素朴な一品だ。

直径14×高さ8cmの
シャルロット型・2台分

固くなったパン(食パンなど)の中身:250g
mie de pain rassise

グラニュー糖:225g
sucre semoule

リンゴ pommes:1kg

焦がしバター:50g
beurre noisette

バター beurre:50g

下準備
＊型にバター50gを手で塗っておく。

1. 固くなったパンの中身をエチューブ(保温庫・保管庫)に一晩入れ、パリパリになるまで乾かす。
2. *1*を手でほぐし、粗めのパン粉状にする。
3. *2*をボウルに入れ、グラニュー糖をまぶし混ぜる。
4. リンゴの皮と芯を取り除き、縦16等分に切る。
5. 型の底に*4*を6〜7切れ敷きつめる。
6. ¼量の*3*をまんべんなくふりかける。
7. *5*〜*6*をあと3回繰り返す。
8. 180℃のオーブンで約2時間半、縁も底もカラメル色に色づくまで焼く。
9. 焼き上がったらすぐ、焦がしバターを表面にふりかける。
10. 網にのせて冷まし、型からはずす。

Pomme au Four
ポム・オー・フール

　ノルマンディの景色と言って真っ先に目に浮かぶのは、初夏、一面に白い花を咲かせるリンゴの木々だ。そのすぐ近くで乳牛たちがゆっくり草を食んでいて、「なんてのどかな景色だろう」と、しばらく見とれていたのを思い出す。

　菓子を見ても、特産のリンゴを使ったものが多数。なかでも最もシンプルなのが、ポム・オー・フールだろう。ノルマンディ地方の焼きリンゴのことで、リンゴの芯の部分をくり抜き、中にリンゴのコンポートを詰めて焼く。リンゴのコンポートにアンズジャムを混ぜることもしばしばだ。使用するリンゴはやはり、甘酸っぱさの際立つレネット（reinette）種がいいが、日本では紅玉をお勧めする。

　コンポートとジャムのフルーティな甘さが甘酸っぱいリンゴと混じり合い、ナチュラルで愛らしい味わいを醸し出す。

---

1. リンゴは皮つきのまま、ヘタの部分（上から1/5程度）をナイフで横に切り、ふたにする。下は、中の芯をエコノムでくり抜く。
2. リンゴのコンポートとアンズジャムを混ぜ合わせ、*1*の穴にスプーンで詰める。
3. *1*で切り落としたヘタの部分をかぶせ、リンゴの表面にハチミツを手で塗る。
4. 粗熱をとった焦がしバターを*3*の表面全体に刷毛で塗る。
5. 天板に並べ、200℃のオーブンで約30分焼く。
6. そのまま冷ます。

直径 8cm・6個分

リンゴ pommes：6個

ガルニチュール garniture
　リンゴのコンポート：200g
　compote de pomme
　（▶▶「基本」参照）
　アンズジャム：100g
　confiture d'abricots
　（▶▶「基本」参照）

ハチミツ miel：50g
焦がしバター：25g
beurre noisette

Sablé de Caen
サブレ・ド・カーン

現在、カルヴァドス県の県都となっているカーン(Caen)は、イングランド王にもなったノルマンディ公、ギヨーム1世（Guillaume I、英語名William I）が11世紀に城を築き、発展した町。第2次世界大戦で町のほとんどが破壊されたが、急ピッチで再建が進められた。戦災を逃れ、往時の栄華を今に伝える男子修道院やサン＝テチエンヌ教会は、威風堂々たる構えが見事だ。

この町の名物と言えば、なんと言っても内臓の煮込み料理、トリップ・ア・ラ・モード・ド・カーン（Tripes à la mode de Caen）だが、菓子ではサブレ・ド・カーンを忘れてはならない。数あるサブレの中でも、固く茹でた卵から卵黄だけを取り出し、漉して生地に混ぜ入れるのはこの菓子ならでは。サクッと軽やかな歯触りが魅力で、口中でほろりと崩れ、たっぷり加えられたバターの香りがリッチに広がる。現地ではこれを袋に詰め、いたるところで山積みにして売っていた。専用の三角形の抜き型があるようだが、今回は円形の菊型で抜いてから4つに切り、代用した。

半径5cmの扇形・40枚分

茹で卵の黄身：60g
jaunes d'œufs durs

薄力粉 farine ordinaire：250g

粉糖 sucre glace：125g

バター beurre：250g

塩 sel：1g

シナモン（パウダー）：2g
cannelle en poudre

塗り卵（全卵）：適量
dorure (œufs entiers) Q.S.

---

1. 茹で卵の黄身を、目の細かい漉し網で漉す。
2. 薄力粉、粉糖、バター（常温）、1、塩、シナモンをボウルに入れ、指先でつかむようにして粉類とバターをなじませる。
3. ある程度混ざったら、手をこすり合わせるようにして混ぜる。
4. 台に取り出し、全体をひとまとまりにする。
5. ビニール袋に入れて平らにし、冷蔵庫で1時間休ませる。
6. 厚さ5mmにのばして直径10cmの菊型で抜き、ナイフで4等分に切る。
7. 天板に並べて塗り卵を刷毛で塗り、口径9mmの丸口金を押し当てて模様をつける。
8. 180℃のオーブンで約20分焼く。
9. 網にのせて冷ます。

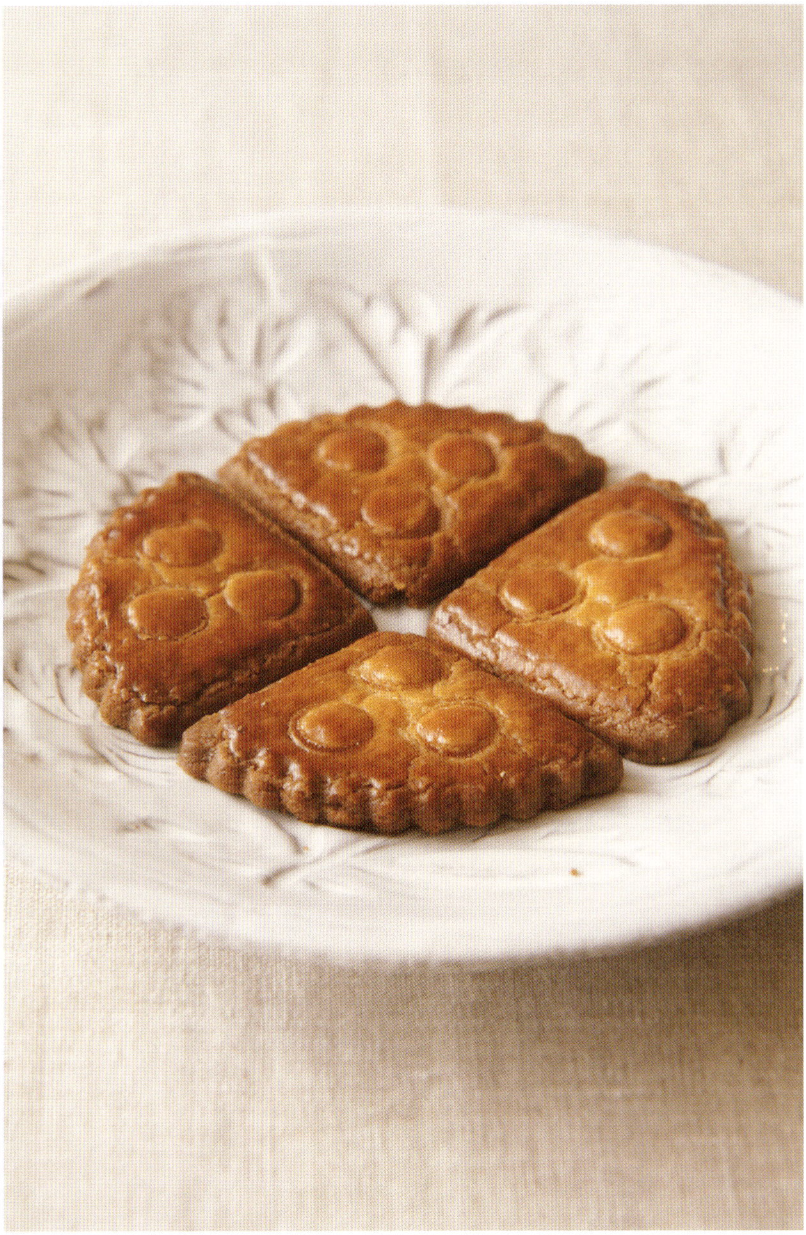

Flan de Rouen

フラン・ド・ルーアン

ノルマンディ地方の中心都市、ルーアン(Rouen)。ローマ時代から続く港町で、ノルマンディ公国の首都として栄え、1431年にジャンヌ・ダルク(Jeanne d'Arc)が火刑に処せられた地としても知られている。街には、クロード・モネ(Claude Monet)が30点以上の作品を描いた荘厳なノートルダム大聖堂や、サン＝マクルー教会など、ゴシック様式の建築が数多く残り、歴史の重みを感じさせる。私がフランス生活の最後に訪ねた時には、大聖堂の周りに古いブティックが多く残っており、それらを眺めて歩くのが非常に楽しかった。

この町の名を冠する菓子のひとつが、フラン・ド・ルーアンだ。ノルマンディ地方の菓子らしく、型に敷いた生地にアパレイユを流し入れ、特産のリンゴとともに焼き上げる。私が慣れ親しんだコシのあるパリ(Paris)のフラン(p.316)とは異なり、プリンのようにふわっと軽い口当たり。リンゴの甘酸っぱさがなじんだやさしい味が、心にしみる。

直径18cm、高さ2cmの
タルトリング型・3台分

パータ・フォンセ：315g
pâte à foncer
(▶▶「基本」参照)

アパレイユ appareil
　薄力粉 farine ordinaire：20g
　グラニュー糖：150g
　　sucre semoule
　全卵 œufs：50g
　卵黄 jaunes d'œufs：40g
　牛乳 lait：500g

ガルニチュール garniture
　リンゴ pommes：2¼個

パータ・フォンセを準備する
1. パータ・フォンセを厚さ2mmにのばし、冷凍庫に20～30分入れて締める。
2. 型よりひとまわり大きい円形に1台につき1枚切り、冷蔵庫で1時間以上休ませる。
3. 型に敷きこみ、冷蔵庫で1時間以上休ませる。
4. 生地の側面を指で押して型に密着させ、はみ出した生地をパレットナイフで切り落とす。

アパレイユを作る
5. 薄力粉とグラニュー糖をボウルに入れ、ホイッパーでよく混ぜる。
6. 合わせて溶きほぐした全卵と卵黄(いずれも常温)を加え、ホイッパーで混ぜる。
7. 牛乳(常温)を注ぎ入れながら、ホイッパーで混ぜ合わせる。

ガルニチュールを準備する。
8. リンゴは皮と芯を取り除き、縦16等分に切る。

組み立て・焼成
9. 4を天板にのせ、8を放射状に並べて、中央に1切れ置く。
10. 7を型いっぱいに流し入れる。
11. 180℃のオーブンで、アパレイユがプリンのように少しふるふると揺れる状態になるまで、約1時間焼く。

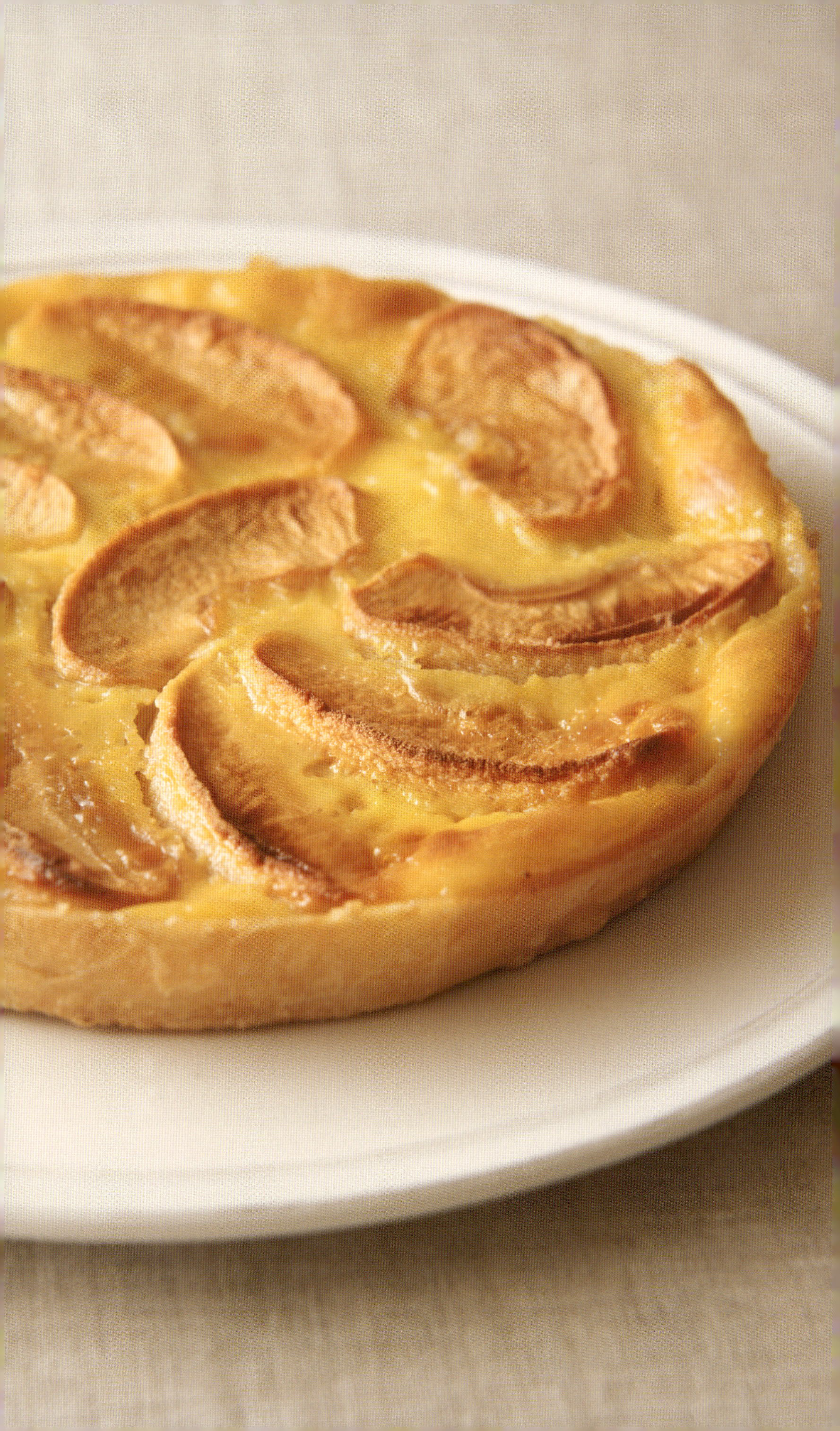

Mirliton de Rouen
ミルリトン・ド・ルーアン

　名前の響きも愛らしいミルリトンは、フイユタージュにクレーム・ダマンドを詰めて焼いたタルトレットのこと。ルーアン(*Rouen*)のものが特に有名だが、他の町にも存在し、パリ(*Paris*)ではアンズジャムを、ニース(*Nice*)ではクルミを入れて作られる。なかには、アミアン(*Amiens*)のミルリトン・ダミアン(p.294)のように、ひと味違った素朴な味わいのものもある。

　ミルリトン・ド・ルーアンの特徴は、クレーム・ダマンドに生クリーム(ここではクレーム・ドゥーブル)を加えたアパレイユを流して焼くことだ。軽やかな焼き上がりが特徴で、ルーアンのパティスリーではどの店にも置かれていた。個人的にはアミアンのミルリトンが一番好きだが、こちらの軽さも嫌いではない。上面の粉糖はふらずに焼く場合もあるが、ふったほうが火の入り方がやわらかく、やさしい口当たりが好ましく感じられる。

直径6、高さ1cmの
タルトレット型・30個分

パート・フイユテ：約300g
pâte feuilletée
(3つ折り8回、▶▶「基本」参照)

アパレイユ appareil
　全卵 œufs：200g
　グラニュー糖：100g
　sucre semoule
　タンプルタン T.P.T.：200g
　クレーム・ドゥーブル：40g
　crème double
　オレンジの花の水：3～4滴
　eau de fleur d'oranger

粉糖 sucre glace：適量 Q.S.

パート・フイユテを準備する
1. パート・フイユテを厚さ2mmにのばし、ピケする。
2. 直径7cmの菊型で抜き、型に敷きこむ。
3. 冷蔵庫で1時間休ませる。

アパレイユを作る
4. 全卵とグラニュー糖をボウルに入れ、ホイッパーで泡立てずにしっかりほぐし混ぜる。
5. タンプルタンを混ぜる。続いて、クレーム・ドゥーブルとオレンジの花の水を加え混ぜる。

組み立て・焼成
6. 3に5を15gずつスプーンで入れる。
7. 粉糖を軽めにふり、そのまま少し置いて粉糖を泣かせる(水分を吸わせる)。
8. もう一度、粉糖をたっぷりふる。
9. 180℃のオーブンで約35分焼く。
10. 型からはずし、網にのせて冷ます。

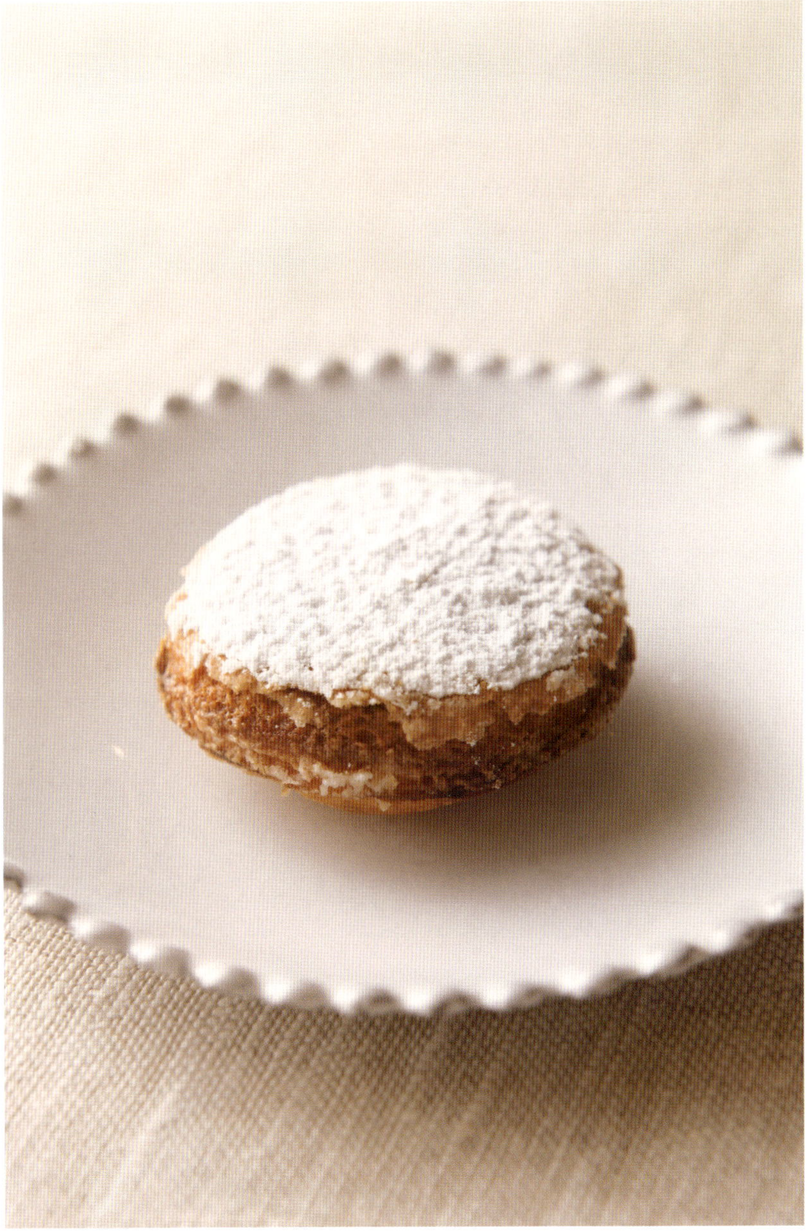

Terrinée
テリネ

トゥルグール (*Teurgoule*) とも呼ばれるテリネは、牛乳や砂糖を加えて煮た米のデザート。陶製の容器に材料を入れ、低温のオーブンで長時間 (5〜7時間と書かれているものも) 火を通す。すると、表面に黄金色の膜が張り、中には牛乳や砂糖、シナモンの香りをしっかり含んで甘く、とろりと煮えた米が閉じこめられる。日本の米だと粘りが強くなるので、外国産のさらっとした米を使うのがいいだろう。

冷めてから食べてもよいが、現地では熱いうちに、ファル (*fallue*) と呼ばれる細長いブリオッシュと、リンゴの発泡酒のシードル (*cidre*) を添えて供されることも多い。やさしく濃厚な味わいが、いかにも家庭的な温もりを感じさせる。

直径12×高さ6cmの
ココット型・3台分

牛乳 lait : 1kg
米 riz : 63g
グラニュー糖 sucre semoule : 63g
シナモン (パウダー) : 1g
cannelle en poudre

---

1. 牛乳を沸騰させて粗熱をとり、冷蔵庫でしっかり冷やす。
2. 米 (洗わない)、グラニュー糖、シナモンをボウルに入れてへらで混ぜ、1を注ぎ混ぜる
3. 型の半分の高さまで (290gずつが目安) 入れ、天板に並べる。
4. 130℃のオーブンで約6時間焼く。
5. 網にのせて冷ます。

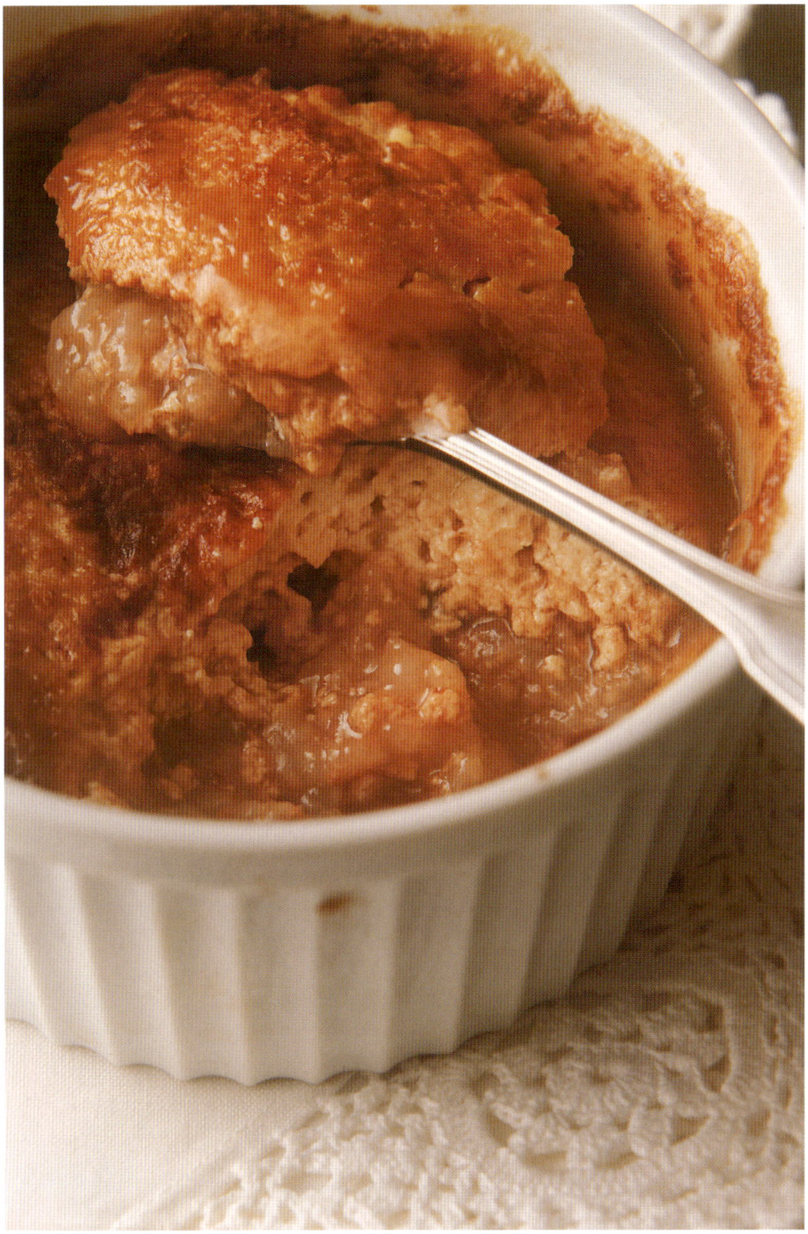

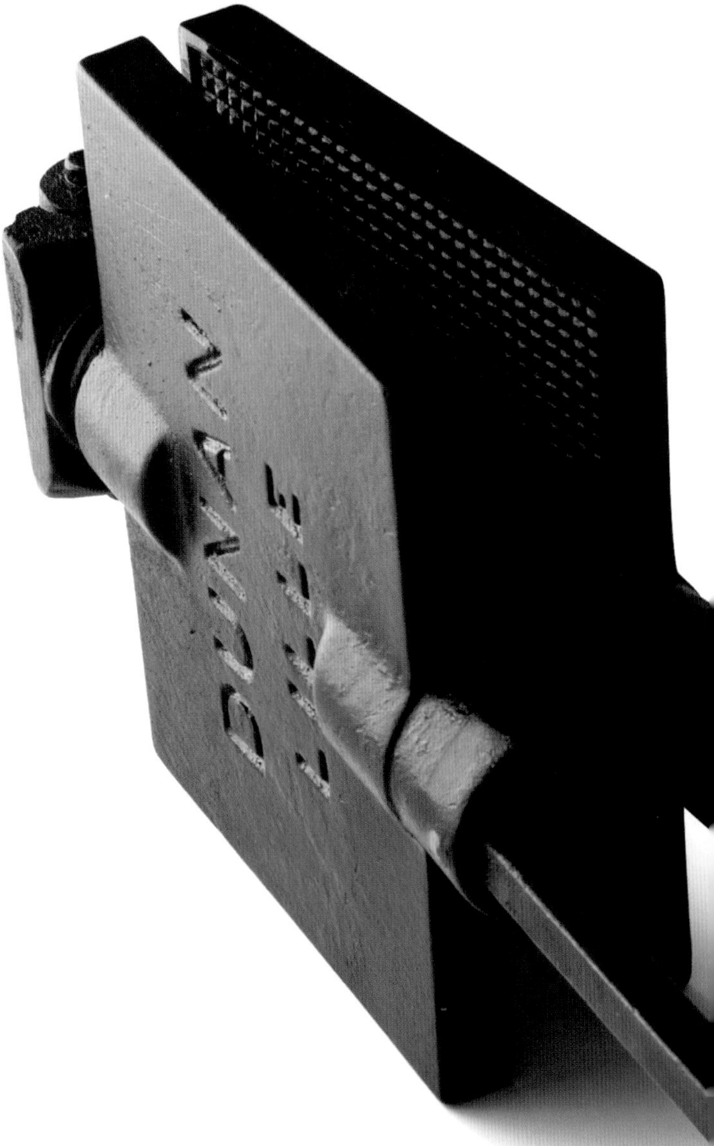

Picardie
Artois
Flandre
Île-de-France

ピカルディ、アルトワ、フランドル、
イル=ド=フランス

25年ほど前にリールで購入した、
ずっしり重い鋳物製のゴーフルベーカー。

Picardie
ピカルディ

ピカルディ地方は、パリ盆地の北縁に属する地域。5世紀にフランク王国メロビング朝の本拠地となり、修道院の創設や開墾が進んだ。12世紀以降はフランドルから毛織物工業が導入されて成長。百年戦争の際にイギリス王、フランス王、ブルゴーニュ公による争奪が行なわれ、15世紀にブルゴーニュ領となったが、ブルゴーニュ公シャルル(Charles de Valois-Bourgogne)の死後、フランス王国が併合。17世紀まではスペインにたびたび侵入され、第1次・第2次世界大戦では戦いの舞台となった。土地が肥沃で小麦や大麦、甜菜などの農業が盛んで、菓子にはバターや卵、砂糖を豊富に使ったものや、古くから作り継がれるものが多く存在する。甜菜から作られる特産の粗糖、ヴェルジョワーズ(Vergeiose)も菓子に使われる。

▶主要都市：アミアン(Amiens、パリから116km)　▶気候：夏は涼しくて冬はそれほど寒くない西岸海洋性気候だが、内陸部へ進むにつれて、夏は暑くて冬は寒い大陸性気候の影響を受ける。　▶果物：ノワイヨン(Noyon)の赤い果実(フリュイ・ルージュ)、リンゴ、洋ナシ　▶酒：ビール、ティエラシュ(Thiérache)のシードル、オー・ド・ヴィ・ド・シードル、ポワレ(Poiré、洋ナシの発泡酒)　▶チーズ：マロワル(Maroulles)、ロロ(Rollot)　▶料理：フィセル・ピカルド(Ficelle Picarde、ハム、ベシャメルソースをクレープで巻き、ベシャメルソースとチーズをかけて焼く)、アミアンの鴨のパテ(Pâté de Canard d'Amiens)、カギューズ(Caghuse、豚スネ肉をタマネギで覆ってオーブンで焼く)　▶その他：甜菜糖

Artois
アルトワ

アルトワ台地に位置するアルトワ地方は、5世紀以降フランドルの一部となり、1180年にフランス王領となった。その後アルトワ伯領、ブルゴーニュ伯領を経て15世紀以降はハプスブルグ家が支配し、スペイン領に。多くの戦争や侵略を経て、17世紀に再びフランスへ割譲された。ここもまた、2つの世界大戦の戦場となったが、小麦をはじめとする穀物や甜菜などの大規模農業が行なわれ、食材には恵まれた地だ。アラス(Arras)のキャラメル(Caramel)やベルク(Berck)のシック(Chique)などの糖菓もある。

▶主要都市：アラス(Arras、パリから163km)　▶気候：夏は涼しくて冬はそれほど寒くない西岸海洋性気候だが、緯度が高いので基本的に冷涼。　▶酒：ビール　▶料理：ニシンのフィレの蒸し煮(Filet de Hareng Braisé)、ジャンダルム(Gendarme、塩漬けして燻製したニシン)　▶その他：シコレ(Chicorée、コーヒーの代用として飲まれるチコリの根の粉末)

Flandre
フランドル

フランドル地方は、フランス最北端の地域。9世紀にフランドル伯領が形成され、毛織物業を中心に商業、交易、都市が発展した。が、14世紀にはフランス王国やイギリス、市民層が利権を争い、1369年にブルゴーニュ公国へ編入。ハプスブルグ家の支配を経て、17世紀に北はオランダ、南はフランスに割譲された。その後、紆余曲折を経て、1830年にベルギーが独立。ベルギーの東西フランドル州とフランスのノール県に分割され、今に至る。食もベルギーのフランドル州と類似し、金属・化学工業も発達しているが、フランドル農法に代表される小麦や大麦、甜菜などの農業や牧畜も盛んだ。ヴェルジョワーズ(Vergeiose)を使うなど多彩な菓子や糖菓があり、特産のバターとビール酵母が結びついて発酵菓子も多く生まれている。

▶主要都市：リール(Lille、パリから204km) ▶気候：夏は涼しくて冬はそれほど寒くない西岸海洋性気候だが、緯度が高いので基本的に冷涼。 ▶果物：リンゴ ▶酒：ビール、ジュニエーブル(Genièvre、穀物とネズの実をベースとしたジンの原形となる酒) ▶チーズ：ブール・ド・リール(Boule de Lille、ミモレット・フランセーズMimolette Françaiseとも呼ばれる)、マロワル(Maroulles)、ベルグ(Bergues)、ブーレット・ダヴェヌ(Boulette d'Avesnes) ▶料理：ビールのスープ(Soupe à la Bière)、フランドル風紫キャベツのサラダ(Chou Rouge à la Flamande)、オシュポ(Hochepot、牛の尾を使ったフランドル風のポ=ト=フ)、牛肉のカルボナード(Carbonade de Bœuf、ビールを使った牛の蒸し煮) ▶その他：シコレ(Chicorée、コーヒーの代用として飲まれるチコリの根の粉末)、ヴェルジョワーズ(Vergeiose)

Île-de-France
イル゠ド゠フランス

フランス語で「フランスの島」を意味するイル゠ド゠フランス地方は、パリを有するフランス王国発祥の地。セーヌ河やその支流に囲まれているのが名前の由来だ。987年にユーグ・カペー(Hugues Capet)がフランス王に即位し、フランス最初の王朝であるカペー王朝が始まる。平野と森林、丘陵、台地が広がり、肥沃な土壌と穏やかな気候を生かして早くから農業が行なわれ、川を通じた交易とともに王権の発展を支えた。12世紀頃にはパリ(Paris)が首都としての地位を確立。16世紀までには強力な政府が形成され、居住や狩猟のための王室の城や貴族の城館、大聖堂が各地に建てられた。フランス革命で王権が終焉した後も政治や文化の中心として発展を続ける。王侯貴族に仕えた料理人らがフランス料理の基盤を確立し、首都として国内外の多彩な料理や調理法が取り入れられて、他に類のない洗練された美食文化が花開いたことは周知の通りだ。同様に菓子も郷土菓子の枠を超え、フランス菓子の古典として広く知られるエレガントな銘菓が数多く存在する。プロヴァン(Provins)のバラのジャムや、クレーム・シャンティイ(Crème Chantilly)も有名。

▶主要都市：パリ(Paris) ▶気候：海洋性気候の影響を受けた準大陸性気候で、比較的穏やか。春夏はさわやかで過ごしやすいが、冬は冷える。 ▶果物：モンモランシー(Montmorency)のサクランボ、トムリ(Tomery)のシャスラ(Chasselas、白ブドウの一種)、シャンブールシー(Chamboucry)のレーヌ・クロード ▶酒：ノワイヨ・ド・ポワシー(Noyau de Poissy、杏仁ベースのリキュール)、グラン・マルニエ(Grand Marnier、オレンジの皮をコニャックに漬けたリキュール) ▶チーズ：ブリ・ド・モー(Brie de Meaux)、ブリ・ド・モントロー(Brie de Montereau)、ブリ・ド・ムラン(Brie de Melun)、クロミエ(Coulommiers)、フォンテーヌブロー(Fontainebleau) ▶料理：ブフ・ミロトン(Bœuf Miroton、茹でた牛肉にタマネギのソースをかけたグラタン)、ナヴァラン・ダニョー(Navarin d'Agneau、羊と野菜の煮込み)、グリーンピースのフランス風(Petits Pois à la Française、グリーンピース、サラダ菜、小タマネギ、ブーケガルニ、ベーコンの煮込み)、ポタージュ・パリジャン(Potage Parisien、ジャガイモとポワローのポタージュ) ▶その他：ミリー(Milly)のミント

Macaron d'Amiens
マカロン・ダミアン

　13世紀に建立された、フランス最大のゴシック様式の大聖堂が高くそびえるアミアン(*Amiens*)は、ソンム川のほとりに広がるピカルディ地方の中心都市。繊維業で発展を遂げ、1802年、ナポレオン戦争中に、イギリスとフランスの間で平和条約(*Paix d'Amiens*、アミアンの和約)が結ばれた地としても知られている。

　その大聖堂の前の菓子屋で目にしたのが、マカロン・ダミアンだった。当時の私は、マカロンと言えばマカロン・パリジャン(p.320)しか知らなかったので、見たこともない茶色の塊が、マカロンとして売られていることに驚いた。食べてみると、マジパンに卵白を加えたフール・ポッシェ(*fours pochés*、絞り出して焼いたプチ・フール)よりも少し固く、中はねっちり。「こんな古びた食感と味わいの菓子が未だ作られ続けているのか！」とさらに驚き、出会えた喜びを噛み締めた。

　この菓子が生まれたのは13世紀後半とも言われるが、由来はよく分からない。ハチミツを加えて作ることもあるようだが、私が何かの本で見つけた作り方では、リンゴのコンポートを加えていた。それによって生まれる外と内の食感のコントラストと、アーモンドの深い味わいがなんとも言えず魅力的だ。

直径約4cm・60個分

タンプルタン T.P.T. : 1kg
卵白 blancs d'œufs : 90g
リンゴのコンポート : 50g
compote de pommes
(▶▶「基本」参照)

アラビアゴム(パウダー) : 適量
gomme arabique en poudre Q.S.
※同量の水で溶く

刻んだピスタチオ : 適量
pistaches hachées Q.S.

---

1. 全ての材料をボウルに入れ、空気を入れないようにへらで混ぜる。
2. 口径14mmの丸口金をつけた絞り袋に入れる。
3. シルパットを敷いた天板に、間隔をあけて直径1.4cm、高さ3cmの円柱形に絞り出す。
4. 室温でそのまま一晩休ませて、表面を乾かす。
5. 230℃のオーブンで約20分焼く。
6. 50～60℃に保温したアラビアゴムを刷毛で塗り、刻んだピスタチオをのせる。
7. 網にのせて冷ます。

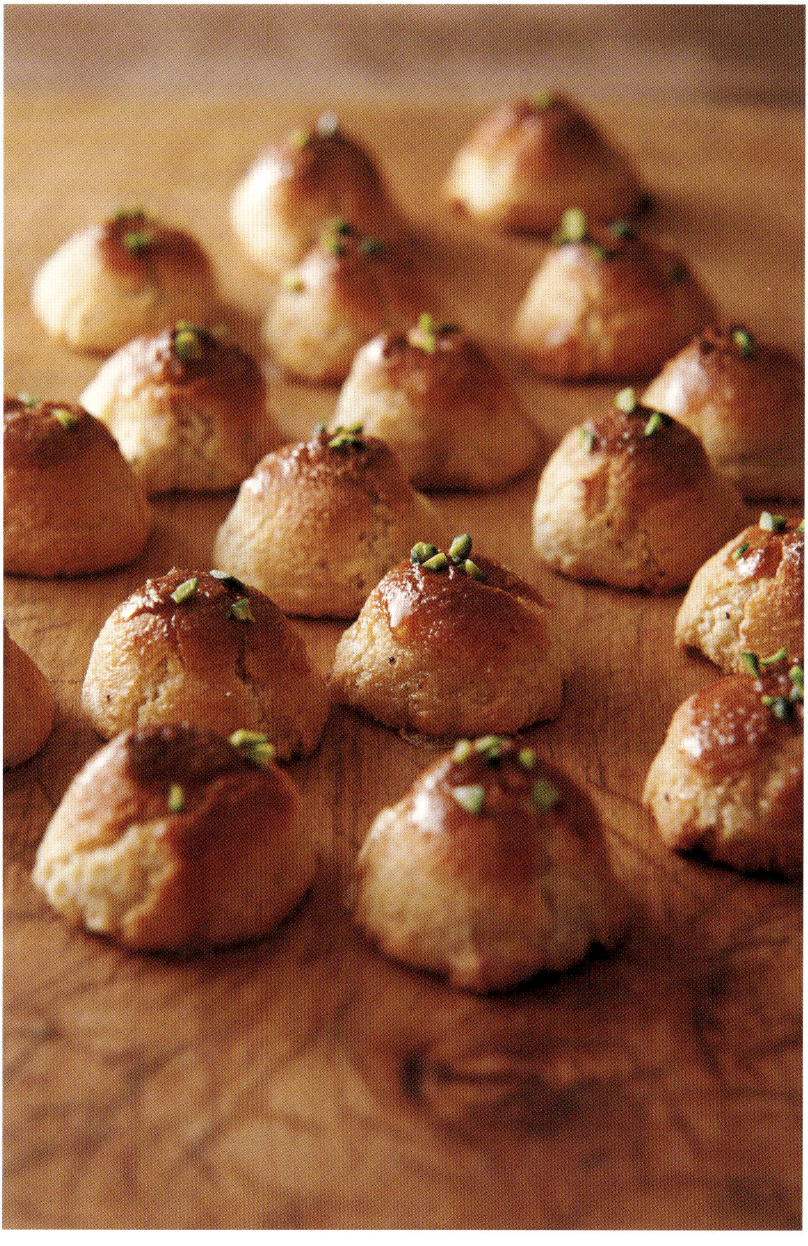

Mirliton d'Amiens
ミルリトン・ダミアン

　ミルリトンと言えばノルマンディ地方のルーアン(Rouen)のミルリトン・ド・ルーアン(p.284)が有名だが、私が好きなのは、アミアンのミルリトン・ダミアンだ。粉糖を上面に厚くふって焼くことで、アパレイユに火がじっくり、やわらかく入り、ルーアンのものに比べてしっとりした質感に焼き上がるのが気に入っている。ポイントは、アパレイユの混ぜ方。焼いた時にアパレイユが固すぎれば割れ、やわらかすぎれば膨らんで爆発してしまう。泡立てすぎず、全体が混ざって少し白っぽくなったら混ぜる手を止めるのが肝要だ。きれいに浮き上がるよう、生地の縁についた粉糖をぬぐい取るのもお忘れなく。

口径6×高さ2.2cmの
ポンポネット型・6個分

パート・シュクレ・オー・ザマンド
：150g
pâte sucrée aux amandes
(▶▶「基本」参照)

アパレイユ appareil
　全卵 œufs：80g
　タンプルタン T.P.T.：100g
　溶かしバター：50g
　beurre fondu

粉糖 sucre glace：適量 Q.S.

パート・シュクレ・オー・ザマンドを準備する
1. パート・シュクレ・オー・ザマンドを厚さ3mmにのばす。
2. 直径約10cmの円形に切り、型に敷き込む。型の上に麺棒を転がして余分な生地を切り落とす。

アパレイユを作る
3. ボウルに全卵を入れ、ホイッパーで軽くほぐす。
4. タンプルタンを加え、白っぽくなってリボン状に生地が流れ落ちるようになるまでよく混ぜる。
5. 溶かしバター(室温)を加え混ぜる。

組み立て・焼成
6. 口径9mmの丸口金をつけた絞り袋に5を入れ、2の型いっぱいに絞り込む。
7. たっぷり粉糖をふり、そのまま少し置いて水分を吸わせる。
8. もう一度粉糖をふり、縁の生地にかかった粉糖を指でぬぐう。
9. 天板に並べ、160℃のオーブンで約50分焼く。
10. 型からはずし、網にのせて冷ます。

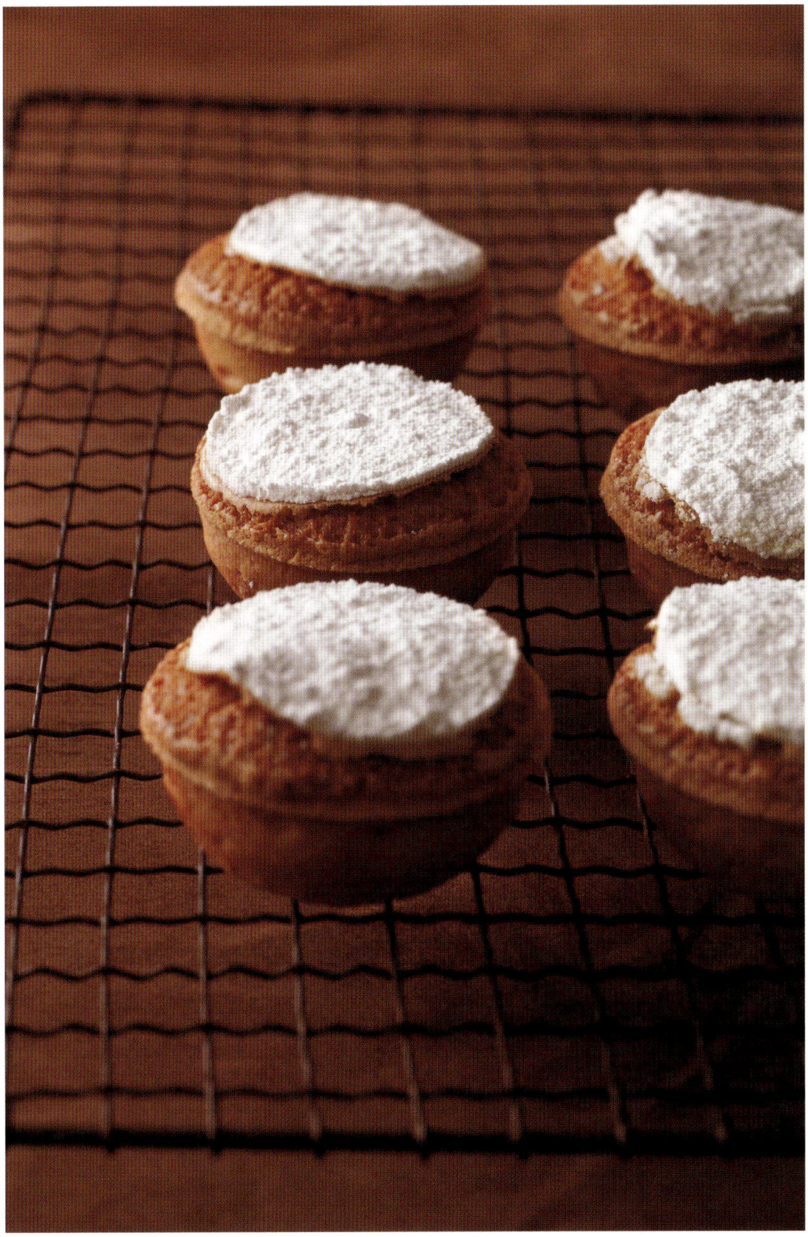

Dartois
ダルトワ

　アルトワ地方の名が取られたとも、この地方のボーレン(Beaurains)出身の軽喜劇作家、フランソワ＝ヴィクトール＝アルマンド・ダルトワ(François-Victor-Armand Dartois, 1788~1867)から名づけられたとも言われるダルトワ。2枚の帯状のフイユタージュの間にクリームやコンフィチュールを挟んで焼く。もとは幅が指2本分程度、長さはその5～6倍の平行四辺形をしていたようだ。甘い菓子だけでなく、塩味のものを詰めてオードブルとして供されることもある。また、フランジパーヌを詰めて焼くものは、それを好んだ『マノン(Manon)』の作曲者、ジュール・マスネ(Jules Massenet)にちなんでガトー・ア・ラ・マノン(Gâteau à la Manon)と呼ばれる。

　ここでは、本で見つけたルセットを参考に、リンゴのコンポートとグロゼイユのジュレを組み合わせた。グロゼイユの甘酸っぱさとフイユタージュの香ばしさがよく合い、見た目にも美しい。

12×22cm、2台分

パート・フイユテ：約400g
pâte feuilletée
(3つ折り・5回、▸▸「基本」参照)

ガルニチュール garniture
　グロゼイユのジュレ：50g
　gelée de groseilles
　(▸▸「基本」参照)
　リンゴのコンポート：250g
　compote de pommes
　(▸▸「基本」参照)

塗り卵(全卵)：適量
dorure (œufs entiers) Q.S.

ボーメ30°のシロップ：適量
sirop à 30°Baumé Q.S.
(▸▸「基本」参照)

パート・フイユテを準備する
1. パート・フイユテを厚さ3mmにのばす。
2. 12×22cmの長方形に、1台につき2枚ずつ切る。
3. 2のうち一方は縦半分に軽く折り、縁を約2cm残して輪になっている側に包丁で5mm幅の切り込みを入れる。生地を広げると、両端を残してブラインドのような筋状の切り込みが入った状態になる。
4. 冷蔵庫で約30分休ませる。

ガルニチュールを作る
5. グロゼイユのジュレを鍋に入れ、木べらで混ぜながら沸騰させる。
6. リンゴのコンポートをボウルに入れ、5を加え混ぜる。そのまま冷ます。

組み立て・焼成
7. 4の切り込みを入れていない生地を天板にのせる。中央に6をのせ、生地の縁を約2cm残してパレットナイフで平らにならす。
8. 縁に塗り卵を刷毛で塗り、4の切り込みを入れた生地をぴったりかぶせる。縁を少し指で押して接着させる。
9. 上の生地の縁を指で押さえながら、ペティナイフの背で重ねた生地の側面(切り口)に斜めに筋模様をつける。
10. 冷蔵庫に30分入れて締める。
11. 上面に塗り卵を刷毛で塗る。
12. 200℃のオーブンで約30分焼き、さらに230℃のオーブンに約1分入れて表面に焼き色をつける。
13. 熱いうちにボーメ30°のシロップを刷毛で塗り、天板にのせたまま乾かす。
14. 網にのせて冷ます。

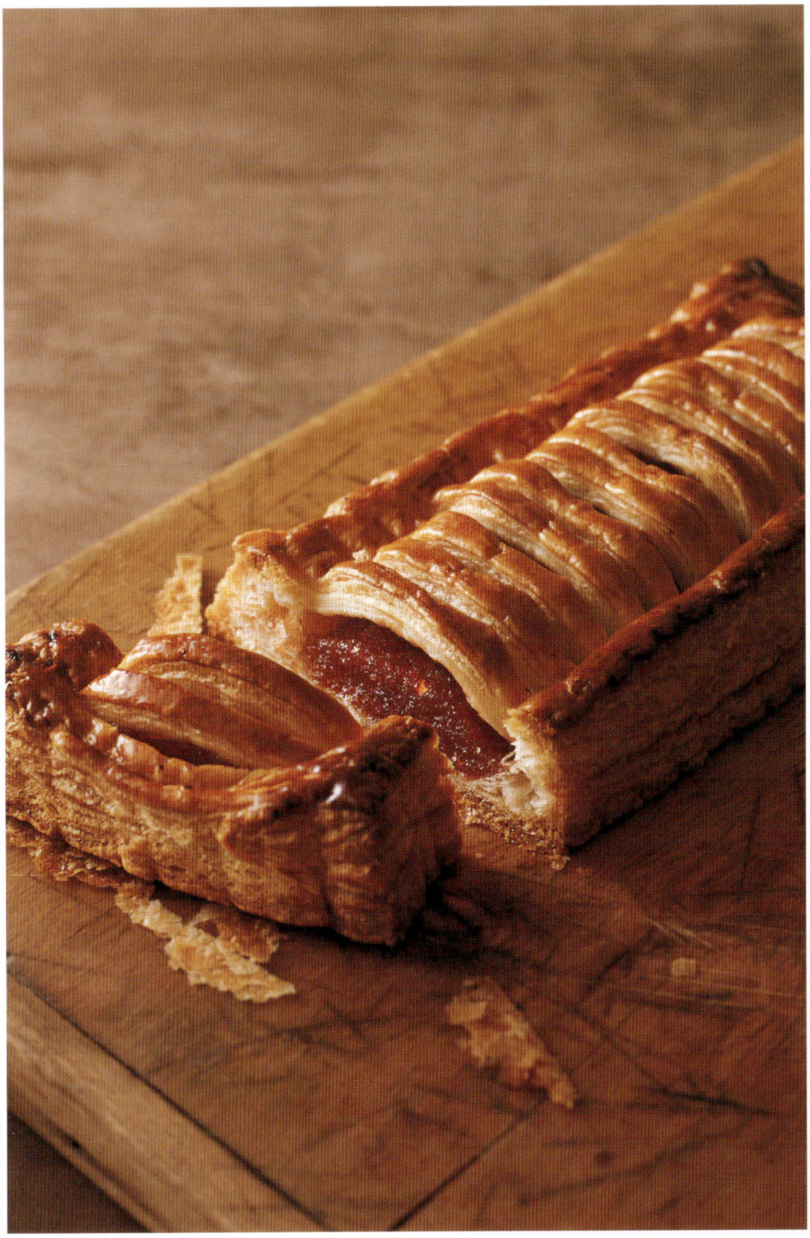

Tarte au Sucre

タルト・オー・シュークル

　北フランス、特にフランドル地方のお菓子には、ヴェルジョワーズ(vergeoise)が頻繁に使われる。ヴェルジョワーズとは、ビート(甜菜、サトウダイコン)やサトウキビを精製して砂糖を作る際に残る、糖蜜からできた褐色の糖のこと。風味が強く、しっとりしているのが特徴だ。
　砂糖をふりかけたタルトはフランスの各地にあるが、この地方の郷土菓子、タルト・オー・シュークル(砂糖のタルト)の主役はやはり、ヴェルジョワーズ。ブリオッシュ生地を円形に薄くのばし、ヴェルジョワーズをたっぷりふりかける。ちぎったバターを散らし、生クリームをふって焼くので、砂糖がところどころキャラメルのように溶けて固まり、カリッ、ジャリッとした食感の違いを楽しめるのがいい。ヴェルジョワーズ独特のコクを堪能できる。

直径18×高さ2cmの
タルトリング型・4台分

生地 pâte

ドライイースト：15g
levure sèche de boulanger

グラニュー糖 sucre semoule：2g

ぬるま湯 eau tiède：75g

強力粉 farine de gruau：500g

バター beurre：100g

牛乳 lait：180g

グラニュー糖：16g
sucre semoule

全卵 œufs：100g

塩 sel：1g

バター beurre：20g

ヴェルジョワーズ：200g
vergeoise

生クリーム(乳脂肪分48%)：200g
crème fraîche 48% MG

塗り卵(全卵)：適量
dorure (œufs entiers) Q.S.

生地を作る
1. 「基本」の「パータ・ブリオッシュ」の「手で捏ねる方法」1～6に従って作る。ただし、2で薄力粉は入れず、3でバター(室温)をちぎり入れ、水を牛乳(室温)に代える。
2. ボウルに移して表面に打ち粉をし、カードで生地の端を下に押し込むようにして表面を張らせてまとめる。
3. ラップフィルムをかけ、約2倍に膨らむまで約2時間、1次発酵させる。
4. 生地をパンチしてガスを抜き、1台あたり250gずつに分割する。
5. 軽く丸めた手の平で包むようにして台の上で転がし、表面をつるんと丸める。
6. 天板に型を置き、5を入れる。叩いて平らにならし、型の底いっぱいに広げる。
7. ラップフィルムをかけ、約2倍に膨らむまで約2時間、2次発酵させる。

組み立て・焼成
8. 型をはずし、上面に塗り卵を刷毛で塗る。
9. バターをちぎってところどころにのせ、ヴェルジョワーズをふる。
10. 200℃のオーブンで約30分焼き、生地がほとんど焼けた状態になったら生クリームを全体にふりかける。
11. 200℃のオーブンでさらに5～6分焼いて表面を乾かす。
12. 網にのせて冷ます。

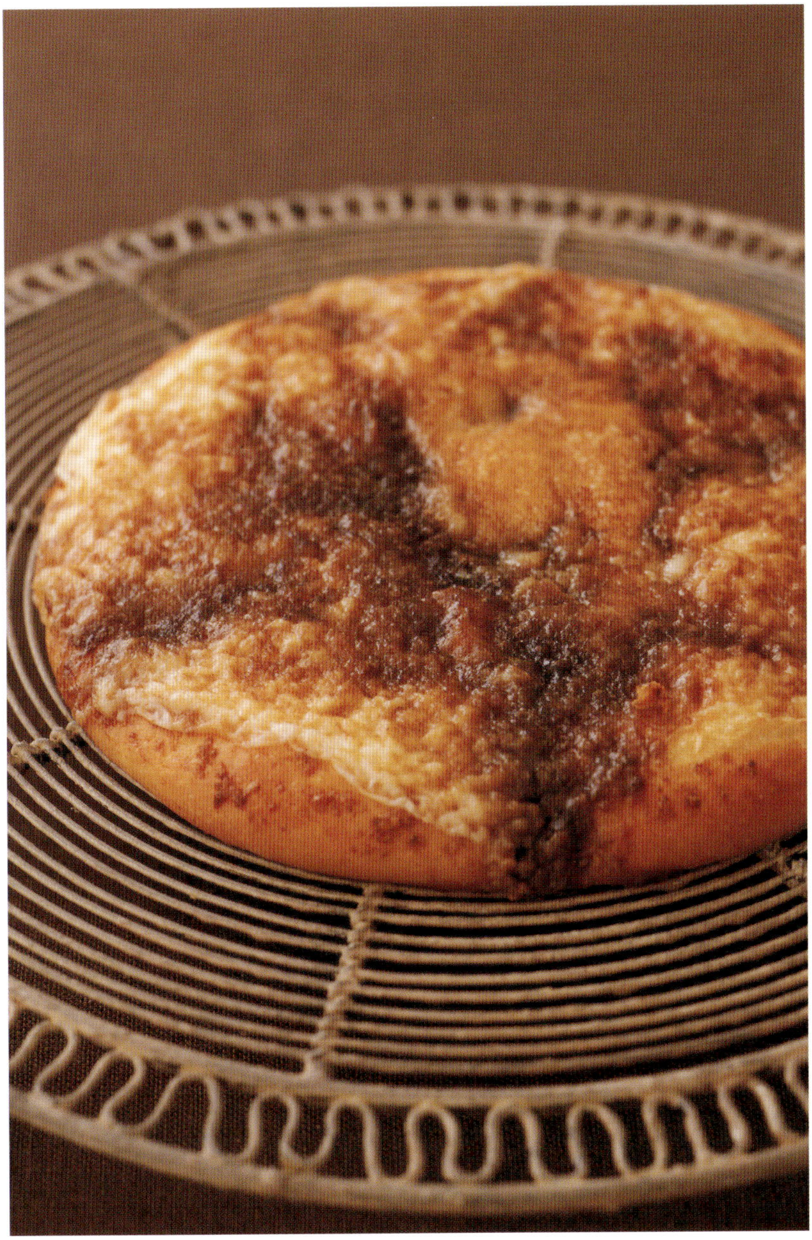

Flandre | フランドル   Cramique

Cramique
クラミック

　クラミックは、ベルギーやフランドル地方を含む北フランスで作られる菓子。ブリオッシュのような全卵入りの発酵生地に、小粒で黒色のカランツ（コリントレーズン）を混ぜて焼く。このルセットはパン・オ・レのように牛乳が入るので、艶よくソフトに焼き上がり、卵の風味とともにやさしくミルキーな味わいが広がる。バターを添えて供するのが通例だ。

―――

下準備
＊カランツは湯に3〜4時間浸け、ふっくらさせる。よく水気を切って使用する。
＊型に澄ましバターを刷毛で塗っておく。

1. 「タルト・オ・シュークル」(p.298)1〜6と同じ要領で生地を作る。ただし、水と卵黄は牛乳や全卵と一緒に入れる。
2. 生地をパンチしてガスを抜き、よく水切りしたカランツを折り込むように加え混ぜる。
3. 140gずつに分割する。
4. 軽く丸めた手の平で包むようにして台の上で転がし、表面をつるんと丸める。
5. 型に4を1台あたり3つずつ並べて入れる。
6. ラップフィルムをかけて、約2倍に膨らむまで約2時間、2次発酵させる。
7. 上面に塗り卵を刷毛で塗る。
8. 200℃のオーブンで約40分焼く。
9. 型からはずし、網にのせて冷ます。

―――

7×7×18cmのケーク型・2台分

生地 pâte
　ドライイースト：12g
　　levure sèche de boulanger
　ぬるま湯 eau tiède：60g
　グラニュー糖 sucre semoule：2g
　強力粉 farine de gruau：525g
　バター beurre：50g
　牛乳 lait：50g
　水 eau：15g
　グラニュー糖 sucre semoule：40g
　全卵 œufs：100g
　卵黄 jaunes d'œufs：40g
　塩 sel：10g

ガルニチュール garniture
　カランツ：250g
　　raisins de Corinthe

―――

澄ましバター：適量
beurre clarifié Q.S.

塗り卵（全卵）：適量
dorure (œufs entiers) Q.S.

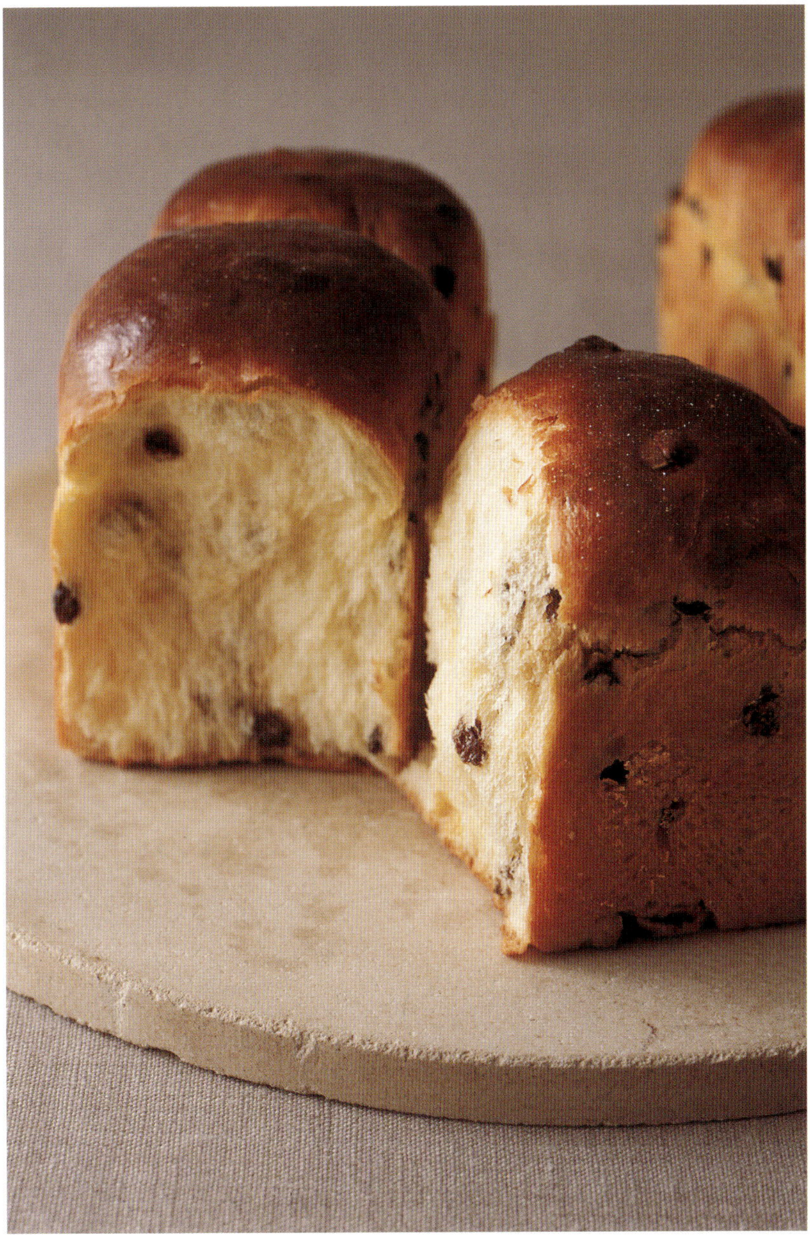

Flamiche

フラミッシュ

　フラミッシュは、フランドル地方および北フランスで作られるタルト。フラミック (Flamique) とも呼ばれる。かつては焼き上げたパン生地に溶かしバターをかけたガレットだったようだが、現在は塩味のほか、甘味のものもあり、さまざまな具材を詰めて焼く。昔風のフラミッシュ (Flamiche à l'Ancienne) には、強い香りを放つ、北フランスを代表するウォッシュタイプのマロワル (Maroilles) チーズを使い、熱々をアントレとしてビールとともに味わうのが習わし。バターとともにフイユタージュに3回折りこんで焼く方法が知られているが、17世紀にはすべて混ぜて焼いていたようだとする記述が見られたので、ここではその製法に従った。

　ポイントは、バターとチーズが同割で分量も多く、混ざりにくいので、素材を加えるたびによく混ぜてしっかり乳化させること。力強いマロワルチーズのコクと香り、むっちりした弾力が楽しめる。

直径18cmのセルクル型
(フレキシパン・底つき)・3台分

チーズ (マロワル) : 375g
fromage (Maroillles)

バター beurre : 375g

塩 sel : 20g

全卵 œufs : 200〜250g

薄力粉 farine ordinaire : 125g

塗り卵 (全卵) : 適量
dorure (œufs entiers) Q.S.

チーズ (グリュイエール) : 60g
fromage (Gruyère)

＊チーズはよく熟成したものを選び、表皮を取り除いてから計量する。

---

1. マロワルチーズ(室温)とバターをボウルに入れ、なめらかなクリーム状になるまでへらで混ぜ合わせる。
2. 塩、溶きほぐした全卵、薄力粉を順に加え、その都度なめらかになるまでよく混ぜる。
3. ラップフィルムをかけて、少し固さが出るまで冷蔵庫で約30分休ませる。
4. セルクル型に流し入れ、上面に塗り卵を刷毛で塗る。すりおろしたグリュイエールチーズをふりかける。
5. 200℃のオーブンで約25分、全体がこんがり色づくまで焼く。
6. 網にのせて冷まし、型からはずす。

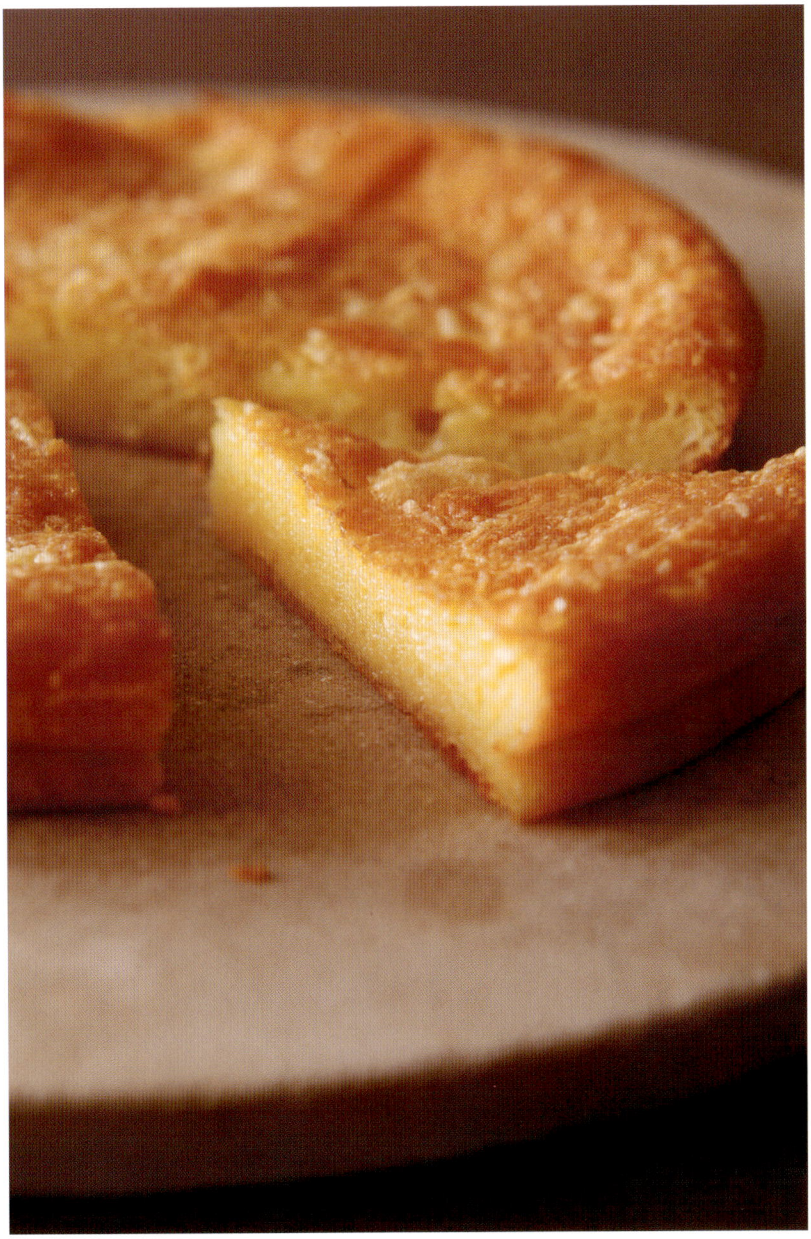

Column | フランスの郷土が教えてくれたこと—伝統から創造する。

　約8年のフランス生活と総仕上げの一周旅行で実感したのは、[...]イメージするであろう、宮廷や都市部を中心に育まれてきた華や[...]らも良いものをどんどん取り入れ、フランス菓子としてアレンジを加[...]で紹介したようなフランス各地の風土や歴史で育まれ、作り継が[...]に入れると、時を経て作り続けられてきた意味と重み、揺るぎない[...]ちらの方にフランス菓子の真髄があるのではないかと感じている。

　今は私がフランスにいた時代とは違い、多くのパティシエが古典[...]「みんな遅いよ！なんで今まで気がつかないの」と言いたくなる[...]アレンジを加えてもよいポイントが自ずと見えてくるだろうし、時には[...]出会うこともあるだろう。先に述べた2つの側面を頭に置いて考察[...]

　念のため言っておくが、私は決して、ただただ伝統を守るのが[...]をとことん追求し、自らの美意識や感性によって"自分の色"を表[...]時代も移り変わっていく。そこで私が導き出した答えは、伝統を守[...]しさを創造するというやり方だ。今もたまの休みにフランス各地へ[...]な夜な、書斎で郷土菓子や古典菓子の本を開き、そこからさまざ[...]け、多くのルセットや文献に目を通し、試作を何度も繰り返す。す[...]だ。万が一、大きくアレンジして元の菓子から離れたものになるの[...]れが、先人と菓子への礼儀と考えている。

　パティシエとしてがむしゃらに突き進んできた私を育んでくれた[...]浮かぶ、素朴な菓子と町の景色、人々の顔、風の匂い……。そこ[...]今も厨房に立ち続けている。

ンス菓子には2つの側面があるということだ。ひとつは、多くの人が
で繊細な菓子。周辺のイタリアやオーストリア、ロシア、スペインなどか
昇華させ、体系立てていった菓子とも言える。もう一つは、この本
きた素朴で味わい深い郷土菓子。見た目も味も地味だが、口
が相まって、しみじみとした旨さが滲み出る。私は、本質的にはこ

子や郷土菓子に興味を持ち、あれやこれやともてはやしている。
子の根幹や本質を辿ろうとするのは大切なことだ。守るべき伝統と、
だと思っていたものを覆され、古いのに新しい、はっとする美味に
ば、より深い理解と、そこから生まれる新たな発想が得られると思う。
と言っているわけではない。パティシエになったからには、旨いもの
なければならない。そうしなければもったいないし、楽しくもない。
ともに、伝統から自分なりに新たなものを発見し、自分なりのおい
けては、現地の匂いを体にしみ込ませてくる。仕事上がりには夜
アイデアを膨らませる。作ったことのない郷土菓子への挑戦も続
店に並べている菓子のルセットや製法を見直すこともしばしば
れば、伝統の名前を使わず、オリジナルの名前をつければよい。

、紛れもなく、フランスの広大な大地であり、空気だ。目を閉じれば
土菓子に出会えた喜びを日々噛み締めながら、70歳を迎えた

日々、ひたむきに菓子を作る。
それが、職人としてできるすべて。

Gaufre
ゴーフル

　ゴーフルは、ウーブリ (p.72) から生まれたとされる菓子。13世紀頃、ある職人がハチの巣のような窪みのついた鉄板型を考案し、ウーブリの生地を焼くようになったのが始まりだそうだ。当時、ミツバチの巣をゴーフル (gaufre) と呼んでいたのがその名の由来という。

　クレープ (p.262) やベニエの類と同様、ゴーフルも古くから庶民的な味として親しまれ、祭りや市などの露店で売られてきた。フランス北部やフランドル地方にはそうした風習が今も残っている。私がこの菓子に出会ったのも、かつてはフランドルの中心都市であり、現在は北フランス最大の工業都市となっているリール (Lille) だった。現在、店で使用しているゴーフルベーカーも、リールで購入してきた。現地では屋台だけでなく、菓子屋やパン屋などでも裸のまま置かれていて、袋にも入れずお客に手渡して販売されていた。焼き立てはパリパリしているが、時間が経つにつれてクリームとなじんで湿気を含み、やわらかくなってくる。もちろん焼き立てがおすすめなのだが、多少やわらかくても皆おいしそうに食べていた。

　間に挟まれているのは、ヴェルジョワーズとバターを混ぜたシンプルなクリーム。薄焼きトーストのような食欲をそそる香りと食感、ヴェルジョワーズのコクが混じり合い、病みつきになる味わいだ。クリームに加えたラム酒の香りが、それらをふわりと包み込む。

11×7cmの楕円形・約28個分

パータ・ゴーフル pâte à gaufre
- ドライイースト：15g levure sèche de boulanger
- グラニュー糖 sucre semoule：2g
- ぬるま湯 eau tiède：75g
- 強力粉 farine de gruau：500g
- 牛乳 lait：180g
- 全卵 œufs：150g
- グラニュー糖 sucre semoule：30g
- バニラシュガー sucre vanille：5g
- 溶かしバター：125g beurre fondu

クレーム・ブランシュ crème blanche
- バター beurre：100g
- ヴェルジョワーズ vergeoise：250g
- ラム酒 rhum：10g

澄ましバター：適量 beurre clarifié Q.S.

パータ・ゴーフルを作る

1. 「基本」の「パータ・ブリオッシュ」の「手で捏ねる方法」1〜6に従って作る。ただし、2で薄力粉は加えず、3では水と塩の代わりに牛乳(室温)、バニラシュガー、溶かしバター(人肌程度の温度)を加える。仕上がりはやわらかめになる。
2. ボウルに入れてラップフィルムをかけ、約2倍に膨らむまで約2時間、1次発酵させる。
3. 生地をパンチしてガスを抜き、20gずつに分割してナヴェット(小舟)形に丸める。
4. 天板に並べてラップフィルムをかけ、約2倍に膨らむまで約2時間、2次発酵させる。

焼成

5. ゴーフルベーカー(左右2枚が同時に焼ける仕様のものを使用)に澄ましバターを刷毛で塗り、直火でよく焼き込む。
6. 4を左右それぞれの中央に1つずつのせる。すぐ蓋をして上から押し、生地を薄く挟み込んで強火で焼く。
7. 下面に焼き色がついたらゴーフルベーカーを裏返し、さらに焼く。
8. 両面に焼き色がついたら蓋を開ける。一方の生地をパレットナイフで取ってもう一方の生地に重ね、蓋をしてさらに焼く。
9. 色よく焼き上がったらパレットナイフで取り、台にのせる。
10. すぐに長径11×短径7cmの楕円型をのせ、上から手の平で叩いて型抜きする。
11. 生地が熱いうちに重なっている2枚の生地を手ではがし、それぞれ平らに整えて台の上で冷ます。

クレーム・ブランシュを作る

12. ポマード状のバターにヴェルジョワーズとラム酒を加え、ホイッパーでよく混ぜる。

仕上げる

13. 11の片方1枚に薄く12を塗り、もう1枚で挟む。

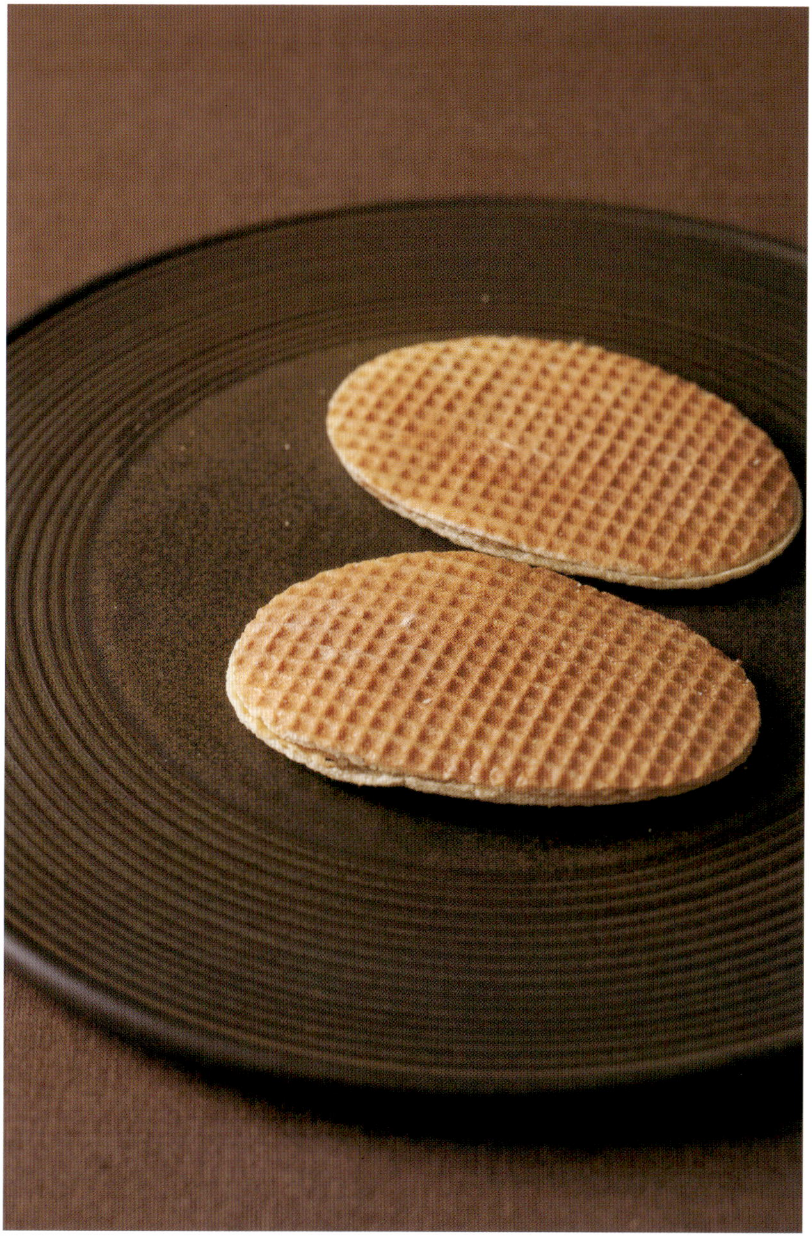

Bêtises de Cambrai
ベティーズ・ド・カンブレー

起源は紀元前のガロ・ロマン時代に遡り、中世にはカンブレー大司教区の司教座がおかれ、毛織物業を中心に華々しい繁栄を誇った町、カンブレー（Cambrai）。この町で1850年に誕生したと言われるスペシャリテが、ベティーズ・ド・カンブレーだ。「アフシャン（Afchan）」という菓子屋が創製したと名乗っているが、誕生の経緯は定かでない。ベティーズ（Betize）とはフランス語で"馬鹿なこと"や"へま"を指し、ある時、見習いの職人がルセットを間違えて、飴に小さな気泡が入り込んだことから生まれたという話がよく聞かれる。

口に入れるとミントの香りが心地よく広がり、飴ならではの固さのなかにも、さらし飴に似たやわらかさが感じられるのが、ベティーズ・ド・カンブレーならではのおいしさ。通常の飴とは違って水飴の配合が多く、作るのにはずいぶん苦労した。水飴とグラニュー糖を煮詰めすぎても、煮詰めた飴生地を引いて糖化させても、カチカチに固くなってしまう。かといってフォンダンのように練ると、糖化してまとまるが、ねっとり感が強すぎる。そこで、煮上げる温度を低くして、飴生地をたたきつけるように撹拌してみたところ、満足のいく仕上がりになった。現地で味わったままの食感を、うまく再現できたと思う。

2×1.5cm、約120個分

飴Ⓐ sucre Ⓐ
　グラニュー糖：600g
　sucre semoule
　水飴 glucose：400g
　ペパーミント・エッセンス：4滴
　essence de menthe

飴Ⓑ sucre Ⓑ
　グラニュー糖：100g
　sucre semoule
　水飴 glucose：15g
　水 eau：15g
　黄の色素：適量
　colorant jaune Q.S.
　※ウォッカでのばす

飴Ⓐを作る
1. グラニュー糖と水飴を銅鍋に入れて強火にかけ、125℃になるまで煮詰める。
2. 1を低速のミキサー（ビーター）で撹拌する。
3. 30分ほどで温度が下がり、白っぽく糖化してくる。さらに撹拌し、生地のようにまとまってきたら、ペパーミント・エッセンスを加える。
4. ミキサーボウルから離れるようになったら止める（温度の目安は25〜30℃）。

飴Ⓑを作る
5. 3〜4と並行し、グラニュー糖、水飴、水を銅鍋に入れて強火にかけ、160℃になるまで煮詰める。
6. シルパットを敷いた大理石の台の上に流し、黄の色素をごく少量加える。
7. 耐熱性のゴム手袋をはめ、6の飴生地の端がめくり上げられるようになったら、全体を太い棒状にまとめる。
8. 何度か両手で引いては折り畳み、色を全体になじませる（引きすぎると色が飛ぶので、色素が全体に混ざったらやめる）。

仕上げる
9. 4をシルパットの上に出し、長さ約30cmの太い棒状に丸める。
10. 8を長さ約30cmの細い棒状に丸める。
11. 9の上に10をのせ、軽く押して接着させる。
12. 飴用ランプの下に置いて保温しながら、端から直径1.5cm程度に細くのばす。
13. 飴用のハサミで長さ約2cmに切る（1個あたり約8g）。
14. 互いがくっつかないよう、シルパットの上に離して並べ、冷ます。

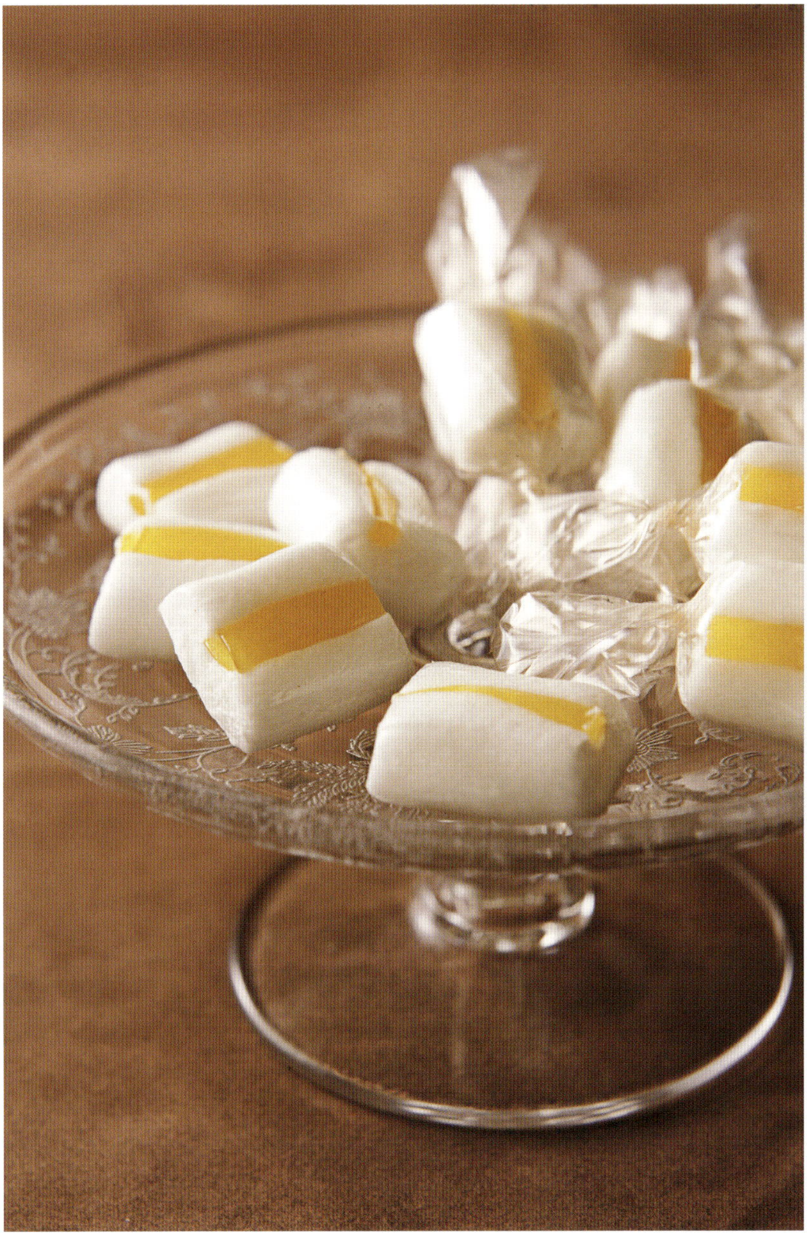

Île-de-France　イル=ド=フランス　　　Niflette

Niflette
ニフレット

パリから列車で1時間半ほどの距離にあるプロヴァン(Provins)は、12〜13世紀、シャンパーニュ伯領の首都として栄えた町。14世紀に入ってフランス王国に併合され、急速に衰退したが、趣ある中世の街並みが今も残り、往時の繁栄を偲ばせる。また、プロヴァンはバラの町としても知られ、バラの花びらのコンフィチュールやボンボンも作られている。

この町で、11月1日の万聖節(Toussaint、諸聖人の祝日)に食べられる伝統菓子が、ニフレットだ。オレンジの花の水を加えたクレーム・パティシエールを、フイユタージュに詰めて焼き上げる。焼き色のついたクリームといい、フイユタージュとの一体感といい、シンプルながらなかなかおいしい菓子だ。中世から存在するそうだが、クレーム・パティシエールが誕生したのが17世紀なので、現在の形になったのはそれ以降と考えられる。ニフレットという名前は、ラテン語のNe Flete (泣かないで)から来ているとか。かつては孤児たちに施されていたとも聞く。

直径12cm・6個分

パート・フイユテ：216g
pâte feuilletée
(3つ折り・6回、▶▶「基本」参照)

クレーム crème
　クレーム・パティシエール：240g
　crème pâtissière
　(▶▶「基本」参照)
　オレンジの花の水：8.3g
　eau de fleur d'oranger

塗り卵(全卵)：適量
dorure (œufs entiers) Q.S.

粉糖 sucre glace：適量 Q.S.

パート・フイユテを準備する
1. パート・フイユテを厚さ2mmにのばしてピケする。
2. ラップフィルムをかけ、冷凍庫で20〜30分入れて締める。
3. 直径12cmの円形に1個につき1枚切り、ラップフィルムをかけて冷蔵庫で一日休ませる。

クレームを作る
4. クレーム・パティシエールをボウルに入れてホイッパーでよくほぐし、なめらかにする。
5. オレンジの花の水を加え混ぜる。

組み立て・焼成
6. 天板に3を並べ、塗り卵を刷毛で塗る。
7. 口径9mmの丸口金をつけた絞り袋に5を入れ、6の中央に40gずつ絞る。
8. 200℃のオーブンで約40分焼く。
9. 網にのせて冷ます。
10. 粗熱が取れたら粉糖をふる。

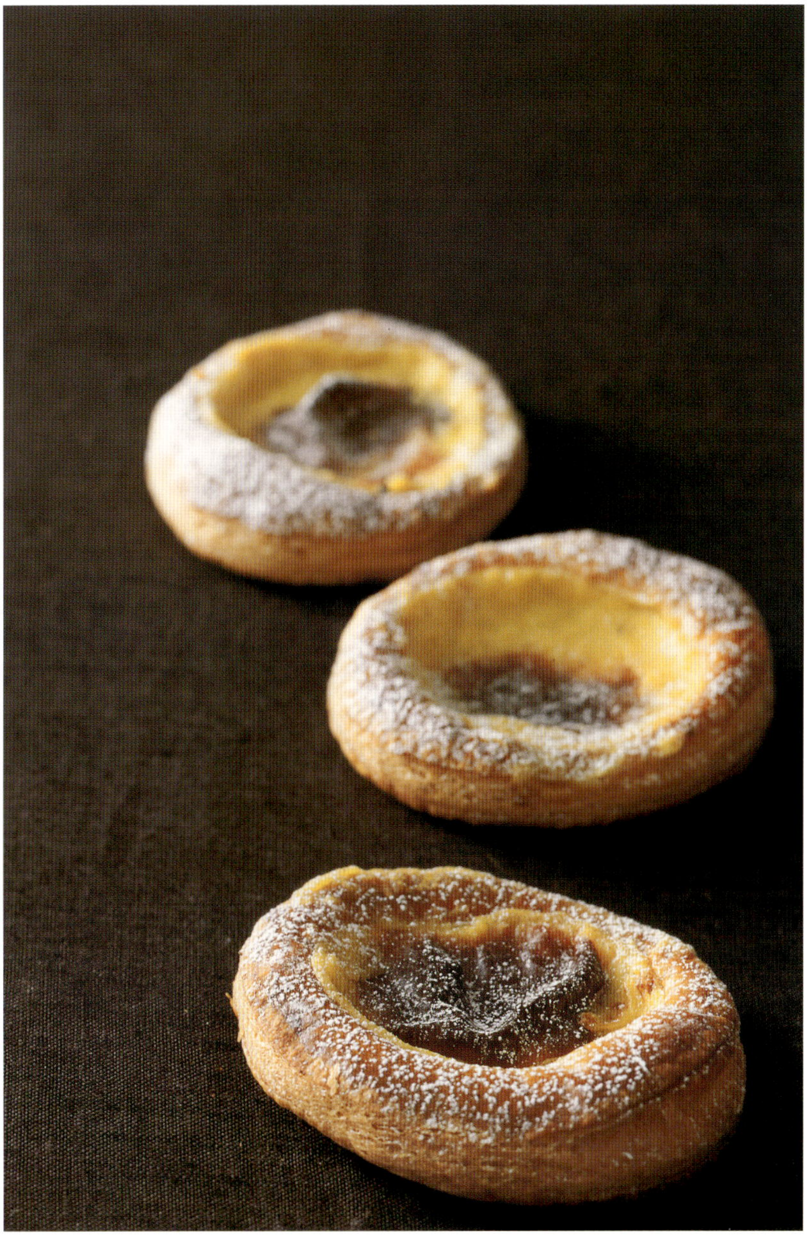

Talmouse de Saint-Denis
タルムーズ・ド・サン=ドニ

タルムーズは、中世に起源をもつ古い菓子だ。14世紀にタイユヴァン(Taillevent)の名で知られるギヨーム・ティレル(Guillaume Tirel, 1310~1395)が記した料理書、『ヴィアンディエ(Le Viandier)』にも製法が記され、「上質なチーズをソラマメのように細かく四角に切り、このチーズの中にざっと卵をかけてから、すべてを混ぜ合わせる。そして、卵とバターを混ぜ込んだ生地をかぶせて焼く」―『新ラルース料理大辞典(Larousse Gastronomique)』(1996)より抜粋―と書かれている。

その後、時を経て変形し、フランス各地で作られるなか、アンシャン・レジーム下で高い評判を得たとされるのが、サン=ドニ(Saint-Denis)のタルムーズだ。サン=ドニはパリの北方約4kmにある工業都市。フランス歴代の王が埋葬され、最初のゴシック建築と言われる大聖堂がある町として知られている。18世紀に書かれた『ル・キュイジニエ・ガスコン(Le Cuisinier Gascon)』によれば、この町のタルムーズは次のように作られるという。

「通常のフイユタージュを作り、よく汁気を切ったクリーム入りのチーズのアパレイユを用意する。そこに卵、少量の塩、小麦粉ひとつまみを加えて手で混ぜる。このアパレイユを生地に入れて端をめくり上げ、ドリュールを塗ってオーブンで焼いて供する」。

現在は、パータ・シューを合わせたチーズのアパレイユを、パート・フイユテに詰めて焼くのが主流のようだ。軽いグジェールのような質感のアパレイユからチーズのコクと塩気が広がり、サクサクのフイユタージュと好相性。甘い菓子というよりも、生地(Pâte)作りを生業としていた、いにしえのパティシエ(Pâtissier)の姿を感じさせる。

1辺約10cmの三角形・30個分

パート・フイユテ:1080g
pâte feuilletée
(3つ折り・6回、▶▶「基本」参照)

パータ・シュー pâte à choux
　牛乳 lait:250g
　塩 sel:1g
　バター beurre:100g
　薄力粉 farine ordinaire:100g
　全卵 œufs:150g

チーズ(ブリ・ド・モー、またはヌシャテル):200g
fromage(Brie de Meaux ou Neufchâtel)

生クリーム(乳脂肪45%):40g
crème fraîche 45% MG

*チーズはよく熟成したものを選び、表皮を取り除いてから計量する。

パート・フイユテを準備する。
1. パート・フイユテを3mmにのばす。
2. 直径12cmの円形に1個につき1枚切り、ラップフィルムをかけて冷蔵庫で一日休ませる。

パータ・シューを作る
3. 「基本」の「パータ・シュー」と同じ要領で作る。ただし、水とグラニュー糖は入らない。

組み立て・焼成
4. 3がまだ温かいうちに、チーズ(室温)を適当な大きさに刻んで加え、へらで混ぜる(多少、だまが残ってもよい)。
5. 生クリーム(室温)を加え混ぜる。
6. 2を台に並べる。
7. 口径12mmの丸口金をつけた絞り袋に5を入れ、6の中央に30gずつ絞る。
8. 三方から中央へと折り畳み、つなぎ目を指でつまんでしっかり接着する。真ん中は、パータ・シューが少し見えている状態になる。
9. 天板に並べ、冷蔵庫で1時間休ませる。
10. 180℃のオーブンで約40分焼く。
11. 網にのせて冷ます。

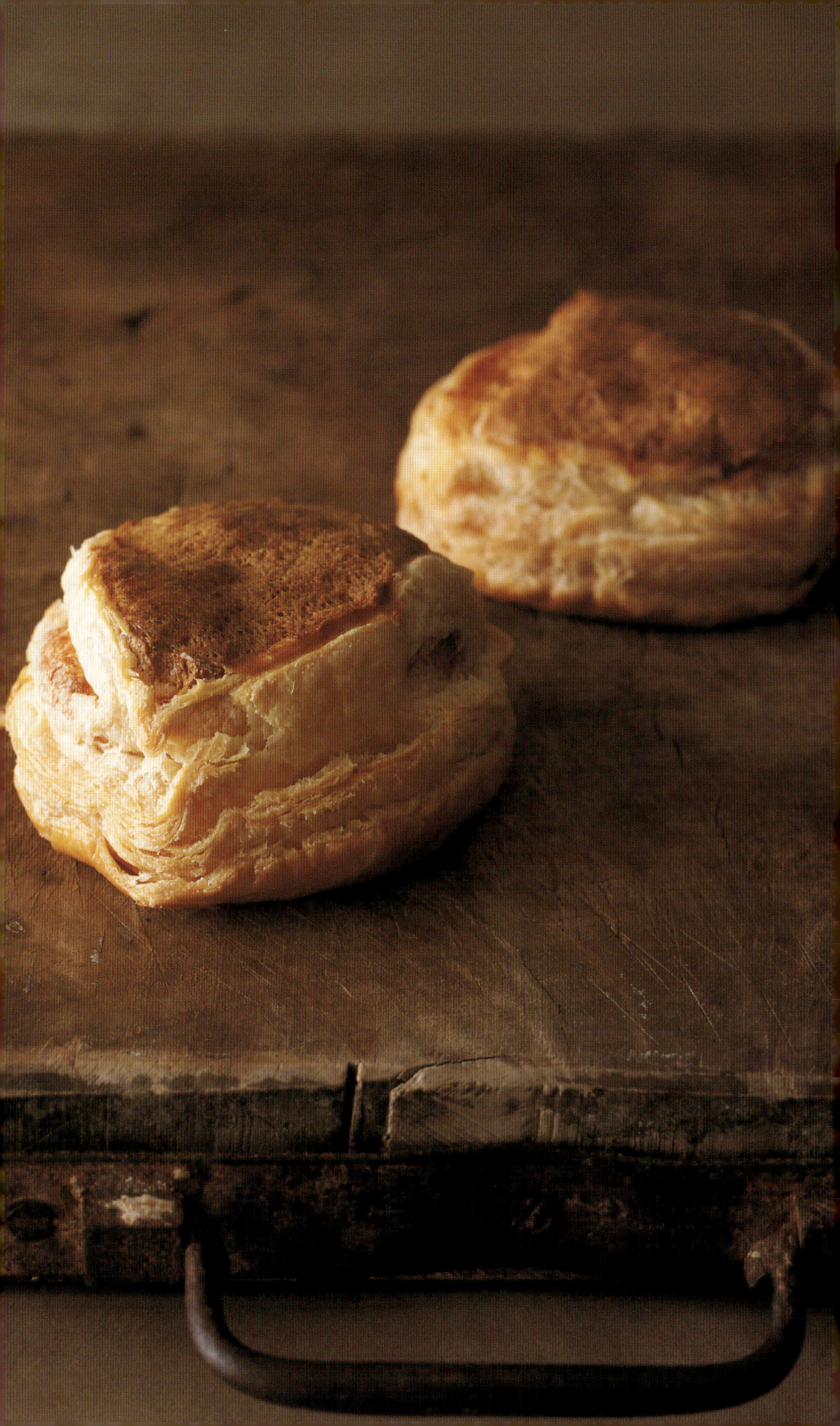

Île-de-France | イル＝ド＝フランス　　Tarte aux Pommes Taillevent

Tarte aux Pommes Taillevent
タルト・オー・ポム・タイユヴァン

　フランス宮廷に仕えた14世紀の料理人、タイユヴァン（*Taillevent*）が記した『ヴィアンディエ（*Le Viandier*）』には、砂糖を使わずにガルニチュールに甘みを出した、魅力的なタルトが紹介されている。それがこのタルト・オー・ポム・タイユヴァンだ。
　記載されている作り方は、以下の通り。
　「リンゴは細かく切って、イチジクと混ぜる。ブドウの実をよく洗ってリンゴとイチジクの中に入れて混ぜ合わせる。バターないし脂huileで炒めた玉葱も加える。ワインを入れる。リンゴの一部を摩り下ろしてワインに浸す。別に摩り下ろしたリンゴを足して、サフラン、クローブと天使の種子の混合スパイスを少々、シナモン、白いショウガ、アニス、それにあったらピギュルラック（*pygurlac*）を入れる。2枚の大きなペーストを伸ばしたものを作り、混ぜ合わせた具を手で潰してペーストの上にのせ、リンゴの厚さを揃えて残りの混ぜ物を入れる。蓋を上にのせて、隙間なく覆う。サフランでドレして竈に入れて焼く」　－森本英夫著『中世フランスの食』（2004）より抜粋－
　タマネギやピギュルラック、天使の種子なるものを除くなど、少々手を加えてこれを作ってみると、ドライフルーツとワインの甘みにスパイスが効いて、かなり旨い。砂糖が貴重品だった中世だからこその工夫なのだが、今食べると他にはないおいしさが感じられ、新鮮な驚きを覚えずにいられない。「だから歴史や伝統をたどるのは面白い」と、改めて思わせてくれる菓子だ。

直径18×高さ3cmの
セルクル型・2台分

パート・シュクレ・オー・ザマンド
：約700g
pâte sucrée aux amandes
（▶▶「基本」参照）

ガルニチュール garniture
　リンゴ pommes：10個
　イチジクのセミ・コンフィ：200g
　figues semi-confites
　カランツ：160g
　raisins de Corinthe
　リンゴのコンポート：80g
　compote de pommes
　（▶▶「基本」参照）
　甘口赤ワイン：96g
　vin doux rouge
　サフラン（パウダー）：0.1g
　safran en poudre
　シナモン（パウダー）：0.1g
　cannelle en poudre
　ショウガ（パウダー）：0.1g
　gingembre en poudre
　スターアニス（パウダー）：0.1g
　anis étoilé en poudre

塗り卵（サフランを少量加えた全卵）：
適量
dorure (œufs entiers +
safran en poudre) Q.S.

パート・シュクレ・オー・ザマンドを準備する
1. パート・シュクレ・オー・ザマンドを厚さ3mmにのばす。
2. 型よりひとまわり大きい円形と、型よりふたまわり大きい円形に1台につき1枚ずつ切る。後者の生地は、ラップフィルムをかけて冷蔵庫で休ませておく。
3. 天板に型をのせ、2の前者の生地を敷き込む。
4. はみ出た生地は切り落とさず、冷蔵庫で1時間休ませる。

ガルニチュールを作る
5. リンゴは皮と芯を取り、イチジクのセミ・コンフィとともに約1cm角に切る。
6. 5をボウルに入れ、その他の材料をすべて加えて混ぜ合わせる。

組み立て・焼成
7. 6を4に入れる。表面は平らにならさず、凹凸があるままにしておく。
8. 生地の縁に塗り卵を刷毛で塗り、2の後者の生地をかぶせる。
9. 上からそっと押さえて生地とガルニチュールを密着させる。さらに、生地の縁をしっかり指で押さえて接着し、はみ出た生地を切り落とす。
10. 塗り卵を上面に刷毛で塗り、少し乾かしてからもう一度塗る。
11. 天板を2枚重ね、180℃のオーブンで約1時間焼く。
12. 型からはずし、網にのせて冷ます。

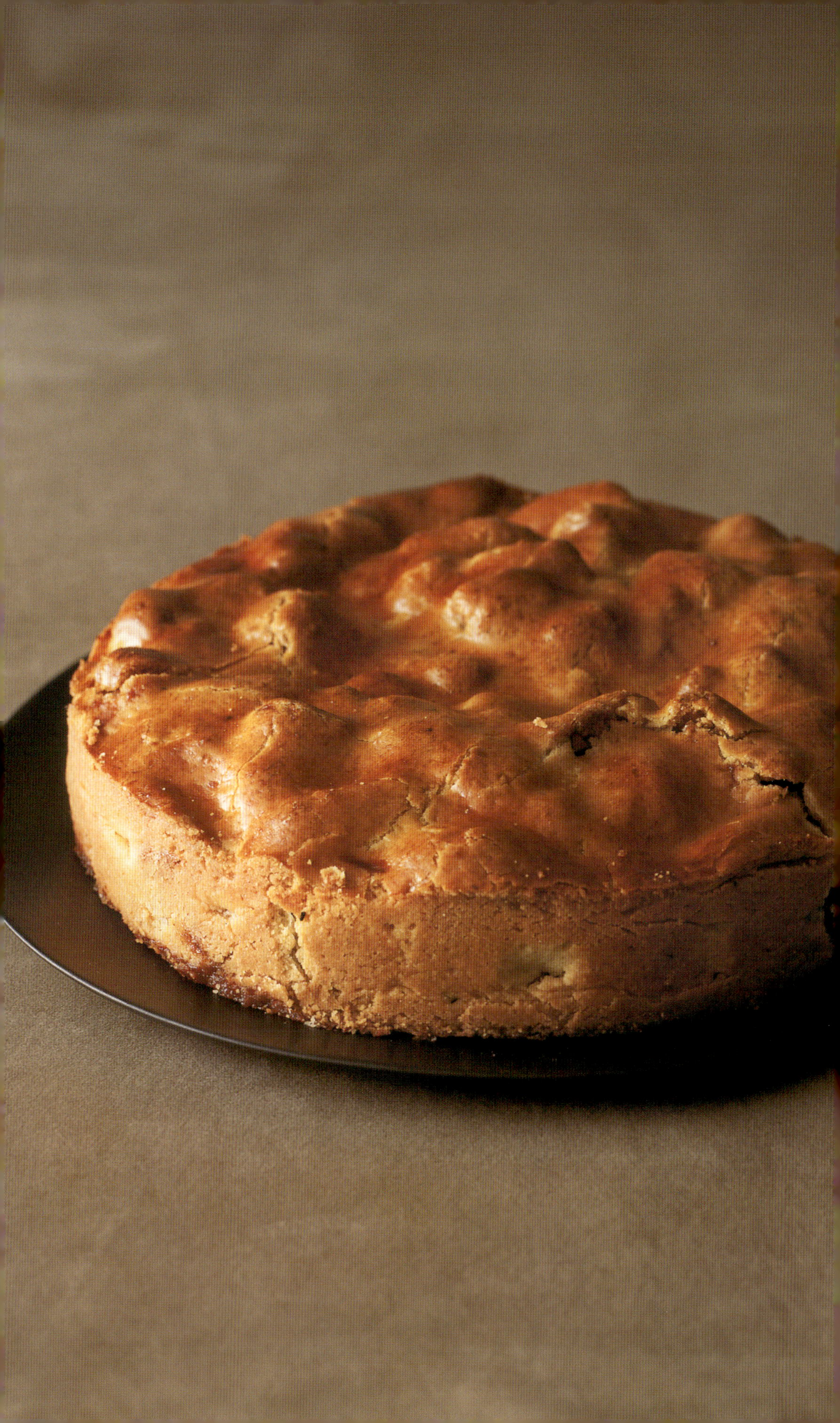

Île-de-France | イル=ド=フランス | Flan Parisien à la Crème

Flan Parisien à la Crème
フラン・パリジャン・ア・ラ・クレーム

　フランは、6世紀頃の詩人、フォルトゥナトゥス(Fortunatus)のラテン語の詩にも登場する、歴史の古いタルトの一種。カスタードプリンやファーのように、型に直接流して焼くものもフランに属し、いわゆる"粥状の菓子"(p.136)の典型とも言える。甘い味から塩味まで、実にさまざまなルセットがあり、一流レストランの料理としてお目にかかることもしばしばだ。

　なかでもパリ(Paris)のフラン、フラン・パリジャン・ア・ラ・クレームは、パータ・フォンセやパート・ブリゼを敷いた型に、卵、牛乳、砂糖などで作ったクリームを流して焼く、ごくシンプルで庶民的なタルトだ。厚さは店によって異なり、概してパティスリーでは薄く、ブーランジュリーでは厚い印象がある。焼き立てはふわり、とろり、時間が経つと少しもっちりして、それぞれにおいしさがある。修業時代に気軽に買って頬張った、懐かしい味だ。

直径18×高さ2cmの
タルトリング型・2台分

パート・ブリゼ
pâte brisée
:以下のうち、約200g使用

　水 eau：100g
　塩 sel：3g
　グラニュー糖：12g
　　sucre semoule
　薄力粉 farine ordinaire：150g
　バター beurre：75g

クレーム・フラン crème flan
　薄力粉 farine ordinaire：75g
　グラニュー糖：100g
　　sucre semoule
　全卵 œufs：100g
　牛乳 lait：500g
　オレンジの花の水：4g
　　eau de fleur d'oranger
　バニラシュガー：10g
　　sucre vanille

パート・ブリゼを作る
1. 「基本」の「パータ・フォンセ」と同じ要領で作る。ただし、卵黄は入らない。
2. 厚さ2mmにのばしてピケする。
3. ラップフィルムをかけ、冷凍庫に20〜30分入れて締める。
4. 型よりひとまわり大きい円形に1台につき1枚切り、ラップフィルムをかけて冷蔵庫で1時間以上休ませる。
5. 型に敷き込み、冷蔵庫で1時間以上休ませる。
6. 生地の側面を指で押して型に密着させ、はみ出した生地を切り落とす。

クレーム・フランを作る
7. 薄力粉とグラニュー糖をボウルに入れ、ホイッパーで軽く混ぜる。
8. 溶きほぐした全卵(室温)、牛乳(室温)、オレンジの花の水、バニラシュガーを加え混ぜる。

仕上げる
9. 6を天板にのせ、8を型いっぱいに注ぎ入れる。
10. 180℃のオーブンで約1時間焼く。
11. 型からはずし、網にのせて冷ます。

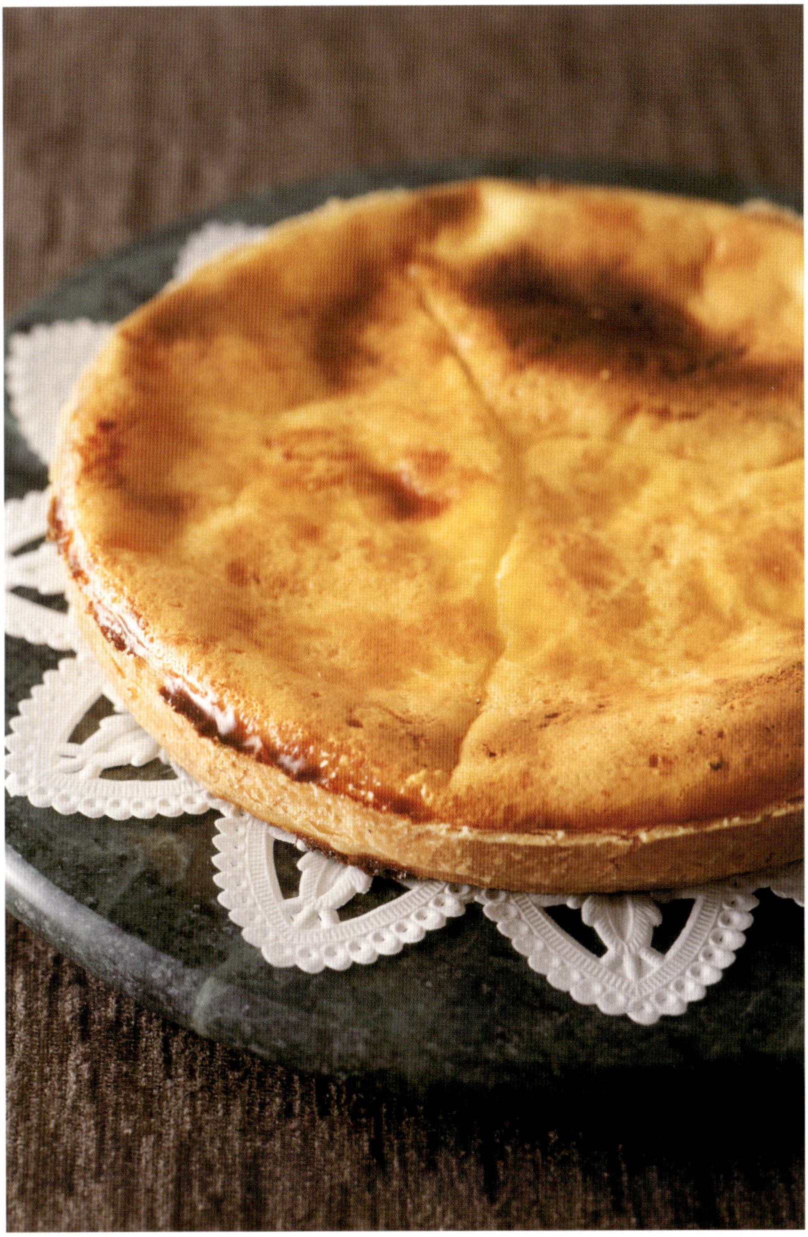

Île-de-France　　イル゠ド゠フランス　　　　　Puits d'Amour

Puits d'Amour
ピュイ・ダムール

　ピュイ・ダムールとは、フランス語で"愛の井戸"の意味。1843年にパリ(Paris)のオペラ・コミック座で上演された同名の喜歌劇から名づけられたと言われる。一方で、ヴァンサン・ラ・シャペル(Vincent La Chapelle)が『現代の料理人(Le Cuisinier Moderne)』(1735)で、グロゼイユのジュレを詰めたパイとしてこの菓子を紹介しており、彼が創製したとする説もある。何でもそのロマンティックともセクシュアルとも受け取れる名前が一大スキャンダルとなり、飛ぶように売れたとか。うやむやに語られることが多いのは、そうした理由からだろうか。

　過去のエピソードはさておき、現在はバニラまたはプラリネ風味のクリームを詰め、焼きごてでキャラメリゼされることが多い。このスタイルは、パリのパティスリー「ブルダルー(Bourdaloue)」と「コクラン・エネ(Coquelin Aîné)」(いずれも閉店)のパティシエ、ポール・コクラン(Paul Coquelin)のスペシャリテと言われる。

　私が1970年代の初めに「コクラン・エネ」で働いていた時も、この菓子は人気が高く、1日50台は作っていたと思う。機械と言えば大きなミキサーくらいしかなかったが、トゥーリエ(tourier、生地担当の職人)は麻布の上でスイスイ生地をのばし、とにかく早い。シェフ・パティシエのフランソワ(François)は、70歳近くという年齢にも関わらず誰よりも早く出勤し、他のパティシエが着く頃には生地の焼成をほとんど一人で終えていた。そして、焼きごてを10本くらい突っ込んだ、燃えさかる石炭ストーブを背に、どんどんクリームを詰めてキャラメリゼしていく。とにかく忙しかったが、職人のあるべき姿を教えてくれた、忘れ難い店だ。フランソワの年齢を超えた今なお、追い求めている姿でもある。

　「コクラン・エネ」にならい、ここでは四角いピュイ・ダムールに仕上げた。香ばしいフイユタージュと、コクのあるクレーム・パティシエールの組み合わせは、文句なしにおいしいフランス人好みの味だ。

13×13×高さ2.5cmの
カードル型・2台分

パート・フイユテ：250g
pâte feuilletée
(3つ折り・6回、▶▶「基本」参照)

クレーム・パティシエール：300g
crème pâtissière
(▶▶「基本」参照)

塗り卵(全卵)：適量
dorure (œufs entiers) Q.S.

グラニュー糖：適量
sucre semoule Q.S.

パート・フイユテの敷き込み・焼成
1. パート・フイユテを140gと110gに分割する。
2. 1の前者を厚さ2mmの長方形(13cm×26cmが取れる大きさに)にのばし、ピケする。ラップフィルムをかけて冷凍庫に20〜30分入れて締める。
3. 1の後者を厚さ3mmの長方形(13cm×20cmが取れる大きさに)にのばし、ピケする。ラップフィルムをかけて冷凍庫に20〜30分入れて締める。
4. 2を13×13cmの正方形に1台につき1枚切り、型の底に敷き込む。
5. 3を13×2.5cmの帯状に1台につき4本切り、4の生地の縁に塗り卵を刷毛で塗って型の側面に貼りつける。帯と帯は、塗り卵を刷毛で塗って接着する。
6. 冷蔵庫で1時間休ませる。
7. 内側に塗り卵を刷毛で塗る。
8. 200℃のオーブンで約30分焼く。途中、底が浮き上がってきたら、手袋をはめて手の平で押さえ、平らに沈める。
9. 型からはずし、網にのせて冷ます。

組み立て・焼成
10. クレーム・パティシエールをへらで混ぜてなめらかにし、口径9mmの丸口金をつけた絞り袋に入れる。9いっぱいに絞り入れる。
11. 上にグラニュー糖をまんべんなくふり、熱しておいた焼きごてを当ててキャラメリゼする。
12. 11をもう1回くり返す。

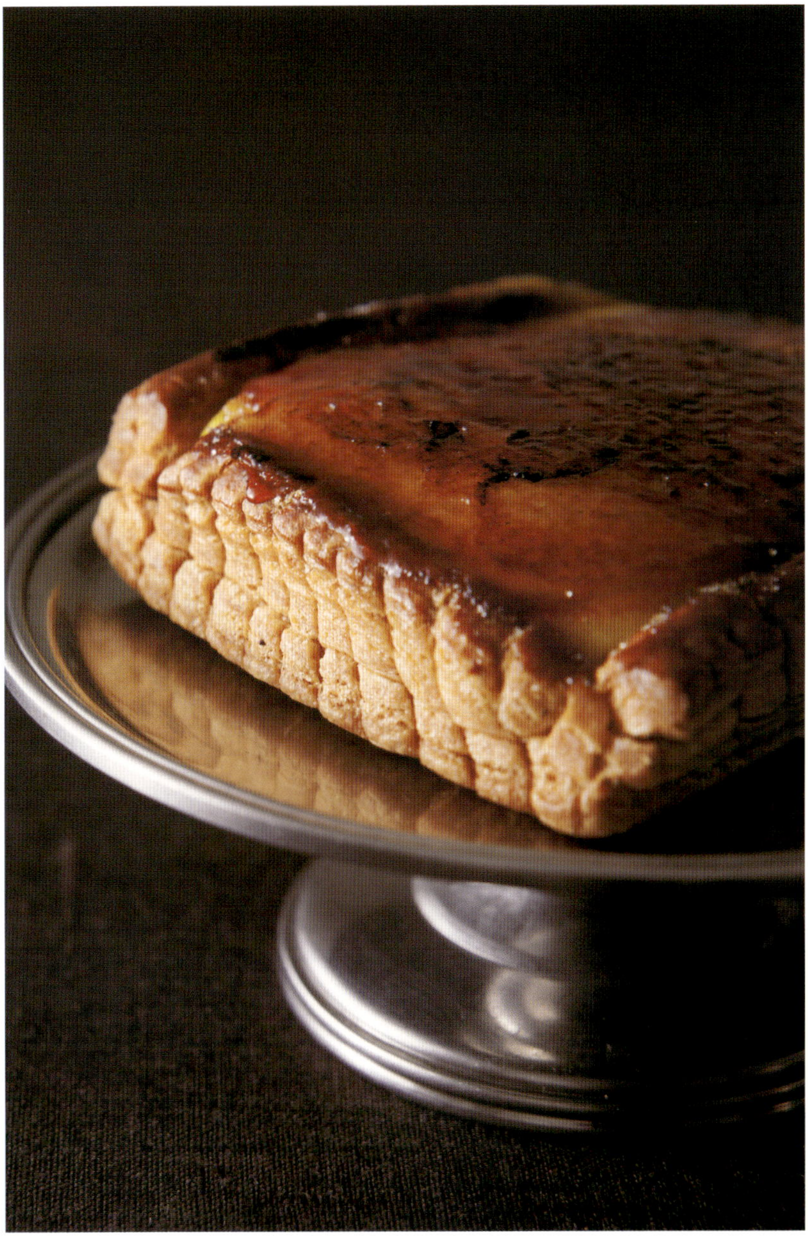

Macaron Parisien
マカロン・パリジャン

マカロンの歴史は古く、フランスには、ルネサンス期(14〜16世紀)にイタリアのヴェネチア(Venise)から伝わったと言われている。が、ロワール地方のコルムリー(Cormery)では、791年にすでに修道院でマカロンが作られていたと言われ、フランス各地には実にさまざまな形のマカロンが存在している。

そのなかで最も繊細に進化したのが、今やマカロンの代名詞的存在ともいうべき、パリ(Paris)のマカロン・パリジャンだろう。表面がつるんとなめらかなことからマカロン・リス(Macaron lisse)とも、これを得意とした職人の名からマカロン・ジェルベ(Macaron Gerbet)とも呼ばれる。表面はサクッ、中はしっとりした食感のコントラストが特徴的で、間にはクリームやガナッシュ、コンフィチュールなどが挟まれる。

今ではだいぶ糖度を落として作られるようになり、食べやすくなったが、私がパリで修業していた頃は歯が痛くなるほど甘かった。砂糖が多い分、仕上がりの艶はいいのだが、どこの店で買ってもたいていはマッセ(糖化)していて、いい状態で食べられることは少なかった記憶がある。約2年働いた店のひとつ、「ポンス」では、バニラ(クレーム・オ・ブール)、フランボワーズ(コンフィチュール)、ショコラ(ガナッシュ)、モカ(クレーム・オ・ブール)の4種を、毎日、4人がかりで大量に作っていた。スフレを作るのと同様、卵白は3日ほど室温に置き、タンパク質の状態を安定させてから使用していた。

ここで紹介するマカロン・パリジャンは、その「ポンス」のマカロンをベースとしたもの(衛生上、卵白はフレッシュなものを使用している)だ。ガルニチュールは、バターとメレンゲを合わせた、最もシンプルなクレーム・オ・ブールだけ。当時のパリでは、ほとんどの店でそうしていたのではないかと思う。気取りのない味わいとふわりとした口溶けが、懐かしさを感じさせる。

直径約4cm・約45個分

マカロン生地 pâte à macaron
  アーモンド(皮なし):150g
  amandes émondées
  粉糖 sucre glace:260g
  卵白:40g
  blancs d'œufs
  卵白:75g
  blancs d'œufs
  グラニュー糖:50g
  sucre semoule

クレーム・オ・ブール
:以下のうち約180g使用
crème au beurre
  ムラング・イタリエンヌ:300g
  meringue italienne
  (▶「基本」参照)
  バター beurre:300g

マカロン生地を作る
1. アーモンドと粉糖をフードプロセッサーにかけて粗く粉砕した後、ローラーにかけてやや粗めの粉末状にする。
2. 1と卵白40gを、低速のミキサー(ビーター)でマジパンのような状態になるまで練る。
3. 別のミキサー(ホイッパー)で、卵白75gとグラニュー糖を高速で角が立つまで泡立てる。
4. 3を大きいボウルに移し、2を加えてゴムベらの面で押さえつけるようにして、全体をざっと混ぜる。
5. カードに持ち替えて、いったん生地をボウルの中央に集める。今度はカードの面で泡を潰すようにして生地をボウルの側面になすりつけ、押し広げる。全体に広がったら、カードで中央に生地を集める。
6. 全体に艶が出て、集めた生地がゆるゆると広がっていく状態になるまで、5を2回程度くり返す。
7. 口径9mmの丸口金をつけた絞り袋に6を入れ、シルパットを敷いた天板に直径約3cmの円形に絞る。絞ってしばらくすると、ひとまわり大きく広がる。
8. 約30分、表面を乾かす。
9. 天板を2枚重ね、190℃のオーブンで約3分、160℃でさらに約12分焼く。
10. 天板からはずし、シルパットごと網にのせて冷ます。

クレーム・オ・ブールを作る
11. ムラング・イタリエンヌを作り、まだ温かい(人肌程度の温度)うちにバター(室温)をちぎり入れ、ホイッパーでなめらかになるまで混ぜる。

組み立てる
12. 口径12mmの丸口金をつけた絞り袋に11を入れ、10の半数を裏向きにして約4gずつ絞り、残り半数と貼り合わせる。

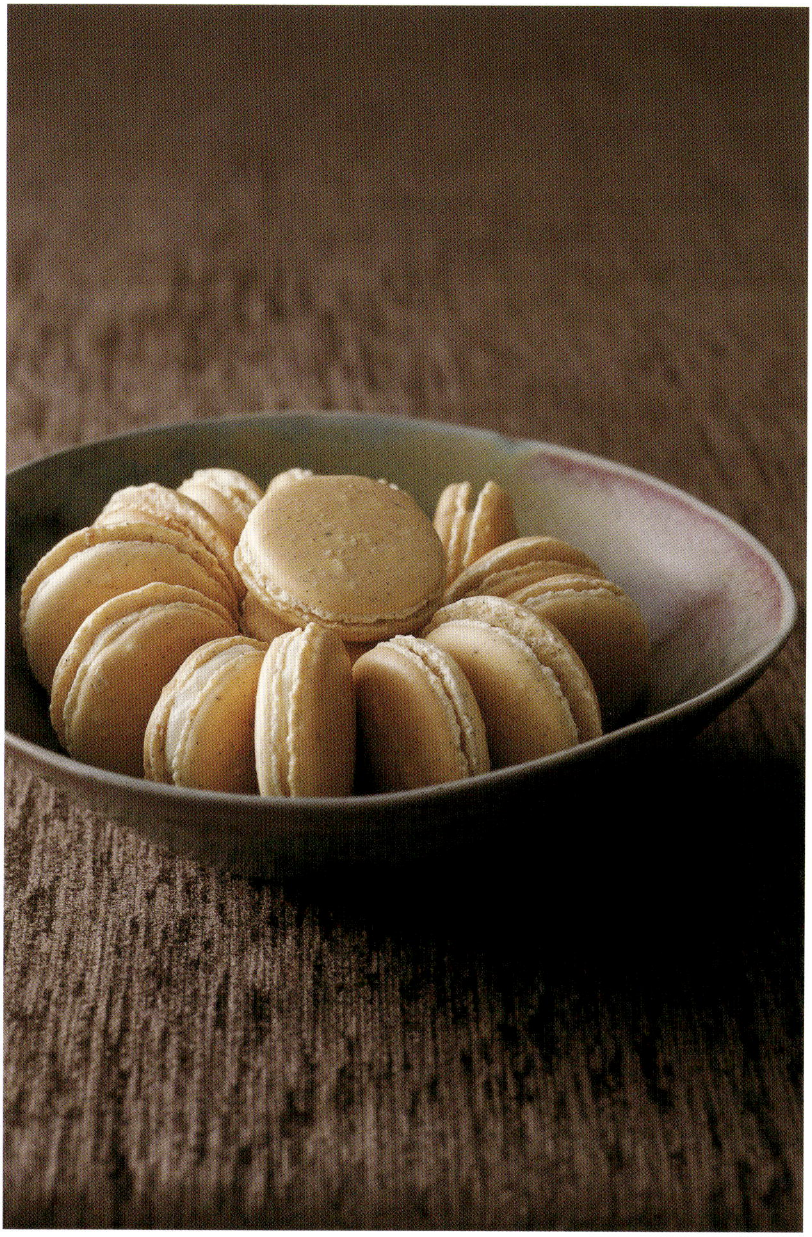

Paris-Brest
パリ＝ブレスト

フランスで毎年7月に開催されるのが、世界最大の自転車レース、ツール・ド・フランス (Le Tour de France) だ。フランスは自転車競技が盛んな国で、その歴史は長い。なかでも、最も古い自転車レースとして知られるのが、1891年から続くパリ＝ブレスト＝パリ (Paris-Brest-Paris) だ。パリ (Paris) とブルターニュ地方のブレスト (Brest) 間の往復1200kmを、90時間余りで走り抜ける、過酷なレースとなっている。

パリ＝ブレストは、この第一回大会を記念して創製された、フランス人なら誰もが好きなシュー菓子だ。コース沿いのパリのロングイユ大通りに店を構えていた「メゾン＝ラフィット (Maisons-Laffitte)」のパティシエ、ルイ・デュラン (Louis Durand) の作と言われる。自転車の車輪をかたどったリング形のシューにアーモンドスライスを散らして焼き、プラリネ風味のクリームをたっぷり挟むのがお決まりだ。

渡仏したばかりの頃は、慣れないプラリネのしつこさが鼻につき、その"フランス的"な味わいがどうしても好きになれなかった。昔は今ほどなめらかではなく、もっとカリカリしたプララン（細かく砕いたプラリネ）的なものだったせいもあるのだろう。が、フランス生活に慣れるにつれて好きになり、今では、私の菓子作りに欠かすことのできない味のひとつになっている。そのプラリネと、シューに散らしたアーモンドの風味をいかに引き出し、のばすかが、この菓子の最大の鍵だと思う。

直径15×高さ約7cm・2台分

パータ・シュー pâte à choux：200g
(▶︎「基本」参照)

クレーム・オー・ブール
crème au beurre
：以下のうち250g使用

　バター beurre：200g

　パータ・ボンブ：68g
　pâte à bombe
　(▶︎「基本」参照)

　ムラング・イタリエンヌ：68g
　meringue italienne
　(▶︎「基本」参照)

クレーム・ムースリーヌ・
オー・プラリネ
crème mousseline au praliné

　クレーム・オー・ブール：250g
　crème au beurre

　クレーム・パティシエール：250g
　crème pâtissière
　(▶︎「基本」参照)

　プラリネ praliné：50g
　＊プラリネは、ヘーゼルナッツ
　：アーモンド＝1:2のものを使用。

澄ましバター：適量
beurre clarifié Q.S.

アーモンドスライス：適量
amandes effilées Q.S.

サラダオイル：適量
huile végétale Q.S

塗り卵（全卵）：適量
dorure (œufs entiers) Q.S.

粉糖 sucre glace：適量 Q.S.

下準備
＊直径15cmのセルクル型の内側に澄ましバターを刷毛で塗り、アーモンドスライスを貼りつける。サラダオイルを塗った天板の上にのせる。

パータ・シューを準備する
1. パータ・シューを作り、温かいうちに口径9mmの丸口金をつけた絞り袋に200g入れ、型の縁に沿って2周、リング状に絞る。さらにその中間に1周、リング状に絞り重ねる。
2. 塗り卵を刷毛で塗り、アーモンドスライスを散らす。
3. 200℃のオーブンで約24分焼き、型をはずして180℃で約23分焼く。
4. 網にのせて冷ます。

クレーム・オー・ブールを作る
5. バターをボウルに入れ、ホイッパーで混ぜてポマード状にする。
6. パータ・ボンブ、ムラング・イタリエンヌを順に加え混ぜる。

クレーム・ムースリーヌ・オー・プラリネを作る
7. 6を250gボウルに入れる。へらで混ぜてなめらかにしたクレーム・パティシエールとプラリネを加え、ホイッパーで均一に混ぜる。
8. ラップフィルムをかけ、冷凍庫に7〜8分入れて絞りやすい固さになるまで締める。

組み立てる
9. 4を波刃包丁で横半分にスライスする。
10. 9の下の生地に8を口径10mmの星口金で1周絞る。さらに、その上をまたいで横に"8"の字を描くように、細かく重ねながら1周絞る。
11. 9の上の生地に粉糖をふり、10にかぶせる。

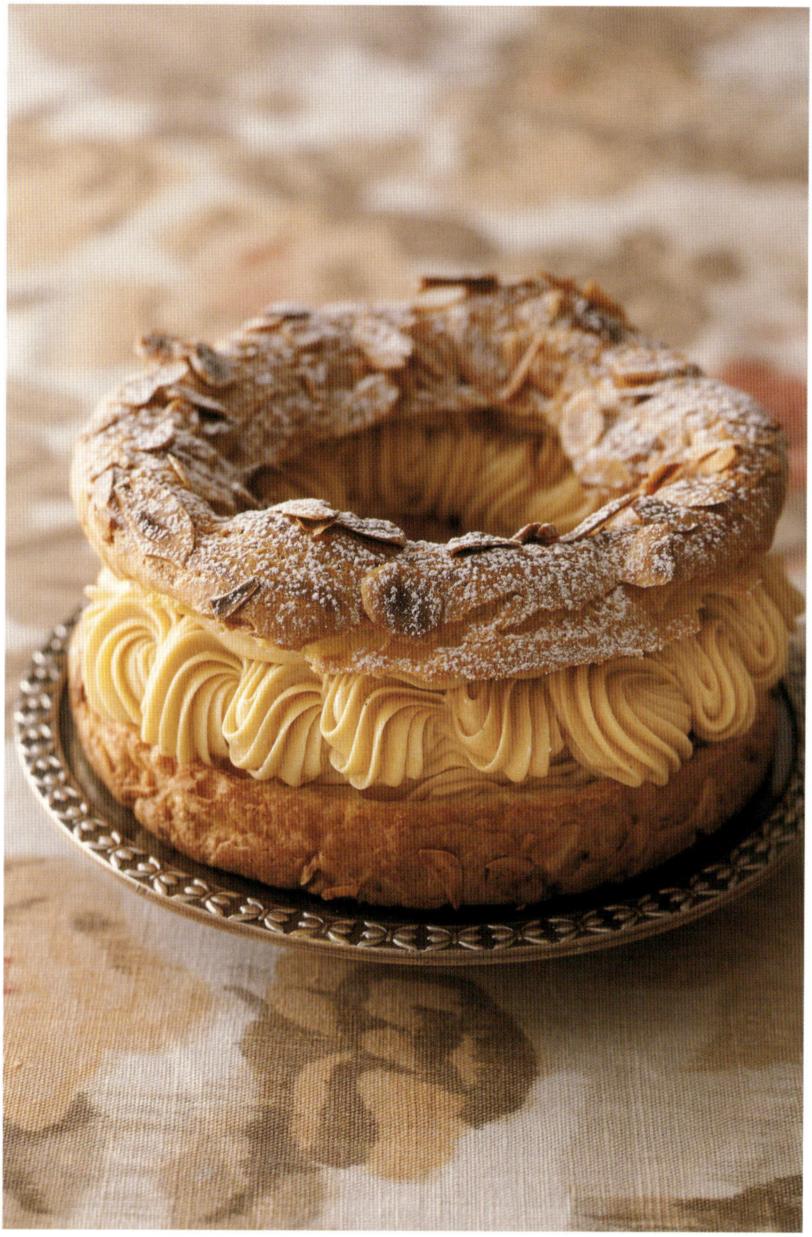

Pont-Neuf
ポン＝ヌフ

ポン＝ヌフは、フイユタージュもしくはパート・ブリゼを敷いたタルトレットに、パータ・シューとクレーム・パティシエールを混ぜ合わせて詰めた、小さな焼き菓子。タルムーズ（p.312）の派生形の一つで、1607年に完成したパリ（Paris）最古の橋、ポン＝ヌフ（Pont Neuf）に見立てた生地で上面を十字に飾る。そして表面は、粉糖とグロゼイユのジュレで交互に覆うのが通例だ。

この菓子には1967年に渡仏してまもなく出会い、食感のユニークさとショーソン・ナポリタン的なクリームの味わいに強く魅かれたのを覚えている。当時は目にするもの、口にするもの、すべてが新しくて、感動の連続だった。ところが、数年後にはフランスと日本の価値観の違いや言葉の壁にぶつかり、ポン＝ヌフの橋の上で独り悩んで、いや、悩み狂っていた。隣では、恋人たちがキスをしながら愛を囁き合っているというのに、本当に辛くて、苦しかった。しかし、それでも逃げ出さずに正面から立ち向かったからこそ、今もパティシエとして厨房に立ち続ける自分がいる。そんな若き日のちょっぴりほろ苦い思い出も、ポン＝ヌフには詰まっている。

口径6×高さ2.2cmの
ポンポネット型・17個分

パート・フイユテ：約380g
pâte feuilletée
（3つ折り・8回、▶▶「基本」参照）

クレーム・パティシエール
crème pâtissière
：以下のうち300g使用

牛乳 lait：1kg
卵黄 jaunes d'œufs：160g
全卵 œufs：50g
グラニュー糖 sucre semoule：250g
強力粉 farine de gruau：120g

パータ・シュー
pâte à choux
：以下のうち300g使用

牛乳 lait：500g
水 eau：500g
塩 sel：10g
バター beurre：500g
薄力粉 farine ordinaire：600g
全卵 œufs：400g
＊全卵は、足りなければ増やす。

オレンジの花の水：20g
eau de fleur d'oranger

生クリーム（乳脂肪分45％）：30g
crème fraîche 45% MG

粉糖 sucre glace：適量 Q.S.

グロゼイユのジュレ：適量
gelée de groseilles Q.S.
（▶▶「基本」参照）

パート・フイユテを準備する
1. パート・フイユテを厚さ3mmにのばす。
2. 直径約9.5cmの円形に1個につき1枚切って型に敷き込む。余った生地は重ねてまとめ、ビニール袋に入れて冷蔵庫で休ませておく。
3. 冷蔵庫で2〜3時間休ませる。
4. はみ出た生地を切り落とす。

クレーム・パティシエールを作る
5. 「基本」の「クレーム・パティシエール」と同じ要領で作る。ただし、バニラスティックは入れず、全卵は卵黄と一緒にボウルに入れる。

パータ・シューを作る
6. 「基本」の「パータ・シュー」と同じ要領で作る。ただし、グラニュー糖は入らない。

組み立て・焼成
7. 6のパータ・シュー300gを温かいうちにボウルに入れ、ホイッパーでなめらかにほぐした5のクレーム・パティシエール300gを加え、へらでざっと混ぜる。
8. オレンジの花の水と生クリームを加え混ぜる。
9. 口径12mmの丸口金をつけた絞り袋に入れ、4の型いっぱいに絞り入れる。
10. 2で余った生地を、厚さ1.5〜2mmにのばし、3〜5mm幅の紐状に切る。
11. 9の上に十字にのせ、はみ出た生地を切り落とす。
12. 160℃のオーブンで約30分焼く。
13. 型からはずし、網にのせて冷ます。
14. 表面の4分割されたうち、対となる2つに粉糖をふる。
15. 14で粉糖をふらなかった部分に、温めてやわらかくしたグロゼイユのジュレを刷毛で塗る。

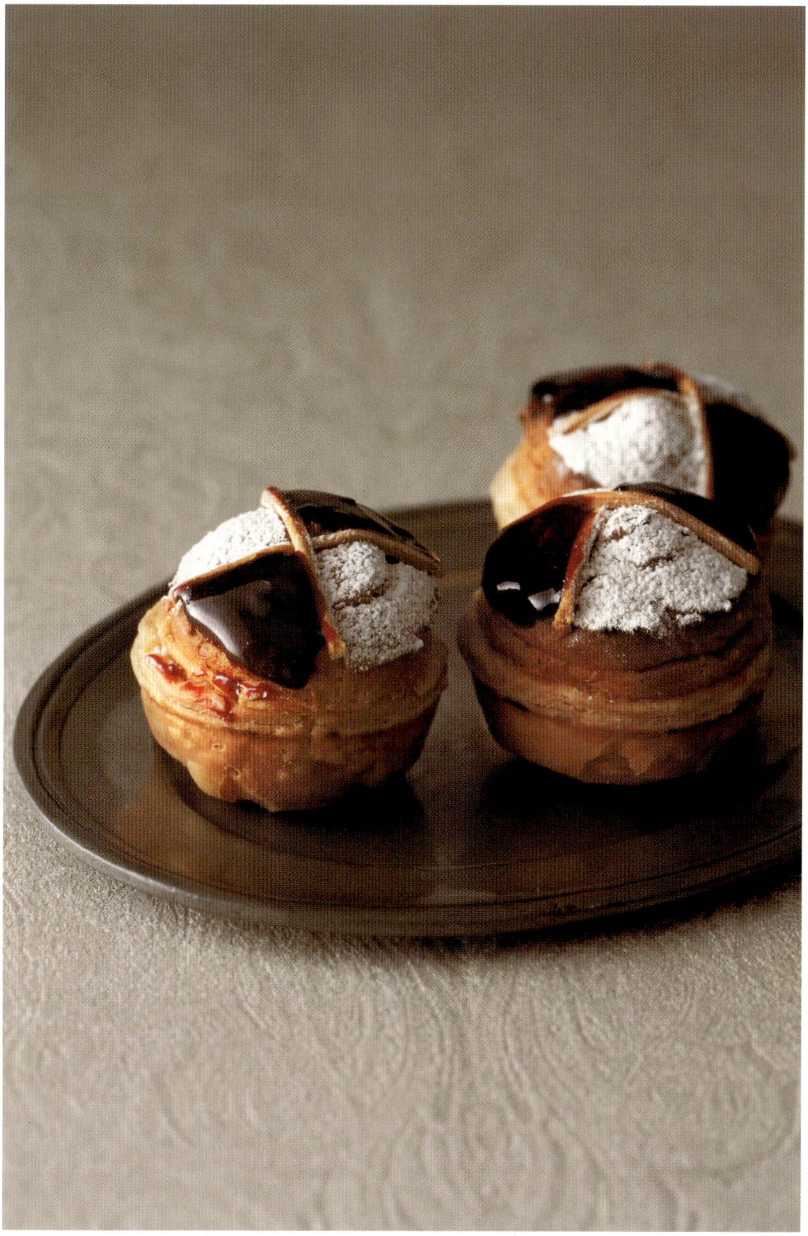

Saint-Honoré
サン=トノーレ

サン=トノーレは、クレーム・シブースト(クレーム・パティシエールが熱いうちにメレンゲを加えたクリーム)の生みの親でもあるパリ(Paris)のパティシエ、シブースト(Chiboust)によって1846年に考案された菓子だ。名前は、彼の店があったサン=トノーレ通りと、パン屋と菓子屋の守護聖人であるサン=トノーレの名からつけられたとされる。パータ・フォンセかフイユタージュを円くのばし、周囲にパータ・シューを絞って焼く。その上にキャラメルがけしたプティ・シューを並べ、真ん中にクレーム・シブーストを詰めるという構成だ。当時はまだ口金が存在していなかったため、クリームをスプーンですくって詰めていたそうだ。考案者については、シブーストの店で働いていたオーギュスト・ジュリアン(August Julien)とする説もある。

私が修業していた頃は、どの菓子屋も日曜日は必ずこの菓子を作っていて、教会のミサを終えた人々が家族で味わうためにこぞって買い求めていた。職人としてはとてつもなく忙しい時間だったが、その光景はパリのほのぼのとした日常のひとコマとして、私の心に温かく残っている。

近年はクレーム・シャンティイを絞る人も多く見受けられるが、私はやはり、この菓子にはクレーム・シブーストでなくてはならないと思っている。それが考案者、そして伝統に対する敬意というものだ。ただし、多少ゼラチンを加えるとはいえ、ふわっと軽く繊細な質感なので、完成したらだれないうちに早く食べてほしい。ほのかに温かいクリームから卵やバニラが香り立ち、ほろ苦いキャラメル、香ばしい生地と織り成されるハーモニーが素晴らしい。

直径18cm・2台分

パータ・フォンセ:340g
pâte à foncer
(▶▶「基本」参照)

パータ・シュー:385g
pâte à choux
(▶▶「基本」参照)

キャラメル caramel
 グラニュー糖:200g
 sucre semoule
 水飴 glucose:4g
 水 eau:24g

クレーム・シブースト
crème chiboust
 牛乳 lait:260g
 バニラスティック:½本
 gousse de vanille
 卵黄 jaunes d'œufs:120g
 グラニュー糖 sucre semoule:60g
 薄力粉 farine ordinaire:30g
 板ゼラチン:5g
 feuilles de gélatine
 ムラング・イタリエンヌ:400g
 meringue italienne
 (▶▶「基本」参照)

塗り卵(全卵):適量
dorure (œufs entiers) Q.S.

パータ・フォンセを準備する。
1. パータ・フォンセを厚さ2.5mmにのばしてピケする。
2. 直径18cmの円形に1枚ずつ切り、ラップフィルムをかけて冷蔵庫で一日休ませる。

土台とパーツの焼成
3. 2を天板にのせ、塗り卵を刷毛で塗る。
4. パータ・シューを温かいうちに口径9mmの丸口金をつけた絞り袋に入れ、3の縁に一周絞る。さらに中央に、「の」の字に薄く絞る。その上に塗り卵を刷毛で塗る。
5. 200℃のオーブンで約15分、さらに180℃で20〜25分焼く。網にのせて冷ます。
6. 4の残りのパータ・シューを、別の天板に直径3cmの円形に約40個(すこし多めに)絞る。
7. 塗り卵を刷毛で塗り、フォークで格子状に跡がつく程度に押さえる。
8. 200℃のオーブンで約25分焼き、網にのせて冷ます。

キャラメルを作る
9. 銅鍋にグラニュー糖、水飴、水を入れてホイッパーで混ぜながら強火で熱する。
10. 濃い茶色のキャラメルになったら火を止め、混ぜながら余熱でさらに焦がす。
11. 8の上面を10に浸す。天板の上に逆さまにして置き、キャラメルを固まらせる。
12. 11の底に10をわずかにつけ、5の外周のパータ・シューの上に並べて貼りつける。

クレーム・シブーストを作る
13. 強力粉の代わりに薄力粉を使い、「基本」の「クレーム・パティシエール」1〜6の要領でクリームを作る。
14. 水でふやかしてから水気を取った板ゼラチンを加え、ホイッパーで混ぜ溶かす。
15. 大きなボウルに移し、粗熱が取れたらムラング・イタリエンヌを半量加え、ホイッパーで混ぜる。さらに残り半量のムラング・イタリエンヌも加え、へらでさっくり混ぜる。

仕上げる
16. 12の中央に15をへらでこんもりとのせ、パレットナイフでなだらかな山形にする。
17. 残りの15をサン=トノーレの口金をつけた絞り袋に入れ、16の上に矢羽状に絞る。

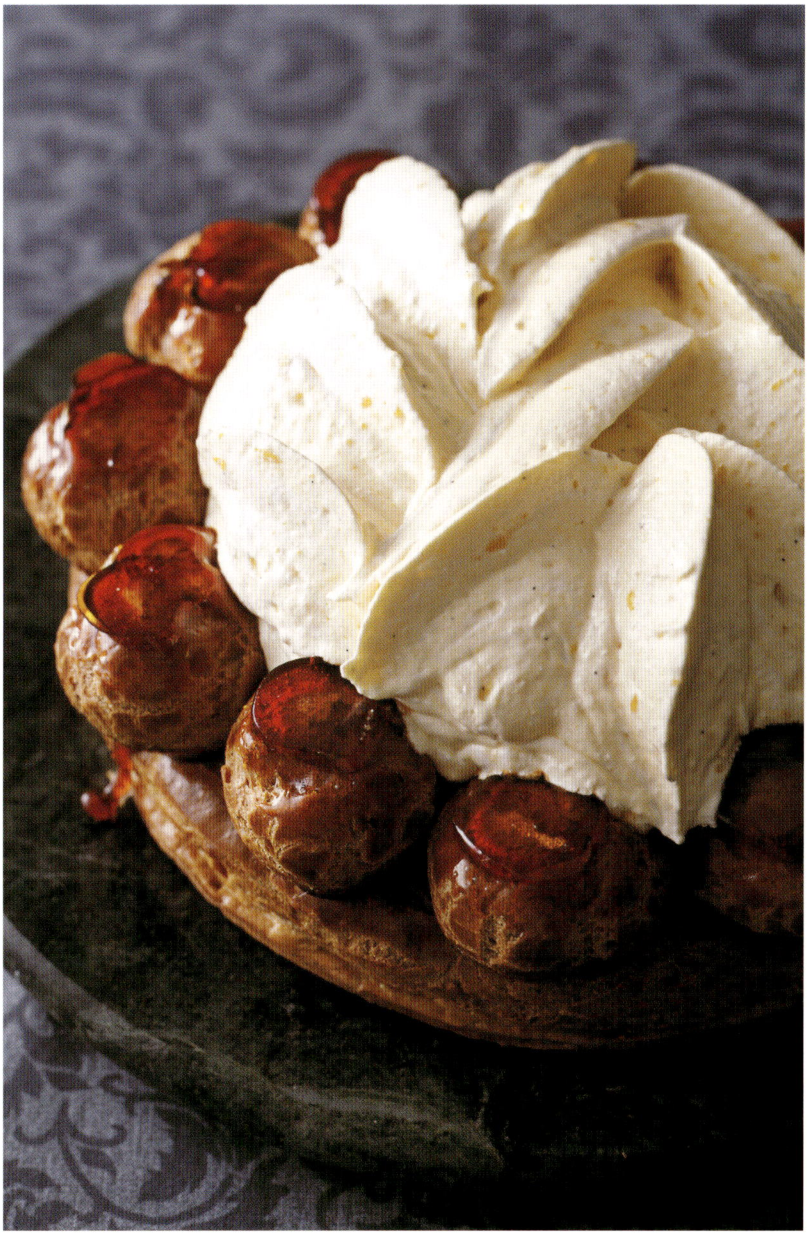

Pain D'Épice Croquet

5 ℔. farine. 4 ℔ sucre. 1 livre aman[des]
hachées 1 ℔. oangeat. 50 grammes de
carbonate. 24 œufs. un peu D'épices.

On travaille le sucre avec les œufs ensuite
vous ajoutez les amandes. l'oangeat. Dal[...]
la farine ... retirées a bie[n]
S.D.

購入した古い本の間に挟まれていた、
以前の所有者のメモと図版。
それぞれの本にも歴史がある。

500 gr sucre
500 gr farine
8 œufs entiers
4 jaunes
½ Blanc battus
125 gr amandes coupées
½ gr Oreuves [...]

Charlottes Russes

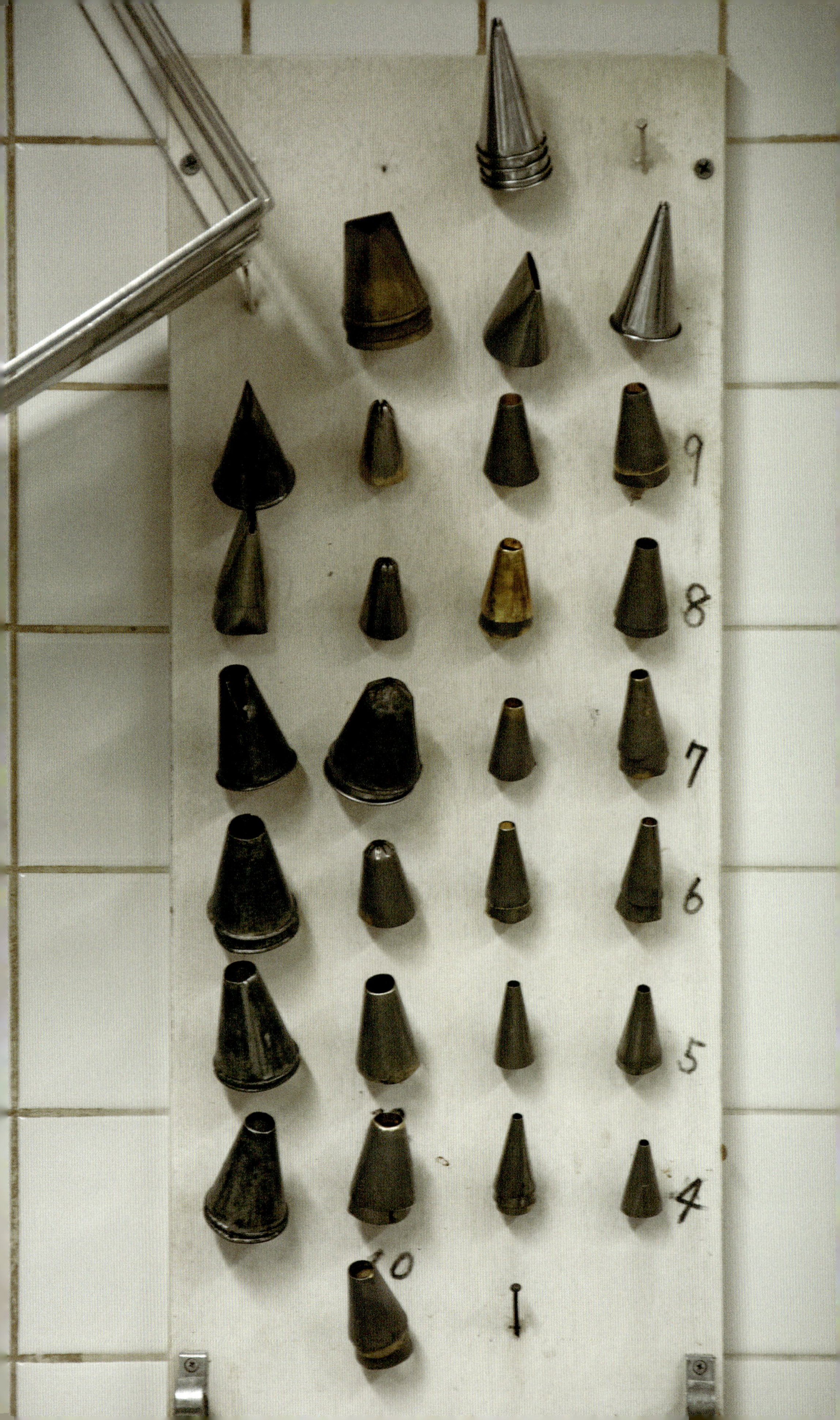
9
8
7
6
5
4
10

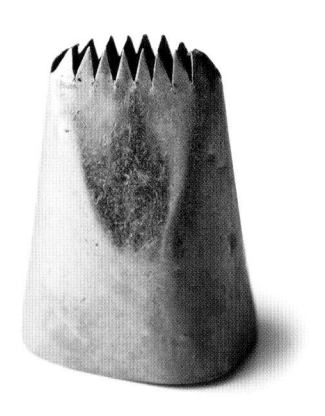

口金は大きさを揃え、厨房の壁に。シャープな絞りを求め、金属製の口金を使うのが私のこだわり。

フランス語で両目口金は、
「Chemin de Fer」
("鉄道"の意)と呼ばれる。

伝統のシャルロット型。
シャルロット・オー・ポムなど、
温かいシャルロットを
作る際にはよく使う。

アントルメやプチガトーに
使用するセルクルは、
大小さまざまな
サイズを揃える。

粉をふるうにも、
ピュレを作るにも、ふるいは大活躍。
目の細かさが異なる
ふるいを数種類使い分ける。

職人の手の代わりとなる
パレットナイフ。手に馴染む
木製の柄でなければ、
どうもしっくりこない。

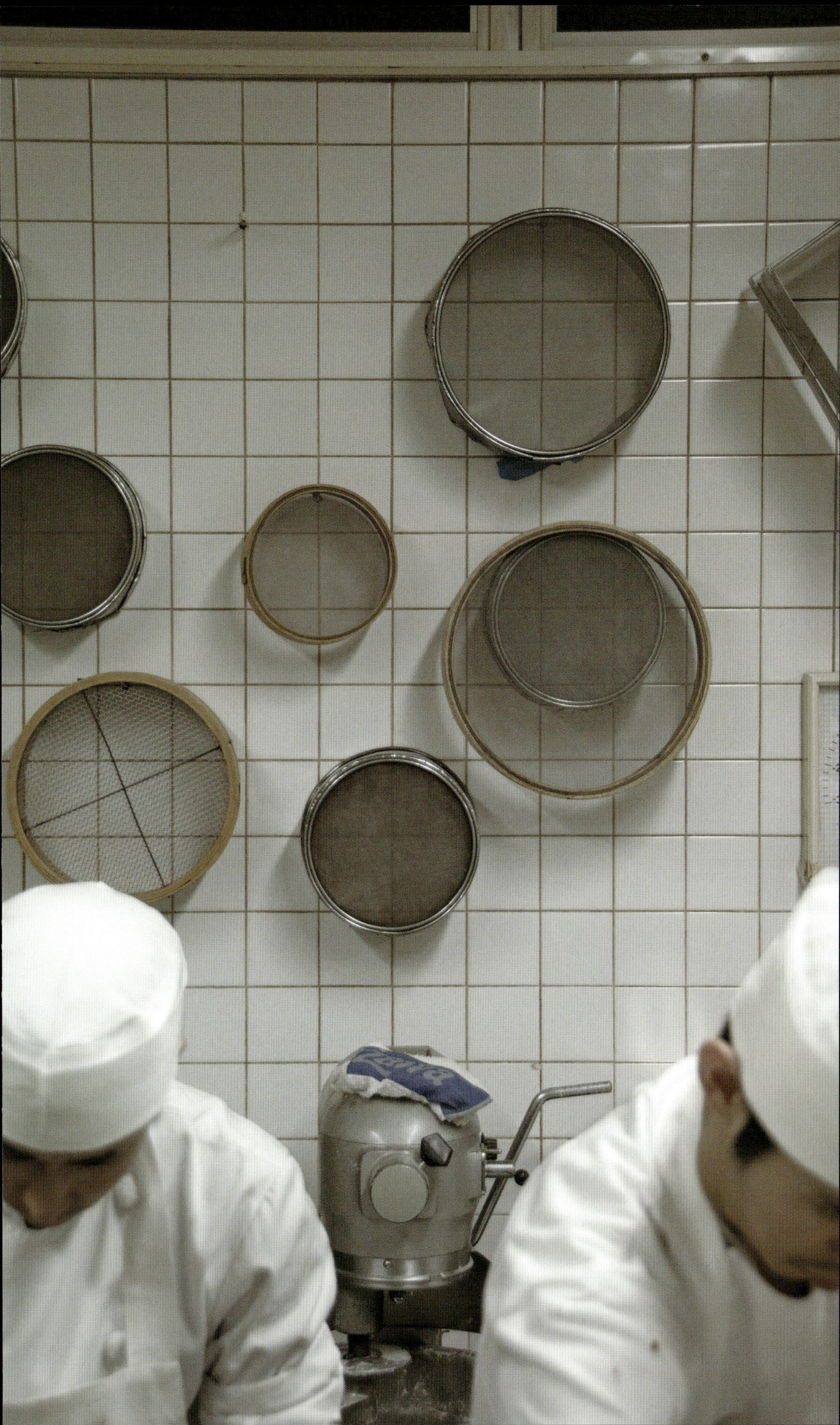

フランスで購入した、コンフィズリー用の
抜き型。主にマスパンを抜く。

職人たちと肩を並べ、常に先頭に立って菓子を作り続ける(左は長男の薫さん)。

pâte 生地

pâte sucrée aux amandes
パート・シュクレ・オー・ザマンド

約960g

バター beurre:250g／粉糖 sucre glace:38g
全卵 œufs:50g／卵黄 jaunes d'œufs:20g
塩 sel:2g／タンプルタン T.P.T.:225g
薄力粉 farine ordinaire:375g

1. バター(室温)を中低速のミキサー(ビーター)で攪拌する。
2. ポマード状になったら粉糖を加え、ときどき高速にしながら白っぽくなるまで混ぜる。
3. 全卵と卵黄、塩を加えて中低速で攪拌する。
4. タンプルタンの全量と薄力粉の1/4〜1/3量を加え混ぜる。
5. 均一に混ざったら残りの薄力粉を加え、ざっくり混ぜる。
6. 粉が見えなくなったら、打ち粉をした台に出し、手の平で少し練るようにしてまとめる。
7. ビニール袋に入れて平らにし、冷蔵庫で1時間以上休ませる。

pâte à foncer
パータ・フォンセ

約950g

卵黄 jaunes d'œufs:40g／水 eau:80g
塩 sel:10g／グラニュー糖 sucre semoule:20g
薄力粉 farine ordinaire:500g／バター beurre:300g

1. ボウルに卵黄を入れて溶きほぐし、水、塩、グラニュー糖を混ぜ合わせる。
2. ミキサーボウルに薄力粉と固めに戻したバターを入れ、手で揉みほぐす。
3. 2に1を加え、低速のミキサー(フック)にかける。軽くなじんだら、中速にしてしっかり練り混ぜる。
4. 艶が出て弾力のある生地になったら、打ち粉をした台に出し、手でひとまとまりにする。
5. ビニール袋に入れ、冷蔵庫で3時間以上休ませる。

pâte feuilletée
パート・フイユテ

約1180g

牛乳 lait:113g／水 eau:113g／塩 sel:10g
グラニュー糖 sucre semoule:10g
バター beurre:50g／薄力粉 farine ordinaire:250g
強力粉 farine de gruau:250g／バター beurre:400g

1. 牛乳、水、塩、グラニュー糖をボウルに入れ、混ぜておく。バター50gは麺棒で叩いてから適当な大きさに切る。
2. 薄力粉と強力粉に1のバターを加え、低速のミキサー(フック)で攪拌する。
3. すぐに1の液体を少しずつ加えながら、攪拌を続ける。水分が見えなくなって小さな塊ができてきたら、打ち粉をした台の上に取り出し、手でボール状にまとめる。
4. ナイフで十字に切り込みを入れ、ビニール袋に入れて冷蔵庫で1時間休ませる。
5. 打ち粉をした台に出す。切り込みを四方に押し開き、十字形に生地を広げて麺棒で軽くのばす。中央は小高いまま残しておく。
6. バター400gを麺棒で叩いてから厚さ4cmの正方形にのばし、5の中央に置く。四方から生地を折り畳み、密着させながらバターを包み込む。
7. 麺棒で叩いてから、約25×25cmの正方形にのばし、ビニール袋に入れて冷蔵庫で1時間休ませる。
8. 打ち粉をした台に出し、麺棒で叩いてから厚さ約6mm、約75×25cmの長方形にのばす。
9. 3つ折りにし、両端を麺棒で押さえる。
10. 向きを90°変え、8〜9を繰り返す。
11. ビニール袋に入れ、冷蔵庫で1時間〜1時間半休ませる。
12. 8〜11をあと2回繰り返す。ビニール袋に入れ、冷蔵庫で1時間〜1時間半休ませる。
＊上記は3つ折りを計6回行なう場合だが、菓子によって折る回数は異なる。8〜11を繰り返す、回数を減らすなどして随時調整する。

pâte à choux
パータ・シュー

約1445g

牛乳 lait:250g／水 eau:250g
塩 sel:10g／グラニュー糖 sucre semoule:10g
バター beurre:225g／薄力粉 farine ordinaire:300g
全卵 œufs:400g
＊全卵は、足りなければ増やす。

1. 牛乳、水、塩、グラニュー糖、角切りにしたバターを銅鍋に入れ、強火にかける。沸騰してバターが溶けたら、火から下ろす。
2. 薄力粉を加え、粉が見えなくなるまでへらで手早く混ぜる。
3. 再び強火にかけ、焦げつかないように混ぜながら加熱する。生地が鍋底から離れるようになったら、火から下ろす。
4. 低速のミキサー(ビーター)にかけ、約60℃まで冷めたら、全卵を1個ずつ加え、攪拌を続ける。その都度、しっかり混ぜてから次の卵を加える。
5. へらですくい上げるとクリーム状にゆっくり流れ落ち、生地がへらに逆三角形に残るようになればOK。固ければ、全卵をさらに加えて調整する。

pâte à brioche
パータ・ブリオッシュ

約560g

ドライイースト levure sèche de boulanger: 10g
グラニュー糖 sucre semoule: 1g
ぬるま湯 eau tiède: 50g／薄力粉 farine ordinaire: 125g
強力粉 farine de gruau: 125g
グラニュー糖 sucre semoule: 30g
塩 sel: 7g／全卵 œufs: 100g
水 eau: 約20g／バター beurre: 150g

＊生地に極力、熱が伝わらないよう、ミキサーを使用して作ることを勧める。が、もっと少量（このレシピの半量程度が目安）を作りたい場合には、手でこねて作ることも可能だ。その際には薄力粉、強力粉、全卵、水をよく冷やし、大理石の台の上で作業を行なう。

A. ミキサーを使用する方法

1. ドライイーストとグラニュー糖1gをボウルに入れ、ぬるま湯を注ぐ。ふつふつと泡立ってくるまで20〜30分、予備発酵させる。
2. ミキサーボウルに薄力粉、強力粉、グラニュー糖30g、塩、全卵、水、1を入れる。低速のミキサー（フック）でざっと混ぜてから中速に切り替えてしっかり捏ねる。
3. ミキサーボウルに生地がつかなくなり、手で伸ばすと薄い膜状に広がるようになったら、バター（室温）をちぎり入れて混ぜる。
4. バターがよく混ざって艶が出たら、ボウルに移して表面に打ち粉をし、カードで生地の端を下に押し込むようにして表面を張らせてまとめる。
5. ラップフィルムをかけて冷蔵庫で5〜6時間、1次発酵させる。

B. 手で捏ねる方法（少量を作る場合）

1. ドライイースト、グラニュー糖1gをボウルに入れ、ぬるま湯を注ぐ。ふつふつと泡立ってくるまで20〜30分、予備発酵させる。
2. 薄力粉と強力粉を台の上に山状にふるい出し、中央に窪みを作る。
3. 2の窪みにグラニュー糖30g、塩、溶きほぐした全卵、水、1を入れ、周りの粉を手で少しずつ崩しながら全体を混ぜ、手の平で捏ねる。
4. 手の平で手前から奥へとこすり出しては台に叩きつけ、2つに折り畳むようにして練る。
5. 生地がまとまり、台にくっつかず離れるようになったら、生地の手前端をつかんで持ち上げ、台に反対側の端を叩きつけては2つ折りにする。90°向きを変えて同様に生地を叩きつけ、2つ折りにする。十分にグルテンが出て生地がひとまとまりになり、台にくっつかず離れるようになるまで、これを繰り返す。
6. 手で薄くのばしながら広げると薄い膜状に広がるようになったら、手で揉んでやわらかくしたバターを加え、折り畳むように捏ねる。さらに5と同様にして、バターがしっかり混ざって艶が出て、生地が台にくっつかずひとまとまりになるまで捏ねる。
7. ボウルに移して表面に打ち粉をし、カードで生地の端を下に押し込むようにして表面を張らせてまとめる。
8. ラップフィルムをかけて冷蔵庫で5〜6時間、1次発酵させる。

crème クリーム

crème pâtissière
クレーム・パティシエール

約400g

牛乳 lait: 250g
バニラスティック gousse de vanille: 1/4本
卵黄 jaunes d'œufs: 50g
グラニュー糖 sucre semoule: 63g
強力粉 farine de gruau: 25g
バター beurre: 25g

1. 銅鍋に牛乳と裂いたバニラスティックを入れ、弱火にかける。
2. ボウルに卵黄とグラニュー糖を入れ、ホイッパーで白っぽくなるまですり混ぜる。
3. 2に強力粉を加え、粉が見えなくなるまで混ぜる。
4. 1が沸騰したら半量を3に加え、しっかり混ぜる。
5. 4を1の銅鍋に戻し入れて強火にかけ、ホイッパーで混ぜながら加熱する。
6. 沸騰した後、コシが切れて混ぜる手の感触が軽くなってきたら、火から下ろす。
7. 角切りにしたバターを加え混ぜる。
8. バットに移し入れ、ラップフィルムを密着させてかける。底に当て氷をして粗熱をとる。
9. すぐに使わない場合は、冷蔵庫で保存する。

crème d'amandes
クレーム・ダマンド

約475g

バター beurre: 125g
タンプルタン T.P.T.: 250g
全卵 œufs: 100g

1. バターをボウルに入れ、ホイッパーで混ぜてポマード状にする。
2. タンプルタンを加え混ぜる。
3. 溶きほぐした全卵を少しずつ加え、その都度ホイッパーでよく混ぜてなめらかな状態にする。
4. ラップフィルムを密着させてかけ、冷蔵庫で1時間休ませる。

crème chantilly
クレーム・シャンティイ

約550g

生クリーム(乳脂肪分48％)：500g
crème fraîche 48% MG

グラニュー糖 sucre semoule：50g

1. 生クリームをボウルに入れ、グラニュー糖を加えてホイッパーで泡立てる。泡立て具合は、用途によって調整する。

compote et confiture
コンポートとジャム

confiture de framboises pépins
フランボワーズ(種入り)のジャム

約650g

フランボワーズ framboises：500g
グラニュー糖 sucre semoule：500g
ペクチン pectine：6g

1. フランボワーズを銅鍋に入れる。混ぜ合わせたグラニュー糖とペクチンを加え、強火にかける。
2. 穴じゃくしで混ぜながら熱する。途中アクを取り、糖度65〜70％brixになるまで煮詰める。
3. バットに移し入れ、ラップフィルムを密着させて冷ます。

gelée de groseilles
グロゼイユのジュレ

約400g

グロゼイユ(生) groseilles：400g
（上記から220gの果汁が取れる）
グラニュー糖 sucre semoule：220g
ペクチン pectine：2g

1. グロゼイユの実をボウルに入れ、手で潰す。
2. シノワの上にさらし布を敷き、下にボウルをあてがう。1をさらし布の上に流し入れてそのまま一晩置き、自然にしたたり落ちる果汁を取る(無理に搾ったり、重石をのせたりしない)。
3. 銅鍋に2の果汁220gを入れ、強火にかける。
4. 沸騰したら、混ぜ合わせたグラニュー糖とペクチンを加え、穴じゃくしで混ぜながらさらに熱する。
5. 途中アクを取り、糖度67％brixになるまで煮詰める。
6. バットに移し入れ、ラップフィルムを密着させて冷ます。

confiture d'abricots
アンズジャム

約400g

アンズのピュレ purée d'abricots：200g
グラニュー糖 sucre semoule：200g
ペクチン pectine：10g

1. アンズのピュレを目の粗い漉し網で漉し、銅鍋に入れる。混ぜ合わせたグラニュー糖とペクチンを加え、強火にかける。
2. 穴じゃくしで混ぜながら熱する。
3. 途中アクを取り、沸騰したら火を止める。
4. バットに移し入れ、ラップフィルムを密着させて冷ます。

compote de pommes
リンゴのコンポート

約300g

リンゴ pommes：3個
水 eau：1kg
グラニュー糖 sucre semoule：500g
バニラスティック gousse de vanille：1本
バター beurre：50g

1. リンゴは縦半分に切り、皮と芯を取り除く。
2. 銅鍋に水、グラニュー糖、裂いたバニラスティックを入れて火にかけ、沸騰させる。
3. 1のリンゴを2に入れ、完全にやわらかくなるまで弱火で煮る。
4. ボウルに移し、一晩休ませる。
5. 汁気を切って裏漉しし、鍋に入れる。
6. へらで混ぜながら中火で熱し、水分を飛ばす。
7. へらで押すと水分が少し滲み出る程度になったら、火から下してバターを加え混ぜる。
8. バットに移し入れ、冷ます。

sirop シロップ

sirop à 30°Baumé
ボーメ30°のシロップ

約2350g

水 eau：1kg
グラニュー糖 sucre semoule：1350g

1. 水とグラニュー糖を鍋に入れ、火にかけてグラニュー糖を煮溶かす。
2. 火から下ろし冷ます。

sirop à 20°Baumé
ボーメ20°のシロップ

約1500g

水 eau:1kg
グラニュー糖 sucre semoule:500g

1. 水とグラニュー糖を鍋に入れ、火にかけてグラニュー糖を煮溶かす。
2. 火から下ろし、冷ます。

les autres その他

meringue italienne
ムラング・イタリエンヌ

約300g

グラニュー糖 sucre semoule:200g
水 eau:67g
卵白 blancs d'œufs:100g

1. 鍋にグラニュー糖と水を入れ、強火にかける。
2. 1が沸騰したら、卵白を高速のミキサー(ホイッパー)で泡立て始め、3のタイミングと合わせて泡立つようにする。
3. 1が122℃になったら、ミキサーを低速に落として2に注ぎ入れる。入れ終わったら、高速に戻す。
4. そのまま撹拌を続け、人肌程度の温度に冷めたらミキサーから下ろす。

pâte à bombe
パータ・ボンブ

約400g

グラニュー糖 sucre semoule:250g
水 eau:84g
卵黄 jaunes d'œufs:160g

1. 鍋にグラニュー糖と水を入れ、強火にかけて108℃になるまで熱する。
2. 卵黄をボウルに入れてホイッパーで溶きほぐし、1を加えながらよく混ぜる。
3. 高速のミキサー(ホイッパー)で泡立てる。
4. 艶が出て、すくい上げた生地がリボン状に流れ落ちるようになったら止める。

glace royale
グラス・ロワイヤル

約140g

卵白 blancs d'œufs:20g
粉糖 sucre glace:120g
レモン果汁 jus de citron:2〜3滴

1. 卵白と粉糖をボウルに入れ、へらですり混ぜる。
2. 全体が均一に混ざったら、レモン果汁を加え混ぜる。

glace à l'eau
グラス・ア・ロー

約395g

粉糖 sucre glace:300g
水 eau:90g
ラム酒 rhum:4.5g

1. 鍋にすべての材料を入れ、へらで混ぜてなじませる。
2. 弱火にかけ、ひと肌程度の温度になるまで温める。指ですくうと指が透けて見え、大理石の台に1滴落とすと丸くなって流れない程度の固さにする。

索引(五十音順)

アヴリーヌ・デュ・ミディ Aveline du Midi 170
アレルイア・ド・カステルノダリー 162
Alléluias de Castelnaudary
ヴィジタンディーヌ Visitandine 21
ウーブリ Oublie 72
オレイエット Oreillette 164
カジャス・ド・サルラ Cajasse de Sarlat 208
ガトー・オー・ショコラ・ド・ナンシー 22
Gâteau au Chocolat de Nancy
ガトー・グルノブロワ Gâteau Grenoblois 90
ガトー・デ・ロワ・ド・リムー 166
Gâteau des Rois de Limoux
ガトー・デュ・ヴェルジェ・ノルマン 278
Gâteau du Verger Normand
ガトー・トゥールーザン Gâteau Toulousain 160
ガトー・バスク Gâteau Basque 182
ガトー・ピレネー Gâteau Pyrénées 192
ガトー・ブルトン Gâteau Breton 258
ガトー・ブレストワ Gâteau Brestois 270
カヌレ・ド・ボルドー Cannelé de Bordeaux 220
カリソン・デクス Calissons d'Aix 108
ガレット・ドフィノワーズ Galette Dauphinoise 88
ガレット・ブルトンヌ Galette Bretonne 256
ガレット・ベアルネーズ Galette Béarnaise 188
ガレット・ペルージェンヌ Galette Pérougienne 68
キャラメル・オー・ブール・サレ 264
Caramel au Beurre Salé
クイニー=アマン Kouign-Amann 268
クグロフ Kouglof 34
クサン・ド・リヨン Coussin de Lyon 74
クラックラン・ド・サン=マロ Craquelin de Saint-Malo 272
クラフティ・リムーザン Clafoutis Limousin 150
クラミック Cramique 300
クルスタッド・オー・プリュノー 200
Croustade aux Pruneaux
クルゾワ Creusois 152
クレープ Crêpe 262
クレープ・ダンテル・ド・カンペール 266
Crêpe Dentelle de Quimper
クレーム・オー・コニャック Crème au Cognac 222
クレメ・ダンジュー Crémet d'Anjou 244
クロッカン Croquant 171
ゴーフル Gaufre 306
コルネ・ド・ミュラ Cornet de Murat 140
コロンビエ Colombier 116
コンヴェルサシオン Conversation 76

コンフィチュール・ド・グロゼイユ・ド・バール=ル=デューク 20
Confiture de Groseilles de Bar-le-Duc
サブレ・ド・カーン Sablé de Caen 280
サブレ・ナンテ Sablé Nantais 252
サブレ・ノルマン Sablé Normand 275
サン=トノーレ Saint-Honoré 326
シャリトワ Charitois 58
ジャンブレット・ダルビ Gimblette d'Albi 158
ショーソン・オー・プリュノー Chausson aux Pruneaux 202
スイス Suisse 96
タルト・ア・ラ・クレーム Tarte à la Crème 138
タルト・アルザシエンヌ Tarte Alsacienne 32
タルト・オー・シトロン Tarte au Citron 120
タルト・オー・シュークル Tarte au Sucre 298
タルト・オー・ピニョン Tarte aux Pignons 118
タルト・オー・ポム・タイユヴァン 314
Tarte aux Pommes Taillevent
タルト・オー・ミラベル・ド・ロレーヌ 16
Tarte aux Mirabelles de Lorraine
タルト・タタン Tarte Tatins 234
タルト・ド・リヨン Tarte de Lyon 70
タルト・トロペジェンヌ Tarte Tropézienne 122
タルトゥーラ Tartouillas 56
タルトレット・オー・ザマンド・エ・オー・ショコラ 224
Tartelette aux Amandes et au Chocolat
ダルトワ Dartois 296
タルムーズ・ド・サン=ドニ Talmouse de Saint-Denis 312
テリネー Terrinée 286
ドゥシェス・プラリネ Duchesse Praliné 242
トゥルト・デ・ピレネー Tourte des Pyrénées 194
トゥルトー・フロマージェ 228
Tourteau Fromager (Fromagé)
トゥロン・カタラン Touron Catalan 172
トゥロン・ド・バスク Touron de Basque 184
トレーズ・デセール Treize Desserts 119
ナヴェット Navette 114
ニフレット Niflette 310
ヌガー・ド・モンテリマール Nougat de Montélimar 102
ヌガー・ノワール Nougat Noir 112
ヌガティーヌ・ド・ヌヴェール Nougatine de Nevers 60
パータ・タルティネ・オー・キャラメル・サレ 274
Pâte à Tartiner au Caramel Salé
パスティス・ガスコン Pastis Gascon 190
パスティス・ブーリ Pastis Bourrit 196
ババ・オー・ロム Baba au Rhum 30
パリ=ブレスト Paris-Brest 322

パン・コンプレ Pain Complet ······ 254	マカロン・ド・サン=テミリオン ······ 218
パン・ダニス・ド・サント=マリー=オー=ミーヌ ····· 42 Pain d'Anis de Sainte-Marie-aux-Mines	Macaron de Saint-Emillion
パン・デピス・ド・ディジョン Pain d'Épices de Dijon ··· 50	マカロン・ド・ナンシー Macaron de Nancy ······ 24
パン・デピス・ダルザス Pain d'Épices d'Alsace ······ 38	マカロン・ド・モンモリヨン Macaron de Montmollion ·· 231
ピカンシャーニュ Piquenchâgne ······ 144	マカロン・パリジャン Macaron Parisien ······ 320
ビスキュイ・ド・サヴォワ Biscuit de Savoie ······ 84	マスパン・ディシュダン Massepains d'Issoudun ······ 232
ビスキュイ・ド・シャンパーニュ Biscuit de Champagne ·· 14	マドレーヌ・ド・コメルシー Madeleine de Commercy ·· 18
ピティヴィエ Pithiviers ······ 238	マロン・グラッセ・ド・プリヴァ Marron Glacé de Privas ·· 134
ピュイ・ダムール Puits d'Amour ······ 318	ミーア・ブルボネ Mias Bourbonnais ······ 142
ビューニュ・リヨネーズ Bugne Lyonnaise ······ 80	ミヤスー Millassou ······ 210
ファー・ブルトン Far Breton ······ 260	ミヤスー・オー・ポティロン Millassou au Potiron ······ 212
ファルクレール Farcoullèle ······ 128	ミヤソン Millasson ······ 186
フィアドーヌ Fiadone ······ 124	ミルリトン・ダミアン Mirliton d'Amiens ······ 294
ブールドロ Bourdelot ······ 276	ミルリトン・ド・ルーアン Mirliton de Rouen ······ 284
ブラ・ド・ヴェニュス Bras de Vénus ······ 168	リソル・オー・プリュノー Rissole aux Pruneaux ······ 204
フラミッシュ Flamiche ······ 302	リュイファール・デュ・ヴァルボネ ······ 92
フラミュス・オー・ポム Flamusse aux Pommes ······ 52	Ruifard du Valbonnais
プラリーヌ・ド・モンタルジー Pralines de Montargis ······ 236	ル・ネギュス Le Négus ······ 62
プラリーヌ・ローズ Pralines Roses ······ 78	ロスキーユ Rosquille ······ 174
フラン・ア・ラ・ファリーヌ・ド・シャテーニュ ······ 126 Flan à la Farine de Châtaigne	
フラン・ド・ポワール・シャランテ ······ 226 Flan de Poire Charentais	
フラン・ド・ルーアン Flan de Rouen ······ 282	
フラン・パリジャン・ア・ラ・クレーム ······ 316 Flan Parisien à la Crème	
ブリオッシュ・ド・サン=ジュニ Brioche de Saint-Genix ··· 86	
フリュイ・コンフィ・ダプト Fruits Confis d'Apt ······ 106	
プリュノー・ファルシ Pruneaux Farcis ······ 240	
フロニャルド・オー・プリュノー Flaugnarde aux Pruneaux ··· 206	
フロニャルド・オー・ポム Flognarde aux Pommes ······ 136	
ブロワ・デュ・ベアルン Broye du Béarn ······ 187	
ブロワイエ・デュ・ポワトゥー Broyé du Poitou ······ 230	
ペ=ド=ノンヌ Pets-de-Nonne ······ 48	
ベティーズ・ド・ヴィエンヌ Bêtises de Vienne ······ 94	
ベティーズ・ド・カンブレー Bêtises de Cambrai ······ 308	
ベニエ・アルザシアン Beignet Alsacien ······ 36	
ベラベッカ Berawecka ······ 40	
ベルガモット・ド・ナンシー Bergamotes de Nancy ······ 26	
ベルランゴ・ド・カルパントラ Berlingot de Carpentras ··· 104	
ポム・オー・フール Pomme au Four ······ 279	
ポワラ Poirat ······ 146	
ポン=ヌフ Pont-Neuf ······ 324	
ポンプ・ア・ルイユ Pompe à l'Huile ······ 110	
マカロン・ダミアン Macaron d'Amiens ······ 292	

索引（アルファベット順）

- Alléluias de Castelnaudary 162
  アレルイア・ド・カステルノダリー
- Aveline du Midi アヴリーヌ・デュ・ミディ 170
- Baba au Rhum ババ・オー・ロム 30
- Beignet Alsacien ベニェ・アルザシアン 36
- Berawecka ベラベッカ 40
- Bergamotes de Nancy ベルガモット・ド・ナンシー 26
- Berlingot de Carpentras ベルランゴ・ド・カルパントラ 104
- Bêtises de Cambrai ベティーズ・ド・カンブレー 308
- Bêtises de Vienne ベティーズ・ド・ヴィエンヌ 94
- Biscuit de Champagne ビスキュイ・ド・シャンパーニュ 14
- Biscuit de Savoie ビスキュイ・ド・サヴォワ 84
- Bourdelot ブールドロ 276
- Bras de Vénus ブラ・ド・ヴェニュス 168
- Brioche de Saint-Genix ブリオッシュ・ド・サン=ジュニ 86
- Broye du Béarn ブロワ・デュ・ベアルン 187
- Broyé du Poitou ブロワイエ・デュ・ポワトゥー 230
- Bugne Lyonnaise ビューニュ・リヨネーズ 80
- Cajasse de Sarlat カジャス・ド・サルラ 208
- Calissons d'Aix カリソン・デクス 108
- Cannelé de Bordeaux カヌレ・ド・ボルドー 220
- Caramel au Beurre Salé 264
  キャラメル・オー・ブール・サレ
- Charitois シャリトワ 58
- Chausson aux Pruneaux ショーソン・オー・プリュノー 202
- Clafoutis Limousin クラフティ・リムーザン 150
- Colombier コロンビエ 116
- Confiture de Groseilles de Bar-le-Duc 20
  コンフィチュール・ド・グロゼイユ・ド・バール=ル=デュック
- Conversation コンヴェルサシオン 76
- Cornet de Murat コルネ・ド・ミュラ 140
- Coussin de Lyon クサン・ド・リヨン 74
- Cramique クラミック 300
- Craquelin de Saint-Malo クラックラン・ド・サン=マロ 272
- Crème au Cognac クレーム・オー・コニャック 222
- Crémet d'Anjou クレメ・ダンジュー 244
- Crêpe クレープ 262
- Crêpe Dentelle de Quimper 266
  クレープ・ダンテル・ド・カンペール
- Creusois クルゾワ 152
- Croquant クロッカン 171
- Croustade aux Pruneaux 200
  クルスタッド・オー・プリュノー
- Dartois ダルトワ 296
- Duchesse Praliné ドゥシェス・プラリネ 242
- Far Breton ファー・ブルトン 260
- Farcoullèle ファルクレール 128
- Fiadone フィアドーヌ 124
- Flamiche フラミッシュ 302
- Flamusse aux Pommes フラミュス・オー・ポム 52
- Flan à la Farine de Châtaigne 126
  フラン・ア・ラ・ファリーヌ・ド・シャテーニュ
- Flan de Poire Charentais 226
  フラン・ド・ポワール・シャラント
- Flan de Rouen フラン・ド・ルーアン 282
- Flan Parisien à la Crème 316
  フラン・パリジャン・ア・ラ・クレーム
- Flaugnarde aux Pruneaux 206
  フロニャルド・オー・プリュノー
- Flognarde aux Pommes フロニャルド・オー・ポム 136
- Fruits Confis d'Apt フリュイ・コンフィ・ダプト 106
- Galette Béarnaise ガレット・ベアルネーズ 188
- Galette Bretonne ガレット・ブルトンヌ 256
- Galette Dauphinoise ガレット・ドフィノワーズ 88
- Galette Pérougienne ガレット・ペルージェンヌ 68
- Gâteau au Chocolat de Nancy 22
  ガトー・オー・ショコラ・ド・ナンシー
- Gâteau Basque ガトー・バスク 182
- Gâteau Brestois ガトー・ブレストワ 270
- Gâteau Breton ガトー・ブルトン 258
- Gâteau des Rois de Limoux 166
  ガトー・デ・ロワ・ド・リムー
- Gâteau du Verger Normand 278
  ガトー・デュ・ヴェルジェ・ノルマン
- Gâteau Grenoblois ガトー・グルノーブロワ 90
- Gâteau Pyrénées ガトー・ピレネー 192
- Gâteau Toulousain ガトー・トゥールーザン 160
- Gaufre ゴーフル 306
- Gimblette d'Albi ジャンブレット・ダルビ 158
- Kouglof クグロフ 34
- Kouign-Amann クイニー=アマン 268
- Le Négus ル・ネギュス 62
- Macaron d'Amiens マカロン・ダミアン 292
- Macaron de Montmollion 231
  マカロン・ド・モンモリヨン
- Macaron de Nancy マカロン・ド・ナンシー 24
- Macaron de Saint-Emillion 218
  マカロン・ド・サン=テミリオン
- Macaron Parisien マカロン・パリジャン 320
- Madeleine de Commercy 18
  マドレーヌ・ド・コメルシー
- Marron Glacé de Privas マロングラッセ・ド・プリヴァ 134

Massepains d'Issoudun マスパン・ディシュダン	232
Mias Bourbonnais ミーア・ブルボネ	142
Millasson ミヤソン	186
Millassou ミヤスー	210
Millassou au Potiron ミヤスー・オー・ポティロン	212
Mirliton d'Amiens ミルリトン・ダミアン	294
Mirliton de Rouen ミルリトン・ド・ルーアン	284
Navette ナヴェット	114
Niflette ニフレット	310
Nougat de Montélimar ヌガー・ド・モンテリマール	102
Nougat Noir ヌガー・ノワール	112
Nougatine de Nevers ヌガティーヌ・ド・ヌヴェール	60
Oreillette オレイエット	164
Oublie ウーブリ	72
Pain Complet パン・コンプレ	254
Pain d'Anis de Sainte-Marie-aux-Mines パン・ダニス・ド・サント=マリー=オー=ミーヌ	42
Pain d'Épices de Dijon パン・デピス・ド・ディジョン	50
Pain d'Epices d'Alsace パン・デピス・ダルザス	38
Paris-Brest パリ=ブレスト	322
Pastis Bourrit パスティス・ブーリ	196
Pastis Gascon パスティス・ガスコン	190
Pâte à Tartiner au Caramel Salé パータ・タルティネ・オー・キャラメル・サレ	274
Pets-de-Nonne ペ=ド=ノンヌ	48
Piquenchâgne ピカンシャーニュ	144
Pithiviers ピティヴィエ	238
Poirat ポワラ	146
Pomme au Four ポム・オー・フール	279
Pompe à l'Huile ポンプ・ア・ルイユ	110
Pont-Neuf ポン=ヌフ	324
Pralines de Montargie プラリーヌ・ド・モンタルジー	236
Pralines Roses プラリーヌ・ローズ	78
Pruneaux Farcis プリュノー・ファルシ	240
Puits d'Amour ピュイ・ダムール	318
Rissole aux Pruneaux リソル・オー・プリュノー	204
Rosquille ロスキーユ	174
Ruifard du Valbonnais リュイファール・デュ・ヴァルボネ	92
Sablé de Caen サブレ・ド・カーン	280
Sablé Nantais サブレ・ナンテ	252
Sablé Normand サブレ・ノルマン	275
Saint-Honoré サン=トノーレ	326
Suisse スイス	96
Talmouse de Saint-Denis タルムーズ・ド・サン=ドニ	312
Tarte à la Crème タルト・ア・ラ・クレーム	138
Tarte Alsacienne タルト・アルザシエンヌ	32
Tarte au Citron タルト・オー・シトロン	120
Tarte au Sucre タルト・オー・シュークル	298
Tarte aux Mirabelles de Lorraine タルト・オー・ミラベル・ド・ロレーヌ	16
Tarte aux Pignons タルト・オー・ピニョン	118
Tarte aux Pommes Taillevent タルト・オー・ポム・タイユヴァン	314
Tarte de Lyon タルト・ド・リヨン	70
Tarte Tatins タルト・タタン	234
Tarte Tropézienne タルト・トロペジエンヌ	122
Tartelette aux Amandes et au Chocolat タルトレット・オー・ザマンド・エ・オー・ショコラ	224
Tartouillas タルトゥーラ	56
Terrinée テリネ	286
Touron Catalan トゥロン・カタラン	172
Touron de Basque トゥロン・ド・バスク	184
Tourte des Pyrénées トゥルト・デ・ピレネー	194
Tourteau Fromager (Fromagé) トゥルトー・フロマージェ	228
Treize Desserts トレーズ・デセール	119
Visitandine ヴィジタンディーヌ	21

参考文献

書籍

和書

［菓子］
河田勝彦『オーボンヴュータン 河田勝彦 フランス伝統菓子（暮らしの設計210号）』中央公論社, 1993
河田勝彦『河田勝彦の菓子　ベーシックは美味しい』柴田書店, 2002
河田勝彦『河田勝彦 菓子のメモワール プティ・フールとコンフィズリー』柴田書店, 2008
河田勝彦『伝統こそ新しい オーボンヴュータンのパティシエ魂』朝日新聞出版, 2009
河田勝彦『古くて新しいフランス菓子』ＮＨＫ出版, 2010
大森由紀子『私のフランス地方菓子』柴田書店, 1999
大森由紀子『フランス伝統的な焼き菓子』角川マガジンズ, 2008
高木康政，永井紀之『シェフのフランス地方菓子』PARCO出版, 1998
ニナ・バルビエ，エマニュエル・ペレ『名前が語るお菓子の歴史』白水社, 2005
猫井登『お菓子の由来物語』幻冬舎ルネッサンス, 2008
マグロンヌ・トゥーサン＝サマ『お菓子の歴史』河出書房新社, 2006
ジャン＝リュック・ムーラン『フランスの地方菓子』学習研究社, 2005
森本英夫『中世フランスの食　「料理指南」「ヴィアンディエ」「メナジエ・ド・パリ」』駿河台出版社, 2004
ル・コルドン・ブルー『基礎から学ぶフランス地方料理』柴田書店, 2010
ローラン・ビルー，アラン・エスコフィエ『基礎フランス菓子教本』柴田書店, 1989
『CAKEing―おいしいケーキづくり、進行中　vol.1-8』柴田書店, 1996-2007
月刊『製菓製パン』製菓実験社, 1976-1978

［地理］
地球の歩き方編集室『地球の歩き方 A06 フランス 2009〜2010年版』ダイヤモンド・ビッグ社, 2008
ブルーガイド海外版編集部『わがまま歩き…㉕「フランス」』実業之日本社, 2009
田辺裕監修『図説大百科 世界の地理8 フランス』朝倉書店, 1999
Y.ラコスト他『全訳世界の地理教科書シリーズ1　フランスフランス―その国土と人々』帝国書院, 1977

洋書

［菓子］
Académie des Gastronomes et Académie Culinaire de France,
Cuisine Française Recettes Classiques de Plats et Mets Traditionnels (Le Belier, Paris, 1971)
Carême (Antonin), *Le Pâtissier Pittoresque* (Paris, 1815)
Carême (Antonin), *Le Pâtissier Royal Parisien* (Paris, 1815)
Darenne (E.) et Duval (E.), *Traité de Pâtisserie Moderne* (Flammarion, Paris, 1974)
Dubois (Urbain), *Le Grand Livre des Pâtissiers et Confiseurs* (Paris, 1883)
Dubois (Urbain), *Le Pâtisserie d'Aujourd'hui* (Paris, 1894)
Dumas (Alexandre), *Le Grand Dictionnaire de Cuisine* (Paris, 1873)
Duval (Emille), *Traite Général de Confiserie Moderne* (Paris, 1905)
Escoffier (Auguste), *Le Guide Culinaire* (Paris, 1903)
Gault (Henri) et Millau (Christian), *Guide Gourmand de la France* (Hachette, Paris, 1970)
Gouffé (Jules), *Le Livre de Pâtisserie* (Paris, 1873)
Husson (René), *Les 13 Desserts en Provence* (Fleurines, Saint Afrique Aveyron, 2010)
Investaire Culinaire Régional, *Les Desserts de Nos Provinces* (Hachette, Paris, 1974)
Kappler (Thierry), *Bredele et Gâteaux de Noël* (éditions du Bastberg, Haguenau, 1998)
Lacam (Pierre), *Le Memorial des Glaces* (Paris, 1902)
Lacam (Pierre), *Le Memorial Historique et Géographique de la Pâtisserie* (Paris, 1900)
Lenôtre (Gaston), *Desserts Traditionnels de France* (Flammarion, Paris, 1992)
Maubeuge(Michèle), *Desserts et délices de Lorraine : Recettes, Produits du Terroir, Traditions*
(Place Stanislas Éditions, Nancy, 2007)
Montagné (Prosper), *La Grande Livre de Cuisine* (Paris, 1929)
Pudlowski (Gilles) et Scotto (Les Soeurs), *Saveurs des Terroirs de France* (Robert Laffont, Paris, 1991)
Syren (Josiane et Jean-Luc), *La Pâtisserie Alsacienne* (La S.A.E.P. Ingersheim, Colmar, 1982)
Terrasson (Laurent), *Atlas des Dessets de France* (Éditions Rustica & Cedus, Paris, 1995)
Toussaint-Samat (Maguelonne), *Douceurs de Provence* (Alain Barthélémy, Le Pontet Cedex, 2001)
Vielfaure (Nicole) et Beauviala (Anne-Christine), *Guides des Fêtes et Gâteaux* (édition Bonneton, Paris, 1990)

事典

和書

［食］

『新ラルース料理大事典』同朋舎メディアプラン, 1999
千石玲子, 千石禎子, 吉田菊次郎編『仏英独＝和　[新]洋菓子辞典』白水社, 2012
日仏料理協会編『フランス 食の事典,』白水社, 2000
日仏料理協会編『山本直文 フランス料理用語辞典 』白水社, 1995
プロスペル・モンタニュ『ラルース料理百科事典』三洋貿易出版社, 1975-1976

［地理］

『コンサイス 外国地名事典』三省堂, 1998
蟻川明男『新版 世界地名語源辞典』古今書院, 1993
辻原康夫編著『世界地名情報事典』東京書籍, 2003
牧英夫『歴史があり物語がある　世界地名ルーツ辞典』創拓社, 1989

［全般］

『改訂新版 世界大百科事典』平凡社, 2007
『日本大百科全書』小学館, 2007

洋書

［食］

Dictionnaire de l'Academie des Gastronomes (édition Prisma, Paris, 1962)
Montagné (Prosper), *Larousse Gastronomique* (Paris, 1938)
Larousse des Cuisines Regionales (Larousse, Paris, 2005)
Larousse Gastronomique (Larousse-Bordas, Paris, 1996)

［全般］

Dictionnaire universel des noms propres, alphabétique et analogique (Le Robert, Paris, 1983)
Grand Larousse (Larousse, Paris, 1987)

インターネット

フランス観光開発機構オフィシャルサイト
http://jp.rendezvousenfrance.com/

河田薫「フランスの地方菓子」
http://www.caol-kawata.net/patisseries_regionales/

フランス各地方、町およびその観光局のホームページ

1967年、23歳でフランスに渡ってから47年。つい先日、古希を迎えました。
　約8年の在仏で、私の人生観はごく自然にがらりと変わりました。そのくらいフランスに浸りきったのでしょう。1967年当時の日本とフランスにおけるフランス料理文化は雲泥の差で、私にはまさにカルチャーショックでした。素材の差は歴然で、おいしさを表現する幅の広さと、なんと言ってもそこに根強く残っている伝統にただただ圧倒され、感激のみしかありませんでした。当たり前の言葉ではありますが、"歴史の差"と言うほかありません。すさまじいショックを受けながらただただ感動の連続で、フランス菓子にのめり込んでいった当時の自分が想い浮かびます。
　郷土菓子に興味を深めた理由は、料理、菓子の原点（基礎）であるからです。料理ではオーギュスト・エスコフィエ（Georges Auguste Escoffier）、菓子ではエミール・デュヴァル（Emile Duval）やピエール・ラカン（Pierre Lacam）が著したものが基礎であり、今でも教科書に当たると考えています。
　1900年から1970年頃までの料理や菓子は、いわゆる"クラシック"で大変甘くて重く、アルコールもそれなりに使用していました。それぞれの生地はうまかったけれども、舌や胃には疲れが出てきてしまったというのが正直なところ。そんな中、初めてパリを離れてみると、そこにはパリの菓子店では見たことがなく、書籍にもほとんど載っていないような古くからの菓子がありました。作り手の想いがどの菓子にも明らかに表れていて、本当に感激したのを覚えています。そして、歴史観や風土、産業、人間を考察しながら郷土菓子を探したいと書物を買い、旅を重ねていきました。訪れたそれぞれの店に感激あり、落胆あり、想像を掻き立てられる想いあり、その連続が、私にとってのAu Bon Vieux Temps（オーボンヴュータン、フランス語で"想い出の時"の意）です。
　帰国して約40年。毎日の仕事に追われ、感激や創造といった想いが歳を重ねるごとに薄らいでいくのを感じていた私に、再び火をつけてくれたのがライターの瀬戸理恵子さんです。勿論、私がこれまで大事にしてきた想いを知ったうえでの今回の話で、私の最後の著書と思って引き受けました。
　40数年前に受けた感動を呼び戻すのに苦労はありませんでしたが、もう一度自分を追い込まなければと書斎のレイアウトを変え、久し振り

の撮影モードに浸った2年半（本の製作は約4年）でした。作り手の気持ちを乗せてくれる、スタイリスト・肘岡香子さんの食器選択のうまさ。撮影ごとにテンションを上げさせてくれたカメラマン・今清水隆宏さんの、力のある写真とレンズを通して見る光の陰陽。感謝しています。そして、一番世話になった瀬戸理恵子さんには感謝が絶えません。足繁く通って取材してくれただけでなく、文献探しで多くの図書館や資料室、私の書斎に何度も出向いたり、彼女のネットワークでさまざまな人に意見や助言を求めたり、彼女の苦労にただただ感謝です。

　この本を開いてくれた読者の方々と、私が抱くフランスへの熱い想いを共有できたら大変嬉しいです。

2014年2月
オーボンヴュータン　河田勝彦

年表　河田勝彦（かわた かつひこ）

1944年　1月	3日、戦時下の東京・本郷坂下町に生まれる。
1962年　4月	東京農業短期大学入学
1964年　4月	4年制に編入するも中退。料理人を志す。
4月	「丸の内会館」に就職。
6月	東京オリンピック選手村のレストランに配属。
8月	疲労で体調を崩し、ひょうそを患う。
9月	退職
1965年　6月	パティシエに転向し、「米津風月堂」入社。
1966年　6月	退社。
1967年　6月	渡仏し、パリへ。
9月	「シダ(Syda)」で職を得る(〜翌5月)。
1968年　5月	五月革命が勃発し、失職。パリから国道7号線を自転車で南下し、10日間かけてマルセイユへ。再び北上をはじめ、ヴィエンヌとヴァランスの中間に位置する、サン＝ランヴェール・ダルヴォン(Sainte-Rambert-d'Albon)で約2カ月間、住み込みで桃の収穫をして働く。
8月	パリへ戻る。
9月	ボルドー近くのワイナリーに住み込み、ブドウの収穫をして2週間働く。休日に訪れたリブーンの「ロペ(Lopéz)」でカヌレと出会う。
10月	パリへ戻る。
11月	「サラバン(Salavin)」で働く(〜翌4月)。
1969年　5月	「ポンス(Pons)」で働く(〜1971年4月)。料理の古書にも興味を持ち、集め始める。
7〜8月	スイス、バーゼルの「コバ製菓学校(Coba)」で飴の研修をする(約1ヵ月)。
1971年　5月	「ポテル・エ・シャボー(Potel et Chabot)」で働く(〜11月)。
11月	「グルモン(Gourmond)」コンフィズリーを担当(約3週間)
12月	「コクラン・エネ(Coquelin Ainé)」で働く(〜翌4月)。
1972年　5月	「カレット(Carette)」で働く(〜7月)。
9月	チョコレート作りを学ぶため、ベルギー、ブリュッセルの「ヴィタメール(Wittamer)」で働く(〜翌4月)。
1973年　5月	パリへ戻り、ホテル「ジョルジュ・サンク(George V)」で働く(〜7月)。
7月	ホテル「ヒルトン・ド・パリ(Hilton de Paris)」で働く(〜9月)
9月	レストラン「コッション・ドール(Cochon d'Or)」で働く(〜11月)。
1974年　1月	ホテル「ヒルトン・ド・パリ(Hilton de Paris)」シェフ・パティシエに就任(〜翌6月)。
1975年　6月	"仕事の総仕上げ"と称し、友人と2人で約2カ月間、車でフランス全土をくまなく回る。
7月	帰国。
8月	埼玉県浦和市に「かわた菓子研究所」を設立。
1977年　5月	加代子さんと結婚
1978年　8月	長男・薫さん誕生
1981年　4月	次男・力也さん誕生
9月	東京都世田谷区に「オーボンヴュータン(Au Bon Vieux Temps)」をオープン。
1993年　1月	『オーボンヴュータン 河田勝彦 フランス伝統菓子（暮らしの設計210号）』(中央公論社)
2002年10月	『河田勝彦の菓子　ベーシックは美味しい』(柴田書店)
2008年　8月	『河田勝彦 菓子のメモワール プティ・フールとコンフィズリー』(柴田書店)
2009年11月	『伝統こそ新しい オーボンヴュータンのパティシエ魂』(朝日新聞出版)『おいしい顔のお菓子たち』(扶桑社)
2010年　9月	『古くて新しいフランス菓子』(NHK出版)
2011年　5月	『簡素なお菓子』(柴田書店)
2012年10月	「現代の名工」受賞
11月	「食生活文化賞銀賞」受賞

河田勝彦　かわたかつひこ
1944年、東京都生まれ。米津風月堂を経て1967年渡仏し、約8年修業の後、「ヒルトン・ド・パリ」のシェフを務める。帰国後、埼玉県浦和市に「かわた菓子研究所」を設立し、1981年、東京都世田谷区に「オーボンヴュータン」をオープン。「フランス菓子の博物館」とも喩えられる店内には、生菓子から焼き菓子、チョコレート、アイスクリーム、コンフィズリー、フランス各地の郷土菓子まで幅広い商品が揃う。フランスの伝統を基盤に独自のエスプリを反映させた菓子は、多くの人々を魅了し続け、パティシエたちに多大な影響を与えている。

オーボンヴュータン (Au Bon Vieux Temps)
東京都世田谷区等々力2-1-3
TEL03-3703-8428

装丁・デザイン
木村裕治、斎藤広介(木村デザイン事務所)

撮影
今清水隆宏

河田 薫(地図)、
赤平純一(地図)、山下郁夫(地図)

スタイリング　肱岡香子

校正　千住麻里子

構成・編集・文　瀬戸理恵子

「オーボンヴュータン」
河田勝彦のフランス郷土菓子
NDC596
2014年2月14日　発　行
2021年4月12日　第２刷

著　者　河田勝彦
発行者　小川雄一
発行所　株式会社 誠文堂新光社
　　　　〒113-0033　東京都文京区本郷3-3-11
　　　　(編集)電話03-5800-3621
　　　　(販売)電話03-5800-5780
　　　　https://www.seibundo-shinkosha.net/
印刷・製本　図書印刷 株式会社

©2014, Katsuhiko Kawata, Rieko Seto.

Printed in Japan
検印省略　禁・無断転載
落丁・乱丁本はお取り替え致します。

本書のコピー、スキャン、デジタル化等の、無断複製は、著作権法上での例外を除き、禁じられています。
本書を代行業者等の第三者に依頼してスキャンやデジタル化することは、たとえ個人や家庭内での利用であっても著作権法上認められません。

JCOPY <(一社)出版者著作権管理機構 委託出版物>
本書を無断で複製複写(コピー)することは、著作権法上での例外を除き、禁じられています。本書をコピーされる場合は、そのつど事前に、(一社)出版者著作権管理機構(電話 03-5244-5088／FAX 03-5244-5089／e-mail:info@jcopy.or.jp)の許諾を得てください。

ISBN978-4-416-71396-9